인재집

이 책은 2021~2022년도 정부(교육부)의 재원으로 한국고전번역원의 지원을 받아 수행된 '권역별거점연구소협동번역사업'의 결과물임.

This work was supported by Institute for the Translation of Korean Classics - Grant funded by the Korean Government.

한국고전번역원 한국문집번역총서 / 경북대학교 영남문화연구원

인재집 2

訒齋集

최현 지음
崔晛

김승호 김영옥 옮김
이미진 송희준

일러두기

1. 이 책의 번역 대본은 한국고전번역원에서 간행한 한국문집총간 제67집에 실린 《인재집(訒齋集)》으로 하였다. 번역 대본의 원문 텍스트와 원문 이미지는 한국고전종합DB(http://db.itkc.or.kr)에서 확인할 수 있다.
2. 내용이 간단한 역주는 간주(間註)로, 긴 역주는 각주(脚註)로 처리하였다.
3. 한자는 필요한 경우 이해를 돕기 위하여 넣었으며, 운문(韻文)은 원문을 병기하였다.
4. 맞춤법과 띄어쓰기는 한글 맞춤법과 표준어 규정을 따랐다.
5. 이 책에서 사용한 부호는 다음과 같다.

   ( ) : 번역문과 음이 같은 한자를 묶는다.
   〔 〕: 번역문과 뜻은 같으나 음이 다른 한자를 묶는다.
   “ ” : 대화 등의 인용문을 묶는다.
   ‘ ’ : “ ” 안의 재인용 또는 강조 문구를 묶는다.
   「 」: ‘ ’ 안의 재인용을 묶는다.
   『 』: 「 」 안의 재인용을 묶는다.
   《 》: 책명 및 각주의 전거(典據)를 묶는다.
   〈 〉: 책의 편명 및 운문·산문의 제목을 묶는다.
   □ : 글자의 자리를 비워둠을 나타낸다.
   ▨ : 마멸 또는 삭제된 원문 글자의 자리를 나타낸다.

인재집 제4권

소疏

차자箚子

인재집 제5권

차자箚子

계啓

서계書啓

장계狀啓

인재집 제6권

강의講義

인재집 제7권

강의講義

서書

인재집

제4권

소 疏

차자 箚子

소 疏

인조반정 초 수찬을 사직하는 소 계해년(1623, 인조1)
反正初辭修撰疏 癸亥

삼가 생각하옵건대 지난 시기에는 운수는 비색(否塞)함을 만나고 정치는 혼탁함을 만나 삼강(三剛)이 끊어지고 사방이 들끓어 하늘이 노하고 백성이 원망하여 나라가 전복되기를 서서 기다렸으니, 종묘와 사직이 끊어지지 않고 있었던 것은 겨우 머리털 한 올 같을 뿐이었습니다. 다행스럽게도 석과(碩果)[1]가 떨어지지 않고 양기(陽氣)가 회복될 기약이 있었기에 하늘에 계신 조종(祖宗)의 영령께서 보이지 않는 곳에서 묵묵히 보우하시고, 성손(聖孫)에게 솜씨를 빌려주어 난리를 평정하고 바른 상태로 되돌려 위태로운 시국을 안정시킨 것이 한 번 호흡하는 사이에 있었습니다. 유폐된 군주의 모후〔인목대비〕를 받드는 것은 명분상의 바른 것이고, 도

1 석과(碩果) : 아직 나무에서 떨어지지 않은 큰 과일로, 고인의 음덕이 없어지지 않고 남아 자손에게 이어져 자손이 복을 받음을 말한다. 《주역(周易)》 〈박괘(剝卦) 상구(上九)〉에 "큰 과일은 먹히지 않는 법, 군자가 이 점괘를 얻으면 수레를 얻고 소인은 사는 집까지 헐리게 되리라.〔碩果不食, 君子得輿, 小人剝廬.〕"라고 한 데서 가져왔다.

탄에 빠진 만백성을 구제하는 것은 일의 순리입니다. 인심이 이미 기뻐하고 하늘의 뜻 또한 어긋나지 않아, 장사꾼들은 가게를 바꾸지 않고 농사꾼들은 본업을 바꾸지 않았습니다. 오랜 시간이 지나기 전에 의기(欹器)[2]가 다시 정돈되고 차분하게 담소를 나누며, 죄인을 다스리고 외로운 이를 위문하였습니다. 숙살(肅殺)한 위엄을 떨치자 흉악한 무리들이 처형되었고 쏟아지는 장맛비 같은 은혜로 윤택하게 하자 마른 풀이 다시 살아나게 되었습니다. 천지가 숙청(肅淸)되고 종묘가 거듭 안정되었으니 성대하고 신이한 공렬(功烈)은 전대에는 없었던 것입니다. 안으로는 도성(都城)과 경기 지역, 밖으로는 먼 변방과 궁벽한 마을 등에 이르기까지 혈기를 지닌 모든 이들이 기쁘게 서로 경사로 여기지 않음이 없어 손을 들고 하례하길, "난세에 태어나 오늘 같은 날을 다시 볼 줄 생각하지 못했다."라고 하였습니다.

보잘것없는 신은 시골집에 버려진 채 산 같은 큰 죄를 짊어지고 적병(積病 체증이 오래되어 뱃속에 덩어리가 생기는 병)이 온몸을 휘감으니 궁벽한 산골에서 말라 죽는 것이 제 분수이건만, 새 성은이 외람되이 제게 이르러 특별히 청반(淸班)을 제수하시니, 이 어찌 꿈에서도 일찍이 이르렀던 것이겠으며 우매한 제 분수로 능히 편안히 여길 바이겠습니까. 우리나라가 다시 일어난 경사는 이미

2 의기(欹器) : 기울어져서 잘 엎어지도록 만든 그릇으로, 고대에 임금을 경계하기 위하여 만들었다. 주묘(周廟)에 있던 그릇인데 텅 비면 한쪽으로 기울고, 물을 중간쯤 채우면 똑바르게 되며, 물을 가득 채우면 엎어져 버리도록 고안된 것이다. 《孔子家語 三恕》

보통과 달라서, 신하가 제수의 명을 받고 떠나는 행차는 마땅히 하루에 이틀 길을 가야 하건만, 오랜 병으로 노쇠해 가는 나머지 여위고 약해진 숨을 억지로 붙잡고 있느라 조금씩 나아가며 헐떡거리면서 숨을 쉬었습니다. 행차가 청주(淸州)에 이르렀을 때 갑자기 산증(疝症)이 도져 객관에 쓰러져 누워 있게 되어, 또 정해진 일정을 연기하여 조정에 달려가 사은숙배하는 것을 열흘 뒤로 오래 미루었으니, 신의 죄는 이에 극심해졌습니다. 또 신이 분수를 헤아리고 잘못을 반성해 보아도 마음에 편치 않은 점이 있는지라, 미천한 제 정성을 다 드러내노니, 원하옵건대 군부께서 가엾게 살펴봐 주시길 우러러 바라옵니다.

아, 무신년(1608, 선조41) 이후 간사한 무리가 정권을 잡은 이래로 혼주(昏主)를 가리고서 오로지 역적 다스리는 것으로써 위엄을 부리고 사람을 모함하는 좋은 기회로 삼아, 사람들을 체포하고 주살하지 않는 날이 거의 없을 정도였습니다. 춘추(春秋)를 효시로 삼고 역적 비호하는 것을 구호로 삼아, 위로는 군주의 마음을 움직이고 곁으로는 사람들의 입을 제압하였으니, 선왕의 골육들은 적살되어 거의 다 죽고 전 왕조의 구신들은 남김없이 축출되었습니다. 한 번이라도 그들의 뜻을 거스르면 그때마다 대역부도의 법률에 몰아넣고서 마음속으로 달가워하고 뜻에 흡족해하면서 음형(淫刑)을 심하게 처벌한 뒤에야 그만두었습니다.

임자년(1612, 광해군4) 봄에 대군(大君)을 추대한다는 설이 도성 안에 널리 퍼지자, 이이첨(李爾瞻)의 무리 장세철(張世哲), 홍봉선(洪奉先) 등이 먼저 이 말을 발설하여 마치 항간에 전해져 중외(中外)로 전파되었다가 궁궐 안에 퍼진 것처럼 하였으니, 이는 곧 남곤(南袞)과 심정(沈貞) 등이 벌레와 나뭇잎으로 글자를 써서 제현을 무함했던 술법[3]을 본받은 것이었습니다. 신은 이 말을 듣고 큰 재앙이 장차 일어날 줄 알고서 관직을 버리고 고향집으로 돌아가려 했지만, 마침 주사(舟師)를 정리하는 임무로 남변(南邊)으로 가서 순행하였습니다. 이해 겨울에 유언비어가 점차 극성해져 혹 조정의 신하를 열거해 적어서 도성 문에 방(榜)을 붙이니, 인심이 흉흉하여 조만간에 일이 벌어질 듯하였습니다. 불행히도 신은 이덕형(李德泂)[4]이 의망(擬望)에 올려 주어 홍문관 수찬에 제수되었으니 조정으로 들어가는 것에 대한 시기가 재차 야기되었던 것입니다.

신은 평소 침묵하는 공부가 부족하였습니다. 남변에서 올 때 길에서 정인홍(鄭仁弘)을 만나 말하길, "군주의 마음이 의혹되었는데도 사람들은 모두 재앙을 다행으로 여기고 있으니, 역적이 세상에 얼마나 많이 있기에 잇달아 큰 옥사를 일으키는 것이 이같이 어지럽단 말입니까. 공은 유독 기축년의 재앙[5]을 보지 못하였

3 남곤(南袞)과……술법 : 기묘사화(己卯士禍) 때 남곤·심정·홍경주(洪景舟) 등이 조광조(趙光祖)를 모함하기 위하여 희빈(熙嬪) 홍씨(洪氏)를 이용해 궁중의 나뭇잎에다 꿀로 '주초위왕(走肖爲王)', 즉 조씨가 왕이 된다는 글자를 써서 벌레가 파먹게 해 무고한 일을 말한다.

4 이덕형(李德泂) : 1566~1645. 본관은 한산(韓山), 자는 원백(遠伯), 호는 죽천(竹泉)이며, 시호는 충숙(忠肅)이다. 1596년(선조29) 문과에 급제하였다. 한성부 판윤, 예조 판서, 우찬성 등을 지냈다. 저서로는 《죽창한화(竹窓閑話)》, 《송도기이(松都記異)》 등이 있다.

5 기축년의 재앙 : 1589년(선조22)에 동인(東人) 정여립(鄭汝立)의 모반 사건을 계기로 일어난 기축옥사(己丑獄事)를 말한다. 당시 황해도 관찰사 한준(韓準), 재령

습니까. 군주의 마음이 의혹된 것을 깨부수고 세상의 도가 어지러운 것을 진압하는 것이 공의 책무가 아니겠습니까."라고 하였습니다. 정인홍이 아무 말 없이 기뻐하지 않다가, 이튿날 차자(箚子)를 올려 "임해군(臨海君) 진(珒)·유영경(柳永慶)·김직재(金直哉) 무리가 임금 앞에 몰려왔으니 마땅히 무신년의 제신에게 임무를 맡기고 마음을 넓게 펴시어 기변(機變)을 살펴야 합니다."[6] 라고 한 말이 있으니, 정도가 심합니다. 정인홍은 괴팍하고 잔인하면서도 이이첨에게 매수된 자입니다. 얼마 있지 않아 서양갑(徐羊甲)의 옥사[7]가 일어나 유언비어의 모의가 마침내 이루어졌으니 정인홍의 차자의 내용과 서로 부합되었습니다.

신은 그 당시 정언(正言)에 배수된 지 닷새가 되는 날이었습니다. 장령(掌令) 정조(鄭造), 헌납(獻納) 유활(柳活), 정언(正言)

군수 박충간(朴忠侃), 안악 군수 이축(李軸), 신천 군수 한응인(韓應寅) 등이 정여립이 역모를 꾀하고 있다고 고변함으로써 시작되었는데, 서인(西人)인 정철(鄭澈)이 옥사를 엄하게 다스려서 백유양(白惟讓)·이발(李潑)·이길(李洁)·김우옹(金宇顒)·정언신(鄭彦信)·정언지(鄭彦智)·정창연(鄭昌衍) 등 동인(東人) 인물들이 대거 처형되거나 유배당하였다.

6 임해군(臨海君) 진(珒)……합니다 : 정인홍이 광해군 즉위년(1608) 7월 7일에 올린 차자(箚子)를 말한다.

7 서양갑(徐羊甲)의 옥사 : 선조(宣祖) 때 의주 목사(義州牧使) 서익(徐益)의 서자 서양갑이 같은 서얼 출신 6인과 함께 일으킨 옥사, 즉 계축옥사(癸丑獄事)를 말한다. 서양갑은 1612년(광해군4) 조령(鳥嶺)에서 은상인(銀商人)을 살해하고 은 6, 7백 냥을 강탈했다가 체포되었다. 이때 목숨을 살려 준다는 이이첨(李爾瞻) 등의 꾐에 빠져 인목대비(仁穆大妃)의 아버지이자 영창대군(永昌大君)의 외조부인 김제남(金悌男)과 모의하여 영창대군을 옹립하려는 계획을 하였다는 허위 진술을 하여 옥사가 일어났다.

박홍도(朴弘道) 등이 이이첨의 사주를 받아, 칼을 갈아서 온건론을 펼친 인물들을 해치고자 할 때에 뜨거운 하늘에 불길이 치솟아 이미 눈썹에 닿을 듯하였으니, 말을 하고 싶어도 할 수 없고 물러나고 싶어도 이를 수 없는 상황이었습니다. 신은 날마다 친구 오장(吳長), 정온(鄭蘊), 홍호(洪鎬) 등과 팔뚝에 힘을 주고 분개하면서 눈물을 흘렸는데, 계책을 내어도 어찌할 수 없었습니다. 마침내 몸을 이끌고 구차히 피하다가 결국 축출 삭탈되는 죄를 입었으니, 신의 거취는 심히 기댈 데가 없습니다. 전(傳)에 "신하가 임금의 잘못을 바로잡지 않으면 묵형(墨刑)을 받는다."[8]라고 하였는데, 더구나 신의 책무는 언관(言官)에 해당하니 직분상 목숨을 바쳐야 하건만 흉악한 무리들이 어린 대군을 무함하여 죽이는 것을 앉아서 보기만 한 채, 입을 다물고 한마디도 하지 않고서 일이 낭패가 된 상황에서 물러나 버렸습니다. 결국 한 번의 죽음을 아까워하여 선왕을 저버린 죄를 면치 못하고 정온(鄭蘊)의 죄인[9]이 되었으니, 어찌 유독 곧은 선비의 풍모에 부끄럽지 않겠습니까. 이때부터 마음속이 술에 취한 듯 항상 제 몸에 죄가 있다고

8 신하가……받는다 : 《서경(書經)》 〈이훈(伊訓)〉에, 이윤(伊尹)이 태갑(太甲)에게 훈계하기를 "'관의 형벌을 만들어 지위에 있는 자들을 경계하기를……군주가 몸에 한 가지를 지니게 되면 나라가 반드시 망하니, 신하가 이를 바로잡지 않으면 묵형을 받는다.'라고 하였습니다.〔制官刑, 儆于有位,……邦君有一于身, 國必亡, 臣下不匡, 其刑墨.〕"라고 한 대시 가져왔다.

9 정온(鄭蘊)의 죄인 : 정온이 1614년(광해군6)에 부사직(副司直)으로 있으면서 영창대군(永昌大君)의 처형이 부당함을 상소하고 강화 부사 정항(鄭沆)의 참수를 주장하다가 제주도로 유배되었으며 인조반정 후 다시 등용되었으므로 이렇게 말한 것이다.

여겨 두문불출하면서 감히 사람들과 담소도 나누지 않았는데, 강도(江都)에 유혈이 낭자하다는 소식을 들으니 눈물이 옷깃을 적시고, 서내(西內)가 견고하게 포위된 줄 생각하니 분노가 가슴을 메웁니다.

탐욕스런 자[10]들이 조정에 가득하여 위태로워 멸망되길 날마다 재촉하니 사방을 돌아보아도 움츠러들어 기댈 곳이 없었습니다. 오나라 성문과 시장에서 매복(梅福)이 날아오르는 법[11]을 배우지 않았고, 동해가 넘실거리는 가운데 노중련(魯仲連)이 빠져 죽는 것[12]을 실행하지 않았으니, 궁벽한 산골에서 삶을 마치는 것을 스스로의 분수라 여기면서, 다시는 세상 사람이 되어 관원의 명단에 이름을 올려 도성 문에 들어가길 바라지 않았었습니다. 다행스럽게도 지금 용이 날아오르는[13] 봄을 만나 휘정(彙征)[14]의 반열에 참

10 탐욕스런 자 : 원문 '도철(饕餮)'의 풀이로, 재물을 탐하는 나쁜 짐승을 도(饕)라 하고, 음식을 탐하는 못된 짐승을 철(餮)이라 한다. 탐욕이 많고 악한 사람을 비유하는 데 쓰인다.

11 오나라……법 : 매복(梅福)은 전한(前漢)의 은사(隱士)이다. 왕망(王莽)이 정권을 독단하는 것을 보고 매복은 처자식을 버리고 은둔하였는데, 후에 회계(會稽) 지방에서 시문(市門)을 지키는 모습을 본 사람이 있었다고 한다. 《漢書 卷67 梅福傳》

12 동해가……것 : 노중련(魯仲連)은 전국 시대 제(齊)나라의 고사(高士)이다. 무도한 진(秦)나라에 분개하여 말하기를 "진나라가 방자하게 황제라 칭하고 주제넘게 천하에 정사를 편다면 나는 차라리 동해(東海)에 가서 빠져 죽을지언정 그의 백성은 될 수 없다.〔彼卽肆然而爲帝, 過而爲政於天下, 則連有蹈東海而死耳, 吾不忍爲之民也.〕"라고 하였다. 《史記 卷83 魯仲連列傳》

13 용이 날아오르는 : 원문은 '용비(龍飛)'로, 여기서는 인조가 즉위한 일을 가리킨다. 《주역》 〈건괘(乾卦)〉에, "날으는 용이 하늘에 있으니, 큰 사람을 만나는 것이 이롭다.〔龍飛在天, 利見大人.〕"라고 하여 임금의 등극(登極)을 이르는 말이다.

여하여 죽은 초목에 꽃이 살아나 영화와 행복이 끝이 없거늘, 지난날의 죄를 돌아보며 반성해 보니 마음속으로 부끄럽기만 합니다. 신이 물의(物議)를 일으킨 점이 있는데도 부끄러움을 무릅쓰고 두꺼운 낯을 하고서 거듭 죄를 지은 몸으로 나선다면 어찌 감히 청명한 조정의 명기(名器)를 더럽히지 않겠습니까.

신은 또한 민망하고 다급한 사정(私情)이 있으니 전하의 귀를 아울러 더럽히지 않을 수 없습니다. 신은 부여받은 기운이 몹시 약하여 평소 풍냉증을 앓아 혈기 왕성한 나이에도 잔병치레하는 사람이 됨을 면치 못하였습니다. 십수 년 이래로 기력이 나날이 더욱 쇠해지고 병은 나날이 더욱 고질이 되었습니다. 냉비증(冷痺症)과 산증(疝症)은 평생 치료하기 어려운 질환인지라, 침을 맞고 뜸을 뜨며 약을 먹는 것 모두 효험을 보지 못했습니다. 더구나 올해 나이 60세가 넘어 기력이 쇠약해지고 두 눈이 흐릿하며 정신이 아득해져서 책을 읽고 글을 쓰는 것 모두 이미 그만두었으니, 한가한 직임도 오히려 맡을 수 없는 지경입니다. 더구나 경연(經筵)에서 가까이 모시는 엄밀한 자리에서 어떻게 전하의 고문(顧問)을 우러러 받들며 경전의 뜻을 토론할 수 있겠습니까.

지금은 성신(聖神)이 운수를 일으켜 지극히 다스려지기를 도모하여 훈풍이 해온(解慍)[15]하고 만물이 기쁘게 바라보니, 만약 지

14 휘정(彙征) : 뜻이 맞는 인사들끼리 함께 무리 지어 벼슬길에 진출하는 것을 말한다. 《주역》 〈태괘(泰卦) 초구(初九)〉에 "띠풀 뿌리를 뽑으니 서로 엉켜 있다. 무리 지어 나오니 길하다.〔拔茅茹, 以其彙征吉.〕"라는 말에서 유래한 것이다.

15 해온(解慍) : 백성의 걱정을 풀어 주는 여름철의 훈훈한 바람이라는 뜻으로, 순임금이 지었다는 〈남풍가(南風歌)〉에 "훈훈한 남쪽 바람이여, 우리 백성의 걱정을 풀

기(志氣)를 지닌 자가 있다면 누군들 양양하게 그 마음을 움직이지 않겠습니까. 원하옵건대 청명한 조정에 서서 여러 영재들과 함께 유신(維新)의 교화에 흠뻑 젖어들기를 생각하옵니다.

신에게는 앞서 나라를 저버린 것을 말하지 못한 죄가 있고, 뒤에는 신병으로 견디기 힘든 어려운 상황이 있습니다. 삼가 바라옵건대 성명께서는 신의 무능함에 대해 죄를 내리시고 신의 직명을 교체해 주시어, 시골로 물러나 잠시 죽음을 연장하여 태평한 세월 속에서 노년을 마칠 수 있도록 허락해 주신다면, 전하의 천지에 나고 성장케 하는 은혜를 목숨 바쳐 갚으려 해도[16] 다 갚기 어려울 것입니다. 삼가 성명께서는 잘 헤아려 주시기 바라옵니다.

어 주겠구나.〔南風之薰兮, 可以解吾民之慍兮.〕"라고 한 데서 가져왔다. 《禮記 樂記》

16 목숨……해도 : 원문 '운결(隕結)'의 풀이로 '운수결초(隕首結草)'의 준말이다. 즉 살아서는 목숨을 바치고 죽어서는 은혜를 갚겠다는 말이다. 진(晉)나라 이밀(李密)이 나이 96세인 조모(祖母)의 봉양을 위해 벼슬을 사직하고자 쓴 〈진정표(陳情表)〉에 "(조모의) 여생을 끝까지 보전할 수 있다면, 신은 살아서는 마땅히 목숨 바칠 것이고 죽어서는 마땅히 결초보은하겠습니다.〔卒保餘年, 臣生當隕首, 死當結草.〕"라고 하였다. 《古文眞寶後集 卷1》

응교를 사직하는 소 계해년(1623, 인조1)

辭應敎疏 癸亥

삼가 생각하옵건대 신은 노둔한 자질로써 연로하여 식견이 없는데도, 살아서는 성명(聖明)의 시대를 만나 임금을 곁에서 모시면서 총애가 갈수록 융성하고 영화로움이 이미 지극하였으니, 힘을 다하고 정성을 쏟아 조금이라도 보답하고자 항상 생각하였습니다. 외직으로 나아가서는 국경 지역에서 목숨을 바쳤고 내직으로 들어와서는 경연에서 헌체(獻替)[17]하여 거의 옛 사람들이 군주를 섬겼던 도리를 저버린 것이 없었습니다. 저의 허약한 체질은 일찍부터 쇠하여 스스로 떨쳐 낼 수 없었고 정신은 혼미하고 근력이 부족하여, 오랜 세월 앓고 있는 병이 날마다 한 푼씩 더해지고 해마다 한 배씩 증가하고 있습니다. 지난번 조정에서 임금을 뵈었던 날 산궐증(疝厥症)이 재발하여 겨우 부축받고 물러났더니, 그 한 번의 통증이 열흘간 이어졌었습니다. 연이어 서로(西路)의 명을 받고 원융(元戎)의 막부에 종사하면서 병을 무릅쓰고 분주히 내달려 잠시 군대의 업무를 시행했었지만,[18] 풍토가 맞질 않아 비장과 위장이 크게 망가져 뱃속이 더부룩해졌고 갈비뼈에 통증이 생

17 헌체(獻替) : '헌가체부(獻可替否)'의 준말로, 임금이 마땅히 행해야 할 일은 과감하게 건의하고, 행하면 안 될 일은 그만두도록 간하는 신하의 도리를 말한다. 《春秋左氏傳 昭公20年》

18 서로(西路)의……시행했었지만 : 이해 6월 도원수 종사관(都元帥從事官)에 임명되어 황주(黃州)에 가서 여러 고을의 군병(軍兵)을 조사하고 검열한 것을 말한다.

겨 헐떡거리며 호흡하였으니, 움직일 때마다 가슴이 당겨 시체처럼 다니며 부축받는 상황을 면치 못하고 있습니다.

신은 가만히 스스로 생각건대, 내직에 들어가서는 도움을 드릴 수가 없고 외직으로 나가서는 도모하는 바가 없으니 평생의 뜻 또한 끝나 버렸습니다. 마치 서리를 맞은 잎이 바람을 맞고 날려 떨어져서는 다시는 가지에 붙어 있는 모습이 없는 듯하니, 제 스스로를 위로하며 자탄함에 어찌 슬프고 처량하지 않겠습니까. 조정으로 돌아온 뒤 병을 억지로 어찌할 수가 없어 가만히 한두 번 입시(入侍)하여 제 소회를 대략 진술해 보려 하였습니다만, 극심한 병이 뼈에 침투하여 하찮은 제 글을 올리지 못하였으니, 비록 저의 보잘것없는 진심을 드러내 보이려 해도 그렇게 할 수 없었습니다. 물러나 엎드려 있자니 마치 마른 나무가 땅에 떨어진 것 같고, 앉거나 누워서는 신음하였으며, 움직일 때에는 부축을 받습니다. 곰곰이 생각해 보니 기력이 점점 예전 같지 않아 이후 경연에 오르는 것 또한 기필할 수 없습니다. 사직소를 올리느라 세 번 조정에 들어갔지만 아직 가하다는 윤허를 받지 못하였으니, 돌보아 주시는 은혜에 갈수록 절로 슬퍼집니다.

신은 또한 견마(犬馬)의 소회[19]가 있어 무딘 목석과는 다르니, 어찌 이미 노쇠해진 정신을 떨쳐 이미 시들어 버린 근력을 힘쓰고자 하지 않겠습니까. 그러나 심복(心腹)의 깊은 고질병은 조석으로 얼핏 느껴지는 증상과는 비교할 수 없으니 순삭(旬朔)의 조

19 견마(犬馬)의 소회 : 자신의 겸칭(謙稱)으로, 신하가 군주에게 충성을 다하고자 하는 마음을 말한다.

리로는 차도와 효험을 바랄 수가 없습니다. 시동처럼 직분을 비워 둔 날이 오래되었고 정신이 바싹 타들어 가 나아가고 물러나는 것 모두 낭패이니 몸 둘 곳이 없습니다. 엎드려 바라옵건대 성명께서는 신의 애처롭고 다급한 사정을 살펴 체직을 속히 명하시어 이 작은 목숨을 보존할 수 있게 해 주신다면, 또한 천지가 낳고 이루어주는 어진 마음일 것입니다. 신이 진달하고자 하면서도 다 말씀드리지 않는 것은 감히 끝까지 묵묵히 있다가 체직을 요청하는 날에 모두 다 말씀드릴 수 없기 때문입니다.

《시경》에, "은나라 거울이 멀리 있지 않으니, 하후의 시대에 있도다.〔殷鑑不遠, 在夏后之世.〕"[20]라고 하였으니 폐주(廢主)가 패망을 재촉했던 것은 하나가 아니지만, 노성인(老成人)을 배척하고 인명(人命)을 잔인하게 죽였던 것이 곧 인심을 잃었던 큰 이유입니다. 전하께서 천명을 이어 나가야 하는 이유는 곧 그가 행했던 바를 돌이켜야 인심을 감복시킬 수 있기 때문입니다. 공자가 말씀하시길 "'임금 노릇 하기 어렵고 신하 노릇 하기 쉽지 않다.'라고 하였으니, 만약 임금 노릇 하기 어렵고 신하 노릇 하기 쉽지 않은 줄 안다면 한마디 말로 나라를 흥성시키는 것에 가깝지 않겠습니까."[21]라고 하였습니다. 만약 오늘 임금께서 임금 노릇 하기 어려

20 은나라……있도다 : 《시경》 〈탕(蕩)〉에 나오는 말로, 은나라의 후손은 하(夏)나라의 멸망을 거울로 삼아 경계해야 한다는 뜻이다. 이전의 실패한 교훈이 가까이 있으니 이것을 경계로 삼아야 한다는 말이다.

21 임금……않겠습니까 : 《논어》 〈자로(子路)〉에, 노(魯)나라 정공(定公)이 공자에게 묻기를 "한마디 말로 나라를 흥하게 할 수 있다 하니, 그러한 것이 있습니까?〔一言而可以興邦, 有諸?〕"라고 하니, 공자가 거기에 대해 답한 말이다.

운 줄 알고 신하가 신하 노릇 하기 쉽지 않은 줄 안다면, 나라를 흥기시키는 도는 이루기 어렵지 않을 것입니다. 가산(賈山)이 말하기를, "진(秦)나라에 열 가지 실책이 있는데 그중 하나가 여전히 남아 있으니, 옥사를 다스리는 아전이 이것입니다."[22]라고 하였으니, 한 문제(漢文帝)의 관용과 어짊으로도 진나라를 패망케 한 실책이 여전히 있는 것은 구습(舊習)은 끝내 변화시키기 어렵기 때문입니다. 오늘날의 급선무는 인심을 진정시키고 그들의 의구심을 안정시키는 데에 달려 있습니다. 현명하고 훌륭한 이를 임용한다면 인심은 절로 진정될 것이고, 형벌이 제대로 시행되면 의구심이 저절로 사그라들 것입니다. 전하께서 즉위한 이래로 현명하고 훌륭한 이들이 다 천거되었지만 인심이 쉽게 진정되지 않은 것은, 임무를 맡기는 데에 적절한 방도를 얻지 못했기 때문이고, 형벌이 공평한데도 의구심이 사그라들지 않는 것은 등용이 간혹 중도를 잃었기 때문입니다. 현명한 이를 등용하는 것은 예의와 격식으로 하는 공경에 있지 않고 성의(誠意)로 하는 믿음에 있으니, 성의가 미더워 감응한 후라야 남김없이 말을 다하여 바야흐로 그 온축한 것을 다 드러낼 수 있습니다.

지금의 현명한 재상 중에 뭇 사람들이 복종하는 자들은 모두 대관(臺館)과 전관(銓官)에 있는데, 전하께서 대우하는 것이 또한

22 가산(賈山)이……이것입니다 : 가산은 한 문제(漢文帝) 때 사람으로, 진나라의 사실을 끌어다가 치란의 도를 논하는 글을 올린 것이 있으니, "가산이 상주하여 치란의 도를 말함에 진나라의 일을 빌려 비유로 삼았으니 '지언'이라 한다.〔賈山上書, 言治亂之道, 借秦爲喩, 名曰至言.〕"라는 말이 있다. 《漢書 卷51 賈山傳》

지극하여 그보다 더할 수 없습니다. 그러나 잘하는 이와 잘하지 못하는 이에 대해 내쫓고 등용하는 것, 형벌과 상을 공평하게 시행하는 것 등에 이르러서는 재상이 담당하지 않아 신하들이 말하기 어려운 것은 곧 재상 또한 다 말하기 어렵습니다. 이로써 살펴보자면 전하께서 어진 재상을 임용하는 데에 예의와 격식을 갖추는 것은 충분하지만 진심이 부합하여 감응함이 지극하지 못할까 두렵습니다. 조정에서의 사형과 유배에 대한 법안은 한결같이 나라 사람들의 말을 따르고 있어서 근래의 논의들은 한결같이 너그러운 은전〔寬典〕을 따릅니다. 사방의 백성들이 모두 전하의 어진 명성에 감복하면서도 의구심이 오래도록 사그라들지 않으니, 또 아마 지극히 공정한 가운데 혹 형적(形迹)과 본심이 다 환히 밝지 못한 점이 있어서 의구심이 점점 많아지고 원망과 비방이 마구 생겨나, 범법자가 많아져 형옥(刑獄)이 부득불 번다해질까 두렵습니다. 형옥이 갈수록 많아지고 의구심이 갈수록 불어나는 것은 인심을 진정시키는 방법이 아닙니다.

한 고조(漢高祖)가 흥기하여 천하가 크게 안정되니 감히 다른 마음을 품는 이가 없었는데, 모래밭에서 쑥덕거리는 말[23]을 고조가 근심하여 장량(張良)에게 물으니, "폐하가 봉한 이들은 모두

23 모래밭에서 쑥덕거리는 말 : 한 고조(漢高祖) 유방(劉邦)이 항우(項羽)를 패망시켜 한실(漢室)을 창립하고서 공신(功臣) 20명을 봉작(封爵)할 때에 불평하는 자가 모래밭에서 쑥덕거리면서 하는 말을 듣고 "이 무슨 말인가?"라고 물으니, 장량이 "지금 폐하께서 천자가 되어 봉한 이들은 모두 친구이고 죽임당한 이들은 모두 원수이니, 불평하는 이들이 서로 모여 모반을 하는 것입니다."라고 대답하였다. 《史記 卷55 留侯世家》

소하(蕭何) 조참(曹參)의 친구들이고, 폐하가 죽인 이들은 모두 평생 미워하고 증오한 이들입니다. 이들은 의심받다가 죽임을 당할까 절로 두려워하기 때문에 서로 모여 모반하는 것입니다."라고 하였습니다. 이에 장량의 계책을 듣고 먼저 옹치(雍齒)[24]를 봉한 뒤 공훈을 정하고 분봉(分封)을 행하니 사람들이 절로 안정되었습니다. 한신(韓信)이 피소되었을 때 한 고조가 유람하는 척하면서 한신을 잡아[25] 열후(列侯)로 강등시키자 공신들은 절로 의심하면서 서로 잇달아 반역을 도모하니 주벌하는 재앙이 매우 극심해졌습니다. 소하(蕭何)가 스스로를 더럽힌 것[26]과 장량(張良)이 곡식을 먹지 않았던 것[27]은 모두 의심을 받았던 데에서 나온 행동입

24 옹치(雍齒) : 항우(項羽)의 장수로서 여러 번 유방을 곤경에 빠지게 하여, 유방은 옹치를 가장 미워하였다. 하지만 그는 항우가 패한 뒤 유방에게 귀순하였다. 그 뒤 유방이 공신 20여 명을 봉해 주고, 나머지 장수들에게는 봉지를 받지 못한 데 대한 불안을 불식시키기 위해 장량의 계책에 따라 옹치를 십방후(什方侯)에 봉해 주었다. 《史記 留侯世家》

25 유람하는……잡아 : 한 고조는 초왕(楚王) 한신(韓信)이 모반한다는 보고를 받고, 진평(陳平)의 계책을 따라 거짓으로 운몽(雲夢)에 놀러가는 척하여 제후들을 진(陳)에 모이도록 하고 거기에 온 한신을 붙잡았다. 《史記 卷8 高祖本紀》

26 소하(蕭何)가……것 : 소하는 한 고조의 개국공신 중 한 명이다. 한 고조가 관중(關中)에서 인심을 얻고 있는 소하를 의심하자, 이를 간파한 어떤 사람이 소하를 위하여, "스스로 명예를 더럽히는 일을 하여 자구(自救)하기를 꾀하라."라고 충고하였다. 소하는 이 말을 받아들여 헐값으로 백성들의 전지(田地)를 강매(强賣)하여 백성들의 원망을 샀던 일을 말한다. 《漢書 蕭何傳》

27 장량(張良)이……것 : 장량은 한 고조의 책사로, 고조를 도와 천하를 통일하고 나서는, 고조에게 죽임을 당할까 염려하여 도인법(導引法)을 배우고 곡식을 먹지 않고 지내는 벽곡(辟穀)을 익혀 은거하였다. 《史記 留侯世家》

니다. 조정에서 긴요한 계책을 내는 신하 또한 스스로 안정될 수가 없건만 다른 것은 오히려 어찌 말하겠습니까. 한 고조의 큰 도량으로도 한 번 의심하고 한 번 믿는 사이에 인심의 동향이 이와 같이 현격하게 달랐던 것은, 진심을 미루어 재능 있는 자에게 임무를 맡기는 것이 같지 않기 때문입니다.

이제 막 큰 난리가 겨우 안정되었는데도 외환(外患)이 매우 극심합니다. 광무제(光武帝)가 사적 문서를 불태워 반측(反側)한 이들을 안정시킨 것[28]처럼, 숨은 죄를 묻지 않고 인심을 안정시키는 데에 힘쓰기를 마땅히 먼저 해야 합니다. 만약 형벌을 엄중히 하고 세밀하게 살펴서 병통의 뿌리를 통렬하게 끊어 내고자 하신다면, 의심할 만한 이들을 이루 다 주벌할 수가 없습니다. 그렇게 되면 사람들은 더욱 두려운 마음을 품어 비방이 불어날 것이고, 반역을 일삼는 무리들은 때를 틈타 선동하여 연루된 재앙이 미치지 않는 곳이 없을 것입니다. 전하께서 불길과 물에 빠진 이를 구제하는 뜻이 인심에 부합되지 않아 사람들은 모두 "폐조(廢朝)의 역옥(逆獄)이 지금도 아직 그치지 않았구나."라고 할 것이니, 가산이 이른바 "진나라의 실책이 여전히 남아 있다."라는 것이 불행

28 광무제(光武帝)가……것 : 두 마음을 품고 불안해하는 사람을 안정시킨다는 뜻이다. 왕망(王莽)의 신(新)나라가 망하고 혼란한 시기에 왕랑(王郞)이 성제(成帝)의 아들이라 칭하며 한단(邯鄲)에 도읍을 정하였는데, 후한(後漢)의 광무제(光武帝)가 한단을 함락시키고 왕랑을 주살하였다. 그곳에서 이인(吏人)이 왕랑과 결탁하여 광무제를 헐뜯은 문서 수천 장을 수습하였으나, 광무제는 살펴보지도 않고 여러 장수들을 불러 놓고 불태우며 "반측하는 무리들로 하여금 스스로 안심하게 하라.〔令反側, 子自安.〕"라고 한 데서 나온 말이다. 《後漢書 卷1 光武帝紀》

스럽게도 여기에 가깝습니다.

신은 또한 삼가 듣건대, 훈척(勳戚) 중신(重臣)이 인성군(仁城君) 공(珙)의 극악한 죄를 차자(箚子)에 진술하여 임금을 망각하고 의리(義理)를 뒤로 한다는 이유로, 입을 다물고 있는 삼사(三司)를 통렬히 배척하였다[29]고 합니다. 자식으로서 모후(母后)의 폐위를 청하는 것은 진실로 천하의 극악한 죄이니 마땅히 거듭 발생되는 공론을 입어야 하건만 지금 이를 논죄하지 않고 죄가 없는 것처럼 하고 있습니다. 이귀(李貴)의 말은 진실로 신하로서 곧은 논의이고, 입을 다물고 있는 삼사 또한 그 책임을 사양할 수 없습니다. 신 또한 삼사의 한 관료로서 한창 탄핵을 받고 있는 중에 있으니 어찌 그 사이에서 이의를 제기할 수 있겠습니까.

다만 가만히 삼가 생각건대, 우리나라의 왕자는 오로지 조정에서 논의에 참여하지 않는데 폐조(廢朝)에서는 종실을 몰아붙여 그들로 하여금 대궐문 앞에 엎드리게 한 뒤, 한 번이라도 따르지 않는 경우가 있으면 역당(逆黨)으로 다스리고 있습니다. 의심하고 꺼리는 마음을 일찍이 인성군에게서 잠시도 놔두지 않아 처자식이 죽임을 당하는 재앙이 아침이 아니면 저녁에 일어났으니, 다만 도마 위에 놓인 한 점의 고기일 뿐입니다. 만약 신하들의 뜻을 논하게 되면 이 몸은 죽을 수 있어 이 논의를 시행할 수 없습니다.

29 인성군(仁城君) 공(珙)의……배척하였다 : 인성군 공은 선조의 후궁 정빈(靜嬪) 민씨(閔氏) 소생이다. 광해군 때 폐모론에 동조했기에 인조가 즉위한 뒤 처벌할 것을 주장하였는데 인조가 허락하지 않았다. 1624년 이괄의 난 때 역적의 공초에서 인성군의 이름이 거론되었는데, 인조가 즉시 처벌하지 않자 삼사 관원들이 인성군을 유배 보내기를 청한 일이 있다.

인성군이 벌벌 떨면서 근심하고 두려워하면서 겁을 먹고서 어찌 할 줄 몰라, 감히 이오(夷吾)가 포(蒲) 땅으로 달려간 것[30]처럼 하지 못하고, 또 신생(申生)이 팽형(烹刑)을 기다린 것[31]처럼 결행하지 못한 채 숨어서 참으며 무리를 지어 감히 패역한 글을 올렸던 것입니다. 본심을 캐어 보면 당시 의논에 억지로 끌어다 붙인 것이 아니고, 그 행한 바를 논해 보면 막대한 죄를 자신이 짊어진 것이니, 삼사(三司)의 탄핵을 어찌 면할 수 있었겠습니까. 다만 당초 반정한 뒤에 원흉과 매우 간사한 이들은 모두 주살되었고 협박에 복종한 무리들은 모두 사면을 받았거늘, 더구나 여러 왕자는 겨우 물불의 재앙에서 벗어나 숨을 헐떡이며 아직 안정치 못하고 있습니다. 지금 만약 이미 지난 죄를 뒤늦게 논하여 일체의 법으로 묶어 버린다면, 종실의 친인척들 가운데 스스로 허물을 짊어지게 된 이들은 모두 다 의구심을 품어 스스로 안정할 수 없으니, 전하께서 죽은 이를 조문하고 그 죄를 따져 물어 종족들을 위안하는 뜻에 어긋날까 두렵습니다.

어제 삼가 성상의 비답(批答)에서 성대한 윤음(綸音)이 지극한 정성에서 흘러나왔음을 보았으니, 이른바 '진심을 미루어 사람의

30 이오(夷吾)가……것 : 춘추 시대 진 헌공(晉獻公)이 여융(驪戎)을 정벌하고 여희(驪姬)를 얻었는데, 여희를 몹시 총애하여 그녀가 낳은 해제(奚齊)를 태자로 세우고자 하였다. 그래서 태자인 신생을 곡옥(曲沃)으로 내보내고, 다른 아들인 공자(公子) 중이(重耳)는 굴(屈)로, 이오(夷吾)는 포(蒲)로 보냈다. 《春秋左傳 僖公5年》

31 신생(申生)이……것 : 춘추 시대 진 헌공의 태자 신생이 계모 여희(驪姬)의 참소를 입고 죽게 되었으나 도망하라는 권유를 물리치고 자신의 누명을 밝히지 않은 채 팽형(烹刑)을 기다렸다. 《春秋左傳 僖公4年》

뱃속에 넣어[32] 귀신을 이르게 하고 인심을 감동시키는 도'라는 것이 바로 여기에 있었습니다. 인성군 공 또한 응당 감격하여 눈물을 흘리면서 죄를 뉘우치며 죽으려고 하느라 겨를이 없습니다.

지난번 대간들과 분소(分疏)[33]한 말 가운데 분개하며 불평스런 기운이 많이 있었고, 숙부라는 호칭 또한 원성(元聖)이 백금(伯禽)에게 경계한 가르침[34]을 잘못 인용하여 망녕되이 군부(君父)에게 고하는 말에서 발설하여 거듭 대간의 탄핵을 입었던 것은, 또한 스스로 취한 것이지만 그 본심을 따져 본다면 오히려 용서할 만합니다. 옛날 조귀선(趙貴先)이 주자(朱泚)에게 핍박받아 거짓 작위를 받자 육지(陸贄)가 그의 죄를 풀어 줄 것을 요청하였고,[35] 이백(李白)이 영왕 인(永王璘)에게 협박받아 참람된 제도를 글로

32 진심을……넣어 : 후한(後漢) 광무제(光武帝)가 동마(銅馬)와 싸울 때 이미 항복한 자들이 불안해하자 직접 말을 타고 부대를 순시하였더니, 항복한 자들이 서로 "소왕이 진심을 미루어 남의 뱃속에 넣어 주었으니, 어찌 목숨을 바치지 않을 수 있겠는가.〔蕭王推赤心置人腹中, 安得不投死乎.〕"라고 한 데서 나온 말이다. 《後漢書 卷1 光武帝紀》

33 분소(分疏) : 조목조목 나누어 해명한다는 말로, 어떤 사안에 대해서 사실을 분명히 밝히기 위해서 올리는 상소를 말한다.

34 원성(元聖)이……가르침 : 원성(元聖)은 주공(周公)을 말하니, 주공이 아들 백금(伯禽)을 경계하여 "나는 문왕의 아들이고 무왕의 아우이고 성왕의 숙부이니, 나는 천하 사람 중에 또한 천하지 않은 사람이었다.〔我文王之子, 武王之弟, 成王之叔父, 我於天下亦不賤矣.〕"라고 한 가르침을 말한다. 《史記正義 卷33 魯周公世家》

35 조귀선(趙貴先)이……요청하였고 : 당(唐) 육지(陸贄, 754~805)는 주자(朱泚)의 난을 만나 봉천(奉天)에 포위되어 있을 때 내상(內相)으로 시종하여, 임금을 위해 많은 조서를 쓰고 상주문을 올렸다. 육지의 글은 모두 사정을 곡진하게 나타내고 시의(時宜)에 잘 들어맞았다고 한다. 《舊唐書 卷139 陸贄列傳》

쓰자 당시 사람들이 그의 유배를 안타까워하였습니다.[36] 만약 그들이 저지른 핍박과 협박의 사정을 용서하여 적을 따랐던 죄를 바로잡지 않았더라면, 이 두 사람이 어찌 사형의 죄에서 벗어날 수 있었겠습니까.

지금 훈신들이 법안을 요청한 것은 명분을 중시한 것이고, 전하께서 뜻을 굽히어 보전하심은 지극한 인(仁)을 미룬 것입니다. 만약 이 마음을 잘 미루어 시종 두 마음을 품지 않을 수 있다면 인심이 절로 복종하고, 지극한 윤택이 두루 퍼질 것이니 국가의 끝없는 아름다움은 실로 여기에서 기반합니다. 신은 움츠리고 엎드린 채 끙끙거리고 아파하면서 물러나길 요청하는 것이 한창 다급함에도, 어리석고 망녕된 말이 모두 임금께서 제게 물어 주신 것 이외에까지 이르렀으니, 또한 임금을 사랑하여 자신을 속이지 않는 심중에서 나온 것입니다. 삼가 원하옵건대 성명(聖明)께서는 신의 고질병을 가련히 여기시고 신의 우매함과 간절함을 살펴 주시어 직분을 교체하여 저의 성의를 받아 주시옵소서.

36 이백(李白)이……안타까워하였습니다 : 당나라 이백이 일찍이 영왕 인(永王璘)의 요좌(僚佐)가 되었던바, 영왕이 군사를 일으켰다가 패함으로써 이백 또한 죽음을 면치 못하게 되었는데 곽자의(郭子儀)의 도움으로 죽음을 면하고 야랑(夜郎)으로 유배를 가게 된 일이 있다. 《新唐書 卷202》

승급된 품계를 사양하는 소 갑자년(1624, 인조2) 4월

辭陞秩疏 甲子四月

삼가 생각건대 신은 3월 상순(上旬) 영중(嶺中)에 있을 때 이·병비(吏兵批)[37]에 준하여 가자(加資)하여 서용(敍用)한다는 명이 있었고, 이어 부호군(副護軍)의 직분을 제수하시니, 은전과 대우가 문득 지극하여 어리석은 제 마음이 놀라고 두려웠습니다. 다만 신은 평소 냉비증(冷痞症)을 앓는 데다 더위로 인한 설사병이 더해져 병상에서 시들어 가며 실오라기처럼 숨쉬고 있었기에, 행장을 바삐 꾸려 조정에 나아가 삼가 사은숙배의 예를 펼칠 수가 없었습니다. 이에 이달 중순에 병을 무릅쓰고 길에 올랐지만 여름비에 몸이 축이 나자 숙병이 점차 심해져 한 걸음씩 전진하다가 13일이 지난 뒤에야 비로소 도성문 밖에 이를 수 있었습니다. 그런데 또다시 며칠을 누워 지내느라 사은의 명을 연기한 것이 이에 이르렀으니 신의 태만한 죄는 피할 데 없습니다. 또한 신은 이에 대해 더욱 크게 편치 않은 점이 있습니다.

가만히 생각건대 신은 재주가 쓰기에 부족하고 학문은 경서에 능통하지 못한데, 다행스럽게도 성대(聖代)를 만나 수서(收敍)[38]하심을 입어 높은 벼슬에 두셨지만, 이에 일 년이 되도록 성은에 조금도 보답하지 못하였으니 쫓겨나는 것이 마땅합니다. 그런데

37 이·병비(吏兵批) : 이조와 병조에서 주청하여 임금의 비답을 받는 벼슬을 말한다.

38 수서(收敍) : 죄가 있어 면직된 이들을 거두어 모아 다시 서용하는 것을 말한다.

마침 도적의 반란이 있어 서쪽을 정벌하라는 명을 받아 장수와 군사에게 전투를 독려함에 직분을 받들었지만 효과가 없습니다. 더구나 군문(軍門)을 절제함에는 체찰부사(體察副使)가 있고, 여러 장수를 호령함에는 도부원수(都副元帥)가 있으며, 병사를 조련하고 식량을 공급함에는 순찰사(巡察使)·관향사(管餉使) 등 여러 사신이 담당하고 있으니, 신은 그 사이에서 남아도는 한 명의 관원에 불과합니다. 결국 강관(江關)을 진압하여 날뛰는 적들을 저지하지 못하고 마침내 도성을 수비하지 못함에 이르게 되어 전하의 수레가 도성을 떠나 피난하였으니, 남쪽을 바라보며 가슴을 쓸어내리지만, 다만 옷깃 가득 핏자국만 있을 뿐입니다. 임금에게 신하가 있는 것은 바로 위급하고 혼란한 시기에 쓰고자 하는 것입니다. 그런데 위기를 보고서도 제수의 명을 내리지 못한다면 오히려 나라에 신하가 있다고 말할 수 있겠습니까. 다행스럽게도 종사(宗社)가 묵묵히 보우하사 역적의 괴수가 죽음을 당함에 힘입었으니, 이는 실로 천지신명이 도와 순조롭게 해준 결과이고, 장수와 병사들이 혈전을 벌인 공로입니다. 수수방관하던 신이 무슨 한마(汗馬)[39]의 공로가 있어서 상을 내리는 반열에 참여할 수 있겠습니까.

또한 신은 정월 26일에 피난 행차에 대한 논의가 있다는 소식을 들었습니다. 대신이 신을 불러 면전에서 제수하고 해당 관청에 분부하여 종묘와 사직 양전(兩殿)을 강도(江都)에 먼저 받들도록 하였습니다. 신은 그것의 불가함을 극력 진술하였고, 청대(請對)

39 한마(汗馬) : 말이 땀을 흘릴 정도로 부지런히 전장(戰場)을 누빈 수고를 말한다.

에 이르러서도 또한 저의 보잘것없는 충심을 진달하자 그 일이 마침내 중지되었습니다. 그 도적이 교기(郊畿)에 닥치던 날 갑자기 남행(南幸)의 계획을 결행하였으니, 다급하고 위태로웠던 상황을 차마 말하기 어렵습니다. 신의 그릇된 계책은 비록 국가를 위한 마음에서 나온 것이었지만 그것이 군부에게 위태로운 재앙을 끼치게 되었으니 신은 실로 죄를 면하기 어렵습니다. 생각이 여기에 미치니 꿈에서도 놀라고 먹다가도 목이 멥니다. 전후로 저버린 죄는 있고, 기록할 만한 조금의 공로가 없는데도 상을 내리는 은전의 반포가 있으니 신은 실로 부끄럽습니다.

또한 신이 듣건대 벌을 행할 때는 신분이 귀하고 자신과 가까운 이를 먼저 하고, 신분이 낮고 자신과 멀리 있는 이를 뒤에 하며, 상을 내릴 때는 낮고 멀리 있는 이를 먼저 하고, 귀하고 가까운 이를 뒤에 한다고 합니다. 신은 비록 신분이 미천하고 전하와 먼 곳에 있지만 일찍이 외람되이 가까이서 모셨습니다. 오늘날 힘써야 할 것은 전사들을 장려하고 면려하시는 것보다 급한 것이 없습니다. 상처를 동여맨 병사에게는 그 노고에 아직 보상도 하지 않았는데, 갑자기 죄를 지은 채 공효가 없는 저에게 관직을 내려 총애하여 발탁하시니, 어찌 사졸들의 체면을 풀어 주지 않아서 대신들의 비판을 초래하시는지요. 삼가 바라옵건대 성명께서는 승질(陞秩)의 명을 다시 거두시어 전진(戰陣)의 사졸들에게 베푸시고, 공로가 없는 신으로 하여금 그 분수를 편히 할 수 있게 해 주신다면 공적으로나 사적으로나 매우 다행이겠습니다.

대사성을 사직하는 소 을축년(1625, 인조3)

辭大司成疏 乙丑

삼가 생각하옵건대 성군(聖君)이 사람을 등용할 때에는 반드시 그 사람의 재주를 따라야 하고 그가 할 수 없는 것을 억지로 하게 하지 않나니, 쓰임이 기량에 적합하지 않으면 실패에 이르지 않음이 드뭅니다. 지금 치화(治化)의 흥망성쇠는 선비의 습관〔士習〕에 관계가 있고, 사습의 순후 경박은 사표(師表)에 달려 있으니, 반드시 경전에 능통하여 박아(博雅)하며 문학(文學)에 순정한 사람을 얻은 뒤라야 바야흐로 많은 선비들의 모범이 되어 사습을 크게 변화시킬 수 있습니다. 지난번 성상께서 그 직분에 대해 어렵고 신중히 하여 당시의 인재를 매우 정선(精選)하셨던 것은 정히 사표로 삼을 사람을 얻어 들떠 있는 시속을 진정시켜 번성할 방도를 다하려는 것이었으니, 어찌 우연이었겠습니까. 이 직분을 차지하는 것은 비록 정엽(鄭曄)[40] 같은 원로 학자와 장유(張維)[41]의 문아함으로도 오히려 또한 스스로 비교해 보니 위축되거늘, 하물며 신은 재분(才分)과 학식이 보통 사람보다 매우 뒤처져 있으

40 정엽(鄭曄) : 1563~1625. 본관은 초계(草溪), 자는 시회(時晦), 호는 수몽(守夢)이다. 송익필(宋翼弼), 성혼(成渾), 이이(李珥)의 문인이며, 1583년(선조16) 문과에 급제하였다. 대사헌, 우참찬 등을 역임하였다. 저서에 《수몽집(守夢集)》이 있다.

41 장유(張維) : 1587~1638. 본관은 덕수(德水), 자는 지국(持國), 호는 계곡(谿谷)이다. 조선 중기 사대가(四大家) 중의 한 사람이다. 저서에 《계곡집(谿谷集)》, 《계곡만필(谿谷漫筆)》, 《음부경주해(陰符經註解)》 등이 있다.

니 어찌 감히 뻔뻔한 얼굴로 대신 나무를 깎다가 손을 다치고서도[42] 돌아보지 않겠습니까.

무릇 못하는 것을 숨기고 잘하는 것을 과시하면서 헛된 명성을 훔치는 사람은, 혹 한때를 속이면서 화려한 요직을 두루 역임할 수는 있겠지만, 사도(司徒)의 직분에 이르러서는 풍교(風敎)가 관계된 것이니 스승의 자리 위에 엄연히 서서 사방의 선비들에게 모범이 되어야 합니다. 그러니 실천해서 스스로 터득한 힘이 있지 않으면 헛된 명성과 겉모습만으로 세세하게 말하면서 선비들의 추향이 바른 데로 돌아가길 바랄 수는 없습니다.

신이 터득한 능력은 신이 진실로 스스로 알고 있습니다. 이미 학문의 공이 없고 또한 글재주가 부족하니, 비록 못하는 것을 숨기고 싶더라도 그 못난 부분이 더욱 드러나 버리고, 비록 잘하는 것을 과시하고 싶더라도 무능함이 드러나게 됩니다. 한 홉만큼의 하찮은 식견이 나날이 더욱 아득해지고 질병이 깊어 고질이 된 나머지, 정신이 혼미하고 흩어집니다. 하찮은 저의 나이는 이미 60세를 넘어서 영원히 취생몽사(醉生夢死)한 사람이 되어 다시 깨어날 길이 없으니, 가만히 스스로 슬피 탄식하기에도 또한 오히려 겨를이 없습니다. 사석(師席)에서 경전을 읽는 사람은 세상에 절로 마땅한 사람이 있기 마련인데 어찌하여 수많은 선비들로 하

42 대신……다치고서도 : 《노자(老子)》 제74장에 "훌륭한 목수를 대신해 나무를 깎으면 손을 다치지 않는 이가 거의 없다.〔夫代大匠斲者, 希有不傷其手矣.〕"라고 한 데서 온 말로, 감당하기 어려운 일을 남을 대신하여 맡다가 낭패를 당하는 경우를 비유한 것이다.

여금 맹인에게 길을 물어 여론의 비웃음을 초래하고 전하의 역복(棫樸)[43]의 성대한 교화를 저버리게 한단 말입니까. 삼가 원하옵건대 성명께서는 신의 진심을 살펴 주시어 속히 관직을 교체하라는 명을 내려 주시고, 별도로 견문이 넓은 훌륭한 선비를 택하시어 교도(敎導)의 임무를 내리신다면 지극한 다행스러움을 이기지 못할 것입니다.

비답하시기를, "그대의 재주와 학식은 진실로 이 직임에 부합하니, 사양하지 말라."라고 하셨다.

43 역복(棫樸) : 《시경》 〈역복(棫樸)〉에 "더부룩한 떡갈나무를 베어다가 불을 때도다. 아름다운 문왕의 덕을 사방이 우러러 받들도다.〔芃芃棫樸, 薪之槱之. 濟濟辟王, 左右趣之.〕"라고 한 데서 가져온 것으로, 이 시는 문왕(文王)의 덕을 노래한 시이다.

또 대사성 겸 승문원 부제조를 사직하는 소

又辭大司成兼承文副提調疏

삼가 생각건대 신은 더럽고 천한 자질을 가진 먼 지방의 한미한 몸으로, 재주는 조금도 뛰어난 것이 없고 학식은 조금도 얻은 것이 없습니다만, 다행스럽게도 청명한 시대를 만나 성상의 은총을 만나게 되었습니다. 감히 보잘것없는 몸으로 청현직(淸顯職)의 반열에 참여할 수 있었던 것이 이미 분수를 넘어섰기에 항상 매우 송구스럽고 두려웠습니다. 더구나 이번 사석(師席)의 우두머리 자리는 결코 신의 몸으로 감당할 바가 아니고, 질병 또한 따라 침투하여 기력이 날이 갈수록 시들어 가고 있으니, 사정을 아뢰어 임금을 누차 번거롭게 해 드렸습니다만 끝내 윤허받지 못했습니다. 스스로 생각건대 보잘것없는 신은 이미 취할 만한 한둘의 재주조차 없는데도 아껴 주시는 남다른 대우를 외람되이 입어 임금을 크게 속여 차지해서는 안 될 자리를 오랫동안 훔치고 있으니, 감격하고 두려워하는 마음이 더욱 극심하여 몸 둘 바를 모르겠습니다.

신은 가만히 엎드려 생각건대, 한 마디〔寸〕로는 한 자〔尺〕의 길이를 잴 수 없고, 절름발이는 빨리 달릴 수 없으니, 감격스러움이 비록 깊다 해도 은혜에 보답할 방법이 없습니다. 다만 생각건대 밤낮으로 태만하지 않고 섬길 바를 삼가 지킨다면 거의 전하를 속인 죄를 조금이나마 속죄할 수 있겠지만, 포류(蒲柳)같이 쇠잔한 저의 자질은 가을을 바라보기만 해도 먼저 떨어지고 말아[44] 나이 60세를 겨우 넘기자 갑자기 팔순 노인처럼 쌓인 병으로 더욱 노쇠해져서 수척함이 날로 심해집니다. 풍냉증(風冷症)은 주로 심복부에 있어서 위로 부딪치면 산궐증(疝厥症)이 되고 속에서 막히면 천식이 되며, 밖으로 느껴질 때는 등에 오한이 생기고 안으로 맺힐 때는 가슴의 통증이 되며, 바람이 잦아들 때면 머리가 어지럽고 습기가 침투하면 무릎이 시립니다. 한 사악함의 뿌리에 온갖 사악함이 서로 침투하여, 번갈아 가며 서로 병이 되어 무시로 발작하니, 원기는 날마다 깎이고 정신은 날마다 혼미해지며 비위는 날마다 망가지고 혈맥은 날마다 말라 갑니다. 이렇게 시들어 가는 처지에 이르고 보니, 생각건대 아무 일 없이 조용히 누워 지내면서 추위와 더위를 삼가 조절하고 따뜻한 국물을 조리해 복용한다면, 아마 조석 간의 목숨을 구차히 보전할 수 있을 듯합니다.

그런데 이번 여름은 더운 열기가 배로 심한 데다 또 조사(詔使)의 왕래를 맞아 의례(儀禮)의 반열에서 분주하게 접대하느라 여가를 내어 쉴 경황이 없었습니다. 답답함과 무더위를 견딜 수 없어 냉수를 마셔 시원함을 느끼려다가 오랜 설사병을 초래한 끝에 산증이 또 재발하였습니다. 지금 만약 경계하지 못해 간호에 실패하게 된다면 죽을 날이 얼마 남지 않게 될 듯합니다. 부득불 소장을 올려 체직을 요청함이 한 번 두 번에서 세 번에 이르자 가급유(加給由 휴가를 더 주는 것)의 명이 또 꿈에서도 생각지 못한

44 포류(蒲柳)같이……말아 : 늙고 쇠하여 허약한 체질을 비유하는 말이다. 진(晉)나라 고열지(顧悅之)가 간문제(簡文帝)와 동갑이었는데도 이른 나이에 머리칼이 하얗게 셌다. 황제가 그 이유를 물으니 "신은 포류와 같은 체질이라서 가을이 가까워지기만 해도 벌써 낙엽이 지고 맙니다.〔蒲柳之姿, 望秋而落.〕"라고 답한 데서 유래하였다. 《世說新語 言語》

데에서 내려오니, 지극한 감격과 두려움에 저의 민망함이 또한 지극합니다. 오직 마땅히 죽음을 참고 직분에 이바지해야만 하니 감히 다시 드릴 말씀이 없습니다. 수척해지고 시들어 가는 제가 부지런히 힘쓰는 것은 실로 어려우니, 사유(師儒)의 중요한 자리를 어찌 오랫동안 비워 두는 것이 마땅하겠습니까. 또한 삼가 듣건대 광주(廣州) 온천에는 질병을 고친 이들이 매우 많다 하는데, 신 또한 일찍이 목욕하여 이 산증을 치료하여 혹 조금의 차도를 보았으니, 원하옵건대 이미 시험해 본 방법으로 천분의 일의 효과를 볼 수 있기를 바라옵니다. 삼가 원하옵건대 성상께서는 저의 작고 간절한 진심을 굽어살펴 주시어, 신의 직명 및 겸직하고 있는 승문원 부제조를 교체하시어 신으로 하여금 잠시 무거운 짐을 벗고 편안한 마음으로 온천에 가서 잠깐의 숨을 연장할 수 있게 해 주신다면, 성은이 젖어드는 곳에 죽은 풀이 다시 살아나는 듯할 것이니, 크나큰 다행스러움을 어찌 견딜 수 있겠습니다.

비답하시기를, "소장을 살펴보니 그대의 진심을 잘 알겠노라. 그대는 마땅히 사양하지 말고, 몸을 잘 조섭한 뒤에 직임을 살피라."라고 하였고, 이어서 전교(傳敎)하기를, "휴가를 주어라."라고 하셨다.

강원 감사 재임 시에 올린 소
江原監司時疏

삼가 생각하옵건대, 백성의 직분은 오직 토지에서 식량을 내고 부지런히 농사를 지어 곡식과 마사(麻絲)를 소출하여 그 윗사람을 섬기는 데 있고, 윗사람의 정령(政令)은 오직 경계(經界)를 바르게 하고 민산(民産)을 제어하여 상하의 공부(貢賦)를 정해서 백성이 생업으로 삼도록 하는 데에 있습니다. 백성은 세금 내지 않는 전답(田畓)을 갈아 먹을 수 없고, 윗사람은 전답 없는 백성의 세금을 독촉할 수 없습니다. 법이 오래되어 폐단이 생겼으니, 전답에 정해진 제도가 없고 부세에 정해진 법식이 없어 혼조(昏朝)에 이르러 무너져서 어지러워진 것이 극에 달하였습니다.

나라가 다시 일어난 뒤로, 백성을 구제하는 정책에 겨를이 없는데도 백성들은 수화(水火)의 재앙에서 멀리 벗어난 줄 모르고, 조세를 견감해 주는 명령이 누차 내려와도 백성들은 성군의 은택을 흠뻑 입은 줄 모르는 것은, 전결(田結)을 허위로 기록하고 조세를 포탈〔逋欠〕하여 착실하게 탕척(蕩滌)하지 못했기 때문입니다. 지금 백성들이 애타게 부르짖고 마음으로 애통해하느라 찬미하던 노래가 원망과 탄식으로 뒤바뀌어 버린 것은, 지난해 도탄에 빠졌을 때 어찌할 방법이 없어서 죽음을 참고 천명을 기다리며 원망해도 또한 스스로 살아날 수 없어서였습니다. 우리 임금께서 소생시켜 주신 뒤로 은택이 여러 번 내려와 백성들은 고개를 들고 눈을 비비면서 선정을 기대했습니다만, 탕척의 명령은 유명무

실하였습니다. 관리(官吏)가 겁을 먹고 일이 생길까 두려워하여 민간에 산재해 있는 것들로 모두 현록(懸錄 장부에 기록하는 것)하여 이미 받들어 올렸지만, 여러 해 누적된 포흠은 도고자(逃故者 도망자와 물고자)와 무족자(無族者 친족이 없는 자)에게 징수를 요구하여 처리할 방법이 없습니다. 관(官)에서 빈 장부를 끌어안은 채 해마다 강제로 납부를 추궁하면, 혹 토지가 조금 비옥하고 관부(官府)가 넉넉한 고을 같은 경우는 혹 애써 거두어 보충하여 점차 수량을 채울 수 있습니다.

그러나 강원도는 잔패한 산이 있는 군으로 척박한 돌밭인지라, 여러 고을에 형세를 이루는 곳이 없고 백 리 안에 연기가 피어오르는 마을이 적은데, 당장의 책응(策應)으로 공급할 수 있는 계책이 없으니 포탈한 세금을 충당시킴에 그 책임이 어디에서 나오겠습니까. 이는 거꾸로 매달린 이를 풀어 주었지만 아직 형틀에서 벗어나지 못한 것과 같으니, 백성들이 희망을 잃고 부르짖으면서 원망하는 이유입니다. 지금 한갓 빈 장부만 끌어안고서 아무런 이득 없이 원망만 초래하기보다는, 한 명의 친족도 없는 자, 도망자, 물고자 등의 빈 문서를 조사하여 실제를 따라 탕척하는 것을, 모여 약속해서 문서를 불태워 백성들이 군주를 친하게 여기도록 한 풍환(馮驩)[45]처럼 하는 것이 낫습니다.

45 풍환(馮驩) : 춘추전국 시대 제(齊)나라 맹상군(孟嘗君)의 식객이다. 그는 맹상군의 심부름으로 설(薛) 땅의 빚을 거두러〔收債〕 갔다가 군명을 핑계하고 백성들이 변상해야 할 채권을 모두 합하여 불에 태워 버렸다. 맹상군이 화를 내자 풍환은 "설 땅 백성들로 하여금 공을 친애하도록 한 것입니다."라고 하였다. 뒤에 맹상군이 궁지에 몰려 설(薛)로 돌아갔을 때 백성들이 크게 환영하였다. 《十九史略通攷 卷1 春秋戰國時代》

전결(田結)을 허위로 기록한 데 이르러서는 이보다 심한 점이 있습니다. 조정에서는 속이고 숨기며 빠뜨리고 누락시키는 폐단을 염려하고, 수령은 그 결복(結卜)[46]이 축소된 죄를 두려워하여, 빈 장부를 늘리고 책망하면서 가렴주구(苛斂誅求)하니, 얻은 것이 적고 잃은 것이 큰 것은 팔도가 동일한데 강원도는 더욱 심합니다. 산이 높고 토지가 척박함으로써 백성들이 토지에 정착하지 못하고 새와 짐승처럼 무리 지어 살며, 화전(火田)을 생업으로 삼고 있습니다만 치여(菑畬)[47]가 겨우 무르익으면 지력(地力)도 따라 고갈되니 이를 버리고 다른 데로 가는 것을 마치 헌신짝 버리듯 합니다. 그러니 영세토록 전답을 지키는 자는 열에 겨우 한둘뿐입니다.

백성들은 전쟁을 겪고 또 토목공사의 부역에 고단하여 사람들은 날마다 뿔뿔이 흩어지고 전야(田野)는 날마다 버려져 황폐하여 한 도(道)의 호구(戶口) 전결(田結)을 다 합해도 남방의 한 큰 고을에 지나지 않습니다. 그러나 해당 관청에서는 단지 계묘년(1603, 선조 36) 양전(量田)의 안에 의거하여, 또 스스로 자백한 환기전(還起田)의 수를 책임지움에 증가는 있고 삭감은 없습니다. 사목(事目)이 엄준하여 외방(外方)의 관리(官吏)는 죄를 저지른 책임에 겁을 먹고서, 부득불 허결(虛結)을 늘려서 지난해의 수로 충당하고, 또

46 결복(結卜) : 조선 시대 토지 면적의 단위로 절대 면적이 아니라 수확량을 기준으로 한다. 양전척(量田尺)으로 1척 평방(平方)을 1파(把 : 줌)라 하고 10파를 1속(束 : 뭇), 10속을 1부(負 또는 卜 : 짐), 1백 부를 1결(結 : 목)이라 한다. 결복은 전지의 면적 또는 전세(田稅)를 의미하는 말로 사용된다.

47 치여(菑畬) : 민생의 근본인 전답(田畓)을 가리킨다. 금방 개간한 농지를 치(菑)라고 하고, 2년 된 밭을 신(新)이라 하고, 3년 된 밭을 여(畬)라고 한다.

결복(結卜)을 가기(加起)[48]하는 것으로 책임을 면하는 바탕으로 삼았습니다. 해당 관청의 산원(算員)이 장부를 가지고 서로 준거로 삼아 일결(一結) 일복(一卜)이 지난해보다 줄어 들면 관리는 죄에 저촉되었으나 벌 받지 않고 도리어 물러나니, 각 관에서 비록 실제에 따라 책자로 만들고자 해도 어찌할 수가 있겠습니까.

신이 여러 고을을 순회하면서 민정(民情)을 살펴보니, 원망과 고통을 호소하는 정황이 곳곳마다 모두 동일하였습니다. 수령(守令) 중에 백성의 일을 유념하여 개연히 폐단을 바로잡으려는 이는 몸소 간사한 이를 직접 적발하여 충분하게 조사하여 혹 면전에서 물어보기도 하고 혹 문건으로 보고받기도 하였습니다. 예를 들면 삼척 부사(三陟府使) 유시회(柳時會), 간성 군수(杆城郡守) 김상복(金尙宓), 이천 현감(伊川縣監) 유백증(兪伯曾), 양구 현감(楊口縣監) 권훈(權勛) 등과 같은 사람은 모두 나랏일에 마음을 다하여 조리 있게 처리하고 세밀하게 살핀 이들이니, 절대 털끝만큼도 백성들에게 은혜를 팔고 기뻐해 주기를 바란 이가 아닙니다. 실정과 폐단을 환히 진술하여 변통되기를 기대하고 있으니, 보고 드린 사연(辭緣)은 신이 감히 번거롭게 아뢰지 못하고 대개 이상과 같이 진술합니다.

신은 이 몇 고을의 일로 인하여 한 도(道)의 허실(虛實)의 수를 알고자 합니다. 이미 해마다 관례에 따라 수정한 안으로 수봉(收捧)한 한 건을 해당 부서에 보냈고, 또 지금 각 관리가 한결같

48 가기(加起) : 오래 묵혔거나 폐기되었다가 다시 경작하는 전지를 조사하여 원래의 전결에 추가하는 일을 말한다.

이 네 고을의 예와 같이 하여 직접 스스로 조사하고 전간(田間)을 출입하면서 서원(書員)의 손에 맡기지 않고 실수(實數)에 따라 수정하도록 하였습니다. 또 믿을 만한 군관(軍官)으로 하여금 공무로 촌락을 왕래하게 해서 수령이 직접 일을 수행하는지 여부를 제대로 알아 송부한 성책을 참고한다면, 수령이 비록 한결같이 네 고을의 예와 같이 하지 못해서 간혹 소략하거나 빠뜨린 것이 있다 해도 차이가 그다지 크지는 않을 것입니다.

신이 이 거짓 장부와 실제 장부 두 성책을 유념하여 바야흐로 계문(啓文)을 올려 진술하고자 할 때, 대동청(大同廳)에서 공문서가 도착하였습니다. 각 관의 대동작미(大同作米)는 5년 전부터 임술년(1622, 광해군14)의 시기결(時起結)[49]로 봉상하고 해마다 세금을 거두었기에 결수(結數)로 비교해 보면 임술년의 전결 수가 조금 많으니, 이로써 봉상한다면 백성들의 원망이 있을 듯합니다. 지금 병인년(1626, 인조4)을 시작으로 각각 그해 거두는 세의 결수(結數)로 봉상하는 일을 각 관에 거듭 밝히고 통지해서 시행하라고 하였다 합니다. 조정에서 백성들의 폐단을 환하게 아는 것이 여기에 이르러 환히 풀리고 잔폐한 백성들이 겪은 수년간의 고질적 문제는 여기에 이르러 조금 나아졌습니다.

하지만 오히려 형식적으로 베푸는 헛된 은혜에서 벗어나지 못하여, 백성 가운데 피해 입은 이들이 오류를 그대로 답습하는 폐

49 시기결(時起結) : 해당 시기 현재 경작하고 있는 전결(田結)을 말한다. 양안(量案)의 원장부 결수(結數)에서 잡탈결(雜頉結)과 급재결(給災結)을 뺀 토지로 전세부과 대상이었다.

단이 해마다 매한가지이며, 병인년의 허결(虛結) 또한 지난해의 허수(虛數)입니다. 조정이 이미 이런 폐단을 실제로 보았으니 실질적인 은혜를 행함에 힘쓴다면, 신이 봉상하는 한 건의 성책(成冊)은 곧 병인년의 실수(實數)이니 반드시 이를 사용한 뒤에 백성들이 실질적인 은혜를 입어 형식적인 것에 귀결되지 않을 것입니다. 고인이 "하늘에 응대하는 것은 실질로 하고 형식으로 하지 않는다."[50]라고 하였거늘, 하물며 민심에 있어서 형식적인 것으로 속일 수 있겠습니까.

나라에서 대동법을 시행하고자 하는 까닭은 토지에 의거하여 공부(貢賦)를 만들어 백성을 편하게 하려는 것이고, 백성이 대동법 시행을 원하는 까닭은 전결(田結)에 따라 부역(賦役)을 정해서 허위(虛僞)의 폐단이 제거되길 기대하기 때문입니다. 본 도가 처음 대동법을 시행할 때 결(結)을 계산하여 부세를 내게 함에 한결같이 전결의 실수(實數)를 따르지 않을 수 없었습니다. 지금 만약 이전의 잘못된 사례를 그대로 따르고 변통하지 않는다면, 이는 다만 작은 비용을 아끼다가 큰 믿음을 잃는 것이니, 어찌 입법의 뜻에 크게 어긋나는 것이 아니겠습니까. 혹 양전(量田)이 시행되기 전에 우선 이전 법규에 의거하여, 조금이라도 관대하게 하여 뒷날을 기다린다고 하면, 이는 매우 잘못된 것입니다. 불 속에 있

50 하늘에……않는다 : 한(漢)나라 때 왕가(王嘉)가 말하기를, "신이 듣건대, 백성을 감동시킴에는 행동으로 하고 말로 하지 않으며, 하늘에 응대하는 것은 실질로 하고 형식으로 하지 않는다.〔臣聞動民以行, 不以言, 應天以實, 不以文.〕"라고 하였다. 《漢書 卷45 蒯伍江息夫傳》

는 이를 구할 적에 어찌 읍양(揖讓)의 예를 기다리며, 물에 빠진 이를 구할 적에 어찌 격식 차린 걸음을 할 겨를이 있겠습니까. 맹자가 "만일 옳은 일이 아닌 줄 알았다면 속히 그만두어야 한다."[51] 라고 하였으니 어찌 내년을 기다리겠습니까.

지금 이미 대동법을 시행하여 그 폐단을 환히 알면서도 오히려 헛된 장부를 안건으로 공부(貢賦) 내기를 요구하고 다만 실질이 없는 한 장의 문건을 백성에게 보이며 "이것이면 또한 충분하다." 라고 말하고자 하니, 월양일계(月攘一鷄)[52]하여 내년을 기다린 뒤 그만두는 것과 무엇이 다르겠습니까. 신이 봉상한 각 관의 전결(田結) 실수(實數) 성책(成冊)을 대동청으로 올려 보내오니, 삼가 원하옵건대 해당 관청과 해당 부서가 서로 의논하여 이 실수(實數)에 의거하여 사용하도록 하십시오. 그리고 이전에 진술한 수년간의 도고(逃故) 무일족(無一族)이 포흠(逋欠)한 곡식 또한 해당 부서로 하여금 거듭 각 관에 신칙하여 다시 조사해서 헛된 장부를 탕척하도록 하여 한 도의 민생들이 실질적인 은혜를 골고루 입어 성화(聖化)의 안에서 고무되게 하신다면, 이보다 더 큰 다행이 없을 것입니다.

51 만일……한다 : 《맹자》 〈등문공 하(滕文公下)〉에 나온다.

52 월양일계(月攘一鷄) : 《맹자》 〈등문공 하〉에, 대영지(戴盈之)가 10분의 1의 세법과 관문과 시장의 성세를 폐지하는 것을 내년으로 미루어 폐지할 것을 청하니, 맹자가 "지금 어떤 사람이 날마다 이웃의 닭을 훔치는 자가 있는데, 혹자가 그에게 '이는 군자의 도리가 아니다.'라고 하니, 그 사람이 '그 수를 줄여서 달마다 한 마리를 훔치다가 내년을 기다린 뒤에 그만두겠다.'라고 하는 것이로다.〔今有人日, 攘其鄰之雞者, 或告之曰是非君子之道. 曰請損之, 月攘一雞, 以待來年然後已.〕"라고 대답한 데서 가져왔다.

정묘호란 뒤에 올린 소 관동 관찰사 재임 시에 행재소에 올렸다.
丁卯胡變後疏 關東方伯時 上行在

삼가 누의(螻蟻)같이 하찮은 자질의 신은 주상의 은혜를 넘치게 입고 곤외(閫外)를 외람되이 지키면서 티끌 같은 조그마한 도움도 되지 못하여 전전긍긍하며 두려워하고 두려워하지만 스스로 용납될 곳이 없습니다. 불행하게도 역호(逆胡)가 헤아리지 않고[53] 침입한 난리가 뜻하지 못한 상황에서 나와 종묘사직이 난리를 피해 옮겨 가니[54] 빈인(邠人)[55]이 애통해하였습니다. 생각이 여기에 미치게 되니 오히려 차마 말을 할 수 있겠습니까.

신은 직분이 군영(軍營)에 매여 있어 형편상 전하를 호종하지 못한 채 서쪽으로 임금님을 바라보기만 하니 두 눈에 눈물이 절로 흐릅니다. 알지 못하겠습니다만, 행궁(行宮)에서 지내심에 조석으로 용안은 오히려 더욱 초췌하실 터인데, 바다 굽이에서 지내

53 헤아리지 않고 : 원문은 '비여(匪茹)'로, 스스로의 역량을 헤아리지 못한다는 뜻으로, 전하여 도적을 뜻하는 말로 쓰인다. 여기서는 오랑캐를 뜻하는 말로 쓰였다. 《시경(詩經)》 〈유월(六月)〉에, "험윤이 스스로 헤아리지 못하고서 초 땅과 호 땅에 정연하게 거처하였다.〔玁狁匪茹, 整居焦穫.〕"라고 한 데서 유래하였다.

54 피해 옮겨 가니 : 원문은 '파월(播越)'로, 임금이 도성을 떠나 다른 곳으로 피란하는 일로, 여기서는 정묘호란 때 인조가 강화도로 들어갔던 일을 가리킨다.

55 빈인(邠人) : 맹자가 "옛날에 태왕이 빈에 거주할 적에 오랑캐가 침입하거늘 떠나 기산 아래에 가서 살았다.〔昔者, 大王居邠, 狄人侵之去, 之岐山之下居焉.〕"라고 한 데서 유래하였다. 《孟子 梁惠王下》 여기서는 우리나라 백성을 가리킨다.

는 풍진에 옥체의 기력과 체후는 지금 다시 어떠하신지요.

신은 지혜와 사려가 본디 얕고, 게다가 하찮은 저의 나이[56]는 이미 노년에 이르렀습니다. 전란이 일어난 뒤로 바람과 이슬을 맞으며 말을 달렸으니 천한 몸에 질병이 서로 이어지고 정신은 혼미하여 수작하고 대응함이 전도되고 착란됩니다. 이런 위급함이 닥친 날, 기이한 계책을 내어 들판을 태우는 듯한 급한 상황을 구하는 일에 참으로 부족합니다만, 일이 지나간 뒤에 북받친 한스러움이 더욱 격발하여 외람되게 품은 바를 가지고 우러러 전하의 귀를 더럽히옵니다. 삼가 원하옵건대, 성명(聖明)께서는 유념해 주시옵소서.

아, 당당한 우리 조종은 하늘에게서 명을 받은 지 이에 이백 년이 되었습니다. 오직 우리 전하께서는 계책이 종묘사직을 보존함에 있고 생각이 백성에게 미쳤는지라, 수치를 안고 욕을 참아내며 견양(犬羊)과의 맹약을 굽어 따랐습니다. 이는 정히 군신(君臣) 상하가 손에 침을 바르고 팔뚝에 힘을 주어 척연(惕然)히 사려를 고치고 번연(翻然)히 개혁하여[57] 마음을 모으고 힘을 다해서 함께 분개한 마음을 일으켜 회계(會稽) 천 년의 수치[58]를 씻고 성

56 저의 나이 : 원문은 '견마지치(犬馬之齒)'로, 자기 나이를 낮추어 부르는 말이니, 개나 말이 한갓 나이만 먹는 것처럼 하는 일 없이 나이만 먹는다는 뜻이다.

57 개혁하여 : 원문은 '역철(易轍)'이니, '개현역철(改絃易轍)'에서 온 말이다. 거문고 줄을 바꾸고 수레의 노선(路線)을 변경한다는 의미로, 정치와 제도 등 모든 것을 혁신함을 뜻한다.

58 회계(會稽)……수치 : 춘추 시대 월(越)나라 왕 구천(句踐)이 오(吳)나라 왕 부차(夫差)에게 크게 패하여 회계산(會稽山)에서 굴욕적인 화의(和議)를 체결하고 귀

하(城下) 백 대의 치욕[59]을 씻어 내려, 쓸개를 맛보고 눈을 부라리며 회복하기를 도모해야 할 날입니다.

신은 가만히 생각하옵건대, 이적(夷狄)은 금수(禽獸) 같아서 속이는 짓을 반복하니 아침에 화의를 맺었다가 저녁에 뒤집습니다. 이미 그러한 정상이 지난 역사서에 밝게 실려 있습니다. 중고(中古) 이래로 화의를 믿다가 일을 그르친 것이 모름지기 번다히 많지는 않으나 빈풍(豳風)의 벌가(伐柯),[60] 은(殷)나라의 거울에서 보면 불을 보듯 분명합니다. 그 한없이 구하고[61] 따르기 어려운 청이 서로 이어 끊이지 않아서, 백성들에게 고통을 겪게[62] 하고 나라의 비용을 다 소비하게 하니, 장차 어찌 그 침탈 능욕을 받으면서

국한 뒤에 20년 동안 섶나무 위에 눕고 쓸개를 맛본〔臥薪嘗膽〕 끝에 부차를 죽이고 오나라를 멸망시켜 회계의 치욕을 씻은 일이 있다. 《史記 卷41 越王句踐世家》

59 성하(城下)……치욕 : 《춘추좌전(春秋左傳)》 환공(桓公) 12년 조에 "초(楚)나라가 교(絞)를 공격하여 크게 격파하고 성하에서 맹세를 체결한 뒤에 돌아갔다."라고 한 데서 온 말로, 성하지맹(城下之盟)이라 하니, 적에게 수도의 성 밑까지 침공을 당해 항복하고 강화를 맺는 일을 말한다.

60 빈풍(豳風)의 벌가(伐柯) : 주(周)나라의 본보기를 의미하는 말로, 《시경》 빈풍(豳風) 〈벌가(伐柯)〉에 "도끼 자루를 베고 도끼 자루를 벰이여, 그 법이 멀리 있지 않도다.〔伐柯伐柯, 其則不遠.〕"라고 하였다.

61 한없이 구하고 : 원문의 '계학(谿壑)'은 '계학지욕(谿壑之慾)'에서 온 말로, 한없는 욕심을 의미한다. 《국어(國語)》에 "계곡을 채울 수는 있지만 이 욕심은 채울 수 없다.〔谿壑之盈, 是不可充.〕"라고 한 데서 유래하여 계학욕(溪壑欲)은 욕심이 매우 큰 것을 말한다.

62 고통을 겪게 : 《서경(書經)》 〈탕고(湯誥)〉에 "흉하고 해로운 데 걸리어 도독(荼毒)을 견디지 못한다.〔罹其凶害不忍荼毒〕"라고 했는데, 주(註)에 "도독은 고통스럽다는 뜻이다."라고 하였다.

그들의 만족할 줄 모르는 욕심을 채워 줄 수가 있겠습니까.

신은 진실로 알겠습니다. 우리 전하께서는 선왕(宣王)과 광무제(光武帝)의 명철함으로 주(周)나라와 한(漢)나라가 다시 부흥함[63]을 생각하시어 밖으로는 기미(羈縻)[64]의 뜻을 보이고 안으로는 자강(自强)[65]의 도(道)를 세우시어, 주나라를 존숭하는 뜻을 더욱 힘쓰고 오랑캐를 물리치는 거사를 헤아려 절실히 하심을 일찍이 잠시도 잊지 않으셨습니다. 비록 그렇지만 무릇 작위함이 있을 적에는 먼저 큰 뜻을 세워야 합니다. 뜻이라는 것은 만화(萬化)의 본원이고 만사의 근저입니다. 진실로 뜻이 수립되지 않으면 온갖 일이 구차하고 간이하여 날마다 더럽고 낮은 데로 달려갈 것입니다.

오호라, 강좌(江左)에서 안일함을 탐하며 흥복(興復)에 뜻이 없는 것은 진주(晉主)[66]의 혼미하고 용렬함이며, 화의(和議)를 마

63 선왕(宣王)과……부흥함 : 주나라 선왕과 한나라 광무제는 모두 나라를 중흥시킨 군주이다. 두보(杜甫)의 시 〈북정(北征)〉에 "주나라와 한나라가 다시 부흥할 수 있었으니, 선왕(宣王)과 광무제(光武帝)가 과연 명철하였다.〔周漢獲再興, 宣光果明哲.〕"라고 한 데서 가져왔다.

64 기미(羈縻) : 적국과 적당히 친선관계를 유지함으로써 외환을 막는 방책이다.

65 자강(自强) : 스스로 힘씀을 말한다. 《주역》 〈건괘(乾卦) 상사(象辭)〉에 "하늘의 운행이 강건하니, 군자가 이것을 본받아 스스로 힘쓰고 쉬지 않는다.〔天行健, 君子以, 自强不息.〕"라고 하였다.

66 진주(晉主) : 동진(東晉)의 원제(元帝)를 가리킨다. 원제는 장강 좌안에 나라를 정하였다. 삼국(三國) 시대 위(魏)의 사마염(司馬炎)이 위나라를 찬탈하여 서진(西晉)을 세웠으나, 사 대(四代)째인 민제(愍帝)에 이르러 한(漢)의 유요(劉曜)의 침략을 받아 서진은 완전히 멸망되고, 당시 낭야왕(瑯琊王) 사마예(司馬睿)가 강남(江南)의 건강(建康)으로 쫓겨 가서 즉위하였으니, 바로 동진 원제(東晉元帝)이다.

음에 달게 여기며 치욕을 참고 어버이를 잊는 것은 송제(宋帝)[67]의 유약함입니다. 이는 모두 뜻이 수립되지 않은 채 고식(姑息)적인 것을 편안히 여기면서 용맹정진하는 기상이 없음이니, 어찌 슬퍼할 만하지 않겠습니까. 월왕(越王) 구천(句踐)은 회계산(會稽山) 상에 머물러 거처하며 신하 되기를 청하였으니, 당시에는 나약한 듯하였습니다. 하지만 오(吳)나라를 늪에 빠뜨릴 뜻은 이미 신하 되기를 청한 날에 정하였으니, 견고하게 애써 각고의 노력을 하여 이십 년의 오랜 시간이 지남에 이르러서는 종·려(種蠡)[68]에게 위임하여 백성의 생활을 안정시켜 가르치고 훈련시켜서[69] 결국 불공대천(不共戴天)의 원수를 갚았습니다. 만약 월왕이 그 뜻을 조금 나태하게 하였다면 문종과 범려 등이 또한 어찌 그들의 심

67 송제(宋帝) : 남송의 강왕(康王)을 가리킨다. 송나라가 금나라 여진족에게 쫓겨 휘종(徽宗)과 흠종(欽宗) 부자가 포로로 잡혀가서 그곳에서 죽었다. 나머지 신민들이 양자강 남쪽으로 도망가서 휘종의 작은아들 강왕(康王)을 황제로 세우고 여진족과 대항하였는데 이를 남송(南宋)이라 한다. 남송이 차차 세력을 회복하자, 여진족은 그것을 염려하여 포로로 잡혀 있던 진회를 석방하여 남송으로 보냈다. 진회는 남송으로 가서 나약한 강왕을 회유하여 전쟁은 위험한 일이니 여진족과 강화(講和)하는 것이 좋을 것이라고 하자, 황제는 진회를 정승으로 임명하고 강화하였다.

68 종·려(種蠡) : 춘추 시대 월(越)나라의 대부 문종(文種)과 범려(范蠡)를 가리킨다. 월나라 왕 구천(句踐)을 도와 오(吳)나라를 정복하는 데 큰 공을 세운 자들이다.

69 백성의……훈련시켜서 : 원문은 '생취교훈(生聚教訓)'으로, 인구를 증가하고 재물을 비축하며 백성을 가르치고 훈련시켜 복수할 정도의 부강한 나라를 만드는 것을 말한다. 《춘추좌씨전(春秋左氏傳)》 애공 원년 조에 "월나라가 10년 동안 인구를 증가하게 하고 재물을 비축하며 10년 동안 가르치고 훈련시키면, 20년 뒤에는 오나라가 완전히 망하고 말 것이다.〔越十年生聚而十年教訓, 二十年之外, 吳其爲沼乎.〕"라고 한 말에서 가져왔다.

려(心膂)를 다하여 끝내 패도(霸道)의 공을 세울 수 있었겠습니까. 월왕 구천과 진주(晉主)와 송제(宋帝)가 강화(講和)한 것은 한가지이지만 성패는 현격하게 다르니, 그것은 병사가 강한가 약한가에 달려 있는 것이 아니고 뜻을 세움이 강한가 약한가에 달려 있다는 것을 알 수 있습니다.

삼가 원하옵건대, 전하께서는 먼저 큰 뜻을 세우고, 견고하고 강하게 분발하여 오래 지나도 해이하지 않으시어, 지사(志士)의 기상을 넓고 크게 하며 삼군(三軍)의 용맹을 진작시킨다면 내외의 신하가 또한 각자 분발하여 그 거조(擧措)와 시행함에 점차 조리가 있게 됩니다. 그리하여 수년 뒤에는 약한 것을 강하게 할 수 있고, 굽히던 것을 펴게 할 수 있어서 금일의 수치를 한 번 씻어 낼 수 있을 것입니다. 다스리는 도(道)는 먼저 큰 요체를 거행하여야 합니다. 큰 요체라는 것은 무엇이겠습니까. 기강(紀綱)을 말한 것입니다. 오호라, 기강이 떨쳐지지 않음이 금일보다 심한 때가 없다는 것을 사람들이 누가 알지 못하겠습니까. 전하께서도 또한 일찍이 이 점에 개연히 여기셨습니다. 사람이 다들 알 수 있고 말할 수 있으며, 주상께서도 또한 한 번 떨쳐 일어나는 데 뜻을 두고 계시지만 날마다 쇠미하고 떨치지 못한〔委靡〕 데로 달려가 만사가 잘 조치되지 못하는 것은 어찌해서이겠습니까. 구하기를 빈말〔空言〕에서 하고 실사(實事)에 힘을 쓰기 않았기 때문입니다. 지금 떨쳐 일어나고지 한다면 반드시 실사에 먼저 힘써야 합니다. 이는 심히 어려운 것이 아니고, 전하께서 힘써 행하심이 어떠한가에 달려 있을 따름입니다.

신은 삼가 생각하옵건대, 우리나라가 기강이 수립되지 않음은 오로지 관원이 많고 위임함을 오래 하지 않은 데 있습니다. 관원이 많으면 마음을 다하고자 함이 없고 오직 책임을 때움만을 일삼으며, 위임함을 오래 하지 않으면 체직하고 바꿈에 일정함이 없어 일에 시종이 없습니다. 지금 여러 관사(官司)는 권한이 서리(吏胥)에게 있고 관원은 역려(逆旅)의 과객이 되었으니 법은 날로 문란해지고 여러 업무는 정돈될 때가 없는데, 오히려 어찌 기강이 진작될 수 있기를 바라겠습니까. 이러한데도 기강을 세우지 않으면 말하는 바와 행하는 바가 모두 허투루 돌아가고, 일에 임하고 난리에 임하여서는 이미 할 수 있는 것이 없게 됩니다. 이것이 신이 매우 한스러워하는 점입니다.

대개 군주의 마음을 바르게 하고 조정을 바르게 함은 진실로 기강을 진작시키는 근본이고, 많은 관원을 줄이며 임무를 주어 부림에 전임함도 또한 기강을 세우는 요체가 됩니다. 지금 조석으로 강송(講誦)하는 바에 마음을 바루는 도가 아님이 없는데도 끝내 공언(空言)으로 돌아가며, 관원을 줄이고 임무를 전적으로 맡김에 이르러서는 이전하고 바꿈을 쉽게 하여 또한 행할 수 있는 것이 없습니다. 신이 이해하지 못하는 점이 바로 이것입니다.

옛날에는 벼슬을 하는 자가 열에 하나를 차지하였는데, 지금은 벼슬하는 자가 열에 아홉을 차지합니다. 과거가 빈번하게 시행되고, 음관(蔭官)이 적체되어 관원은 더욱 많아지고 벼슬길은 더욱 협소합니다. 공경(公卿) 사대부(士大夫)가 자제를 위하여 녹(祿)을 구함이 굶주린 자가 먹을 것을 구하는 것보다 심하니, 누가 능히 관원을 줄이고 임무를 전적으로 맡겨 나랏일을 함께 이루는 데에 생각이 미칠 수 있겠습니까. 지금은 일사(一司) 안에 관원의 수가 많게는 6, 7, 8명에 이르고, 좌석이 따뜻해지기도 전에 다른 직책으로 전직하여 제수되니, 여러 공적이 이루어짐[70]에 진실로 그럴 여가가 없습니다.

신은 생각건대 각 관사는 다만 당상관 1명, 낭청 2명을 두어 항상 거기에 있으면서 조석으로 일을 처리하고, 옮겨 이동함이 없게 해서 효과 이루기를 기약하면, 권한이 아래로 옮겨 가지 않고 기강이 절로 수립될 것입니다. 진실로 그에 마땅한 사람을 얻으면 한 사람의 기(夔)로도 충분한데[71] 어찌 열 마리 양을 아홉 사람이 먹이기를 기다리겠습니까. 심지어 양사(兩司)의 많은 관원은 임금의 과오를 규제하고 관원의 사특함을 규찰함에 뜻이 매우 성대합니다. 하지만 옛날에는 그런 관원이 없었어도 사람들은 간하지 않음이 없었습니다. 한(漢)나라는 어사(御史)를 두었고, 당(唐)나라는 사간(司諫)을 둠에 또한 한두 관원에 불과하였습니다. 대간(臺諫)의 직분은 송(宋)나라에 이르러 곧 갖추었으니, 그 언로를 구함이 넓기는 하였지만 도리어 분잡하고 어지러운 단서를 열었습니다.

근래에는 피혐(避嫌)의 규계가 더욱 자질구레함에 가까우니, 조정이 부정(不靖 화평하지 못함)함이 또한 여기에 연유합니다. 대간(臺諫)의 설치가 어찌 부질없이 그렇게 한 것이겠습니까. 군주

70 여러 공적이 이루어짐 : 《서경》 〈고요모(皐陶謨)〉에 "백공이 때에 따라 사계절〔五辰〕을 순히 하여 여러 공적이 이루어질 것입니다.〔百工惟時, 撫于五辰, 庶績其凝.〕"라고 한 데서 가져왔다.

71 한 사람의……충분한데 : 일기(一夔)는 기(夔)가 음악에 정통했으므로 요(堯)임금이 "기 한 사람으로 충분하다.〔夔一而足矣〕"라고 하고 그를 악정(樂正)으로 삼았던 데서 가져온 말이다. 《韓非子 外儲說左下》

가 능히 간쟁을 따르면 어떤 사람이 간관(諫官)이 아니겠으며, 군주가 진실로 간함을 듣지 않는다면 비록 많은 대간을 둔다 해도 무슨 이익이 있겠습니까. 신의 어리석은 생각에는 사헌부와 사간원은 다만 집의(執義)와 사간(司諫) 두 명만 두고서 수년에 한 번 체직한다면 또한 군주의 허물을 바로잡고 필위(弼違)[72]하여 피험과 소란한 폐단이 없을 것입니다. 하지만 이런 일은 어려우면서도 쉽고 쉬우면서도 어려우니, 만약 전하께서 부질없는 논의에 끌려가 건(乾)의 강건함으로 홀로 결단하지 않으신다면 끝내 바뀔 기미가 없습니다.

당금의 일은 양병(養兵)보다 긴급한 것이 없는데, 병·농(兵農)을 나누지 않으면 양병이 전적으로 되지 못합니다. 우리나라의 병제(兵制)는 삼대(三代)에 병(兵)을 농(農)에 붙이는[73] 뜻을 본받았으니 아무 일이 없을 때는 농사를 짓고 유사시에는 징발하고, 일이 평정된 뒤에는 예전과 같이 안정을 되찾습니다. 다만 농한기의 가을과 겨울 사이에 열병하고 훈련시키기 때문에 백성들은 소요한 사태를 근심할 것이 없고 나라에서는 양병에 드는 비용이 없으니, 이는 곧 성왕(聖王)께서 남기신 법이고, 선유(先儒)들이 이른바 '병제 중에 가장 좋다.'라는 것입니다.

비록 그렇지만, 시대가 이미 다르고 제도 또한 변하였으니 결승

72 필위(弼違) : 임금의 잘못을 바로잡는 시신(侍臣)을 말한다. 《서경》 〈익직(益稷)〉에 "내가 잘못하거든 그대가 바로잡아 나를 도우라.〔予違汝弼〕"라는 말에서 가져왔다.

73 병(兵)을 농(農)에 붙이는 : 원문은 '우병어농(寓兵於農)'이니, 《주례(周禮)》에 나오는 말로, 평상시에는 농민에게 일정한 군사 훈련을 시키면서 농사에 종사하게 하다가 유사시에는 전투에 참여하게 하는 병농합일(兵農合一)의 제도를 말한다.

(結繩)[74]으로는 난리를 다스릴 수가 없고 문무(文舞)[75]로는 포위를 풀 수가 없습니다. 동쪽의 왜(倭)와 서쪽의 오랑캐는 천하에 막강한 적으로 힘을 축적하고 예리함을 양성하여 때를 기다려 움직이는데, 가르치지 않은 병사로 막을 수가 있겠습니까. 지금 이런 변고에 형세는 흙이 무너지는 듯하여, 견고한 성과 큰 진(鎭)은 적이 닿으면 스러지고 부서지며, 양도(兩道)의 산하가 비린내와 피로 온통 물드니, 이것이 어찌 한갓 장졸(將卒)에게만 죄를 돌릴 것이겠습니까. 평소에 훈련시키지 않은 채 창졸간에 이들을 썼으니, 소리만 듣고도 간담이 떨어지고, 멀리서 바라보기만 하고도 다리가 떨려서 백전백패함은 진실로 족히 괴이할 것이 없습니다.

지금 만약 그대로 두고 고치지 않는다면 병사가 비록 백만이라 할지라도 모두 양을 모는 꼴이 되어 한 가지 달아나는 길 외에는 달리 다른 계책이 없습니다. 지금 할 계책은 먼저 목민(牧民)을 감당할 수 있는 무신(武臣)을 택하고, 무리를 거느릴 수 있는 문신(文臣)을 택하여 주 군(州軍)의 장(長)으로 삼아서 나누어 병·농(兵農)을 하게 해서 각각 그 업무를 전담하도록 하는 것입다. 연소하여 용감하고 건장한 자에게는 병사로 가르치고, 노둔하고 약한 자에게는 돌아가 농사를 짓게 하며, 수령은 친히 스스로 열병하여 그 정예로움을 극도로 올리고 병기를 주어서 날마다 용맹

74 결승(結繩) : 태고 시대(太古時代)에 부호와 문자가 생기기 전, 줄에 매듭을 만들어 어떤 약속을 표시하던 방법을 말한다.

75 문무(文舞) : 문관을 말한다. 칼이나 창을 들지 않고 문관(文官)의 복색을 차리고 줄을 지어 추는 춤에서 가져왔다.

한 무예를 연마하여 익히게 합니다. 그 상벌을 분명히 하여 용감한 기상을 장려하고, 그 요역과 부역을 견면(蠲免)해 주어 살아갈 길을 두텁게 합니다. 이로써 약속을 거듭하면 적을 보아도 놀라 궤멸할 근심이 없고, 은혜와 신의로 결속하면 위급한 상황에 다다라 방어에 성실함이 있게 합니다. 대개 그런 뒤에 수령에게 각각 그 군사를 거느리고 전투에 달려가도록 하면 은혜와 위의(威儀)가 평소 수립되었으니, 장졸들이 서로 믿어서 마치 몸이 팔을 부리듯 하고 팔이 손가락을 부리듯 하여, 앉고 서고 진격하고 후퇴함〔坐作進退〕에 뜻대로 할 수 있습니다. 자로(子路)가 말하기를, "천승(千乘)의 나라를 제가 다스림에 3년에 이르면 용맹하게 하고 또 의리로 향할 줄 알게 할 수 있습니다."[76]라고 하였으니, 정히 이를 말한 것입니다.

지금의 수령은 마음을 다해 공사(公事)를 봉행하는 자가 몇 사람이나 있습니까. 평상시에는 태만하여 병사를 훈련함이 어떤 일인 줄 모르다가, 병사를 조련하는 날에 이르러서는 자신은 정예로운 병졸을 택하여 '아병(牙兵)'[77]이라 이름하고서 처자를 호위하여 난을 피할 계책으로 삼고, 구차하게 심상한 병졸을 충원하여 군문(軍門)의 책임을 때우고 영장(領將)에게 부송(付送)합니다. 이른

76 자로(子路)가……있습니다 : 《논어》 〈선진(先進)〉에, 공자가 제자들에게 "만일 혹 너희를 알아준다면 어찌하겠느냐?"라고 하니, 자로가 "천승의 제후국이 대국 사이에 끼여 있어 대군의 침범을 받고 이어서 기근이 들거든, 제가 다스리면 3년에 이르러 용맹하게 하고 또 방향을 알도록 할 수 있습니다.〔千乘之國, 攝乎大國之間, 加之以師旅, 因之以饑饉, 由也爲之, 比及三年, 可使有勇, 且知方也.〕"라고 한 데서 가져왔다.

77 아병(牙兵) : 본진에서 대장(大將)의 휘하(麾下)에 있는 병사를 이른다.

바 '영장'은 또 다른 장수에게 교부하고, 혹 나누어 3, 4곳에 소속시키면, 장졸은 익숙하지 못하여 배와 등이 밟히고 어긋나는 격이 되니, 비록 수족이 있다 해도 어찌 머리와 눈을 보호하겠습니까.[78] 저 오랑캐와 왜의 병사는 모두 건장한 싸움꾼으로 천하에 당할 자가 없으니, 각각 거느리는 바의 병사가 있어 스스로 서로 전투를 합니다.

혹자는 '각 고을에 천총(千摠)·파총(把摠)·초관(哨官)이 있으니 이는 관리하는 바의 장수인지라, 아마 반드시 수령이 친히 거느린 연후라야 가능할 것이다.'라고 여깁니다. 신은 그렇지 않다고 생각합니다. 이들은 관원의 수하가 된 사람으로 생살여탈의 권한이 없고, 지시하고 시키면 오직 영에 따르기만 하는 한 고을의 아전에 불과할 따름이니, 그들에게 어찌 사나운 병졸을 제어하고 적들을 마주하여 용맹함이 있기를 바라겠습니까. 만약 수령으로 하여금 각각 그 군사를 거느리고 스스로 전투에 달려가도록 한다면, 끓는 물에 달려가고 타는 불을 밟을 듯 전투하여 사졸과 함께 사생을 같이할 줄 스스로 알 것입니다. 그 택함에 정예롭지 않을 수 없고 그 기름에 두텁지 않을 수 없으며 그 병기가 날카롭지 않을 수 없으면, 부자병(父子兵)[79]이어서 두려워할 만한 적이 없

78 수족이……보호하겠습니까 : 《순자》 〈의병(議兵)〉에, 어진 사람이 임금과 신하가 되어 모든 장수가 마음을 하나로 뭉치고 삼군이 단결하면, "손과 발이 머리와 눈을 보호하고 가슴과 배를 방어하는 것과 같다.〔若手臂之捍頭目而覆胸腹也〕"라고 한 말에서 인용하였다.

79 부자병(父子兵) : 복심(腹心)의 병사를 말한다. 오자(吳子)의 '병서(兵書)'에 "병은 먼저 병사의 마음을 얻음을 근본으로 삼으니, 이를 '부자병'이라 이름한다.〔兵

다고 말할 만합니다.

오호라, 한 조각 동쪽 구역의 구종(九種 구이(九夷)) 삼한(三韓) 시대에 병사의 식량이 어찌 매우 많았겠습니까만, 당 태종을 요양(遼陽)에서 패퇴시키고 수 양제를 고성(孤城)에서 물리친 것은, 대개 지역이야 비록 편벽되었지만 양병(養兵)이 본래 있었기 때문이었습니다. 지금은 삼국이 통일되어 땅이 넓지 않은 것이 아니고 백성이 많지 않은 것이 아닌데도 적을 보면 혼을 잃고 마치 호랑이를 두려워하듯 합니다. 가르쳐 훈련할 방법을 생각하지 않고 병(兵)이 없는 나라 만들기를 달게 여기고서 위급한 상황에 임하여 계책을 올림에 빈(邠) 땅을 떠나는 데 불과하고, 조정에서 꾀하는 계책은 단지 강화만 생각합니다. 파손된 배를 타고 불타는 집에서 잠을 자며 유유범범하게 시일만 보내면서 속수무책으로 목숨이 다하기만을 기다립니다. 돌이켜 생각해 보니 마음이 서늘하고 간담이 찢어집니다.

삼가 생각하옵건대, 전하께서는 시세를 따라 변통함에 교주고슬(膠柱鼓瑟)[80]을 빨리 고치시고, 조정에서 세밀하게 논의하여 병농(兵農)의 정치를 속히 펼치신다면 나라의 운명은 거의 부지할 수 있을 것입니다. 대개 경(經)을 진술하고 예(禮)를 말함은 유신(儒臣)만 함이 없고, 위기에 임하여 적에게 달려감은 무사(武士)만 함이 없습니다. 지금 위기가 닥친 날을 당하여 무사를 거두어

先以得士心爲本, 名曰父子兵.]"라고 하였다.

80 교주고슬(膠柱鼓瑟) : 비파나 거문고의 기둥을 아교로 붙여 놓으면 음조를 바꾸지 못해 한 가지 소리밖에 내지 못하듯이, 고지식하여 융통성 없음을 비유할 때 쓴다.

쓰지 않을 수 없습니다. 우리나라가 무(武)를 쓰지 않고 문(文)을 닦으며 예(禮)와 의(義)를 숭상하여 그 명교를 유지하고 국가의 세력을 공고히 하는 바의 것은 지극하고도 아름답습니다. 하지만 시대가 바뀌고 일이 변하여 이미 전쟁의 마당이 되었는데, 헐렁한 소매옷을 입고 고담(高談)을 하면서는 위급 존망의 때에 보탬이 없고, 문을 논하고 시를 지으면서는 오랑캐를 물리칠 수가 없습니다. 지금은 마땅히 문구(文具)를 걷어치우고 무(武)를 갖춤을 오로지 일삼아 조정에 있는 신하로 하여금 각각 장수 중에 재주 있는 이를 천거하도록 해서, 간발하고 시용하여 적을 막을 계책으로 삼음이 참으로 금일의 급한 일입니다. 혹 말하기를, "장수를 택하고 병사를 훈련시킴이 금일의 가장 급한 일인 줄 모르는 것은 아니지만 우리나라는 여러 번 탕패(蕩敗)함을 겪은 나머지, 세입(稅入)이 넉넉하지 못하여 비용이 모자람을 늘 근심하는데, 이미 병·농(兵農)을 나눔에 어떻게 조도(調度 경비 예산을 세움)하겠는가." 라고 합니다.

신은 생각하옵건대, 양병의 도(道)는 반드시 재용(財用)을 축적해야 하고, 재용의 축적은 또한 그 방법이 많으니, 본말이 모두 거행되어야 바야흐로 충분히 먹을 수 있습니다. 지금 이른바 '교생(校生), 한량(閑良)과 여러 곳에 촉탁한 자'가 매우 많고, 그 나머지 놀고먹는 무리도 이루 헤아릴 수 없습니다. 일찍이 호패법(戶牌法)으로 인하여 고강(考講 경서를 강하는 고시(考試))과 사핵(査覈 실정을 자세히 조사해 밝힘)의 영이 있었습니다. 이는 곧 조종(祖宗)에서 이미 행하였던 법이기는 하나, 오히려 원망과 고통을 품고서 근심하고 한탄하면서 작당하여 일어나는 것이 어찌 차작(借

作 남의 글을 빌려 답안지를 씀)으로 입격한 자가 아니겠습니까. 유생(儒生)으로 호칭하면서 모속(冒屬 속여서 소속됨)하여 한가히 놀던 자가 군오(軍伍)를 살펴보지 않다가 한번 강석에서 떨어지면 홀연 천역(賤役)이 되어 몸이 항오에 편입됨에 마치 사지로 나아가는 듯하니, 이는 실로 인정(人情)이 지극한 바입니다. 마땅히 현직 벼슬아치로 직무에 이바지하는 자 외에는 전함(前銜) 유사(儒士)를 막론하고 각각 미포(米布)를 내어 군사를 기르도록 해야 합니다. 그러면 식견이 있는 자는 시세(時勢)가 마땅히 그러함으로써 즐겨 따를 것이고, 식견이 없는 자는 많은 사람이 다 같이 그러하다고 해서 원망이 없을 것이니, 한 고을에서 낸 것으로 한 고을의 군사를 기르기에 충분할 것입니다. 시사(時事)가 매우 급하고 종묘사직이 장차 위태로워지려 하니 사부(士夫) 된 자가 어찌 미포 내기를 원망으로 여기겠습니까. 사부가 이와 같으면 그 나머지는 원망하지 않으리란 것을 알 수 있습니다.

농공상고(農工商賈) 같음에 이르러서도 또한 모두 낼 바의 포(布)가 있고, 몸이 있으면 구실〔庸〕도 있음은 옛날부터 내려오는 법입니다. 만약 그렇게 하면 사족(士族)은 강등되어 천하게 되는 원통함이 없고, 여염(閭閻)은 소동이 일어나는 폐단 없이도 미포는 넉넉함이 있을 것입니다. 비록 그렇지만 재물을 생산하는 도(道)는 다만 말단의 임무만 오로지 믿어서는 안 되고 반드시 먼저 근본에 힘써야 하니, 오직 허식적인 문건을 줄이고 절약 검소함을 숭상하며, 도감(都監)을 파하여 쓸데없는 관직을 줄이는 데 있습니다. 허식적인 문건의 폐단은 나라를 망칠 수 있으며 사치의 해로움은 천재(天災)보다도 심합니다. 한 문제(漢文帝)는 노대(露

臺)의 비용을 아꼈고,[81] 위 후(衛侯)는 거친 베옷을 입었으니,[82] 어찌 괜히 그렇게 했겠습니까. 진실로 군주는 자신의 몸으로 먼저 행하여 이로써 백성에게 권하는 것입니다.

반정(反正) 초기에 사람들은 모두 눈을 비비고서 바라보았건만, 대저 어찌 쌓인 습관이 변화되지 아니하고 문구(文具)를 숭상하는지요. 위의(威儀)를 수식하여 풍성하게 누리던 때 같이 함은 있고, 쓸데없는 비용을 과장(夸張)하여 억제하고 절약하는 제도는 전혀 없으니, 나라의 재정이 어찌 고갈되지 않을 수 있으며, 백성의 생활이 어찌 곤궁하지 않을 수 있겠습니까. 풍류는 습관이 되고 사람들은 법을 두려워하지 않으니 사치의 폐단이 근년에 더욱 심하며, 도성 안과 교전(郊甸) 사이에는 궁실과 정관(亭觀)을 빼어나게 짓고 여마(輿馬)와 의복을 완호함이 지난날보다 심합니다. 공자(公子)·재신(宰臣) 들은 다투어 그 이로움을 차지하니 전장(田莊) 노복들이 자못 사방에 두루 있고, 가동(歌童)·무녀(舞女) 들은 주옥·보석을 보기도 지겨워하며, 혼인과 경사스런 좌석은 다

81 한 문제(漢文帝)는……아꼈고 : 노대(露臺)는 임금이 천상(天象)을 관찰하는 장소를 말하는데, 한 문제가 일찍이 이 노대를 지으려고 기술자를 불러 견적을 내본 결과 백금(百金)이 들게 되므로, 문제가 이르기를 "백금은 중산층 십 호(十戶)의 재산에 해당되니, 어찌 이 대를 만들겠는가.〔百金, 中人十家之産也, 何以臺爲.〕"라고 하고, 그만두었다. 《史記 文帝紀》

82 위 후(衛侯)는……입었으니 : 《춘추좌전》 민공(閔公) 조에 "위 문공이 거친 베의 옷을 입고 거친 실로 짠 관을 쓰고, 목재 축적에 힘쓰고 농사를 가르치며, 물자를 유통시키고 공인을 대우하며, 교육을 중시하고 학문을 권면하며, 관리의 도리를 가르쳐 능력 있는 자를 임용하였다.〔衛文公大布之衣, 大帛之冠, 務材訓農, 通商惠工, 敬教勸學, 授方任能.〕"라고 하였다.

투어 화려함을 숭상합니다. 사부(士夫)들이 이를 범하고 서인들은 이를 본받으며, 심지어 노복과 아래 천한 무리까지 공경(公卿)의 장식을 참람되이 장착하니, 쌓인 폐단이 그대로 돌아 나라의 근본이 날로 병들어 가매 사람들이 모두 즐거움을 탐하고, 식자들은 근심하고 탄식합니다. 하늘의 노여움은 첩첩이 드러나고 물상의 괴이함은 층층이 생겨나니, 산의 새와 들판의 짐승이 밝은 대낮에 성문 안에서 날고 달리니, 금일의 기상이 어찌 인사(人事)가 불러온 것이 아니겠습니까. 대개 관례에 따라 하교함에 끝내 변화하지 않고 법부(法府)에서 어지러움을 금하여도 또한 허문(虛文)으로 돌아가니, 바꿀 수 있는 기미는 단지 한 사람에게 달려 있습니다.

대개 진실로 내부의 우환이 있으면 밖을 꾸밀 겨를이 없습니다. 대부가 사치함은 우국(憂國)에 성실치 못해서이고, 사서인(士庶人)이 사치함은 법을 봉행함에 성실치 못해서이니, 모두 전하께서 근심과 두려움에 정성을 들이지 않고 허문(虛文)이 아직 있음에 연유합니다. 지금 근심을 만난 사람은 비록 쌀밥을 먹고 비단옷을 입도록[83] 권하더라도 마음은 절로 편할 수 없습니다. 군신 상하가 진실로 우국 혈성의 정성을 보존하며, 창을 베고 자는 뜻[84]을 간절

83 쌀밥을……입도록 : 재아(宰我)가 삼년상(三年喪)이 너무 길다고 하자, 공자가 "쌀밥을 먹고 비단옷을 입는 것이 너에게는 편안한가?〔食夫稻, 衣夫錦, 於女安乎.〕"라고 말한 데서 인용하였다. 《論語 陽貨》

84 창을……뜻 : 동진(東晉)의 유곤(劉琨)이 친구 조적(祖逖)과 북벌하여 중원(中原)을 회복할 뜻을 품었는데, 한번은 다른 친구에게 보낸 편지에서 "나는 창을 베고 아침이 오기를 기다리면서 역적의 머리를 효시하려는 뜻을 가졌는데, 항상 조생이 말 채찍을 나보다 먼저 잡을까 염려한다.〔吾枕戈待旦, 志梟逆虜, 常恐祖生先吾著鞭.〕"라

히 하여 마치 근심을 만난 사람이 감히 편안할 경황이 없는 듯이 한다면, 사치의 풍조는 금하지 않아도 절로 변할 것입니다.

도감(都監)을 널리 설치함과 각 사(司)의 많은 인원은 실용에 보탬이 없고 국가의 재정을 앉아서 소비하는 것이니, 모두 정지하고 파기함이 실로 시의(時宜)에 합당합니다. 편소(褊小)한 군현 같은 데 이르러서는 더욱 마땅히 병합하여 물력(物力)을 두터이 하고, 병·농은 모두 그 땅에서 마련하면 용력(用力)이 줄어들고 공을 이룸은 쉽습니다. 보장(保障)을 설치함에 이르러서는 곧 폐조(廢朝)에서 원망을 쌓는 하나의 단서였습니다. 하지만 폐조가 망함을 재촉한 실상은 보장의 일 때문이 아닙니다. 신은 청하옵건대, 이미 패한 전철에서 본받는 것도 혐의치 마시옵소서. 그래서 반복해서 말해 보겠습니다. 지금의 사세(事勢)는 믿을 만한 것이 하나도 없고 귀숙할 땅은 아직도 견고히 정해지지 않았습니다. 한도(漢都 한양)가 비록 '범이 웅크리고 용이 서린 곳'이라고는 하지만 결코 지킬 수 있는 땅이 아닙니다. 사람은 견고한 뜻이 없어 놀라 어지럽게 서로 바라보는데, 적이 만약 강을 건너면 또다시 전과 같이 됩니다.

남한산성의 형세는 한도보다 낫습니다. 만약 5만의 정예병이 있으면 반드시 지킬 수 있으니, 그 5만을 나누어 곧 3만은 성을 지키고 2만은 강을 방어하게 합니다. 하지만 오랑캐들의 장기(長技)는 곧 성을 공격함인데, 성을 등지고 일전(一戰)하는 이것이 혹 위태한 방법인지라, 또한 만전(萬全)의 땅으로 정해서는 불가

고 한 데서 가져온 말이다. 조생(祖生)은 조적을 가리킨다. 《晉書 卷62 劉琨列傳》

합니다. 강도(江都)의 형세는 신이 비록 보지는 못하였지만, 만약 수만을 써서 수비하여 막을 수 있다면 일은 반이 되고 공은 배가 됩니다. 또 도성 백 리 안은 절로 천연의 요새를 이루니, 지리(地利)의 편리함이 이보다 더 나은 데는 없습니다. 전조(前朝)에서 이곳을 행궁(行宮)으로 삼은 것은 참으로 이유가 있습니다.

하지만 신의 어리석은 생각으로는 오랑캐는 반드시 머지않아 맹약을 어길 것이고, 맹약을 어기면 반드시 대거 길을 나누어 길이 말을 달려올 것이니, 만약 점한(粘罕)[85]과 올술(兀術)[86]의 계책과 같이 하면, 일대의 통진(通津)을 어찌 족히 믿고 편안하게 여기겠습니까. 혹 만약 수비하지 못하면 섬 가득한 백성들은 모두 충어(蟲魚)가 되고, 항해의 위험 또한 마음을 서늘하게 하지 않겠습니까. 만약 천도(天道)가 도와 순조로우면 이런 우려가 만에 하나도 없을 것입니다. 그러나 가만히 헤아려 보건대 금일의 일은 마치 큰 물을 건넘에 망망하여 나루를 알지 못하는 듯하니, 비록 지혜가 있는 자라도 또한 어찌할 수 없습니다.

만약 그만둘 수 없다면 무주(茂朱)의 적상산성(赤裳山城)[87]만

85 점한(粘罕) : 북송 휘종(徽宗) 때 이부시랑 이약수(李若水)가, 정강(靖康) 2년(1127)에 금군이 대거 남침하여 휘종과 흠종을 포로로 잡아갈 때 휘종을 모시고 따라갔는데, 그의 인물 됨을 알아본 금나라의 태자 점한(粘罕)이 부귀를 약속하며 회유했으나 끝까지 저항하다가 혀가 잘리고 눈이 도려지고 수족이 잘려 참혹하게 죽은 일이 있다. 《宋史 卷446 李若水列傳》

86 올술(兀術) : 금(金)나라 태조의 넷째 아들로, 악비(岳飛)와 주선진(朱仙鎭)에서 대항해 싸우다가 패전하여 북쪽으로 돌아가려 했는데, 마침 진회(秦檜)가 악비를 모함하여 죽였으므로 드디어 송(宋)나라와 화해하였다.

한 곳이 없습니다. 신은 일찍이 삼남(三南)을 순무할 적에 그 형세를 눈으로 보았습니다. 병사는 일만에 차지 않으나 반드시 지키기에는 족하였습니다. 삼남이 모이는 곳에 자리하고 물력이 넉넉함이 있으며, 사방 사람을 부름에 성원(聲援)할 이를 쉽게 모을 수 있습니다. 또 안은 평이하고 밖은 험하며 물과 샘이 가장 많습니다. 신이 산성을 두루 살펴본 적이 있는데 여기보다 나은 곳은 없었습니다. 그러므로 신이 그 당시 이곳에 실록각(實錄閣)을 건설하기를 청한 것은 뜻이 여기에 있었습니다. 지금 한수(漢水) 이북은 모두 탕패한 땅이 되었고, 한수 이남은 오히려 완전한 지역이 되었으니, 텅 빈 땅에 자리하면서 먼 지방의 병사와 군량을 모으는 것은 곧 그 형세가 어렵고, 완전하고 넉넉한 땅에 의거하여 보장(保障)의 계책으로 만드는 것은 곧 그 형세가 쉽습니다. 오랑캐가 비록 막강하나 수천 리 지역에 깊이 들어오니, 강한 쇠뇌 끝의 기세[88]로 쉽게 도모해 제어해서 형세를 탈 만한 기회가 있거늘, 더구나 호남과 영남은 서로 연결되어 도로가 막힘이 없고, 한산(閑山)의 섬들은 통영(統營) 수사(水使)가 전후로 서로 바라보고 있어 우뚝이 성원(聲援)할 수 있으니, 만약 수성(守城)을 위태

87 적상산성(赤裳山城) : 전라북도(全羅北道) 무주(茂朱)에 있는 산성(山城)으로 1610년(광해군2) 순안어사(巡按御史) 최현(崔晛)과 무주 현감 이유경(李有慶)의 요청에 따라 적상산을 살펴보고 산성을 수리하게 하였다. 1614년 적상산성 안에 실록전(實錄殿)을 건립하였다.

88 강한……기세 : 형세가 궁하여 능력을 발휘할 수 없음을 뜻하는 말로, "강한 쇠뇌로 쏜 화살도 멀리 가서 힘이 다하면, 노나라에서 나는 얇은 비단도 뚫을 수 없다.〔强弩之末, 不能穿魯縞.〕"라고 한 데서 가져온 말이다. 《漢書 卷52 竇田灌韓傳》

롭다고 여기면 임기응변함에 널찍하여 여지가 있습니다. 신의 어리석은 계책으로는 아마 이는 보장의 땅이 되어 백성들이 길이 의지할 것이라 여깁니다. 신의 말을 들은 자는 반드시 우활하다고 여기겠지만 필경 일의 형세가 이와 같지 않을 수 없을 테니, 목이 마를 때 임하여 샘을 파는 것보다는 미리 계책을 하는 것이 나을 듯합니다.

신은 오래도록 병을 앓음이 극에 달하여 숨을 쉴 적에 호흡이 가쁘고 원기가 시들어 이미 병을 이기지 못하기에, 언어가 거칠고 잡되어 생각을 가다듬을 겨를이 없었습니다. 진술한 바 다섯 가지 일은 모두 말절(末節)이니 진실로 유자(儒者)가 임금께 진달할 언사로는 마땅하지 않겠지만, 불이 눈썹을 태우는 화급한 상황이라 법도에 맞추기를 기다리지 못하고 감히 간절하고 절박한 일을 갖고서 우러러 전하의 귀를 더럽히옵니다. 삼가 원하옵건대 전하께서는 추구(芻狗)[89]의 말로 여기지 마시고 예(例)대로 해당 관사에 내리시어 절충하여 조절하고 가려서 만약 혹 채택할 만하면 시일을 끌지 말고 단연코 행하시어 미리 빈틈없이 준비함[90]에 하

89 추구(芻狗) : 풀로 만든 개이다. 옛날 중국에서 고사를 지낼 때 사용하던 도구의 하나로 필요할 때만 사용하고 필요하지 않을 때는 버렸으므로 아무 가치가 없게 된 물건을 비유하는 말이다. 《莊子 天運》

90 미리 빈틈없이 준비함 : 원문은 '주무(綢繆)'로, 《시경》 〈치효(鴟鴞)〉에 "하늘에서 장맛비가 아직 내리지 않을 때, 저 뽕나무 뿌리를 거두어 모아다가 출입구를 단단히 얽어서 매어 놓는다면, 지금 이 아래에 있는 사람들이 혹 감히 나를 업신여길 수 있겠는가.〔迨天之未陰雨, 徹彼桑土, 綢繆牖戶, 今此下民, 或敢侮予.〕"라는 말에서 가져왔다.

나의 도움이 되기를 바랍니다.

답하시기를, "소장을 살펴보고 다 알았으니, 경이 군주를 아끼고 나라를 걱정하는 정성을 가상히 여기노라. 진술한 바의 일은 마땅히 의논하여 처리할 것이다. 경은 이 뜻을 잘 알리라."라고 유지를 내리고, 이어서 전교하기를, "금일의 계책은 양병보다 급한 것이 없다. 양병의 계책은 조련(操鍊)보다 앞서는 것이 없다. 지금 주병(主兵) 규획을 보니 계책이 우연이 아니다. 절목을 설치함과 장령(將領)을 가려 선발하는 등의 일은 지금 장차 강구하고 정함에 반드시 각 도와 각 고을의 속오군병(束伍軍兵)의 총수를 먼저 알아야 한다. 그런 뒤에 원래 속오 중에서 늙고 잔약한 이들을 솎아 내고 장정들을 가려 선택하며, 급복(給復)[91]하고 넉넉히 구휼〔優恤〕하여 완급의 용도로 삼고, 각 고을의 속오군병 총수는 경이 일일이 계문(啓聞)토록 하라."라는 유지가 있었다.

91 급복(給復) : 조세(租稅)와 부역(賦役)을 면제하는 것으로, 복호(復戶)와 같다.

다른 사람을 대신해서 쓴 귀산산성 축조를 청하는 소
代人請築龜山山城疏

삼가 아뢰옵니다. 신은 삼가 생각하옵건대 당금의 급선무는 변방을 방비하는 하나의 일보다 더 큰 것이 없습니다. 안에서는 조정에서 계책을 내고 밖에서는 변방의 신하가 조치함이 지극하지 않은 것이 아니지만, 끝내 허투루 돌아가 하나도 믿을 만한 것이 없습니다. 지혜로운 사람이건 어리석은 사람이건 할 것 없이 모두 생각하기를, 이런 처지에 이르렀는데 착수할 곳이 없으니 백 가지 계책 천 가지 사려를 우선 중지하는 것만 함이 없고, 승패의 이로움과 둔함을 하늘의 운수에 맡겨 둘 뿐이라고 하고서 유유히 구차하게 보내면서 문서만 받들어 행합니다. 중외(中外)가 똑같이 그러하여 이미 고질적 습관이 되었고 변방의 상황은 더욱 심하거늘, 하물며 노둔하고 형편없는 신으로서 만에 하나라도 도와 정성을 바칠 수 있겠습니까. 그렇지만 직책의 명목이 몸에 있고 위임하심이 또한 중한데, 옷을 입고 밥을 먹으면서 속수무책으로 앉아서 바라보고 있는 것은 신이 차마 하지 못할 바입니다. 전하께 작별 인사하고 물러나던 날, 세 가지 일을 소장에 진술하여 이미 가하다는 윤허를 받아서 해당 관청에 내렸는데, 연례(年例)로 들여보내는 물건과 북민(北民)을 쇄환(刷還)[92]하라는 명은 해를 지나

92 쇄환(刷還) : 죄를 짓고 도망갔거나 떠돌아다니는 사람을 찾아 주인에게 돌려주는 것을 말한다.

도록 고대하였지만 시행됨을 보지 못했습니다.

본진(本鎭)에 도착하여 군사 행정을 헤아려 처리함에 이르러서는 곧 방어에 구비할 여러 기구가 쓸어 버린 듯하여 의지할 데가 없습니다. 불거진 눈의 저 북쪽 오랑캐는 우리와 베개를 연이은 격이어서 문란(門闌)에 있는 시랑이나 범 같고 심복(心腹)에 있는 나쁜 종기 같습니다. 때때로 한 명의 사신을 보낼 적에 매번 몇 대의 역마를 보내어 우리의 허실(虛實)을 엿보고 우리의 기색을 관찰하고서는, 따르기 어려운 청을 말하고 반드시 다툴 단서를 고집합니다. 시랑 같은 마음은 날로 교만해지고 골짜기 같은 욕망은 메우기 어려우니, 남목(南牧)[93]에 대한 근심은 가히 날을 꼽아 기다릴 것입니다. 만약 이미 침략했던 서로(西路)를 다시 향하지 않는다면, 그 계책은 장차 조금 완전한 이 북방(北方)으로 나올 것이니, 이는 병법가가 반드시 그렇게 함이고 적들이 도모하는 상사(常事)입니다.

오직 이 회령(會寧)은 육부(六府)의 으뜸 진(鎭)이고 적이 쳐들어오는 길 초입에 있는데, 산에 의지하고 물에 임한 험지가 없으며 반드시 다툴 중요한 길목의 땅에 해당합니다. 주위는 넓게 트였고 벽돌 자갈이 낮게 깔려 있으며, 성 밖의 흙담은 더욱 아이들 놀이터 같습니다. 만약 수만의 병사가 아니면 결코 조석을 보장하기가 어려운데, 경내의 남자 장정들을 쓸어 모아도 겨우 칠백 명에 이르고, 합하여 보병(堡兵)에 소속시켜도 일천 명에 차지 않

93 남목(南牧) : 한 무제(漢武帝)가 흉노를 쳐서 물리치니, 흉노가 감히 남으로 내려와 말을 먹이지 못한 데서 가져온 말로, 북방 민족을 가리킨다.

거늘, 하물며 성안에는 샘 우물이 없어서 성을 나가서 물을 길어 와야 하기에 한 국자의 물이 천금(千金)같이 귀함이겠습니까. 그래서 세민(細民)들은 평소 삶에도 오히려 물을 길어 오는 노고를 꺼리는데 육군(六軍)이 위급한 상황에 임함에 어찌 기갈의 근심을 면하겠습니까. 가르치지 않은 이 시들고 쇠잔한 병사로써 물이 없는 이 평이한 곳의 성(城)을 지키며, 당해 내기 어려운 이 뛰어나고 오만한 적을 막음에, 민심이 믿을 바가 어디이겠으며 병사의 기세는 의지할 바가 어디이겠습니까.

이전부터 이 땅을 지킨 신은 이와 같음을 알지 못한 것은 아닙니다만, 구차히 무사하기만을 기대하면서 시일을 보냈습니다. 이 또한 계책에 어찌할 수 없어서 운수에 맡긴 것이니, 어찌 한심하지 않겠습니까. 대개 적을 막는 방도는 반드시 지형의 유리함에 의거하여 편안한 군대로 수고로운 적을 상대하는 것입니다.[94] 그러므로 옛날의 용병(用兵)에 지리(地利)가 두 번째에 있습니다.

부(府)의 동쪽 30리에는 산성 옛터가 있으니, 귀산(龜山)이라고 하는데 사면이 매우 험하여 적들이 기어 올라오기가 어렵습니다. 성안은 평탄하여 무리를 수용하기에 편리하고 지세는 남쪽을 향하여 백성들이 거주하기에 이로우며, 마주하는 산으로 눌러 임하는 근심이 없고 사방을 조망할 수 있는 편리함이 있습니다. 가

94 편안한……것입니다 : 《손자(孫子)》 〈군쟁(軍爭)〉에 "가까운 곳에서 온 군대로 멀리서 행군해 오는 적을 기다리고, 편안한 군대로 수고로운 적을 기다리며, 배부른 군대로 굶주린 적을 기다리니, 이것이 병력을 다스리는 것이다.〔以近待遠, 以逸待勞, 以飽待饑, 此治力者也.〕"라고 한 데서 가져왔다.

운데는 못이 한둘 있으니 맑고 깨끗한 물이 고여 있고, 아래에는 넓은 들판이 있으니 비옥하여 농사짓기에 알맞습니다.

지난봄 차호(差胡)가 돌아간 뒤로 온 경내 백성의 마음은 모두 이 성을 수리해 쌓아 반드시 지켜야 할 땅으로 삼기를 원했습니다. 신은 처음에는 산성 백성들이 듣기 싫어하는 바이고 성을 지키는 사람이 굳게 피하는 바인데 이 땅의 백성은 이 성을 수리하길 원함을 괴이하게 여겨, 자못 믿을 수 없었습니다. 그래서 직접 가서 자세히 살펴보니 곧 형세가 위에서 말한 것과 같았습니다. 또 병사(兵使) 신(臣) 아무개가 각 진(鎭)의 변장(邊將)과 더불어 날을 약속하여 순시하니, 사람들이 모두 일컬음이 정히 토착민의 말에 부합하였습니다. 대개 사람 마음이 궁함에 이르면 반드시 살 방도를 구합니다. 양서(兩西)가 지켜지지 못했다는 소식을 들은 이래로, 모두 흩어져 평원(平原)에 거처하여 어육(魚肉)이 됨[95]을 면치 못할 줄 알지만, 함께 죽는 것보다는 차라리 죽기를 각오하고 험지를 지켜 만에 하나 온전할 수 있음이 나으니, 이치가 참으로 그러합니다.

신은 또한 병영에서 늙어서 그 이해(利害)에 대해 조금 알고 있습니다. 산성이 비록 험하더라도 문제로 여기는 것은 또한 많으니, 성내가 기울었음에는 많은 무리를 수용하기에 어려운 것이 하나이고, 지세가 너무 높음에는 매서운 추위를 참기 어려운 것이

95 어육(魚肉)이 됨 : 도륙(屠戮)됨을 말한다. 《후한서(後漢書)》 〈중장통전(仲長統傳)〉에 "백성들을 어육으로 만들어 그 욕심을 채웠다.〔魚肉百姓, 以盈其欲.〕"라고 한 데서 가져왔다.

둘이며, 물이 나는 샘이 부족함에는 급한 상황에 임하여 기갈(飢渴)함이 셋이고, 마주하는 산이 가까이 있음에는 적병에게 진압될 수 있음이 넷이며, 사면이 막혀 있음에는 멀리 조망할 수 없는 것이 다섯이고, 도로가 치우치고 멀 적에는 방어와 수비에 이익이 없음이 여섯이며, 곁의 지원이 현격히 끊겨 있음에는 호령이 통하지 않음이 일곱입니다.

이 성은 곧 반드시 지킬 수 있는 형세가 있고 이 일곱 가지 문제가 없습니다. 여기서부터 동쪽으로 행영(行營 임시 군영)과의 거리가 15리이고 남쪽으로 부령(富寧)과의 거리가 100리이고 북쪽으로 종성(鍾城)과의 거리가 70리이며, 온성(穩城)·경원(慶源)·경흥(慶興)은 백수십 리 거리에 있어 원근의 진보(鎭堡)가 사방에 바둑알처럼 둘러 있으니, 모두 하루 일정의 거리에 불과합니다. 적이 쳐들어오는 길 요충에 있으면서 이와 같은 천해의 험지를 얻었고, 육진(六鎭)의 가운데 있으면서 성원(聲援)의 형세를 지니고 있으니, 실로 우연이 아니고 금일을 기다린 것이었습니다.

혹자는 생각하기를, '변방을 개척하고 진(鎭)을 설치함에 그 유래가 오래되었다. 옛날 처음 이를 만든 자는 반드시 본 바가 있었으니, 뒤에 새로 설치함에는 반드시 옛날보다 나은 것은 아니다. 우리나라의 산성은 곳곳에 설립했으나 한갓 민력(民力)만 소비하고 필경에는 쓸모가 없거늘, 하물며 용만(龍灣 의주)으로부터 평산(平山)에 이르기까지는 해마다 수리하고 쌓아, 성이 높지 않은 것도 아닌데 적의 기마가 길이 말을 몰아옴에 하나도 온전한 곳이 없음에랴. 지금 이 일을 들으면 사람들은 반드시 비웃을 것이니, 그대로 두고 형세를 살펴봄이 나음이 되는 것만 함이 없다.'

라고 합니다.

신은 어리석지만 그렇지 않다고 생각합니다. 적에게 강하고 약함이 있음은 때에 따라 마땅함이 다릅니다. 옛날에 이 땅을 개척하였으니, 예를 들면 용사(龍蛇)를 몰아 늪과 숲으로 쫓고, 각종 부락(部落)이 강을 따라 열 지어 거처하여 혹 서넛이 무리가 되고, 혹 십 백이 둔(屯)을 만들었는데, 간간이 가만히 엿보고 약탈당하는 우환이 있었지만, 이는 다만 문정(門庭) 조석의 근심만 되었습니다. 그러므로 우리 또한 강을 따라 보(堡)를 설치하여 각각 요해를 보호해서 그곳을 왕래하는 이를 기찰하고 그 훔치는 것을 금하고 막으며, 또 육부를 설치해서 소속 보를 총괄하고 백성의 일을 다스렸습니다. 그러다가 만약 큰 변고가 있으면 소속 진을 합하여 군정(軍政)을 살폈습니다. 지금은 곧 강한 오랑캐가 약한 이를 집어삼켜서 변방의 종족이 남아 있지 않고, 요계(遼薊 요동과 계주〔연경〕)에서 뜻을 성취하여 멀리 소굴을 떠났으니, 당장에 몰아 겁박하는 것은 우선 면했다 해도, 조만간에 반드시 마음대로 침범할 텐데, 이는 작은 진(鎭)이 방어하고 무너진 성이 지킬 수 있는 것이 아닙니다.

신은 가만히 듣건대, 백기(百騎)가 옴에 동관(潼關)[96]이 한 번 패하고 수년 내에 경원(慶源)이 재차 함락되었으니, 만약 창시자가 오늘 다시 나온다면 변통할 계책을 마련하여 화재에서 구제하듯 급히 함에 반드시 교주고슬(膠柱鼓瑟) 수주대토(守株待兎)[97]

96 동관(潼關) : 함경도 종성부(鍾城府) 북쪽 18리에 있는 진보(鎭堡)의 이름으로, 육진(六鎭)의 요충지이다. 《新增東國輿地勝覽 卷50 咸鏡道 鍾城都護府》

하지는 않을 것입니다. 호중부가 관시(關市)를 빌미로 우리의 공사(公舍)에 와서 묵고 우리의 시내와 들판을 출입하면서, 군(軍)이 약하고 성(城)에는 우물이 없음을 익히 알고 마음으로 알아차렸습니다. 전날의 발자취가 마르지도 않았는데 금일에 또 오기를 청하는 자가, 엿보는 짓을 하지 않을 줄 어찌 알겠습니까.

양서(兩西)의 정황은 이것과 크게 다릅니다. 군현(郡縣)이 곁에 포진하고 도로가 여러 갈래이며, 구릉은 넓고 골짜기는 깊숙하며 섬들이 서로 이어져 있으니, 산에 오르고 바다를 떠감에 가지 못할 곳이 없습니다만, 자제들은 종군(從軍)하고 부모는 집에 있으며, 촌락은 흩어져 자리하고 성부(城府)에 있지 않으니, 소인의 정이 어찌 그 어버이를 버리고 장상(長上)을 위해 죽기를 기꺼워하겠습니까. 이는 반드시 궤멸할 도(道)입니다. 북관(北關)은 곧 일대(一帶)의 긴 뱀과 같아 좌우에 돌아갈 데가 없습니다. 이미 구릉과 골짜기, 섬들이 있어 산에 오르고 바다를 떠가 난을 피해 생명을 건질 길이 없어서 철수해 성진(城鎭)으로 들어가면 밖에는 촌락이 없으니, 자제로서 그 부형을 막아 줌에 힘을 다해 함께 지키는 것은 형세상 당연합니다. 그렇지만 험지를 먼저 점거하지 못하면 실로 힘을 쓰기 어려우니 이는 땅을 적에게 주는 것이며, 믿을 바가 있지 않으면 백성들은 뜻을 견고히 함이 없으니 이는

97 교주고슬(膠柱鼓瑟) 수주대토(守株待兎) : 교주고슬은 거문고의 기러기 발을 아교로 붙여 놓아 하나의 소리만 나게 한다는 뜻이고 수주대토는 나무 그루터기를 지켜보며 토끼가 오기를 기다린다는 뜻으로, 변통할 줄 모른 채 고지식하게 옛것을 답습하기만 함을 말한다.

백성을 적에게 주는 것입니다. 종성(鍾城)과 부령(富寧) 같은 곳은 본부에 가까워 비록 읍(邑)의 호칭이 있으나 가장 의지하기 편리한 형세가 없으니 그 성지(城池)가 견고하지 않고 병력이 극히 약함은 본부에 견주어 다름이 없고, 소속된 진보(鎭堡)는 더욱 영성(零星)합니다. 그 형세는 홀로 지킬 수가 없으니 반드시 세 읍이 각각 진보를 거느리고서 힘을 합하여 축성하며 세력을 합해서 지켜야만 거의 만전(萬全)할 수 있습니다. 병법에 "수비하는 곳이 많으면 힘이 분산되고, 힘이 분산되면 공을 이루지 못한다."라고 하였으니, 정히 이를 말함입니다.

신은 이에 가만히 생각해 보니, 요새를 설치함이 비록 백성을 보호하기 위해서이기는 하나 성을 완전케 함은 반드시 백성의 힘에 의지해야 합니다. 근년 이래로 떠나는 사람은 짐을 싸서 가고 집에 있는 사람은 보내 줌으로써 민력이 고갈되었으며, 군량 수송과 노군(櫓軍)을 대접함으로써 백성의 음식이 다 없어졌습니다. 진실로 알겠으니, 남군(南軍)에게서 빌릴 수 없고 나라의 저축물에서 나눌 수 없으며, 방어군을 더해 들이지 못하고 의식(衣食)을 의지할 데 없는지라 본토의 백성들은 궁곤함이 더욱 심한데, 먼저 힘을 다해 성을 완전케 하고 그런 뒤에 죽음으로써 성을 지키게[98] 하니, 본토의 시들고 쇠잔한 백성들에게 오로지 책임을 지울 수

98 힘을……지키게 : 전국 시대 지백(智伯)이 조양자(趙襄子)에게 땅을 요구하매, 조양자가 주지 않자 지백이 조씨를 공격하니, 양자가 도성을 나가 달아날 곳을 찾으며 "백성들이 힘을 다해 성을 완전히 하고 또 죽음으로써 성을 지키게 하면 그 누가 나와 함께하겠는가.〔民罷力以完之, 又斃死以守之, 其誰與我.〕"라고 말한 데서 인용하였다. 《通鑑節要 卷1》

없고, 편의에 따라 조치할 방법은 더욱 늦추어서도 안 됩니다. 그만둘 수 없다면 한 가지 방법이 있습니다.

신은 삼가 듣자옵건대, 각 아문(衙門)은 혹 나라의 재정을 마련하고 혹 군량을 마련함에, 목면을 넉넉히 보내고 인삼을 헤아려 교역하여 차관을 정해 보냄이 비일비재합니다. 일에는 완급이 있고 씀에는 선후가 있으니, 변방이 안정되면 나라가 안전하며 외방이 견고하면 내부도 견고합니다. 원하옵건대, 이속(移屬)시켜 용도에 보충하고 모군(募軍)하여 입역(入役)하도록 하면 성(城)은 많은 날을 소비하지 않아도 완성할 수 있습니다. 또 사적인 장사에 공문을 부당하게 만들어 내는 경우가 있으니, 경장(輕裝)을 수레 가득 실어 가고 담비〔貂〕와 인삼을 널리 교역함이 도로에 연이어 있고, 육진(六鎭)에까지 더욱 가득합니다. 담비와 인삼은 오랑캐 땅에서 생산되는 것이고 목화는 오랑캐들이 이롭게 여기는 것입니다. 저들의 무궁하게 많아 값이 없는 물건으로 우리의 유한하고 쓸모 있는 재화를 바꾸니, 양식을 지고 가서 옷으로 꾸는 격이어서 여기에서 덜어서 저기에 보태므로 이해득실을 결단코 알 수 있습니다. 청컨대 변방 신하에게 신칙하여 공문을 따지지 말고 가진 물화(物貨)를 일일이 속공(屬公 공에 소속)하고서, 한편으로는 모군(募軍)의 물자로 삼고 한편으로는 적을 살찌우는 폐단을 제거하소서.

신은 삼가 듣자옵건대, 국가에서 일찍이 둔전을 설치함은 오로지 식량을 풍족하게 하기 위함이었습니다. 육진의 진내에도 그 수가 많습니다. 앞서 방백(方伯)이 진계(陳啓)함으로 인하여 혁파한 지 몇 년이 되었고 각 관과 각 보(堡)에서 농사짓는 소를 나누어

길렀는데, 본부의 삼진(三鎭)에 보존된 것도 30여 마리에 이르니, 각처에 있는 것을 통합해 함께하면 그 수가 반드시 많을 것입니다. 무용하게 헛되이 늙어 가면서 쓸데없이 추두(芻豆 여물)를 소비하는 것은 청컨대 해당 부서에 명하여 바꾸어 사용〔移用〕토록 비준해 허락하면 역부(役夫)를 모집해 씀에 가장 편리하고 이익이 될 것입니다.

신은 삼가 듣자옵건대, 본도의 공사천(公私賤)[99]이 역(役)을 면하고 천(賤)을 면하여 허통(許通)하길 스스로 원하는 자와 서얼(庶孼)이 허통하길 스스로 원하는 자는 혹 군기(軍器)를 납부하고 혹 미포(米布)를 납부토록 하며, 혹은 성역(城役)으로 세워 그 원하는 바를 따라 주면 반드시 많이 모집할 수 있을 것입니다. 청컨대 해당 부서에 명하여 납부하는 바와 부역하는 바의 다소를 따라 조례에 비추어 법식을 정하고서, 한편으로는 열읍(列邑)에 공문으로 알리어 모집하기를 권하도록 하고 한편으로는 체문(帖文)[100]을 전송하여 봉용(捧用)하도록 하면 명목은 비록 면천(免賤)이지만 실제로는 정군(正軍)이 되는 것이니, 허비하지 않으면서 힘을 얻고 덜어짐이 없으면서 도움이 있습니다.

신은 삼가 듣자옵건대 북쪽 백성을 쇄환(刷還)하라는 명이 상세하지 않은 것은 아니며, 접주(接主)를 변방으로 이주시키는 데

99 공사천(公私賤) : 공천(公賤)과 사천(私賤)을 아울러 이르는 말이다. 공적으로나 사적으로 매매되고 사역(使役)되던 종으로, 비복(婢僕), 백정(白丁), 무격(巫覡), 배우(俳優), 창녀(娼女) 따위가 있다.

100 체문(帖文) : 수령이 그 고을의 면임(面任)이나 동임(洞任), 훈장(訓長), 향교나 서원의 유생 등에게 유시(諭示)하던 문서를 말한다.

대한 법률이 엄하지 않은 것은 아닙니다. 그러나 봉행할 사람이 없고 국법이 점점 어지러워져 유민이 이어지고 변방 땅이 공허하게 되었습니다. 신이 이전에 소를 올려 쇄환을 감독하길 청한 것이 또 한 장의 휴지가 되었으니, 진실로 마음 아파할 만합니다. 청컨대 해당 부서에 명하여 다시 더 법을 정하여 용은(容隱)[101]의 주체는 그 법률에 따라 속목(贖木)[102]을 징수하고, 쇄환하는 바의 백성은 기한에 미치지 못하면 그 주인과 해장(該掌) 독송관리(督送官吏) 또한 법률에 비추어 속(贖)을 징수하여 각각 수송해 들이도록 하면, 법이 행해질 만하고 변방은 튼실해질 수 있습니다. 지금 이 다섯 조목을 만약 빨리 시행하도록 허락하신다면 군량으로 쓸 쌀과 군사 모집하는 목면은 금방 이룰 수 있으니, 하나의 삽을 잡고도 복역하기를 원하고 하나의 방어선을 지키며 원수와 함께하기를 다툴 것입니다.

신은 조정에서 서변의 일에 급하여 북변을 돌아볼 경황이 없음을 알지 못하는 것은 아닙니다만, 얼굴에 난 종기 치료가 비록 급하기는 하나, 등창 또한 치료하지 않아서는 안 됩니다. 저들의 교활한 계책은 혹 동쪽에서 소리를 내고 서쪽에서 적을 치는 술책에서 나오는데, 우리가 잃은 바는 항상 앞을 살피면서 뒤를 잊는데 있어서 미리 대비함[103]이 소홀하니, 담장을 높이 쌓아 미리 대

101 용은(容隱) : "용은은 그 사람을 받아들여 머물게 하고 그 역의 차정을 은밀히 회피하도록 하는 것이다.〔容隱, 謂容留其人, 而隱蔽其差役也.〕"라는 말이 있다. 《大明律集解附例 573쪽》

102 속목(贖木) : 속죄(贖罪), 또는 속신(贖身)하기 위해 바치는 무명이다.

비하지 않을 수 없습니다.

신은 가만히 듣자옵건대 옛말에 이르기를, "군주는 반드시 사사로운 장수가 있어야 하고, 장수는 반드시 사사로운 병사가 있어야 하니, 그 용맹한 자를 살펴보아 은밀히 두터이 대하고, 그 특이한 자를 살펴보아 은밀히 특별히 대하면, 급할 때 기꺼이 앞장서려 할 것이다."[104]라고 했습니다. 전쟁은 흉한 것이고 싸움은 위태로운 일이며, 나아가면 죽고 물러나면 삶에, 사람의 마음은 죽기를 두려워하고 살기를 중히 여기지 않음이 없으니, 오직 상(賞)을 후하게 하여야 살기를 잊게 할 수 있으며 죽음에도 달려가게 할 수 있습니다. 이른바 "맛있는 미끼를 드리우면 반드시 죽으러 오는 물고기가 있고, 후한 상을 내리면 반드시 용맹한 장수가 있다."[105]라고 한 것이 이 때문입니다. 오직 우리 조정은 변방 병사를 구휼하고 용감한 사내를 창도하는 도(道)에 지극하다고 말할 만합니

103 미리 대비함 : 원문은 '주무유호(綢繆牖戶)'로, 《시경》 〈치효(鴟鴞)〉에 "하늘에서 장맛비가 아직 내리지 않을 때, 저 뽕나무 뿌리를 거두어 모아다가 출입구를 단단히 얽어서 매어 놓는다.〔迨天之未陰雨, 徹彼桑土, 綢繆牖戶.〕"라고 한 데서 유래하였다.

104 군주는……것이다 : 《당송팔대가문초 소식》 권22 〈창용감(倡勇敢)〉에, "천자는 반드시 사사로운 장수가 있어야 하고 장수는 반드시 사사로운 군사가 있어야 하니, 그 용맹한 자를 살펴보아 은밀히 두터이 대해야 합니다.……무릇 위급할 적에 기꺼이 앞장서서 창도가 되는 자는 반드시 윗사람이 특별히 내우한 사람입니다.〔天子必有所私之將, 將軍必有所私之士, 視其勇者而陰厚之.……凡緩急而肯爲倡者, 必其上之所異也.〕"라고 한 데서 인용하였다.

105 맛있는……있다 : 《삼략(三略)》 〈상략(上略)〉에 나오는 내용으로 원문은 "香餌之下, 必有死魚, 重賞之下, 必有勇夫."이다.

다만, 근일의 북방은 망망하게 이를 잊었다고 말할 만합니다. 재주가 있는데도 권면함이 없고 고통이 있으면서 즐거움이 없으니, 그들이 어떻게 고무되어 움직이고 진작해 일어나겠습니까.

궁각(弓角 활 만드는 물소 뿔)과 전죽(箭竹 화살 만드는 대나무)은 이 지역에서 생산되지 않으니, 기기가 만약 예리하지 않으면 공인이 어떻게 그 일을 잘할 수 있겠습니까. 풍토는 남쪽과 달라서 얼음과 서리에 살이 찢어지고 손가락이 떨어져 나갑니다. 구피(狗皮)와 후지(厚紙)는 세속의 기호에 알맞고 바람을 막는 데 요긴하며, 목화(木花)와 목향(木香)은 사생(死生)에 관계된 바여서 귀하기가 금백(金帛)의 가치입니다. 청컨대 해당 부서에 명하여 육물(六物)을 넉넉히 구비해서 나누어 육진에 보내고, 재주를 시험하고 능력을 매겨 보아 차등을 두고 상(賞)을 논한다면 혹 위로하고 기쁘게 해 주고 권장하는 하나의 방법이 될 듯합니다만, 용감한 자와 특이한 자에 이르러서는 어찌 이런 자잘한 것으로 하겠습니까.

세속의 기호는 오랑캐에 가까워 말 타고 달리며 활을 쏘아 수렵을 하지만, 오랑캐 말이 나오지 않아서 질주하는 준마가 절대 모자랍니다. 본도(本道)의 목장에는 내빈(騋牝 큰 암말)이 번식하니, 국경 들판에서 헛되이 늙기보다는 전장(戰場)에서 이롭게 쓰이는 것이 나을 것입니다. 청컨대 해당 부서에 명하여 급하고 빠르게 정탈(定奪 재가)하여 그 종자 중 번식할 어린 암말을 제외하고, 건장한 말을 모두 몰아 변방에 보내서 용감한 자와 특이한 자에게 상으로 준다면, 위급한 상황에서 창도할 적에 사생(死生)을 피하지 않는 충성스러운 병사[106]를 쉽게 얻을 수 있을 것입니다.

오호라, 땅은 남북이 없고 사람은 고금이 없으니, 십실(十室) 정도의 작은 고을에도 반드시 충신(忠信)한 이가 있거늘, 하물며 이 풍패(豐沛)[107]의 신령함이 남은 곳에 어찌 뛰어난 인걸(人傑)이 없겠습니까. 단단한 갑옷을 입고 예리한 무기를 잡고서는 적을 만나 두려워하지 않고, 산을 오르고 비탈을 내려올 때 도약하는 말이 나는 듯한 것은 이 땅 사람의 항상함이니, 그 가운데 어찌 백 장부의 우두머리가 될 만한 자, 만 명을 대적할 만한 자, 집사(執事)에 합당할 만한 자, 백성을 대함에 마땅한 자가 없겠습니까. 발걸음은 경락(京洛 서울)과 끊기고 형세는 구원할 이가 모자라며, 백수(白首)의 나이에 소문난 것이 없고 썩은 해골로 원망을 품은 이도 왕의 신하 아님이 없으니, 어찌 원근에 차이를 두겠습니까. 청컨대 먼저 해곤(該閫)으로 하여금 재주 있는 이를 취하여 포문(褒聞)케 하고, 그다음 전조(銓曹)로 하여금 재주에 따라 녹용(錄用)토록 하면 용맹한 자와 특이한 자의 마음을 일으킬 수 있으니, 어찌 다만 말〔馬〕을 상 주는 데 그치는 것이겠습니까.

옛날 오기(吳起)가 용맹을 떨친 병사에게 상 주어야 한다는

106 충성스러운 병사 : 원문은 '조아지사(爪牙之士)'로, 《시경》 〈기보(祈父)〉에, "기보야, 나는 왕의 발톱과 이빨 같은 군사이다.〔祈父予王之爪牙之士〕"라고 한 데서 유래하였다.

107 풍패(豐沛) : 함경도 지역을 의미한다. 태조 이성계(李成桂)의 고향이라는 뜻이니, 제왕의 고향을 가리키는 말로, 중국 패현(沛縣)의 풍읍(豐邑)이 한 고조(漢高祖)의 고향이라는 데서 연유하였다. 《승정원일기》 영조 3년(1727) 11월 13일 조에 "그 땅은 풍패이니 왕업의 기초를 놓은 곳이다.〔地同豐沛, 王迹之所肇基.〕"라고 하였다.

말[108]로 위 무후(魏武侯)에게 고하였는데, 이를 행한 지 3년 만에 진(秦)나라 군사가 서하(西河)에 당도하니, 위나라 병사 중에 이를 듣고 관리의 명을 기다리지 않고서 갑옷을 입고 분발하여 공격한 자가 만 명을 헤아렸습니다. 무후가 오기에게 이르기를 "그대의 지난날 가르침이 이제 행해졌다."라고 하였습니다. 지금 신 또한 이것으로써 전하께 고하여 뒷날에 이를 행하기를 원하옵니다. 오호라, 전란이 일어난 지 10년에 이르러 상하가 모두 경황이 없고, 성을 쌓은 몇 곳은 백성들이 아우성을 치는데, 하나의 높은 언덕을 얻으면 곧 말하기를 '이는 축성할 만하다.' 하며, 우리의 궁한 백성에게 부역을 시키고는 '백성을 번거롭게 하지 않는다.'라고 하니, 성이 완비되기도 전에 백성들은 이미 흩어져 버립니다. 그러니 적이 이미 당도하면 누가 함께 지키겠습니까.

평소 어리석은 신 또한 일찍이 나라를 위하여 탄식을 일으켰더니, 이때의 광언(狂言)이 어찌 감히 세속을 따라 장황하게 한 말이겠습니까. 먼저 요해를 설치하여 나라를 보호하는 의(義)로써 하고, 그다음 군사를 모집하여 요해를 지키는 도(道)로써 하고, 용맹하게 창도하는 이를 장려하는 말로써 맺었으니, 그사이에 누누하게 한 말들은 조치하는 절목에 불과합니다.

삼가 원하옵건대, 전하께서는 특별히 묘당에 명하여 이해(利

108 오기(吳起)가……말 : 《오자열전(吳子列傳)》에, 위 무후(魏武侯)가 사람들이 명령 듣길 좋아하고 전쟁에 죽기를 각오하도록 하려면 어떻게 해야 하느냐고 물으니, 오기가 "임금께서는 공이 있는 자는 천거하여 나오게 해서 연향(燕饗)을 베풀어 주고, 공이 없는 자는 격려해 주어야 합니다.〔君擧有功而進饗之, 無功而勵之.〕"라고 답했다.

害)를 헤아리고 확정토록 하여 속히 진퇴를 내리시옵소서. 신이 듣건대 한 마리 고양이가 구멍을 지키면 백 마리 쥐가 감히 나오지 못하고, 한 마리 범이 계곡을 차지하면 백 마리 짐승이 감히 가까이하지 못한다고 합니다. 지금 이 귀산은 육진의 복심(腹心)이고 경성의 두뇌(頭腦)에 해당하며, 명천(明川)의 재덕(在德), 길주(吉州)의 성진(城津)과 북청(北青), 함흥(咸興), 학성(鶴城)에 이르러서는 백 갈래 길 천 갈래 맥이 모두 여기에 매여 있어 위로 경성에까지 미치는지라, 실로 이는 두목(頭目)이 수족(手足)을 막아 줌[109]이니 계곡을 차지한 범과 구멍을 지키는 고양이라고 할 만합니다. 이런 곳에서 견고히 지키면 나머지는 높이 베개 베고 편히 지낼 만합니다. 백 번 이를 생각해 보아도 이보다 나은 것은 없습니다.

신은 누의(螻蟻) 같아 식견은 없지마는 견마(犬馬) 같은 정성은 지니고 있습니다. 국가의 외람된 은혜를 두터이 입어 금옥(金玉)의 높은 반열에 오름에 이르렀는데도, 조그마한 보탬이 없어 늘 매우 삼가 황송하였습니다. 이 막대한 중요한 변방을 지키고 이 비상(非常)한 외부의 근심을 당하매, 다만 종군(終軍)이 끈을 청했던[110] 장대한 뜻을 사모하고, 감히 번쾌(樊噲)가 횡행(橫行)

109 두목(頭目)이……줌 : 《맹자》 〈양혜왕 하〉의 "군주가 어진 정사를 행하면 이 백성이 그 윗사람을 친애해서 그 어른을 위해 죽는다."라고 한 구절의 주에, 군주가 백성을 편안하고 풍족하게 하면, 백성은 그 윗사람을 친애하여 위난(危難)함이 있을 때 달려가 구하기를 '수족이 두목을 막아 주듯 한다.〔手足之捍頭目〕'라고 하였는데, 여기서는 두목이 수족을 막아 준다는 뜻으로 쓰였다.

110 종군(終軍)이 끈을 청했던 : 한(漢)나라 종군이 무제에게 남월에 사신으로 가

하겠다고[111] 큰소리쳤던 것을 진달하옵니다. 삼가 바라옵건대, 성명(聖明)께서는 저의 광망하고 참람된 죄를 너그러이 용서하시고 혹 추요(芻蕘)[112]에게서 하나라도 채취하신다면 국사에 매우 다행이겠고 변방의 일에 매우 다행이겠습니다.

겠다고 자청하며 "원컨대 긴 끈을 주신다면 반드시 남월왕을 묶어다가 대궐 아래까지 데려오겠습니다.〔願受長纓, 必羈南越王, 而致之闕下.〕"라고 한 데서 온 말이다. 《漢書 卷64 終軍傳》 후인(後人)들은 이로 인해, 군(軍)에 투신하여 나라에 보답하는 것을 청영(請纓)이라고 한다.

111 번쾌(樊噲)가 횡행(橫行)하겠다고 : 한나라 효문제(孝文帝) 당시 여태후(呂太后)가 집정(執政)하고 있을 때, 흉노의 선우 묵특이 편지를 보내어 여태후를 모독하였다. 이에 여태후가 노하여 여러 장수를 부르고 의논하게 하자, 번쾌가 "신이 10만 명의 군사를 얻어 흉노 가운데서 횡행(橫行)하기를 원합니다.〔臣願得十萬衆, 橫行匈奴中.〕"라고 하였다. 《史記 卷95 樊噲列傳》

112 추요(芻蕘) : 보잘것없는 꼴꾼과 나무꾼의 말이라는 의미로, 자신의 발언에 대한 겸사(謙辭)이다. 《시경》 〈판(板)〉에 "옛 성현의 말씀에 나무꾼의 말이라도 들어보라 하셨네.〔先民有言, 詢于芻蕘.〕"라고 한 데서 유래하였다.

병조 참지 재임 시에 올린 원정소[113] 갑자년(1624, 인조2) 11월 30일

兵曹參知時原情疏 甲子十一月三十日

삼가 생각건대, 신은 허술하고 치졸(癡拙)하여 세상의 물정에 오활하니, 일에는 혹 사려를 지나치게 많이 하나 세속의 견해와 조화를 이루지 못하고 언어에는 반드시 정성을 들이나 도리어 허물을 초래합니다. 근래 대사간(大司諫)에 임명됨에[114] 이미 여론을 놀라게 하였으나 저는 분수를 헤아리지 아니하고 갑자기 스스로 직임을 담당하였으니 어리석은 병통이 때를 만나 발생한 것입니다. 차자(箚子) 가운데서 훈신(勳臣)의 군관에 관한 폐단을 진술한 것은 참으로 이른바 '시의(時宜)를 헤아리지 못한 것'이라고 하겠습니다. 그러나 제가 마음에 간직한 바는 다른 의도는 없고 다만 하나의 충성심이 있을 뿐이었습니다.

신이 그윽이 보건대, 원근의 무사(武士)들이 다투어 훈신의 군관에 의탁하는 것은 국가를 위해서도 아니고 주장(主將)을 위해서도 아니며 서쪽 변방으로 부방(赴防)하는 것을 면하려는 계책

113 병조 참지……원정소 : 1624년(인조2) 11월 8일에 박윤장(朴允章)·이대온(李大溫)·기필헌(奇必獻) 등이 선조의 일곱째 아들 인성군(仁城君)을 세우려는 역모를 꾸몄는데, 그때 군관 김원(金愿)이 모의에 참여하였다가 처형되었다. 그런데 김원의 구초(口招 : 죄인이 자백하는 공술)에서 최현의 이름이 나왔다. 이에 대하여 변명하는 것이 이 글이다.

114 근래 대사간(大司諫)에 임명됨에 : 이해 10월에 대사간이 되었다.

에서였습니다. 그리고 훈신들이 이들을 모집한 것이야말로 실로 대궐을 호위할 방책 때문이었지만 또한 혹 사용(私用)의 폐단을 면치 못한 경우도 있었으니, 노비를 추쇄(推刷)[115]하는 일을 이들에게 시키고 전택(田宅)을 추쇄하는 일도 이들에게 시켰으므로 민간에서 혹 이를 지목하여 원망을 하는 자가 있습니다. 신의 얕은 소견으로는 국가의 무사들을 모아 국가의 재용을 허비하며 사실(私室)을 직숙(直宿)하게 하는 것이 매우 구차스럽게 여겨졌습니다. 더구나 당시에 부마(駙馬)나 종실도 혹 이를 본받아 개인적으로 군관을 거느리는 경우까지 있었으니, 이런 폐단의 근원이 한번 열리면 말류의 폐단이 혹 말할 수 없이 많아질 것입니다.

지금 명군과 현신이 제회(際會)하여 상하가 모두 훌륭한 정치를 하고자 합니다. 훈신(勳臣) 또한 모두 사류(士類)로 나랏일에 아침 일찍부터 저녁 늦게까지 애를 써서 권력을 휘두르는 간신이 자취를 감추어 모든 폐단이 다 제거되었습니다. 비록 미세한 하자가 있더라도 다른 걱정이 없을 것이 분명합니다만, 만약 혹시 국가의 기강이 해이해지고 법령이 점점 느슨해져서 그대로 답습하기를 그만두지 않아 사람들이 모두 사모하여 본받는다면 어찌 뒤에 올 사람들이 모두 금일처럼 공변되고 사심이 없을 줄을 알 수 있겠습니까. 집에 충갑(衷甲)[116]을 둔은 고인(古人)이 그릇되게

115 추쇄(推刷) : 부역 또는 병역을 기피한 자나 상전(上典)에게 의무를 다하지 아니하고 다른 지방으로 도망한 노비를 모두 찾아내어 본고장으로 돌려보내는 것이다.

116 충갑(衷甲) : 갑옷 위에 평상복을 걸쳐 갑옷이 보이지 않게 하는 것으로 갑옷을 입은 군사를 말한다.

여긴 것으로 단속하지 않으면 자신을 불태우게 되니, 마땅히 빈틈없이 예방함을 생각해야 합니다. 이는 신의 말이 아니고 식자들의 공론입니다. 만약 신의 말을 오히려 혹 채납할 만하다면 삼가고 조심하는 도가 뒷날에 조금의 도움이라도 있을 것입니다. 만약 그렇지 않다면 오활한 유자의 그릇된 견해가 끝내 지면상의 헛된 말로 귀결되고 말 것이니, 이것이 어찌 훈신과 재상을 동요하는 데 의도가 있는 것이겠으며, 또 어찌 조아(爪牙)[117]와 같은 병사를 철거시킴으로써 기찰(譏察)하는 길을 막아 역적의 무리가 멋대로 화란을 조성할 터전을 만들게 하는 것이겠습니까. 단지 신의 말이 신임을 받지 못한 탓으로 의심을 먼저 불러일으키게 되었으니, 신의 이 의론이 마침내 하나의 커다란 죄안(罪案)이 되고 말았습니다. 그러다가 역변이 일어나자 사람들의 말이 더욱 많아졌으므로 모두가 신을 위태롭게 여겼는데, 신 역시 이미 말을 해 버린 후라서[118] 아무리 후회해도 소용이 없었습니다. 더구나 신의 이름이 역적 김원(金愿)의 공초에서 나왔는데도[119] 다행히 임금께

117 조아(爪牙) : 맹수는 발톱과 어금니를 무기로 삼으니, 국가의 훌륭한 장군을 조아라고 한다.

118 말을……후라서 : 원문 '사설(駟舌)'은 사마(駟馬)의 혀라는 뜻으로 수레 한 채를 끄는 네 마리의 말이 매우 빠르나 혀로 말하는 것을 따라갈 수 없다는 의미이다. 《논어》 〈안연(顏淵)〉에 "사마로도 말이 퍼지는 것을 따라잡지 못한다.〔駟不及舌〕"라고 하였는데, 이는 한 번 말을 뱉으면 돌이킬 수 없다는 뜻이다.

119 역적……나왔는데도 : 김원(金愿, 1569~1624)의 본관은 안동(安東), 자는 사공(士恭)이다. 1609년(광해군1)에 진사에 합격하였다. 이괄의 난의 정벌 때 군관이 된 적이 있으나 그 뒤에 박윤장 등이 인성군을 세우려는 모의에 참여하였다가 처형되었다.

서 통촉해 주시는 은혜를 받아 이미 불문에 부치라는 분부를 내리시고 또 대죄하지 말고 직무를 수행하라는 교지를 내렸습니다. 이에 지극히 감격스러운 마음에서 감히 물러나지 못하고 힘써 직책을 수행하고 있습니다만, 여론이 그르게 여기기 때문에 두려운 심정으로 날을 보내 왔습니다.

그윽이 들어 보니 중신(重臣)이 등대(登對)했을 때, 신이 군관을 없애기를 청하여 기찰(譏察)할 방도를 막아 역적의 무리로 하여금 그들의 계책을 자행하도록 하였고, 또 신이 역모를 알면서도 고변하지 않았다는 것으로 하나의 죄목을 첨가하였습니다. 대저 역모를 알면서 고변하지 않는 자는 역모하는 이와 죄가 같으니 이것이 어찌 신하로서 차마 할 수 있는 일이겠습니까. 그럼에도 불구하고 함부로 이 죄명을 씌워 놓고 구명(究明)하여 조사해 보지도 않고 진위(眞僞)의 사이에 방치합니까. 역적 김원은 저의 천첩(賤妾)의 먼 일족입니다. 신이 일찍이 이괄(李适)의 난을 정벌할 때 그를 빌려서 데리고 갔기에 진실로 이미 그가 무식하고 맹랑한 놈이라는 것을 익숙히 알고 노예로 대우하였습니다. 평상시에 대화를 함에 또한 그 사람이 감히 얼굴을 대하고서 수작하지 못하였는데, 하물며 제가 귀를 가까이 당겨 깊이 있는 이야기를 했겠습니까. 그도 타인의 군관이 되어 찾아올 겨를이 없었기에 얼굴을 거의 보지 못했습니다. 마침 제가 본 직책에 임명되는 날 별안간 와서 만나보게 되었으니 비록 음모가 있었더라도 오히려 사람들이 알까 두려워할 것인데, 어찌 동류가 아닌 저에게 즐겨 실정을 토로했겠습니까. 신이 비록 못난 사람이기는 하지만 군신(君臣)의 분수와 의리를 대략 안다는 것은 흉악한 역적들도 알았을 것입니다. 저들이 비록 흉악하고 우둔하지만 어찌 도리에 어긋나는 말을 가지고 신에게 알렸겠으며, 신 또한 차마 이런 말을 듣고서 잠자코 있었을 뿐이었겠습니까. 신의 죄와 허물이 전후로 한두 가지가 아니지만, 필경 갑자기 역모를 고변하지 않은 죄에 미치게 되었으니 신은 더욱 저도 모르게 간담이 떨리고 마음이 두근거립니다. 중신(重臣)의 말이 이미 연석(筵席)에서 나온 이상, 신은 감히 스스로 죄가 없다고 여겨 세간에서 낯 두껍게 지낼 수 없습니다. 삼가 바라건대 성명(聖明)께서는 신을 형리(刑吏)에 내려보내 진위를 캐내어 신의 죄를 다스리게 하신다면 매우 다행이겠습니다.

차자 箚子

옥당에 있을 때[120] 올린 차자 임자년(1612, 광해군4)

玉堂箚 壬子

삼가 생각건대, 선민(先民 선대의 현인)이 말하기를 "국가가 장차 흥하게 될 때는 백성에게 듣고 국가가 장차 망하게 될 때는 귀신에게 듣는다." 하였으니, 참으로 국가의 흥망이 민심의 향배에 달려 있으니, 민심에서 구해 보지도 않고 신괴(神怪)에게 구하는 자는 망하지 않은 경우가 있지 않습니다. 귀신에게 듣는 것도 오히려 상스럽지 못한데, 하물며 요괴하고 법도에 맞지 않은 말을 하는 한 명의 술사(術士)로 인하여 국가의 대계(大計)를 그르칠 수가 있겠습니까.

신들은 삼가 들어 보니, 이의신(李懿信)[121]은 하찮고 천한 사람

120 옥당에 있을 때 : 인재가 1612년 10월에 홍문관 수찬이 되었고, 11월에 부교리가 되었다.

121 이의신(李懿信) : ?~?. 본관은 원주(原州)로 전남 해남 출신의 술사(術士)이다. 광해군의 총애를 입어 인의(引儀)의 벼슬에까지 올랐다. 1612년(광해군4) 임진왜란과 거듭되는 역모, 신하들의 분당과 다툼 등이 한양(漢陽)의 지기(地氣)가 쇠한 결과라면서 길지(吉地)인 파주 교하현(交河縣)으로 천도해야 한다고 상소를 올려

으로 풍수지리의 서적[122]을 주워 모아 근거 없는 말로 소동을 부립니다. 이에 그는 감히 소장을 진술하여 외람되게 임금에게 아뢰어 한양의 도읍은 운세가 쇠퇴하고 교하(交河)[123]의 기운은 왕성하다고 극론(極論)하였습니다. 그리하여 심지어는 도참서의 기록으로 증거를 대며 반드시 나라의 도읍을 옮기고자 하는데, 견강부회하며 장황하게 설명하여 방자하게 꺼리는 것이 없습니다.

신들은 조정에 훌륭한 사람이 없어서 요망한 술관(術官)에게 농락당하는 데 이르게 되었다고 그윽이 탄식하며 즉시 차자를 올려 진달하려고 하였으나 파리를 보고 노하여 칼을 빼면 또한 스스로 경솔한 데 이르는 것이니, 그와 함께 시비를 다투고 진위를 비교하여 마치 상대하여 분별하는 것처럼 그렇게까지 할 것이 없다고 여겼습니다. 그런데 사안(事案)이 예조에서 의계(議啓)[124]하

광해군의 허락을 받았다. 하지만 예조 판서 이정귀(李廷龜)와 이항복(李恒福)을 비롯한 조정 대신들의 강력한 반대로 교하로의 천도는 이루어지지 않았다. 이후 신하들은 이의신이 요망한 말로 정국을 혼란에 빠뜨렸다며 법률에 따라 처벌해야 한다고 요청했으나 광해군이 거절하여 이의신은 처벌받지 않았다. 《조선왕조실록》 1614년 4월 10일 자 기사에 따르면 이의신은 지리학교수에서 파직되어 고향으로 돌아갔다.

122 서적 : 원문 '조박(糟粕)'의 뜻이다. 조박은 찌꺼기라는 뜻으로 곧 옛 성인들이 남긴 글을 지칭한다. 춘추 시대 제 환공(齊桓公)이 당(堂) 위에서 글을 읽고 있자, 윤편(輪扁)이 당 아래에서 일을 하다 말고 환공에게 묻기를 "공(公)의 읽는 것이 무슨 말입니까?" 하므로 환공이 말하기를 "성인의 말이다." 하였다. "성인이 살아 있습니까?" 하자 "이미 죽었다." 하니 "그렇다면 공이 읽고 있는 것은 바로 옛사람의 찌꺼기군요."라고 했다는 고사에서 온 말이다. 《莊子 天道》

123 교하(交河) : 경기도 파주군 교하면으로 한강을 사이에 두고 김포와 마주하고 있으며 강화도와 가깝다.

124 의계(議啓) : 임금이 명한 일을 신하들이 상의해 아뢰는 일이다.

라는 교서를 내리는 것을 봄에 미쳐서는 신들은 사사로이 성상께서 진실로 요망한 설을 들어서 믿으실 리는 만무하다고 그윽이 생각하였습니다. 성상께서 의계하라고 말씀하신 것은 '짐짓 예관(禮官)으로 하여금 그 시비를 의논하게 한 뒤에 장차 그 망령된 말의 죄를 의논하게 하여 매우 미워하고 통렬하게 단절할 것이지 그 정도에 그치실 뿐만은 아닐 것이다.'라고 생각하고 조용히 잠자코 기다리며 오늘에 이르렀습니다.

삼가 들으니 어제 내린 교서에, 교하(交河)에 관부(官府)를 새로 열거나 혹은 경도(京都)를 설치하는 문제로 정의(廷議 조정의 의논)를 수합하는 데 이르렀다 하니, 이것은 술관에게 죄를 주지 않을 뿐만 아니라 또한 장차 그의 말을 채택하여 대략 실행하려고 하는 것이니, 신들은 두려워하며 놀라 의혹하면서 성명한 임금께서 이러한 조치를 내릴 줄을 생각지도 못했습니다. 가령 풍수지리의 좋은 반응이 그림자와 메아리보다 빠르고 이의신의 술책이 실로 신묘(神妙)하다 할지라도 이처럼 국가를 재차 건설하는 초기와 병란으로 불탄 나머지를 수습할 때를 당하여 인심이 뿔뿔이 흩어져 조석을 보장할 수 없는 상황에서, 나라의 혼란을 진정시킬 계획을 힘쓰지 않고 이에 기반을 흔드는 행위를 하시니 오 척 동자도 그것은 실책이라는 것을 알 것입니다.

하물며 예로부터 어찌 나라의 도읍을 옮겨 발연(勃然)히 중흥하는 경우가 있었습니까. 반경(盤庚)이 은(殷)으로 천도한 것[125]

125 반경(盤庚)이……것 : 반경은 은(殷)나라의 17대 왕이다. 은(殷)은 그전까지 도읍(都邑)을 하북(河北)에 두고 국호를 상(商)이라 하였으나, 반경이 즉위하자 성탕

은 황하의 홍수 걱정 때문이었으므로 백성들에게 정성껏 고유(告諭)하였으나 오히려 백성들이 따라오지 않을까 염려하였습니다.[126] 옛날의 성왕(聖王)은 한 가지 일의 움직임에도 민심을 자세히 살피고 관찰함을 이와 같이 중시하였습니다. 지금 이에 전쟁의 상황이 겨우 안정된 백성들을 아무런 까닭 없이 경솔하게 움직여 황폐한 들판의 지역으로 몰아가서 토목 공사를 일으키는 것은 아무 일 없는 태평의 상태에서 새로 일을 만들어 내고자 하는 것입니다. 신들은 천도에 반드시 후회가 없어서 끝내는 참으로 좋은 결과를 이룰지 모르겠습니다. 옛날에 제왕(帝王)께서 나라를 창업(創業)할 초기에 시절을 따르고 형세를 헤아리며 풍수지리로 참고하여 도읍지를 정하여[127] 자손을 위하여 도모하는[128] 경우는 진

(成湯)의 고도(故都)로 옮기어 호(亳)에 도읍을 정하고 국호를 은(殷)으로 고쳤다.

126 백성들에게……염려하였습니다 : 《서경》 〈반경 상(盤庚上)〉에 "반경이 은으로 천도하려 할 적에 백성들이 새 거주지에 가려 하지 않자, 여러 근심하는 사람들을 불러서 맹세하는 말을 내었다.〔盤庚遷于殷, 民不適有居, 率籲衆慼, 出矢言.〕"라고 하였다.

127 도읍지를 정하여 : 원문 '정정(定鼎)'은 새 도읍지를 정한다는 말이다. 하우(夏禹)가 구정(九鼎)을 주조하여 구주(九州)를 상징하였는데, 그 뒤 상(商)과 주(周)를 거치는 동안 이를 전국(傳國)의 보배로 여겨 국도(國都)에 안치하였으므로, 나라의 도읍지를 정하는 것을 정정(定鼎)이라고 하게 되었다. 《춘추좌전》 선공(宣公) 3년조(條)에 "주나라 성왕이 겹욕에 도읍을 정하고 구정을 안치하였다.〔成王定鼎于郟鄏〕"라는 말이 나온다.

128 자손을 위하여 도모하는 : 원문 '연익지모(燕翼之謀)'는 조상이 자손을 위해 세운 계책이나 교훈을 말한다. 《시경》 대아(大雅) 〈문왕유성(文王有聲)〉에서 주(周)나라 문왕에 대해 "후손에게 계책을 남겨 두어 공경하는 아들을 편안케 하셨다.〔詒厥孫謀 以燕翼子〕" 하였다.

실로 있었습니다.

우리나라는 국토가 좁고 작아서 산수의 형세가 도읍으로 들어설 만한 곳은 역력히 헤아릴 수 있습니다. 오직 한양의 도읍은 화악(華嶽 삼각산)에 웅거하고 한강을 임하고 있으니, 용이 서리고 봉황이 나는 천부(天府)의 금성(金城)[129]으로 뛰어난 경관입니다. 중국 사신에게 성조(聖祖)가 터전을 닦은 곳이며 신손(神孫)들이 대대로 지킬 곳이라 칭찬을 받았으니, 이것은 실로 만세토록 변할 수 없는 기반이니 낮고 좁은 하읍(下邑)인 교하(交河)에 비할 것이 아닙니다.

이의신은 어떠한 사람입니까. 감히 얕은 견해와 보잘것없는 기예로 허풍을 치고 현혹시켜 조종(祖宗)께서 개창(開創)한 기틀을 옮겨 저기[교하]를 크게 하려고 합니다. 성군께서의 비답에 "예로부터 제왕이 별경(別京)을 세운 것이 많으니, 이것은 본 도읍을 영원히 버리는 의도가 아니다."라고 하였습니다. 제왕이 행도(行都 위급할 때 임시로 설치한 행궁(行宮))를 별도로 설치한 경우는 오직 주(周)나라의 낙읍(洛邑)과 금(金)·원(元)나라의 상도(上都)와 그리고 명(明)나라의 북경(北京)인데, 혹 가운데 자리를 잡아 태평한 정치를 행하기 위해서이고,[130] 혹 본 도읍을 경리(經理)하기

129 천부(天府)의 금성(金城) : 하늘이 만든 천연의 요새지라는 말이다. 《사기(史記)》 권55 〈유후세가(留侯世家)〉에 "관중(關中)의 장안(長安)은 금성천리(金城千里)요, 천부지국(天府之國)이다."라고 하였다.

130 가운데……위해서이고 : 주(周)나라 수도인 장안(長安 : 西都)은 너무 서쪽으로 치우쳐 있기에 천하의 중심인 동쪽에 낙읍을 설치하여 동도(東都)라 하여 천하를 다스리는 데 편리하게 하였다.

위해서이며[131] 혹 오랑캐를 진압하기 위한 것으로,[132] 모두 국가를 위한 대계에서 나온 것이지 풍수지리의 술수에 견강부회하여 그렇게 한 것은 아닙니다.

고려 시대 말기에 풍수지리의 술수를 혹신(酷信)하여 서경(西京)과 남경(南京)을 별도로 두어서 사계절에 따라 임금께서 이동하여 기운을 억눌러서[133] 도선(道詵)이 주장한 36개 나라가 우리나라에게 조공을 바칠 것이라는 도참설에 호응하였으나[134] 복을 구하여도 얻지 못하였고 도리어 위망(危亡)한 재앙을 재촉하였습니다. 지금 이의신은 용렬한 지관(地官)에 지나지 않으니 과장된 말과 속이는 변론으로 자기의 재능을 자랑합니다. 그러나 그 설이 입증되지도 않고 점점 거짓말로 탄로가 나는 데 이르니 사대부들

131 본……위해서이며 : 상도(上都)는 지금의 내몽고(內蒙古) 지역에 해당하는 난하(灤河) 북안(北岸)의 개평부(開平府)를 말한다. 원나라와 금나라 때 대도(大都)인 연경(燕京)과 병칭하여 양도(兩都)로 일컬어졌는데, 1년에 한 번씩 천자가 순행하는 것이 관례였으며 위급한 변란을 만나면 그쪽으로 피신하였다.

132 오랑캐를……것으로 : 명나라의 수도는 개봉(開封)이지만, 북경을 두어서 오랑캐의 침략에 대비하였다.

133 고려……억눌러서 : 고려의 수도가 개경(開京 : 開城)이었으나 신라의 수도에 동경(東京 : 慶州)을 두었다. 그러다가 고려 중기에 서경(西京 : 平壤)과 남경(南京 : 漢陽)을 두어 사계절에 따라 네 곳의 서울에 이동하여 거주하면 좋다는 풍수설이 있게 되었다.

134 도선(道詵)이……호응하였으나 : 도선(827~898)은 승려로서보다는 음양풍수설의 대가로서 가장 널리 알려져 있다. 도선국사의 이런 주장에 따라 숙종은 1097년에 그의 도참설을 들어 남경 천도를 주청하였고, 1099년에는 친히 남경 지세를 답사케 하여 궁궐까지 짓게 되었다. 남경 천도와 서경 중시의 근거로 36국이 조공해 온다는 비기설을 내세워 예종 조에는 서경 용언궁(龍堰宮) 창건 공사에 참가하였다.

이 또한 믿지 않은 자가 많습니다. 그러나 이의신은 이에 큰소리 치며 이인(異人)의 부류에 스스로 의탁하여 도선이 증험해 보지 못했던 것을 가지고 한 번 도읍을 옮기는 것에서 국운(國運)을 일으키려고 합니다. 그리하여 성명(聖明)의 군주로 하여금 공의(公議)를 구하지도 않게 하고 임금의 마음을 혼자 재단하려고 하니, 그 괴이하고 망령됨은 많은 말을 할 필요가 없으며 성명께서 반드시 이런 점을 환하게 살피고 있을 것입니다.

오호라. 지극히 신령스러운 것은 민심이니 요괴한 말과 괴이한 술수는 신령스러움이 되지 않습니다. 두려워할 만한 것은 민심이니 나라를 유지하고 공고(鞏固)하게 함은 다른 데서 구할 수가 없습니다. 시험 삼아 오늘의 우환을 봄에 그것이 민심이 흩어진 데 있습니까. 아니면 지기(地氣)가 쇠퇴해진 데 있습니까. 만약 인사가 잘 다스려지지 않음을 가지고 풍수지리가 그렇게 만든 것에 말미암는다고 생각하여 스스로 수양하는 것을 게을리하고 기수(氣數)에 운명을 맡긴다면 이것은 나라의 위망을 스스로 재촉하는 것입니다.

신들은 직책이 논사(論思)[135]에 있으면서 눈으로 한번 사설(邪說)을 목격하여 민심이 서로 의혹되는 것을 보았음에도 불구하고 묵묵히 입을 다물고 말하지 않아 일의 기틀이 이미 잘못되고 후회와 허물이 뒤따라 이르게 하는 지경이 된다면, 비록 만 번의 죽음을 당하여도 그 죄를 씻기에 부족할 것입니다. 삼가 바라건대

135 논사(論思) : 임금이 학사(學士)나 중신(重臣)들과 학문을 토론하는 일을 말한다. 여기서는 옥당에 있으면서 나라와 임금의 잘못을 논하는 것을 말한다.

성명께서는 깊이 살피고 생각하시어 요괴한 말을 배척하여 단절하고 실행하기 어려운 의논을 빨리 그만두어, 민심을 진정시키고 나라를 견고하게 하시면 저희들은 매우 다행함을 이기지 못하겠습니다.

옥당에 있을 때 올린 두 번째 차자
再箚

삼가 생각건대, 공론은 힘으로 제어할 수 없고 민심은 위압으로 이길 수가 없습니다. 예로부터 제왕(帝王)이 어찌 공론을 염두에 두지 않고 힘으로 제압하였으며 민심을 억지로 거스르며 위압으로 승리하였다가 끝내는 나라가 혼란하여 멸망하는 데 이르지 않은 경우가 있었습니까. 지금 교하(交河)에 천도하는 일이 참으로 국운(國運)의 장단과 민생의 이해에 관련됨이 있다면 온 나라 사람들이 누가 손발에 굳은살이 들 정도로 바쁘게 달려가 열심히 일을 하여 그 완공을 이루고자 하지 않겠습니까. 신들이 임금에게 호소함이 한 달이 넘었음에도 불구하고 전혀 충간을 그칠 줄 모르는 것은 또한 어찌 오활한 담론을 힘써서 국가의 계획을 저지하고 흔들어 위로 군부(君父)에게 색책(塞責)하고 아래로 공의(公議)에서 면죄를 받으려는 것이겠습니까. 참으로 이 거사는 국가의 존망에 관계되어 천명의 거취와 인심의 향배가 이에서 판가름이 납니다. 이와 같음에도 불구하고 전하께서는 홀로 뭇 사람들의 의논을 물리치고 민심을 억지로 거스르면서 반드시 한 번 시험해 보고 난 뒤에 그만두려고 합니다. 신들은 성상의 뜻을 받들어 따르다가 가만히 앉아서 실패를 보게 되면 뒷날에 충간하지 않았다는 형벌을 받게 될 것임을 아니, 신들이 진실로 죄를 마음으로 달게 여겨야 할 것입니다. 그 일이 잘못됨에 미친 이후에 전하께서 후회하고자 하나 미칠 수 없을까 염려됩니다. 고증할 수 없는 풍수와 편의하지 않은 지형에 대하여는 이미 누차 진술하였으니 구태여 다시 말씀드릴 것이 없을 것입니다. 원하건대 전하께서는 공론이 있는 곳과 민심의 향배를 묵묵히 살피고 깊이 생각하십시오.

신들은 들어 보니, 임금이 두려워할 바가 세 가지가 있으니, 천명을 두려워해야 하고 공론(公論)을 두려워해야 하며 민심을 두려워해야 합니다. 이 세 가지를 두려워하지 않으면 장차 어떤 것도 두려워하는 바가 없어서 끝내는 크게 두려워할 만한 일이 생기는 데 이르게 됩니다. 지금 대란(大亂)이 겨우 진정되었으나 하늘이 재앙을 내린 것을 후회하지 않아 재앙이 겹겹이 나타나고 기상(氣象)이 참담합니다. 역병이 사방에서 일어나 사망하는 자가 태반이니 천심이 경계시킨 바를 단적으로 볼 수 있습니다. 교하에 가서 살펴보라는 하명이 있은 뒤로부터 원근의 사람들이 모두 놀랐고 조야(朝野)의 사람들이 근심하며 두려워합니다. 대신과 대간(臺諫)들이 모두 불가하다고 말하니, 공론이 어디에 있는지를 따라서 상상할 수 있습니다. 비단 대신과 대간들이 그러할 뿐만 아니라 백성의 정서가 파도처럼 요동하여 그릇된 말이 날로 전파되어 형세가 장차 붕괴되어 수습할 수 없을 것 같으니 민심이 어디에 있는지를 또한 알 수 있습니다. 전하의 명성(明聖)으로 이 세 가지를 두려워할 줄 알지 못하는 것이 아니로되 오히려 또한 돌아보지 않는 것은 어찌하게 된 것입니까. 하늘의 꾸짖음이 비록 이르더라도 미미하고 멀리 떨어져 있어 믿기 어려우며, 공론이 비록 격동하더라도 오래되면 마땅히 절로 진정될 것이며, 민심이 비록 원망하나 위엄으로 제압할 수 있으니, 임금이 독단(獨斷)을 완고

하게 고집하여 반드시 성공하는 것을 기약하려고 생각하는 것이 아닙니까. 불행하게도 성상의 뜻이 만약 여기에서 나왔다면 나라가 전복되는 재앙은 반드시 여기에서 조짐을 볼 수가 있을 것이니, 어찌 매우 두려워할 만한 것이 아니겠습니까.

가령 오늘날 대신에게 도모하지 않고 공론을 물어보지 않으며 민정(民情)을 살피지 않아서 마음을 수고스럽게 하고 힘을 낭비하여 한쪽 구석진 곳〔교하〕에 쓸모없는 성(城)을 건립하여 백성이 궁핍하고 재정이 고갈되는 나머지 도적이 안으로 번성하고 외구(外寇)가 틈을 엿보아 침략하여, 흙이 무너지고 기와가 해체되듯이 방비할 수 없게 되면 장차 어떻게 도적과 외구를 진압할 것이며 장차 누구와 함께 지킬 것입니까. 삼가 바라건대 성명께서는 천명을 두려워하고 공론을 두려워하며 민심을 두려워하여, 무익한 거사를 하지 마시어 교하에 가서 살펴보라는 하명을 빨리 그만두십시오.

옥당에 있을 때 올린 세 번째 차자 계축년(1613, 광해군5)

三箚 癸丑

삼가 생각건대, 지난번에 있었던 교하(交河)의 천도에 대한 일은 정신(廷臣)들이 의논하기를 상세히 하였고 신들이 다 논의하였습니다. 성군께서의 비답이 온순(溫諄)하시어 "이것은 조만간에 할 수 있는 일이 아니니 천천히 의논하여 상세히 살펴보고 처리하여도 무슨 상관이 있겠는가."라고 하셨습니다. 그러므로 신들은 비록 통쾌하게 윤허하시는 것을 받지는 못했지만, 또한 성상께서 이치로 비추어 보심이 밝아 사특하고 망령된 설에 의혹되지 않았으며, 일의 원대함을 생각하여 시기와 형세의 어려움을 깊이 살피시어, 드디어 그 논의를 그만두고 민심을 안정시키려는 것으로 알았으니, 이것은 참으로 나라의 복이며 백성들의 다행이었습니다.

그런데 근래에 또 비지(祕旨)를 비변사(備邊司)에 내려 이렇게 말씀하셨습니다. "예로부터 왕자(王者)의 도읍은 반드시 경기(京畿)에 방어하고 보호하는 지역을 둔다. 하물며 우리나라 같은 경우는 대란(大亂)을 당한 이후에 항상 이웃 적국에 계엄(戒嚴)을 하고 있는 상황임에야 말할 것이 있겠는가. 교하의 지형은 강과 바다 사이에 자리하여 강화도(江華島)와 마주 대하고 있고 수원(水原) 독성(禿城)에 의거하고 있다. 관례상 옆의 고을과 합병하여 별도로 대부(大府)를 설치하여 적절한 인재를 구하여 지키게 하는데, 성을 쌓고 양식을 비축하여 편의에 따라 정선(征繕)[136]한다면 다급할 때 보장(保障)의 곳으로 삼을 수 있다. 대신(大臣)이

관상감 제조(觀象監提調)와 예조의 당상관 그리고 이 의견을 아뢴 지관(地官)을 인솔하여 동시에 가서 살펴보고, 그 지세의 형편이 어떠한지를 살피고 측량하여 그림을 그려서 오게 하라."

성명(聖明)께서 만약 방어하고 보호하는 장소로 삼아 경영하고 기획하여 부(府)를 설치하고 방어지를 만드는 데 그치게 하고자 한다면, 어찌 반드시 대신에게 관상감 제조와 예조의 당상관 그리고 이 의견을 아뢴 지관을 인솔하여 가는 것을 명하여, 일을 처리함의 중요성이 이와 같은 데 이르게 합니까. 신들은 그윽이 성명께서 이의신(李懿信)의 말이 혹 일리가 있고 또 천도의 일은 옛날에도 있었으니, 일을 당장에 하지 않으면 민심이 동요하고 의논이 분분하게 일어나 큰 계획〔천도〕을 흔들 수 있다고 염려하였기 때문에 이런 비밀의 교지를 내렸다고 생각합니다. 그러나 민심은 속이기가 어려우며 대중의 눈은 가릴 수가 없습니다. 반드시 전하께서 그 명분을 숨기고 그 말을 사용하는 데 정대하고 광명한 거사를 하지 않고 이런 미봉책으로 바꾸는 계획을 한다면 의혹이 더욱 일어나고 와전의 말이 더욱 성대해질 것이니, 이것은 매우 편안하지 않은 것이 아닙니까.

성교(聖敎)에 이른바 '경기에 방어하고 보호하는 지역'은 비록 정선(征繕)하지 않을 수 없으나 반드시 험준한 지세와 요충의 도로를 선택한 뒤에야 군민(軍民)들을 보호하여 지킬 수 있고 경성

136 정선(征繕) : 정(征)은 부세(賦稅)를 받아들이는 것이고, 선(繕)은 병기(兵器)를 수선하는 것이다. 《춘추좌씨전(春秋左氏傳)》에, "정선이보유자(征繕以輔孺子)"라는 문구가 있다.

(京城)을 막아 보호할 수 있습니다. 그렇지 않으면 한만하고 긴요하지 않은 곳에 헛되이 공력(功力)을 낭비하여 끝내는 쓸데없는 것에 돌아갈 것이니, 좋은 계책이 아닙니다. 그윽이 들어 보니, 교하라는 고을은 비록 강과 바다 사이에 자리하고 있지만 사방으로 험준함이 없어 방어하기가 매우 어려우니, 적들이 반드시 침입해오거나 우리들이 반드시 지켜야 할 땅이 아닙니다. 지금 군민(軍民)과 물력(物力)으로 도성의 지척의 땅을 둘러싸 막는데도 오히려 방어할 수 있는 계책이 없어서 한 번 위급한 경보를 들으면 먼저 달아날 길을 준비할 것이니, 어찌 형편없는 바닷가 고을 교하에 여력이 미쳐서 다급할 때에 보장(保障)으로 삼을 수 있겠습니까.

오호라. 오늘날의 사태는 위태롭고 다급하다고 말할 수 있겠습니다. 대란이 겨우 진정되었지만 재앙이 종식되지 않아 천재(天災)가 연이어 나타나고 역병이 줄지어 일어나고 있습니다. 서북 두 변방에는 백성들이 거의 다 죽었고 호남과 영남 그리고 충청도에는 사망하는 자가 서로 잇고 있습니다. 게다가 전답의 측량이 바야흐로 시행되어 고을들이 소란하기에 주민들이 도망가 숨어서 직업을 잃었습니다. 한 해 농사는 장차 크게 흉년이 들려고 하니, 참담한 모습과 상심되는 일이 한둘이 아니라 매우 많습니다. 나라의 기강이 풀리며 온갖 일이 무너짐에 이르러 사분오열로 찢어져 있는 신하들에게 임금을 공경하는 미음의 미덕을 볼 수가 없고, 흩어지고 떠나는 민심을 결단코 수습할 길이 없습니다. 나라에는 두 달치의 양식이 없고 군병에는 활시위를 당길 병사가 없습니다. 그럼에도 불구하고 일본 오랑캐들은 으르렁거리며 우리나라를 잡아먹을 마음이 은연(嚚然)히 그치지 않습니다. 노추(老酋 누루하치)의 강폭한 세력은 손꼽아 날을 세어 가며 준동하려 합니다. 저들은 일각도 우리를 잊지 않고 있는데, 우리들은 안락을 추구하며 저들을 잊고 있습니다. 스스로 강대국이 되는 계책은 아득하기가 손으로 바람을 잡으려는 것과 같고 구구하게 하는 일은 항상 말단을 좇습니다. 비유하건대 대병(大病)이 조금 나았으나 조섭함에 마땅한 도리를 잃어 참된 원기(元氣)가 다 고갈되어 사지를 쓸 수 없고, 또 이어 중풍에 걸리고 습기가 침범하며 한기와 열병이 교대로 일어나 헐떡거리며 숨 쉬는 사이에 생사가 판가름이 나는 것과 같습니다. 그럼에도 불구하고 오히려 훌륭한 의사를 빨리 구하여 처방의 약을 급히 투여하지 않습니다. 사정과 형세가 절박하게 되자 무당의 말을 들어서 이리저리 옮겨 다니며 기도하고 빌어 요행히 낫기를 바라니, 이 또한 매우 사리를 생각하지 못하는 것입니다.

맹자가 말하기를 "나무에 올라가 물고기는 구하는 것은 비록 물고기를 잡지는 못하더라도 뒤에 오는 재앙은 없지만 이와 같은 소행으로 이와 같은 소원을 구하고자 한다면 마음과 힘을 다하여 하더라도 뒤에 반드시 재앙이 있을 것이다."[137]라고 하였습니다. 오늘날의 일이 불행하게도 이와 비슷합니다. 바야흐로 지금 쌓아야 할 성이 한둘이 아닌데 노동력이 완비되지 않았고, 지켜야 할 땅이 한둘이 아닌데 백성들을 모을 수가 없으니, 어렵고 근심스러운 형상을 말로 형용하기 어려운 점이 있으며, 간절히 애통하고

137 나무에……것이다 : 《맹자》 〈양혜왕 상(梁惠王上)〉에 나오는 말이다.

매우 근심스러움은 또한 이것보다 더 큰 것이 있습니다. 이때에 저 귀괴(鬼怪)한 요설(妖說)을 듣고 원망하고 탄식하는 백성들을 부지런히 동원하여 토목공사를 대대적으로 일으켜, 급하지 않은 일에 마음을 수고스럽게 하고 쓸데없는 곳에 힘을 다하려 합니다. 10년 안에 공사가 마무리되지 않아 백성이 궁핍하고 재정이 고갈되어, 원망이 사방에서 발생하여 도적들이 내부에서 일어나고 외구들이 밖에서 침략해 오면, 그런 외로운 성〔교하〕이 비록 바닷가의 굽이에 있다고 한들 믿을 만한 험준함이 없고 지킬 만한 병사가 없습니다. 그러므로 쓸쓸한 하나의 텅 빈 성곽이 되는 데 불과할 것이니 또 장차 어디에 쓰겠습니까. 지극히 전도착란(顚倒錯亂)하는 데 미치게 되면 후회해도 늦으니 비록 요괴한 말을 한 사람을 참수하여 만 갈래로 시신을 부수어 버린다 해도 또한 무슨 유익함이 있겠습니까.

시기가 낙읍(洛邑)을 경영할 때가 아니며 지형이 험준함에 자리한 곳이 아님에도 불구하고 대신으로 하여금 그 일을 주관하게 하고 술관(術官)으로 하여금 그 땅을 살피게 하는 데 이르니, 행위가 마땅한 도리에 어긋나고 명실이 상반되어 백성들의 마음이 의혹하고 나라의 근본이 동요될 것이니, 고인의 이른바 "사람들의 마음이 흔들리는 것은 적국의 변란보다도 더 참혹한 것이다."[138]라고 한 것이 바로 오늘날의 일을 두고 한 말입니다. 말이 여기에 미치니 저도 모르게 기운이 막히고 마음이 싸늘해집니다. 또 내신은 유사(有司)와 집사(執事)에 비교할 수가 없습니다. 의논할

138 사람들의……것이다 : 진부량(陳傅良)의 《지재집(止齋集)》 권52에 나온다.

만한 일이 있으면 군막 안에서 계책을 세워도[139] 이미 족할 것이니, 어찌 지관(地官)의 천한 사람들과 언덕과 습지를 말달리며 고굉(股肱)의 중요한 지위로 체면을 낮추어 유사의 일을 행하게 합니까.

오호라. 국가의 운수가 장구토록 멀리 가며 윗사람과 아랫사람들이 서로 편안하고자 하는 것은 비록 여항의 소민(小民)이라 할지라도 이런 마음이 없지 않은데, 하물며 조정에 가득한 신료들이야 말할 것이 있겠으며 묘당(廟堂)의 대신들이야 말할 것이 있겠습니까. 지금 안으로 공경(公卿)으로부터 밖으로 소민에 이르기까지 모여서 서로 이야기하며 놀라고 탄식합니다. 그리하여 이 천도설이 만약 실행되면 반드시 나라를 망하게 한 뒤에야 그만두게 될 것이라고 생각하니, 이것은 어찌 대신들의 나라를 걱정하고 멀리까지 염려하는 것이 이의신에게 미치지 못하는 것이며, 온 나라 신민들이 모두 다 복리(福利)를 싫어하고 화패(禍敗)를 즐거워해서겠습니까.

신들은 나랏일을 토론하는 직책에 있으면서 귀로 백성의 근심을 들었음에도 불구하고 요괴한 상소문에 대하여 칼로 벨 것을 청하지 못하고 사특하고 망령된 설을 백일(白日 임금)에 간범(干犯)하게 만들었고, 이의신이 조정의 대신과 서로 따라가게 하는

139 군막……세워도 : 《한서(漢書)》 권1 〈고제기(高帝紀)〉에 "군막 안에서 계책을 세워 천 리 밖에서 승리를 결정짓는 것으로 말하면, 나는 장량보다 못하다.〔夫運籌帷幄之中, 決勝千里之外, 吾不如子房.〕"라고 한 고조(漢高祖)가 말하였다. 군막은 여기서는 조정을 말한다.

데 이르게 하여 조정에 치욕을 끼치고 보고 듣는 사방의 사람을 놀라게 만들었으니, 이것은 실로 신들의 죄입니다. 옛말에 이르기를 "무슨 해가 되느냐고 말하지 말라, 그 재앙은 장차 크리라. 무슨 손상이 있느냐고 말하지 말라, 그 재앙은 장차 오래 가리라." 하였으니,[140] 전하의 한 생각의 착오가 끝내는 반드시 무궁토록 후회와 허물을 끼칠 것이고, 한 생각을 바꾸는 것이 한양의 도읍에 왕기(王氣)를 돌릴 수 있을 것입니다. 마음에 계구(戒懼)하면 천지의 화기(和氣)가 호응할 것입니다.

오호라. 어려움을 구제하여 이롭고 바르게〔利貞〕 하고 일을 함에 처음 시작할 때 도모해야 하니, 나라가 피폐하고 공허하게 된 뒤에 늦게 윤대(輪臺)의 잘못[141]을 깨닫기보다는 무엇이 백금(百金)을 허비하기 전에 노대(露臺)를 빨리 그만두는[142] 것과 같겠습니까. 《주역》에 "멀리 가지 않아서 되돌아오니, 후회하는 일이 없

140 옛말에……하였으니 : 《대대례기(大戴禮記)》 권6 〈무왕천조(武王踐阼)〉에 나오는 말이다.

141 윤대(輪臺)의 잘못 : 윤대는 한(漢)나라 무제(武帝)가 서역을 쳐서 차지하고 설치하였던 둔전(屯田)의 이름으로 지금 광서성(廣西省) 정주(庭州) 서북쪽에 있다. 한 무제는 중원에 군림한 지 50여 년 동안 크게 병력을 동원하여 영토를 넓혔는데, 말년에는 국력이 피폐하여 곤경에 이르게 되자, 윤대의 둔전(屯田)을 파함과 함께 그동안의 사치를 숭상하고 신선을 구하며 소인을 등용하는 등의 잘못을 뉘우치는 내용의 조서를 내렸다.

142 백금(百金)을……그만두는 : 한 문제(漢文帝)가 노대(露臺)를 지으려다가 백금(百金)의 비용이 든다는 말을 듣고는 "백금은 중등 생활을 하는 열 집의 재산에 해당한다.〔百金中人十家之産也〕"라고 하면서 그만두게 한 고사가 《한서(漢書)》 권4 〈문제기(文帝紀) 찬(贊)〉에 나온다.

을 것이요, 크게 좋을 것이다.〔不遠復, 无祗悔, 元吉.〕" 하였으니,[143] 삼가 원하건대 성명께서는 대신이 교하에 가서 지세를 살펴보라는 명령을 빨리 정지시키시고, 열조(烈祖) 풍기(豐芑)[144]의 국업을 크게 하여 민심을 진정시키기를 도모하여 후회하는 일이 없도록 하십시오.

143 주역에……하였으니 : 〈복괘(復卦) 초구(初九)〉에 나오는 말로 멀리 가지 않고 되돌아온다는 뜻으로, 잘못을 깨닫고서 금세 바른길로 들어서면 후회하는 일이 없게 되고 크게 길하게 된다는 의미이다.

144 풍기(豐芑) : 나라의 터전을 잡는다는 뜻으로 쓰인다. 《시경》 대아 〈문왕유성(文王有聲)〉에 "풍수에도 기풀이 있으니, 무왕이 어찌 이곳에서 일하지 않으시리오. 후손들에게 좋은 계책을 물려주고, 공경하는 아들을 편안하게 하시니, 무왕은 참으로 임금답도다.〔豐水有芑, 武王豈不仕? 詒厥孫謀, 以燕翼子, 武王烝哉.〕"라고 하였다. 〈문왕유성(文王有聲)〉 시의 전체 내용은 문왕(文王)이 풍(豊)에 천도하고 무왕(武王)이 호경(鎬京)에 천도한 일을 읊은 것이다.

옥당에 있을 때 올린 다섯 번째 차자
五箚

삼가 생각건대, 신들은 교하(交河)로 천도하는 일을 가지고 임금에게 하소연한 것이 여러 날이 되었으나 윤허가 내려오지 않고 임금께서 들어주심은 더욱 멀어졌습니다. 신들은 머리를 맞대고 서로 돌아보며 그윽이 근심스럽고 울적함을 감당할 수가 없습니다. 대저 하찮은 천한 사람이 요괴한 글을 주워 모아 함부로 장소(章疏)를 올려 경솔하게 국가의 도읍을 의논하여 오늘의 사태가 있게 만들었으니, 어찌 한심한 일이 아니겠습니까.

대저 이로움과 해로움이 서로 비등하면 진실로 일로 실험해 볼 수 있고, 옳고 그름이 서로 비등하면 진실로 말로 사용해 볼 수 있습니다. 지금의 일은 다만 해로움만 있고 이로움이 있지 않으며, 다만 그름만 보겠고 옳음을 볼 수가 없습니다. 전하께서는 어떤 점을 취하여 반드시 일로 시험해 보고자 하였으며 반드시 말로 사용해 보고자 했습니까. 요사스러운 말은 백 가지라 할지라도 한 마디로 부숴 버릴 수 있으며 사특한 말은 천 가지라 할지라도 지혜로운 자는 의혹되지 않습니다. 신들은 청컨대, 부숴 버릴 수 있고 의혹되지 않는 설로 길게 이야기해 보겠습니다.

장안(長安)의 천부(天府 하늘이 자연적으로 만든 고을)와 낙양(洛陽)의 토중(土中 천하의 중심지)은 예로부터 제왕들이 여기에 도읍을 한 분이 많았습니다. 그러나 진(秦)나라는 이것으로 멸망을 재촉하였고 한(漢)나라는 이것으로 긴 역사를 누렸으니, 유도자(有

道者)는 장수하고 무도자(無道者)는 단명합니다. 우산(牛山)이 민둥산이 된 것은 대국(大國)의 교외에 있었기 때문이고,[145] 험윤(玁狁)이 분수를 모르고 침략하니 어찌 호경(鎬京)을 침범하리라 예측했겠습니까.[146] 이것으로 보면 길흉과 존망이 단연코 땅에 있지 않으며 풍수설이 또한 사람을 속이는 것입니다. 신들은 들어보니, 진양(晉陽)의 보장(保障)은 한 명의 윤탁(尹鐸)으로 충분하였고[147] 낙읍(洛邑)을 경영하여 다스림은 오직 태보(太保)가 먼저

145 우산(牛山)이……때문이고 : 《맹자》 〈고자 상(告子上)〉에 "우산(牛山)의 나무가 일찍이 아름다웠는데, 대국(大國)의 교외(郊外)이기 때문에 도끼와 자귀로 매일 나무를 베어 가니, 아름답게 될 수 있겠는가. 그 밤낮으로 자라나는 바와 우로(雨露)가 적셔 주는 바에 싹이 나오는 것이 없지 않건마는, 소와 양이 또 따라서 방목되므로 이 때문에 저와 같이 탁탁(濯濯)하게 되었다. 사람들은 그 탁탁한 것만을 보고는 일찍이 훌륭한 재목이 있은 적이 없다고 여기니, 이것이 어찌 산의 본성이겠는가.〔牛山之木, 嘗美矣, 以其郊於大國也, 斧斤伐之, 可以爲美乎? 是其日夜之所息, 雨露之所潤, 非無萌蘖之生焉, 牛羊又從而牧之, 是以若彼濯濯也. 人見其濯濯也, 以爲未嘗有材焉, 此豈山之性也哉?〕"라고 하였다. 탁탁은 소와 양이 초목을 해쳐서 온 산이 반질반질한 모양으로 된 민둥산을 말한다.

146 험윤(玁狁)이……예측했겠습니까 : 원문 '비여(匪茹)'는 '분수를 헤아리지 않는다.'라는 것으로 침략을 뜻한다. 《시경》 〈유월(六月)〉에 "험윤이 스스로 헤아리지 않고서 초(焦)와 호(穫)에 정연하게 거처하고, 호(鎬)와 방(方)을 침략하여 경양에 이르거늘.〔玁狁匪茹, 整居焦穫. 侵鎬及方, 至于涇陽.〕"이라고 하였다.

147 진양(晉陽)의……충분하였고 : 전국 시대 조(趙)나라 간자 앙(簡子鞅)이 윤탁(尹鐸)으로 진양(晉陽)을 다스리게 하였다. 윤탁이 묻기를, "세금을 많이 거둘까요, 보장(保障)이 되게 할까요?" 하니, 간자(簡子)는 보장이 되게 하라고 답하였다. 윤탁은 진양에 부임하자 호적(戶籍)에서 호수(戶數)를 줄여 조세(租稅)를 감면하고 어진 정치를 베풀었다. 나중에 간자의 뒤를 이은 무휼(無恤)이 지백(智伯)의 공격을 받자 진양으로 피하였는데, 진양의 백성들은 불평하는 사람도 없고 배반하는 사람도

하였으니,[148] 지금 대신에게 특명하여 교하에 가서 지형의 형편을 살펴보라고 한 것은 어찌 소민(小民)의 우혹(愚惑)을 불러일으키고 조야(朝野) 사람들의 놀라움을 일으키지 않겠습니까.

오호라. 전하께서는 지금의 시대 상황이 어떠하다고 생각하십니까. 북쪽 오랑캐〔청나라〕가 틈을 엿보고 있고 남쪽 왜구가 악심이 무르익었으며, 재앙의 변고가 줄줄이 발생하고 역병이 극성을 부려 변방의 백성들이 다 죽어 가고 호읍(湖邑)이 장차 텅 비려고 합니다. 게다가 삼로(三路)[149]에는 전답을 측량하는 데 일정이 매우 촉박하여 원망과 탄식이 도로에 가득하고 울부짖는 소리가 동탕합니다. 이와 같은 시대 상황과 이와 같은 민심을 보아 임금께서 두려워하며 몸을 닦고 마음을 살펴도 오히려 구제하기 어려울까 염려됩니다. 하물며 새로운 도읍을 조성하기 위하여 무익한 토목공사를 하다 보면 백성들을 채찍질하고 독책하게 되니, 옛것을 그대로 따라하는 것과 비교하면 만만 차이가 남에 말할 것이 있겠습니까. 백성들이 장차 흩어지려 하고 재정이 또한 고갈되려 합니다. 만약에 내환(內患)이 갑자기 발생하고 외구(外寇)가 뒤따라 이르게 되면 교하는 한쪽 구석의 텅 빈 성이 될 것이니 어찌

없이 모두 충성을 다하여 진양을 지켰다. 보장이 되게 한다는 말은 울타리처럼 요새지로 만든다는 말로서, 어진 정치로 백성을 보호해서 심복하게 하여 유사시에 조정을 지키는 견고한 보루가 되게 함을 말한다. 《通鑑節要 卷1 周紀 威烈王》

148 낙읍(洛邑)을……하였으니 : 태보는 성왕(成王) 때에 태보로 있었던 소공(召公)을 가리킨 것으로, 주(周)나라가 낙읍(洛邑)으로 도읍을 정하기에 앞서 주공(周公)보다 먼저 소공이 낙읍의 길흉(吉凶)을 점쳤다.

149 삼로(三路) : 삼도(三道)와 같은 말로, 경상도, 전라도, 충청도를 말한다.

내환과 외적을 막을 수 있겠습니까.

지금 온 나라가 흉흉하여 백성들이 견고한 의지가 없고, 많은 사람이 이구동성으로 하는 말이 백성들이 근심으로 편안하지 않아 나라가 흙이 무너지고 기와가 부서지는 것처럼 위태로움이 조석 간에 일어날 것이라 합니다. 전하께서는 나라 사람들을 믿지 않고 홀로 요괴한 말을 믿으며, 공론으로 충(忠)을 삼지 않고 홀로 사설(邪說)로 충을 삼습니다. 정히 하루아침에 재앙이 일어나면 후회해도 미칠 수 없을까 염려됩니다.

신들은 이런 어렵고 근심스러운 날을 만나 직책이 국가의 일을 논의하는 자리에 있기에 말을 하고자 하면 말을 믿어 주지 않고 말을 하지 않고자 하면 전하를 저버리는 것이 되니, 신들의 마음은 또한 근심스럽습니다. 삼가 원하건대 전하께서는 저희들의 진심에서 나오는 정성을 굽어 살피시어 쾌히 윤허를 내려 주십시오. 그리하여 고요한 마음으로 진정시키시고 편안한 마음으로 지키시어 공론(公論)을 펼 수 있게 하며 요언(妖言)이 절로 복종하게 한다면 신하와 백성들이 매우 다행이겠으며 종묘와 사직이 매우 다행이겠습니다.

위훈에 대하여 논하는 차자 임자년(1612, 광해군4)

論僞勳箚 壬子

삼가 생각건대, 작록과 포상 그리고 관명(官名)과 관위(官位)는 성왕(聖王)께서 세속 사람을 격려하고 우둔한 이를 연마하는 것이니, 자세히 살펴서 수여한다면 귀천이 구별되고 권선징악이 밝아집니다. 그러나 아무런 공로도 없는데 함부로 베풀면 명기(名器)[150]가 천박해져서 정치도 따라서 혼란해지게 됩니다. 그러므로 낡은 바지는 천한 물건이나, 소후(昭侯)가 갈무리하였다가 공로가 있는 자를 기다려서 또한 훌륭한 정치를 이룰 수 있었으며,[151] 장군(將軍)은 현달한 관직이나 당나라 조정에서 팔 때 술 한 번 취하는 것과 바꾸었다가 끝내 난리가 일어나는 데 이르렀습니다.[152] 작록과 포상 그리고 관명(官名)과 관위(官位)가 세도(世

150 명기(名器) : 존비(尊卑)와 귀천(貴賤)의 등급을 표시하는 관직과 작위를 말한다.

151 낡은……있었으며 : 춘추 시대 한(韓)나라 소후(昭侯)가 사람을 시켜 낡은 바지를 잘 간수해 두라고 하자, 시종이 "임금께서는 어질지 못하십니다. 좌우 사람에게 주시지 않고 갈무리해 두시는군요." 하였다. 이에 소후가 "그대가 알 바가 아니다. 내가 듣기로 현명한 임금은 한 번의 웃음과 한 번의 찡그림도 아끼는 법이다. 이 바지는 웃음보다는 큰 것이니, 나는 공이 있는 이를 기다렸다가 주겠다." 했다. 《韓非子 內儲說上》

152 장군(將軍)은……이르렀습니다 : 벼슬의 권위가 천해진 것을 말한다. 《통감절요(通鑑節要)》 숙종(肅宗) 2년 조(二年條)에 따르면 당 숙종(唐肅宗) 때 안녹산(安祿山)의 난 등으로 국가 재정이 바닥이 나 공로가 있는 자에게 상금 대신 벼슬을 상

道)에 관련됨이 있는 것이 이와 같습니다. 이 점이 신들이 피눈물을 흘리며 연이어 상소문을 올려 번잡하게 성상을 귀찮게 하는 까닭입니다.

평범한 작위와 포상도 경솔하게 해서는 안 되는데 하물며 단서철권(丹書鐵券)[153]과 충훈부(忠勳府)에 이름을 새기는 것은 어떠한 조치인데, 공로도 없이 상을 바라는 무리들로 하여금 거기에 함께 기록되어 요행을 바라는 문을 열어 놓게 하여 속초(續貂)[154]를 주는 비판을 일어나게 합니까. 대개 비상(非常)한 공로가 있은 뒤에 비상한 특전을 누릴 수가 있습니다. 삼사(三司)가 적신(賊臣)을 논계(論啓)한 것은 흉악한 도모가 이미 패함에 당시 여론의 분노를 계기로 그 직분의 일을 하였음에 불과할 따름입니다.[155] 어찌 털끝 같은 공로가 있다고 하여 대려(帶礪)의 맹세[156]에 참여

으로 내렸고, 곽자의(郭子儀)가 청거(淸渠) 싸움에서 패한 후로는 그 폐습이 더욱 심하여 산졸(散卒)에게까지 벼슬이 내려졌다. 그리하여 결국은 술 한 차례 취하게 마실 정도의 돈이면 대장군 고신(大將軍告身) 1통을 살 수 있을 정도로 관작의 가치가 떨어졌다고 한다.

153 단서철권(丹書鐵券) : 쇳조각에 지워지지 않게 붉은 글씨를 써서 공신(功臣)에게 주어 그 자손(子孫)이 죄를 지어도 죄를 면하도록 하던 일종의 증서이다. 《漢書 高帝紀》

154 속초(續貂) : 관직의 부여를 남발하는 것을 말한다. 고대에 임금을 가까이서 보필하는 고급 관리들은 관의 장식으로 담비 꼬리를 썼는데, 진(晉)나라 때 조왕(趙王) 사마륜(司馬倫)이 조정의 정사를 전단하면서 봉작(封爵)이 너무 많은 나머지 담비 꼬리가 부족하여 개 꼬리로 보충하였던 데서 유래하였다. 《晉書 卷59 趙王倫列傳》

155 삼사(三司)가……따름입니다 : 광해군 4년(1612) 소북파 유영경(柳永慶) 등의 제거에 공을 세운 사람들을 정운공신(定運功臣)으로 봉할 때, 삼사에서 유영경을 논죄한 관원들도 녹훈하자는 논의가 일어났기에 하는 말이다. 여기서 적신은 유영경이다.

할 수 있겠습니까. 당초 대신들이 난리를 평정할 즈음에 공로를 반복하여 참고하고 살핌에 지극하지 않음이 없었으니, 어찌 마땅히 기록해야 할 공로를 빠뜨리고 잊어버려 뒷날 추급하여 논의하는 것을 기다리게 만들었겠습니까. 지금 비록 다시 물어 보아도 반드시 이론(異論)이 없음을 결단코 알 수 있습니다.

신들은 그윽이 보건대 근일 대신의 의논에 "공신(功臣)이 물처럼 용솟음치고 구름처럼 일어난다."라는 말이 있습니다. 나라가 있은 이래로 훈신(勳臣)의 성대하고 많음이 지금과 같은 경우는 없었습니다.[157] 또 한 사람의 스스로 겸손해하는 말로 인하여 반드시 작위를 내리고 봉(封)한 일의 뒤에 요란하게 추록(追錄)하고자 하니,[158] 명기(名器)를 문란케 하고 국가의 체모를 훼손함이 이것보다 심한 것이 없으며 장래의 폐단도 이루 다 말할 수가 없습니다. 삼가 원하건대 성명(聖明)께서는 쾌히 공론을 따라 속히 윤허하시면 매우 다행함을 이길 수 없겠습니다.

156 대려(帶礪)의 맹세 : 황하가 허리띠처럼 좁아지고 태산이 숫돌처럼 작게 되도록 공신의 집안을 영원히 보호해 주겠다는 맹세로서 '산려하대(山礪河帶)'의 준말이다. 한 고조(漢高祖) 유방(劉邦)이 개국 공신들을 책봉하면서 "황하가 변하여 허리띠처럼 되고, 태산이 바뀌어 숫돌처럼 될 때까지, 그대들의 나라가 영원히 존속되어 후손들에게 전해지도록 할 것을 맹세한다.〔使河如帶, 泰山若礪, 國家永寧, 爰及苗裔.〕"라고 말한 대목에 나오는 말이다. 《史記 卷18 高祖功臣侯者年表》

157 공신(功臣)이……없었습니다 : 광해군 등극 초기에 위성공신(衛聖功臣), 익사공신(翼社功臣), 정운공신(定運功臣), 형난공신(亨難功臣) 등의 행봉(行封)이 있었기 때문에 하는 말이다.

158 한……하니 : 장령 한찬남(韓纘男)이 공신에 녹훈됨을 부끄러이 여겨 사직을 청한 일을 가리키는 듯하다.

봉자전[159]을 추숭한 뒤에 고명주청을 그만두게 청하는 차자 계축년(1613, 광해군5)

奉慈殿追崇後請寢誥命奏請箚 癸丑

삼가 생각건대, 전일에 공성왕후(恭聖王后)[160] 고명주청(誥命奏請)의 일로 대신들에게 의논하게 하였습니다. 신들은 진실로 성군의 효성이 하늘에서 나와 어머님을 드러내려는 생각에 지극하지 않은 바가 없는 것을 압니다. 그러나 오히려 예를 참작하고 의리를 돌아보아 감히 스스로 마음대로 하시지 않고, 신중히 하는 바를 두어 반드시 예의 정도를 얻고자 하시는 것은 매우 성대한 마음입니다. 그런데 지금 연이은 조치로 명나라에 보낼 사신을 차출하라는 하교를 내리시는데, 예관에게 묻지도 않고 갑자기 독단적으로 의견을 내시니, 이것은 당초에 조정에 자문을 구하여 지극히 당연한 뜻을 구하는 데 힘쓰는 것이 아닙니다.

그윽이 생각건대 공성왕후에게는 이미 현호(顯號)를 올려 별전(別殿)에 향사하고 있으니 존숭의 법전이 지극히 융성합니다. 성상께서 조상〔어머님〕을 추념하여 근본에 보답하려는 성효(誠孝)

159 봉자전 : 공성왕후(恭聖王后)를 모시고 제사를 드리는 별묘(別廟) 이름이다.

160 공성왕후(恭聖王后) : 공빈 김씨(恭嬪金氏, 1553~1577)로 광해군의 어머니이며 선조의 후궁이다. 광해군이 임금에 즉위하면서 이이첨(李爾瞻) 등과 함께 모의하여 왕후로 추존하여 자숙단인 공성왕후(慈淑端仁恭聖王后)의 시호와 함께 기존의 묘 또한 성릉(成陵)의 능호로 높였다. 그러나 인조반정 이후 시호와 능호 모두 박탈되었다.

가 여기에 이르러 더할 수가 없습니다. 지금 고명주청(誥命奏請)의 일로 장차 위로 명(明)나라 천자에게 아뢰려고 하니, 제후국으로의 체면에 있어서 감히 경솔하게 의논하지 못할 점일 뿐만 아닙니다. 정현왕후(貞顯王后)[161]와 장경왕후(章敬王后)[162]께서는 모두 선대 왕께서 왕위에 계실 때 후궁에서 정위(正位 왕후)로 승진하였으니, 예에 의거하여 주청하는 것은 진실로 마땅한 것입니다. 금일 추숭하는 일과는 서로 같지 않은 점이 있으니, 아마도 그것을 증거로 끌어 예를 삼을 수는 없을 듯합니다.

신들은 일찍이 들어 보니 "한 집에는 두 존자(尊者)가 없고 예에 두 적처(嫡妻)가 없다."[163]라고 하니, 대경대법(大經大法)은 지극히 엄중하고 지극히 분명한 도리입니다. 그러므로 노 은공(魯隱公)이 중자(仲子)에서와 희공(僖公)이 성풍(成風)에 대하여 《춘추(春秋)》에서 매우 그르다고 생각하였습니다.[164] 이는 실로 선유

161 정현왕후(貞顯王后) : 성종(成宗)의 계비이다. 연산군의 생모인 왕비 윤씨가 폐출되자 이듬해 11월에 왕비로 책봉되었다. 후일 중종이 된 진성대군(晉城大君)과 신숙공주(愼淑公主)를 낳았다.

162 장경왕후(章敬王后) : 중종의 제1계비로 윤씨이다. 세자〔후의 인종(仁宗)〕를 낳은 후 산후병으로 사망하였다.

163 한……없다 : 《예기》 〈상복사제(喪服四制)〉에 "하늘에는 두 개의 해가 없고, 땅에는 두 명의 왕이 없고, 나라에는 두 명의 군주가 없고, 집에는 두 명의 존자(尊者)가 없다.〔天無二日, 土無二王, 國無二君. 家無二尊.〕"라 하였다. 《통전(通典)》 권68 〈예(禮) 이적처의(二嫡妻議)〉에 "법에는 대방이 있고, 예에는 두 적처가 없다.〔法有大防, 禮無二嫡.〕"라 하였다.

164 노 은공(魯隱公)이……생각하였습니다 : 《춘추좌씨전》 노 은공(魯隱公) 5년조에 "9월에 중자의 궁을 낙성하였다.〔九月考仲子之宮〕" 하였는데, 이에 대해 《춘추

(先儒)들의 정론(定論)입니다. 그리고 노나라 은공과 희공이 천자에게 책명(冊命)을 추급하여 청하였다는 것을 듣지 못했으니, 어찌 예를 지키고 의리를 두려워하여 감히 하지 못한 것이 아니겠습니까. 고인이 말한 "존호는 나라 안에서만 사적으로 부르고 국경 밖으로는 나가지 않게 한다."[165]는 것을 이에서 볼 수 있습니다. 지금 세상 사람들도 조금이라도 독서할 줄 아는 사람이라면 이 의리를 강론하여 밝히지 않음이 없는데, 하물며 중국 명나라에는 정도를 알고 이치를 아는 군자가 반드시 많이 있을 것이니, 만

호씨전》에서 "성인(聖人)이 제후는 두 번 장가들지 않는 법으로 예에 두 사람의 적처(嫡妻)가 없다고 하였는데, 혜공(惠公)의 적처 맹자(孟子)의 신주가 혜공의 사당에 들어가자 중자를 제향(祭享)할 장소가 없다 하여 별궁을 세워 제사를 지냈으니, 예가 아니다."라고 비판하였고, 《춘추좌씨전》 노 문공(魯文公) 9년 조에 "진나라 사람이 희공 성풍의 수의를 보냈다.〔秦人來歸僖公成風之襚〕"라고 하였는데, 이에 대해 《춘추호씨전》에서 "공자가 진나라에서 성풍의 수의를 보냈음에도 희공 성풍(僖公成風)이라고 한 것은, 적처와 첩의 구분을 문란하게 해서는 안 되는데 성풍의 아들 노 희공(魯僖公)이 첩 신분의 모친을 존숭하여 부인(夫人)으로 세워 주었기 때문에 후세에 자식들 중에 이렇게 참람한 짓을 저지르는 이가 있어서는 안 된다는 경계를 보이기 위한 것이다."라고 하였다. 《春秋胡氏傳 卷2, 卷15》 광해군이 후궁의 신분인 생모 공빈(恭嬪) 김씨(金氏)를 지나치게 추존하려 하였으므로 적처와 첩의 구분을 명확히 해야 한다는 사실을 보여 주기 위해 이 일을 인용한 것이다.

165 존호는……한다 : 《통전(通典)》 권72 〈천자숭소생모(天子崇所生母)〉에, 진(晉)나라 학자 원준(袁準)이 "무릇 자신은 국군이 되는데 생모가 첩서가 되는 것은 자손은 차마 견디지 못할 바이고 신하는 편치 못할 바이므로, 존호는 나라 안에서만 사사로이 부르고 나라 밖에서는 부르지 않게 한다. 이는 자식 된 자의 심정이며 국인의 사사로운 뜻이면서 예법의 바름에 그치는 것이다.〔夫身爲國君而母爲妾庶, 子孫所不忍, 臣下所不安, 故私稱於國中, 不加境外. 此人子之情, 國人之私, 而止於禮法之正也.〕"라고 하였다.

약 그들이 경의(經義)를 인용하여 엄한 말로 배척한다면 우리의 국격(國格)이 손상됨이 적지 않아 장차 추급할 수 없는 후회가 있을 것입니다.

지금 우리 성모(聖母)께서는 위호(位號)가 이미 정해졌고 나라 안에서 존칭되고 있어 한 터럭도 미진한 것이 없습니다. 비록 혹 명나라에 청하더라도 또한 더 보태지는 것이 없을 것입니다. 하물며 청하였다가 허락을 받지 못하고 도리어 상국(上國 명나라)의 비판의 논의를 받는다면 또한 현양(顯揚)하는 도에 쾌족하지 못한 점이 있지 않겠습니까. 성상의 총명예지(聰明睿智)로 반드시 이것에 대하여 밝게 살필 수 있을 것으로 압니다. 그럼에도 불구하고 예경(禮經)을 헤아리지 않고 군신들의 의논을 물어 보지 않은 채 단연코 실행하여 의심이 없다면 이것은 비록 선조를 받들고 효성을 바치는 지극 정성에서 나왔다고 하나, 신들은 성명(聖明)으로 하여금 예로 어머님을 높이되 거동에 잘못된 행동이 없는 뜻으로 만들고자 하는 것도 또한 저희의 구구한 지극한 정에서 나와 능히 스스로 그만둘 수 없는 것입니다. 삼가 바라건대 다시 깊이 생각하시어 예를 참작하고 처리 방도를 살펴서 힘써 묘당(廟堂)의 의논을 따르신다면 매우 다행함을 이길 수가 없겠습니다.

인재집

제5권

箚子 차자
啓 계
書啓 서계
狀啓 장계

차자 箚子

대사간으로 있을 때[166] 천재를 계기로 당시 폐단을 진술한 차자 갑자년(1624, 인조2)

大司諫時因天災陳時弊箚 甲子

신이 삼가 보건대, 천재(天災)와 시변(時變)이 오늘날보다 심한 적이 없습니다. 양요(兩曜 해와 달)가 빛을 잃고 오위(五緯 금(金)·목(木)·수(水)·화(火)·토(土) 다섯 별)가 어지러이 행하며, 유성이 명당(明堂)[167]을 침범하고 목수(木宿)가 집법성(執法星)[168]을 침해하며,

166 대사간으로 있을 때 : 최현은 1624년 10월에 대사간이 되었다.

167 명당(明堂) : 왕자(王者)가 정교(政敎)를 행하는 당으로, 제후에게 조회(朝會)를 받거나 정치 명령을 내리는 등 국가의 큰 예(禮)는 모두 명당에서 시행하였다. 《맹자(孟子)》 〈양혜왕 하(梁惠王下)〉에, "명당은 왕자의 당이다.〔明堂者王者之堂〕"라고 하였고, 《예기(禮記)》 〈명당위(明堂位)〉에는, "옛날에 주공이 명당에서 제후에게 조회를 받았다.……명당이란 제후들의 존비를 밝히는 곳이다.〔昔者周公朝諸侯于明堂之位……明堂也者明諸侯之尊卑也.〕"라고 하였다.

168 집법성(執法星) : 전통 별자리 체계에서 삼원(三垣)의 하나인 태미원(太微垣)에 속한 별로, 태미원의 정문인 단문(端門)의 동쪽 담장을 구성하는 다섯 별 중에서 첫 번째 별은 좌집법성(左執法星)이라 하고 서쪽 담장의 첫 번째 별은 우집법성(右執法星)이라고 한다. 천자의 법령을 집행하는 사법관으로, 형벌을 맡아보던 벼슬인

모두(旄頭)[169]가 동요(動耀)하고 천랑(天狼)[170]에 망각(芒角)[171]이 생겼으니, 천문(天文)이 사람들에게 형상을 보여 줌이 이처럼 뚜렷합니다. 게다가 4일 밤에는 이미 폐장(閉藏)된 천둥과 번개가 갑자기 유일(酉日)에 발생했습니다. 유(酉)는 묘수(昴宿)와 필수(畢宿)의 분야(分野)로, 마땅히 연호(燕胡)에 해당되니 호로(胡虜)의 난이 있을 듯한 형상입니다. 밤중에 천둥이 친 그 조짐이 더욱 흉하다 하겠습니다.

신들은 밤새도록 근심하고 두려워하여 며칠 동안 안정되지 않았습니다. 하늘의 뜻을 깊이 생각하였으나 그렇게 된 까닭을 궁구하지 못하니, 삼가 생각건대 전하께서는 병침(丙枕)[172] 가운데서도 근심하고 두려워함이 어찌 한이 있겠습니까. 두려워하며 하늘의 명에 부응하는 실상과, 하늘을 섬기고 어버이를 섬기라는 깨우침은 이미 승정원에서 진계(進戒)하는 말에 극진하게 하였으며, 성상의 마음이 공경하고 태만한 기미[173]와 뭇 정사의 다스려지고

정위(廷尉)를 상징한다.

169 모두(旄頭) : 28수(宿) 가운데 하나인 묘성(昴星)을 가리키는데, 이 별은 호(胡)를 관장한다.

170 천랑(天狼) : 천랑성(天狼星)을 말한다. 침략을 담당하는 별 이름으로, 적군이나 오랑캐를 의미하는 말로 쓰인다.

171 망각(芒角) : 별에서 날카롭게 뻗어 나오는 빛살을 말한다.

172 병침(丙枕) : 하룻밤을 갑(甲)·을(乙)·병(丙)·정(丁)·무(戊)의 오야(五夜)로 나눈 것 중의 셋째 시각으로, 임금이 잠자리에 들던 시각을 말한다.

173 공경하고 태만한 기미 : 주 무왕(周武王)이 즉위하자 스승 태공이 〈단서〉에 나오는 "공경이 태만을 이기는 자는 길하고, 태만이 공경을 이기는 자는 멸망한다.〔敬勝怠者吉, 怠勝敬者亡.〕"라는 등의 내용을 일러 주자, 무왕이 이 말을 듣고 주변 사

어지러워지는 조짐 또한 지난날 본원(本院 사간원(司諫院))의 차자에서 진술하였습니다. 삼가 생각건대 성스럽고 명철하신 주상께서는 자신을 돌아보고 수성(修省)하며 밤낮으로 힘쓰고 두려워하는 공부를 더하십시오.

신들은 지금 감히 더 이상 그에 대해 말씀드릴 수 없습니다. 그러나 재이(災異)가 발생하는 것은 과거의 사실에 대한 반응일 뿐만 아니라 또한 미래에 대한 경계의 의미일 수도 있습니다. 이미 드러난 자취는 사람들이 다 볼 수 있지만, 장차 일어날 기미는 오직 지혜로운 사람만이 제대로 살필 수 있는 법입니다. 예컨대 사지(四肢)에 힘이 빠지고 얼굴이 초췌한 사람에 대해서는 보통 의원이라도 침을 놓고 약을 쓸 수 있지만, 오장육부에 병이 생겼는데도 안색이나 음식 등이 정상인과 같은 경우에는 원래 유편(兪扁)[174]과 같은 신기한 의술이 있는 자가 아니면 살필 수 없는 것과 같습니다.

방금 큰 난리〔이괄의 난〕가 이미 평정되고 흉악한 역적들이 이미 참수되었습니다. 전하께서는 쉬지 않고 부지런히 분발하는 정성으로 위에서 힘쓰시고, 나이 많고 명망 있는 신하와 어질고 유능한 선비들이 각각 그 직책에 따라 온갖 폐단을 없애는 것을 인사(人事)에서 구하시니, 재앙을 입을 까닭이 없을 듯도 합니다. 그런데도 이변이 생긴 것은 혹 공교롭게 그렇게 된 것일 수

물에 명(銘)을 새겼다는 전고에서 따온 것이다. 《大戴禮記 卷6 武王踐阼》

174 유편(兪扁) : 황제(黃帝) 때의 의원인 유부(兪跗)와 주(周)나라 때의 의원인 편작(扁鵲)으로, 모두 뛰어난 명의(名醫)이다.

도 있습니다. 비록 그러나 신들이 삼가 근래의 일을 살펴보면 모두 옛날 일을 답습하고 있기 때문에 전혀 제대로 정돈된 실상이 없습니다.

전하께서 비록 현인을 구하려는 성의는 있어도 맞아들여 서로 신임하는 실상은 적고, 비록 정치를 잘해 보려는 뜻은 있어도 선후(先後)와 본말(本末)의 차서를 잃었으며, 비록 절검(節儉)의 덕은 있어도 실제로 쓸 데 없는 비용을 감축하는 일은 없으십니다. 군신(群臣)의 경우는 비록 일찍부터 밤늦도록 수고해도 온갖 관사(官司)의 일이 중간에 그만두는 것은 예와 같으며, 비록 인재를 가려 뽑는다는 이름은 있어도 사정(私情)을 따르는 폐습은 예와 같으며, 비록 재량하여 줄이게 하는 영을 내려도 간사한 관리들은 여전히 마음대로 부리는 것이 예와 같습니다.

이미 상호 간에 닦아 나가는 의리는 저버린 채 한갖 구차한 행동만 일삼고 있으니, 정치의 효과를 기대하기란 마치 바람을 잡는 것처럼 아득하기만 합니다. 그 결과 기강은 날로 문란해지고 민심은 날로 동요되고 있으며 군정(軍政)은 날로 무너지고 국가의 회계(會計)는 날로 위축되는 데 이르렀습니다. 한창 세력이 치성해져 호시탐탐 노리는 적(賊)은 흉계를 품고서 때를 기다리고 있고, 원망을 품고 화를 일으키려는 무리들은 선동하며 틈을 엿보고 있으니, 지금의 형세야말로 위급하다 하겠습니다. 그런데도 오히려 헛되이 형식만 차리고 겉모양만 수식하고 있습니다.

노성(老成)한 이들은 망설이는 것이 타성이 되어 담당해 나가려고 하지 않고, 명류(名流)란 사람들은 원대한 계획에는 어두운 채 경박한 의논만을 일삼고 있으므로 하는 말마다 모순(矛盾)이 생기고 행동마다 제지를 받는 형편입니다. 아침에 내린 명령이 저녁에 바뀌는 등 한 가지 일도 조치되지 못한 채 시들시들하게 떨쳐지지 못해 날마다 허물어지는 추세로 나아가고 있습니다. 혹시 밖으로 갑자기 침략하여 노략질하는 왜구가 있고 안으로 의외의 환란이 있게 된다면, 누가 국가를 위해 한 가지 계책이라도 내어 이렇게 결딴난 형세를 멈추게 할 수 있겠습니까.

반정 초기에 괴수급의 간특한 자들은 이미 형에 처했으니, 윤기(倫紀)를 범한 죄인 이외에 기타 지엽적으로 연좌(緣坐)된 무리들은 다스리지 말아야 할 것인데, 유배 보낸 사람이 너무도 많아 원한을 품은 무리가 더욱 많아졌으니, 이는 왕자(王者)의 광대한 다스림이 못 되는 듯싶습니다. 그리고 훈신(勳臣)의 군관(軍官)들은 호위(扈衛)한다고 일컫고 있으니 의당 위급할 적에 힘입게 될 듯합니다마는, 멀리 방수(防戍)하기를 기피하는 자들이 서로 다투어 투속(投屬 자기 몸을 남에게 종속시킴)하면서 몇천 몇백의 무리를 지어 사실(私室)을 호위하고 있는 형편입니다. 비록 한때의 고식적인 계책은 될지언정 진실로 영구히 상례로 시행할 규범은 못 됩니다. 폐단의 근원이 한번 열리면 끝내는 방지하기 어려울 것이니, 뒷날을 잘 대비하는 계책을 위해서는 조기에 살펴야 마땅하겠습니다.

또 호패법(號牌法)이 좋지 않은 것은 아닙니다. 그러나 근본이 정해지지 않고 기강이 세워지지 않았기에 법이 그냥 행해지지 않아서 금방 세웠다가 금방 폐하고 말았으니, 이는 마치 칼을 빼어 물을 치고 빗자루로 그림자를 쓰는 격으로서, 소란해지는 단서만 열었을 뿐 끝내 정리될 기약이 없게 되었습니다. 모든 계책에는 반드시 기회가 있는 법이니, 지금이라도 고치지 않으면 반드시 위태하고 멸망에 이를 것입니다. 이것이 바로 하늘의 마음이 기뻐하지 않아 경계하고 요동하여 전하로 하여금 두렵게 여기고서 기강을 고치게 하려는 것입니다.

삼가 바라건대 전하께서는 천도(天道)가 유원(幽遠)하다고 하여 공경하고 두려워하는 마음을 해이하게 하지 마시고, 하늘의 노여움인 우레와 번개가 날마다 닥친다고 하여 자강(自强)하는 도리를 게을리하지도 마시며, 항룡유회(亢龍有悔)[175]를 깊이 생각하시어 높은 자리에 있노라고 자처(自處)하지도 마시고, 쓸데없는 형식과 지엽적인 절차는 모두 없애 구구한 겉치레에 구애받지 마소서. 허식 없이 충실하며 국면을 타개할 큰 인재를 얻도록 노력하여 고굉(股肱)의 소임을 맡긴 뒤 아침저녁으로 자문 구하기를 가인(家人)이나 부자(父子)처럼 하여 경박한 의논이 이간하지 못하도록 하여 그가 자신의 포부를 펴 나갈 수 있게 하소서. 그리고 재략이 있고 용감하며 계획과 생각이 원대한 인재를 얻어 곤수(閫帥)의 책임을 맡긴 뒤 지휘와 계획을 오직 합당하게 해 가도록 하고, 길 가는 사람과 도모하는 것[176]으로 어지럽히지 못하게

175 항룡유회(亢龍有悔) : 《주역》 〈건괘(乾卦) 상구(上九)〉 효사(爻辭)에 "너무 높이 올라간 용은 후회가 있다.〔亢龍有悔〕"라고 했는데, 이는 진퇴에 중정(中正)한 도를 잃고 너무 지나치면 좋지 않다는 뜻이다. 존귀한 지위에 있는 자가 조심하고 겸양하지 않을 경우에는 반드시 패가망신(敗家亡身)하게 된다는 뜻으로 쓰인다.

176 길……것 : 《시경(詩經)》 〈소민(小旻)〉의 "집 짓는 이가 행인과 꾀하는 것과 같으니, 그래서 끝내 이루지 못하리라.〔如彼築室于道謀, 是用不潰于成.〕"라는 구절에서 온 말로, 의견이 분분하여 일치를 보지 못한다는 말이다.

하여 그 스스로의 재간과 지혜를 다할 수 있게 하소서. 이미 충성스러운 신하 2~3인을 얻었다면 문무(文武)의 온갖 직책을 당사자의 역량에 따라 구사하게 될 것이니, 오늘날 조정에 있는 신하들로도 충분히 일을 처리해 나갈 수 있을 것입니다.

이미 그 직책을 나누었으면 옮기지 마십시오. 관리들이 그들의 일에 익숙하도록 하고 무신(武臣)들이 변방의 성에서 목숨을 바치도록 하되, 실적을 내지 못하면 그 태만한 죄를 물어 주극(誅殛)의 법에 따라 조처한다면, 그 누가 감히 오늘 할 일에 더 마음과 힘을 다하지 않겠습니까.

먼저 해야 할 시급한 일은 긴급하지 않은 관원을 도태하고 별도로 설치한 국(局)을 혁파하여 쓸데없는 비용을 덜고, 연좌(緣坐)된 사람을 용서해 주며 의지할 곳 없는 무리들에게 생업을 주어 인심을 진정시키는 일입니다. 형식은 털어 버리고 실질적인 일에 오로지 힘쓰며, 조용하고 약한 분위기 속에서 강함을 억제하고 간결하게 처신하여 번잡한 행동을 제어해 가며 게으름 없이 극력 실행하여 차례차례 닦아서 거행해 간다면, 하루를 위한 계책으로는 부족하게 여겨질지 몰라도 일 년을 위한 계책으로는 넉넉하게 될 것입니다. 그리하면 사람들의 마음이 일단 기뻐하게 되고 하늘의 노여움을 돌릴 수 있을 것이니, 비록 뜻밖의 변고가 있더라도 스스로 보완할 계책이 있게 되어 위태하여 멸망하는 화도 구제할 수 있을 것이고 중흥의 업적도 이룰 수 있을 것입니다. 신들이 직분은 보궐(補闕)[177]에 있으면서 한 가지 빼어난 계책을 올리지 못

177 보궐(補闕) : 임금의 잘못을 바로잡는다는 의미인데, 옛날 중국 당(唐)나라 때

하고 다만 진부한 말만 외우며 언관의 책임을 면하려 하니, 참으로 위에 계신 주상의 뜻을 감동시킬 수 없음을 알겠습니다. 그러나 신들의 구구한 충정은 평범한 말로도 보천(補天)[178]의 돌이 될 수 있기를 원하니, 삼가 바라건대 성스럽고 명철한 주상께서는 추구(芻狗)[179]로 여기지 마시고 더욱 깊이 생각해 보십시오.

비답하기를, "차자의 내용을 살펴서 모두 잘 알았다. 그대들의 말이 바로 지금의 병폐에 딱 맞으니, 그대들은 시무(時務)를 아는 자라 하겠다. 세도(世道)를 만회하고 무너진 기강을 진작하여 엄숙해지게 하는 것은 그 책임이 임금에게 있다. 오늘날 노성한 계층이 머뭇거리는 타성에 젖고, 연소한 자들은 오직 경박한 짓만 일삼는 것이 어찌 내가 과매(寡昧)[180]하고 박덕한 소치가 아니겠

에는 좌우 보궐과 좌우 습유의 관직을 두어 임금과 정승이 잘못하고 빠뜨린 일들을 들어 아뢰어서 국정을 바로잡게 하였으며, 송(宋)나라 때에 와서는 이 보궐과 습유를 사간(司諫)과 정언(正言)으로 고쳤다. 즉 우리나라 사간원의 사간에 해당하는 벼슬이다.

178 보천(補天) : 찢어진 하늘을 기워서 완전하게 만드는 것으로, 여기서는 어지러운 천하를 바로잡는 것을 뜻한다. 상고(上古) 때 공공씨(共工氏)라는 제후가 축융(祝融)과 싸우다가 이기지 못하자, 노하여 머리로 부주산(不周山)을 들이받아 하늘을 떠받치는 기둥이 부러지고 땅을 묶어 둔 밧줄이 이지러졌는데, 여선(女仙)인 여와씨(女媧氏)가 오색의 돌을 갈아서 하늘을 깁고 자라의 발을 잘라서 사극(四極)을 세우자 땅이 평정되고 하늘이 완전하게 되었다 한다.《淮南子 覽冥訓》

179 추구(芻狗) : 풀을 묶어서 개 모양으로 만든 것을 말한다. 옛날에 제사를 지낼 때 쓰던 것인데, 제사가 끝나고 나면 바로 내버리기 때문에, 소용이 있을 때만 이용하고 소용이 없을 때는 버리는 천한 물건의 비유로 쓰인다.

180 과매(寡昧) : 식견(識見)이 천루(淺陋)하고 사리에 밝지 못함을 일컫는 말로, 임금이 자신이 덕(德)이 없음을 나타내는 겸사(謙辭)이다.

는가. 천재(天災)가 이러하고 습속(習俗)이 또 이러하니, 내가 매우 부끄럽고 두려워 어찌할 바를 알지 못하겠다. 그대들의 직책은 바른말을 하는 것이니, 일에 따라 극력 말을 하고 혹시 조금이라도 숨기지 않도록 하라. 차자의 내용은 유념하겠다."라고 하였다.

홍문관에 있을 때[181] 여덟 가지 시무책을 조목조목 진술한 차자 을축년(1625, 인조3)

弘文館條陳八務箚 乙丑

삼가 생각건대, 근일 이래로 삼가 민간에서 의논하는 사람들은 다른 것을 생각할 겨를이 없고 다만 성상의 마음이 깨닫지 못한 것을 근심으로 여깁니다. 또 전하께 말씀을 올리는 사람들은 다른 것에 미칠 겨를이 없고 다만 언로(言路)가 장차 막힐까 하는 것을 두려워합니다. 지금 성상의 마음은 이미 뉘우쳤고, 언로도 장차 열릴 것이니, 어떠한 다행이 이만하겠습니까. 신들은 식견이 엉성하고 경술이 거치니, 참으로 성상의 뜻에 보답할 수 없습니다. 그러나 구구한 신들이 충성을 바치려는 정성은 실로 다른 사람의 배가 되니, 또한 감히 침묵하며 있을 수 없을 뿐입니다. 이에 감히 묵은 책에서 성현의 글을 주워 모으고 아울러 거리 백성의 말을 채집하여 여덟 조목으로 글을 진술해 올려 야인헌근(野人獻芹)[182]의 정성에 비기고자 합니다.

첫째는 심학(心學)을 밝혀 정치를 이루는 근본으로 삼으십시

181 홍문관에 있을 때 : 1625년에 형조 참의에 제수되었다가 예조 참의, 대사성, 부제학으로 옮겨졌다.

182 야인헌근(野人獻芹) : 야인(野人)이 미나리를 바친다는 뜻으로, 성의만 지극할 뿐 보잘것없는 물건이라는 뜻의 겸사로 쓰이는 말이다. 시골 사람이 혼자만 미나리 맛을 즐길 수 없어서 윗사람에게 바쳤다가 핀잔을 듣고 부끄러워했다는 고사가 있다. 《列子 楊朱》

오. 신들이 듣기로, 마음은 몸의 주인이며 온갖 조화의 근원이라 하였습니다. 그런 까닭으로 예로부터 성현들이 모두 사방 한 치 되는 마음에서부터 공부를 하였습니다. 세 성인이 서로 전한 것도 위미정일(危微精一) 네 글자에 불과할 뿐입니다.[183] 학문을 논함에 맹자(孟子)보다 숭상할 것이 없으니, 그 요체는 다만 "측은지심(惻隱之心)은 인(仁)의 단서요, 수오지심(羞惡之心)은 의(義)의 단서요, 사양지심(辭讓之心)은 예(禮)의 단서요, 시비지심(是非之心)은 지(智)의 단서이다.……만약 이 사단을 확충하면, 사해를 보존할 수 있다."[184]라고 한 것입니다. 또 말하기를, "학문의 도는 다른 것이 아니라 그 놓은 마음을 거두어들이는 것일 뿐이다."[185]라고 하였습니다. 대개 사람이 이 마음을 가지지 않은 것은 아니며, 마음이 이치를 갖추지 않은 것은 아니지만, 돌아가 구하는 것은 도가 바로 이〔마음〕에 있어서이니, 요결을 곧바로 가리킨 것이 명백하면서도 간약(簡約)합니다. 애초에는 많은 말이 없었기에 오직 그 갈 길이 분명하지 않아 달려감에 혹 어긋났으니, 혹 방탕함

183 세……뿐입니다 : 요(堯), 순(舜), 우(禹)가 서로 심법을 전수함에 있어 당부한 말이다. 즉 요임금은 순임금에게 선위할 때에 "아, 너 순아, 하늘의 운수가 네 몸에 있게 되었으니, 진실로 중도를 지켜 행하라.〔咨爾舜! 天之曆數在爾躬, 允執其中.〕" 하였고, 순임금은 우임금에게 선위할 때에 "인심은 오직 위태롭고 도심은 오직 은미하니, 오직 정밀하고 전일하게 하여 진실로 그 중을 잡으라.〔人心惟危, 道心惟微, 惟精惟一, 允執厥中.〕" 하였다. 《書經 大禹謨》

184 측은지심(惻隱之心)은……있다 : 《맹자》 〈공손추 상(公孫丑上)〉에 나온다. 저본에는 생략 표시가 없으나, 《맹자》 원문에 의거하여 말줄임표를 삽입하였다.

185 학문의……뿐이다 : 《맹자》 〈고자 상(告子上)〉에 나온다.

에 흘러들고 혹 고적(枯寂)한 도(道)에 빠져들어 이단이 일어났습니다. 이에 정자(程子)와 주자(朱子) 같은 여러 선비들이 나와서 밝혔습니다.

독서와 강론은 이 마음을 밝히는 것이며, 존양과 성찰은 이 마음을 기르는 것입니다. 안과 밖을 번갈아 닦고 근본과 말단이 서로 의지해서 위학(爲學) 공부가 이에 크게 갖추어졌습니다. 그러나 훗날의 학자들은 혹 선대 성현들이 입언(立言)한 본뜻을 깊이 궁구하지 못하고 장구(章句)만 찾고 훈고(訓詁)의 학문만 강구하여 실지(實地)에 공부를 하지 못하니, 그들이 학문을 한 것은 구이(口耳)[186]일 뿐이며, 조박(糟粕)[187]일 뿐입니다. 공부하고 분석함이 정밀할수록 본원은 더욱 어두워지니, 오히려 무슨 이익이 있겠습니까.

삼가 보건대, 성상께서는 총명하고 슬기로운 자질에다 학문의

186 구이(口耳) : 구이지학(口耳之學)의 준말로, 천박한 공부를 뜻한다. 《순자(荀子)》 〈권학(勸學)〉에 "소인이 배우는 것을 보면, 귀로 들어왔다가 금방 입으로 나가버리고 만다. 입과 귀의 사이는 4치밖에는 안 되니, 어떻게 7척의 몸뚱이를 아름답게 할 수가 있겠는가.〔小人之學也, 入乎耳, 出乎口. 口耳之間則四寸耳, 曷足以美七尺之軀哉?〕"라고 한 말에서 나온 것이다.

187 조박(糟粕) : 술지게미, 찌꺼기 등의 뜻으로 쓰인다. 춘추 시대 제 환공(齊桓公)이 일찍이 대청 위에서 글을 읽고 있을 때, 마침 수레바퀴를 깎는 편(扁)이란 장인(匠人)이 대청 아래서 수레바퀴를 깎다가 제 환공에게 "감히 묻겠습니다. 대왕께서 읽으시는 것이 무슨 말입니까?" 하지, 환공이 성인(聖人)의 말씀이라고 대답하였다. 그가 또 성인이 살아 있느냐고 묻자, 환공이 이미 죽었다고 대답하였다. 그가 "그렇다면 대왕께서 읽으시는 것은 옛사람의 찌꺼기일 뿐입니다.〔然則君之所讀者, 古人之糟粕已夫.〕"라고 했다는 데서 온 말로, 그 겉을 본받을 수 있어도 실질적인 깊이는 모르는 것을 가리킨다. 《莊子 天道》

공을 더하시어 경연 강의에 임하였을 때, 다른 사람의 생각을 뛰어넘어 문의(文義)의 사이에서 이해한 것이 진실로 이미 투철하였습니다. 그러나 기쁨과 분노, 사랑함과 미워함이 드러남에 혹 다 절도에 맞지 않은 것이 있으니, 본원(本源) 공부가 오히려 지극하지 못함이 있어 그런 것이 아니겠습니까. 삼가 바라건대, 성스럽고 명철한 주상께서는 존양성찰(存養省察)의 공부에 더욱 유념하십시오. 그리하여 한가히 지내는 여가에 사물(事物)을 접하지 않을 때는 경(敬)으로 바르게 하여 이 마음의 본체가 허명(虛明)하고 정일(靜一)하여 사욕이 싹트지 않게 하여 천하의 큰 근본[188]을 세우십시오. 사물을 이미 접하여 칠정(七情)이 이미 발동하였다면, 천리와 인욕에 대한 분별을 살펴서 반드시 그 마땅한 이치를 구하여 천하의 통달한 도를 행하십시오. 마음에서 구해도 분명하지 않음이 있으면, 학문을 강론하여 그 앎을 지극히 하십시오. 학문에서 강구하여도 지극하지 않음이 있으면, 경(敬)을 위주로 하여 그 근원을 배양하십시오. 앎과 행동이 함께 진보하여 움직임과 고요함이 길러진 뒤라야 공부가 어긋나지 않고 심체(心體)가

188 천하의 큰 근본 : 《중용장구(中庸章句)》 제1장에 이르기를 "희로애락의 정(情)이 발하지 않은 것을 중(中)이라 하고, 발하여 모두 절도에 맞는 것을 화(和)라고 하니, 중(中)은 천하의 대본이고, 화(和)는 천하의 달도이다.〔喜怒哀樂之未發謂之中, 發而皆中節謂之和. 中也者, 天下之大本也, 和也者, 天下之達道也.〕"라고 하였는데, 주희(朱熹)의 주(註)에 이르기를, "대본(大本)은 하늘이 명하신 성(性)으로, 천하의 이치가 모두 이로 말미암아 나오니, 도(道)의 체(體)요, 달도(達道)는 성(性)을 따름을 이르는 것으로, 천하(天下)와 고금(古今)에 함께 행하는 것이니, 도(道)의 용(用)이다."라고 하였다.

절로 바르게 되어 정치를 이루는 근본으로 삼을 수 있습니다.

둘째, 사령(辭令 말씀과 명령)을 삼가서 여러 아랫사람의 마음을 순하게 하십시오. 《주역(周易)》 〈손괘(巽卦) 상(象)〉에 "서로 따르는 바람이 손순함이니, 군자가 본받아 명령을 내려서 정사를 행한다.〔隨風巽, 君子以, 申命行事.〕"라고 하였습니다. 손(巽)이란 것은 순하게 함〔順〕이니, 윗사람이 아랫사람에게 순하게 명을 내리면, 아랫사람이 윗사람의 명을 순하게 따르게 됩니다. 이것이 바로 성인인 공자가 상(象)에서 취한 뜻입니다. 오직 관중(管仲) 또한 말하기를, "영(令)을 내는 것은 마땅히 흐르는 물과 같아야 한다."라고 하였으니,[189] 그 형세에 순하게 해서 인도하는 것을 말합니다. 예로부터 지금까지 영(令)이 사람의 마음에 순하게 하지 않으면서도 성공할 수 있었던 것은 없습니다. 〈계사전(繫辭傳)〉에 또 말하기를, "군자가 집에 있으면서 말하는 것이 선하면 천 리 밖에서도 호응하지만, 말하는 것이 선하지 않으면 천리 밖에서도 떠나간다.〔君子居其室, 出其言善, 則千里之外應之, 出其言不善, 則千里之外違之.〕"[190]라고 하였습니다.

189 관중(管仲)……하였으니 : 이 말은 《관자(管子)》나 《사기(史記)》 등에는 보이지 않으며, 《이정유서(二程遺書)》 권2 상(上)에 왕안석(王安石)이 변법(變法)을 주장하자, 백순(伯淳 : 정호(程顥))이 일찍이 말하기를, "관중도 오히려 영(令)을 내는 것은 마땅히 흐르는 물과 같아야 한다고 말할 줄 알아 백성의 마음에 순하게 하였다.〔管仲猶能言出令當如流水, 以順人心.〕"라고 하였다.

190 군자가……떠나간다 : 《주역》 〈계사전 상(繫辭傳上)〉 8장에 나오는 말인데, 원문은 "君子居其室, 出其言善, 則千里之外應之, 況其邇者乎? 居其室, 出其言不善,

무릇 말이 한 사람의 입에서 나오는 것이지만 마땅히 천 리 밖의 먼 곳도 빠르게 전해지니, 두려워하지 않을 수 있겠습니까. 전(傳)에 이르기를, "왕의 말은 처음엔 실오라기 같다가도 일단 나오면 굵은 명주실처럼 된다.〔王言如絲, 其出如綸.〕"[191]라고 하였고, 《시경(詩經)》에 "흰 옥돌의 티는 그래도 깎아서 없앨 수 있지만, 말을 한번 잘못해서 생긴 흠은 어떻게 할 수가 없다.〔白圭之玷, 尙可磨也, 斯言之玷, 不可爲也.〕"[192]라고 하였으니, 평범한 사내가 말을 잘못하는 것조차 오히려 한 몸의 잘못이 되는데, 하물며 왕의 말이 한번 나오면 사방으로 전해져서 만민이 외우는 경우야 말할 것이 있겠습니까.

삼가 보건대, 전하께서는 기쁨과 분노의 사이에 혹 중도를 잃은 말이 있고, 응대할 때에도 또한 과정(過情 실제보다 지나침)의 말이 많습니다. 예를 들면, 지난날 신하 최명길(崔鳴吉)이 능원군(綾原君)을 논핵하자,[193] 전하께서는 왕손을 모함한다 하여 배

則千里之外違之, 況其邇者乎?"이다.

191 왕의……된다 : 《예기》 〈치의(緇衣)〉에 나온다.

192 흰……없다 : 《시경(詩經)》 〈대아(大雅) 억(抑)〉에 나온다.

193 최명길(崔鳴吉)이……논핵하자 : 최명길(崔鳴吉, 1586~1647)은 본관은 전주(全州), 자는 자겸(子謙), 호는 지천(遲川)·창랑(滄浪), 시호는 문충(文忠)이다. 이항복(李恒福) 문하에서 이시백(李時白)·장유(張維) 등과 함께 수학하였다. 1605년(선조38)에 문과에 병과로 급제하였으며, 1623년 인조반정에 가담하여 정사 공신(靖社功臣) 1등이 되어 완성부원군(完城府院君)에 봉해지고 벼슬이 영의정에 올랐다. 저서에 《지천집》, 《지천주차(遲川奏箚)》 등이 있다. 능원군(綾原君)은 인조의 아우인 이보(李俌, 1592~1656)인데, 의안군(義安君)의 노비였다가 면천(免賤)하여 역관이 된 자를 때려죽였기에 최명길이 이를 논핵한 것이다. 관련 내용이 《인조실

척하였으니, 이것이 이른바 중도를 잃은 말입니다. 장현광(張顯光)이 궁에 들어와 조회하였을 때, 전하께서 행실이 마땅하여 크게 쓸 것이라며 면려했습니다만 지금 한 해가 지났으나 아직도 쓰지 않으니, 이것이 이른바 과정(過情)의 말이라는 것입니다. 그 밖에도 인정(人情)에 어긋나 조정과 재야의 사람들을 의아하게 하는 일이 왕왕 있으니, 어찌 안타깝지 않겠습니까. 삼가 바라건대, 전하께서는 지금부터 경계하시어 무릇 사령(辭令)의 사이에 반드시 순하게 하여 호령을 내시고 삼가여 명령을 발하여 사방의 사람들이 모두 "훌륭하도다, 임금의 말씀이여!"라고 말하게 한다면, 교화를 베풀어 인심을 감동시키는 도에 어찌 보탬이 없다고 말하겠습니까.

셋째, 궁액(宮掖 비빈(妃嬪)이 있는 왕궁(王宮))의 기강을 엄히 하여 민간의 비난을 그치게 하십시오. 옛사람이 말하기를, "국가의 근본은 집에 있다."[194]라고 하였습니다. 궁위(宮闈 궁전) 안은 곧 전하의 집이며 한 나라의 근본입니다. 궁위의 정사(政事)에 비난할 만한 것이 없은 뒤라야 백성의 마음이 기뻐하여 복종하고 교화가 행해질 것입니다. 신들이 삼가 민간의 말을 들어 보니, 광해군의 궁인들은 내간(內間 궁녀가 거처하는 곳)으로 들어가는 경우가 많았

록》 3년 4월 2일 기사에 실려 있다.

194 국가의……있다 : 《맹자》 〈이루 상(離婁上)〉에 "사람들이 항상 말하기를 '천하 · 나라 · 집'이라 하니, 천하의 근본은 나라에 있고 나라의 근본은 집에 있고 집의 근본은 자신에게 있는 것이다.〔人有恒言, 皆曰天下國家, 天下之本在國, 國之本在家, 家之本, 在身.〕"라고 하였다.

는데, 동궁(東宮)을 모시는 자들이 더욱 많아 혹 그 사치한 습속이 불어날까 염려하거나 그 말이 새어 나갈까 의심하거나 혐의가 멀어지지 않을까 이상히 여겼다고 합니다. 거리에 전해져 떠도는 말들이 매우 많아 끊이지 않습니다.

신들이 삼가 헤아려 보건대, 전하의 마음은 반드시 이런 무리들이 곧 일을 익숙히 잘 알아 사환(使喚)으로 둘 만하여 결코 전하의 맑고 밝은 덕을 더럽히지 않을 것이라고 생각하신 듯합니다. 그러나 말이 많은 나라는 소문이 아름답지 못합니다. 널리 훌륭한 여인을 뽑는다면, 어찌 사람이 없다고 하겠습니까. 옛날 당 태종(唐太宗)은 가뭄으로 인해 궁녀를 전후로 오천여 명이나 내보냈으며,[195] 송 인종(宋仁宗)은 총애하는 여인이 있었는데 충간하는 신하의 말로 인하여 눈물을 흘리며 내보냈습니다.[196] 하물며 이런 무리들이야 무엇을 돌아보며 아쉬워하겠습니까. 삼가 바라건대, 성스럽고 명철하신 주상께서는 그들을 물리쳐 멀리하시어 몰래 비난하는 일이 없게 하십시오.

넷째, 상신(相臣)을 존중하여 치국평천하(治國平天下)의 효과를 맡기십시오. 예로부터 훌륭한 일을 하는 임금은 반드시 현명한 보좌를 얻어 마음을 함께하고 덕을 함께하며 말을 들어 주고 계책

195 당 태종(唐太宗)은……내보냈으며 : 정관(貞觀) 초기에 태종이 수(隋)나라 말년에 미녀들을 찾아서 뽑은 궁인들을 불쌍히 여겨 궁 밖으로 내보내어 배우자를 마음대로 구하게 하려고 하였다. 이에 후궁과 액정(掖庭)의 궁녀들 중에 전후로 나간 자가 3,000여 명이었다.《貞觀政要集論 第二十篇》

196 송 인종(宋仁宗)은……내보냈습니다 : 출처가 자세하지 않다.

을 따라 주어 한 시대의 다스림을 이루었습니다. 예컨대, 성탕(成湯)이 이윤(伊尹)[197]을 얻고, 고종(高宗)이 부열(傅說)[198]을 얻고, 제 환공(齊桓公)이 관중(管仲)[199]을 얻고, 진 목공(秦繆公)이 백리해(百里奚)[200]를 얻고, 한 고조(漢高祖)가 소조(蕭曹)[201]를 얻고, 한 선제(漢宣帝)가 위병(魏丙)[202]을 얻고, 한 소열(漢昭烈 유비(劉備))이 공명(孔明)[203]을 얻고, 부진(符秦 부견(符堅)이 세운 진(秦))이

197 이윤(伊尹) : 본래 유신(有莘)의 들에서 농사를 짓다가 탕(湯)임금의 초빙을 받고 세상에 나아간 인물로, 하(夏)나라의 걸왕(桀王)을 추방하고 상(商)나라를 건립하였다. 《書經 說命》

198 부열(傅說) : 은(殷)나라 고종(高宗)인 무정(武丁)이 꿈에 성인을 보고 부암(傅巖) 들판에서 얻은 사람으로, 고종을 도와 치세(治世)를 부흥시켜 만세의 교훈을 남긴 어진 재상이다. 《史記 殷本紀》

199 관중(管仲) : 춘추 시대 제(齊)나라의 현상(賢相)으로, 이름은 이오(夷吾)이다. 제나라 환공(桓公)을 도와 부국강병(富國强兵)을 이룩한 다음, 제후(諸侯)들이 소릉(召陵)에 모였을 적에 연설을 하여 제후들의 군사를 연합시켜 환공으로 하여금 패업(覇業)을 이루게 하였다. 《史記 管仲列傳》

200 백리해(百里奚) : 춘추 시대 때 우(虞)나라 사람으로, 진(秦)나라 목공(穆公)이 그가 어질다는 소문을 듣고는 암양 다섯 마리의 가죽을 몸값으로 주고 신하로 삼았다. 진 목공이 오패(五覇)의 한 사람이 된 것은 백리해가 보필한 힘이 컸다. 오고대부(五羖大夫)라고도 한다.

201 소조(蕭曹) : 한나라 고조(高祖) 때 상국(相國)을 지낸 소하(蕭何)와 혜제(惠帝) 때 소하의 뒤를 이어 역시 상국이 된 조참(曹參)을 말하는데, 이들은 모두 고조를 도와 한나라를 건국한 개국 공신(開國功臣)이다.

202 위병(魏丙) : 한 선제(漢宣帝) 때의 두 명상(名相)인 위상(魏相)과 병길(丙吉)인데, 그들은 모두 대체(大體)를 알고 정사를 관평(寬平)하게 하여 명성이 당시에 가장 높았다.

203 공명(孔明) : 제갈량(諸葛亮)의 자(字)이다. 촉한(蜀漢)의 유비(劉備)를 도와 천

왕맹(王猛)[204]을 얻고, 당 태종(唐太宗)이 방두(房杜)[205]를 얻고, 현종(玄宗)이 요송(姚宋)[206]을 얻은 것은 비록 사람의 재주가 높고 낮음에 따라 각각 다스림의 효과가 크고 작음의 차이는 있으나, 한 세상을 편안하게 구제한 것은 마찬가지입니다. 상신에게 맡기지 않고도 다스림을 지극히 할 수 있었던 경우를 신은 아직 보지 못하였습니다.

그러므로 임금의 직분은 재상이 될 만한 사람을 논하는 것일 뿐이며, 재상이 된 신하의 직분은 어진 이를 추천하는 것일 뿐입니다. 그 책임은 비록 무겁지만 그 일이 매우 줄기 때문에 "어진 이를 구하는 데 잠시 수고하여 수공(垂拱)[207]한 채 길이 편안하

하통일을 도모했으나 삼국정립(三國鼎立)의 형세를 이루었다. 《三國志 蜀書 諸葛亮傳》

204 왕맹(王猛) : 전진(前秦) 사람으로, 자는 경략(景略), 시호는 무후(武侯)이다. 부견은 왕맹을 제갈량에 비견하며 높이 대우하였다. 왕맹은 부견의 절대적인 신임을 얻어 내정과 법제를 정비하고, 인재를 발탁하여 중농 정책을 추진하였다. 왕맹의 정책으로 전진은 국력이 강대해졌고, 오호십육국 시대 국가 중 가장 넓은 땅을 지배하며 융성하였다. 《晉書 王猛列傳》

205 방두(房杜) : 당 태종(唐太宗) 때의 명상(名相)인 방현령(房玄齡, 579~648)과 두여회(杜如晦, 585~630)의 병칭이다. 방현령은 작전을 잘 세우고 두여회는 결단을 잘 내렸는데, 두 사람이 동심 협력하여 태평 시대를 열었다는 '방모두단(房謀杜斷)'의 고사가 전한다. 《舊唐書 房玄齡杜如晦傳》

206 요송(姚宋) : 당 현종(唐玄宗) 때의 명상(名相)인 요숭(姚崇, 650~721)과 송경(宋璟, 663~737)을 합칭한 말이다. 이 둘은 당 현종 개원(開元)의 시대에 서로 잇따라 재상이 되었는데, 이 두 사람의 힘으로 개원의 치세(治世)가 이루어졌다는 역사의 평가를 받고 있다.

207 수공(垂拱) : 옷을 늘어뜨리고 두 손을 마주 잡는 것으로, 인위적으로 어떤 일도 하지 않으면서도 세상이 잘 다스려지게 하는 무위지치(無爲之治)를 뜻한다. 《서

다."라고 하는 것이 진실로 그렇게 될 것입니다. 오직 우리 조종(祖宗)의 제도는 삼공(三公)이 육경(六卿)을 거느리고 육경이 백관(百官)을 거느리니, 크고 작은 벼슬들이 서로 유지하여 기강이 섰습니다. 그런데 중엽 이후로 점차 대신(大臣)의 권한을 깎아 내어 사람을 등용함은 오로지 양전(兩銓)[208]에 달려 있고, 국사를 의논함은 오로지 삼사(三司)[209]에 달려 있습니다. 사람을 등용하고 물리치는 권한과 벌을 주고 상을 주는 권한이 의정부(議政府)에 귀속되지 않았습니다. 그러므로 국사가 통일됨이 없어 조정의 정치가 날로 문란해집니다. 태평하여 일이 없을 때에는 오히려 세월을 보낼 수 있으나, 일이 많을 때에 미쳐서는 요란함이 키를 잃은 배와 같으니, 탄식함을 이길 수 있겠습니까.

지금의 시대에 임금의 덕을 논해 보면 온갖 왕들보다 위에 높이 빼어나며, 재상이 된 신하를 논해 보면 한 시대의 명망 있는 사람을 정밀하게 뽑아 삼사 대부(三司大夫)에 이르기까지 바른 선비가 아님이 없습니다. 그러나 기강이 서지 않아 논의가 둘로 나누어져 지금까지 3년이 지나도록 나라의 힘이 날로 약해진 것이 도리어 권신(權臣)이 조정에 있을 때보다 못합니다. 이는 다만 상신(相臣)의 죄일 뿐만 아니라 실로 책임을 맡기는 것이 전일하

경》 〈무성(武成)〉에 "믿음을 돈독히 하고 의리를 밝히며, 덕 있는 이를 높이고 공 있는 이에게 보답하니, 옷을 늘어뜨리고 두 손을 마주 잡은 채로 있어도 천하가 다스려졌다.〔惇信明義, 崇德報功, 垂拱而天下治.〕"라고 하였다.

208 양전(兩銓) : 인사 행정을 담당하는 이조(吏曹)와 병조(兵曹)의 합칭이다.

209 삼사(三司) : 조선 시대에 법을 맡아 다스리던 세 관청을 말하는데, 형조(刑曹)·사헌부(司憲府)·한성부(漢城府)를 이른다.

지 않아 일을 제대로 다스리지 못했기 때문입니다.

신이 바라건대, 전하께서는 중엽(中葉)의 폐단을 깊이 징계하고 조종(祖宗)의 옛 제도를 다 회복하시어 진퇴(進退)와 형상(刑賞)의 권한을 상신에게 다 맡기십시오. 이와 같이 해도 효과가 나지 않는다면, 다시 다른 사람으로 바꾸어 제수하시어, 결코 유유범범(悠悠泛泛)해서 상하가 서로 미루며 왼쪽에서 끌고 오른쪽에서 당겨서 계책을 세워 일을 하는 바가 없어 절로 쇠란하여 구제할 수 없는 데 이르러서는 안 됩니다.

다섯째, 기량에 따라 사람을 써서 당대의 인재를 다 활용하십시오. 신들이 들으니, 인재에게 장단점이 있는 것은 그릇의 크기가 달라서 각각 마땅한 바가 있어 서로 통용할 수 있는 것이 드문 것과 같습니다. 예를 들면, 황패(黃霸)는 군(郡)을 다스리는 데는 뛰어났으나 재상의 일에는 부족했으며,[210] 방통(龐統)은 백리 되는 작은 고을을 다스리는 데는 부족하였으나 별가(別駕)로서는 능력을 펼 수 있었습니다.[211] 그러므로 왕자(王者)가 사람

210 황패(黃霸)는……부족했으며 : 황패는 한 선제(漢宣帝) 때의 인물로, 8년간 영천 태수(潁川太守)로 재직할 적에는 관대하고 온화하게 다스려서 치적이 천하에 으뜸이었는데, 말년에 병길(丙吉)을 대신하여 승상이 되어서 기강과 호령을 총괄할 적에는 그 풍도(風度)와 공명(功名)이 영천을 다스릴 때만 못했다고 한다. 《漢書 循吏傳 黃霸》

211 방통(龐統)은……있었습니다 : 방통은 후한(後漢) 때 사람으로, 자는 사원(士元)이며, 유비(劉備)를 섬겼다. 그는 뛰어난 재주를 가지고도 유비에게 인정을 받지 못하여 뇌양 현령(耒陽縣令)이라는 낮은 벼슬을 제수 받았는데, 직무를 제대로 수행하지 아니하여 파면되었다. 이에 오(吳)나라 노숙(魯肅)이 유비에게 편지를 보내

을 쓰는 장석(匠石)이 재목을 사용함에 기둥, 들보, 서까래가 각각 그 마땅함을 얻는 것과 같습니다. 그 기량이 이미 갖추어졌다면, 비록 오래되었더라도 옮기지 말고, 그 기량이 아직 갖추어지지 않았다면 자주 옮기더라도 아까워하지 말며 그 재주를 다하게 할 뿐입니다.

옛날 이당(李唐)[212]의 시대에는 선사(選司 관리를 선발하는 관서)에서 관원을 주의(注擬)할 때에 오직 그 사람의 능력 여부를 살펴보았습니다. 그래서 혹은 품계의 차례를 뛰어넘어 파격적으로 승진하기도 하고 혹은 낮은 지위에서 늙기도 하였습니다. 배광정(裵光庭)이 이부 상서가 되자 비로소 순자격(循資格)을 써서 능력 여부를 따지지 않고 벼슬 기한이 찬 사람을 뽑아 주의하니, 용렬하고 어리석은 사람들이 모두 기뻐하며 성세(聖世)라고 하였습니다. 그러나 재주가 빼어난 선비들은 원망하며 탄식하지 않은 이가 없었습니다.[213] 그 당시에 송경(宋璟)이 간쟁하였으나 받아들여지

"방사원은 백 리 되는 작은 고을을 다스리는 재주가 아닙니다. 그에게 치중·별가의 임무를 맡겨야 비로소 기족을 펼칠 수 있습니다.〔龐士元非百里才也, 使處治中別駕之任, 始當展其驥足耳.〕"라고 하자, 유비가 방통을 치중으로 발탁하였다. 기족은 준마의 발로, 뛰어난 재주를 비유하는 말이다. 《三國志 蜀書 龐統傳》 별가는 통판(通判) 또는 판관(判官)의 이칭이다.

212 이당(李唐) : 중국 당(唐)나라를 말하는데, 이연(李淵)이 세운 당(唐)나라를 다른 시대의 당나라와 구별하기 위해 성(姓)을 붙인 것이다.

213 배광정(裵光庭)이……없었습니다 : 배광정은 당나라 현종(玄宗) 때 이부 상서를 지낸 인물이다. 그의 아버지 배행검(裵行儉)에 이어 인사 행정을 맡아 많은 개혁을 하였는데, 그중 하나가 순자격(循資格)이라는 것이다. 당시 인재의 선발이 잘못되고 청탁이 횡행하자 이 제도를 만들었다. 이는 일종의 연공서열법으로, 인재의 현불초(賢不

지 않았습니다. 이것이 당나라의 왕업이 쇠퇴한 까닭인데 우리 조정에서도 이 폐단을 답습하고 있으니, 그 어찌 백관의 일이 다스려지고 모든 일이 완성되어 빛나게 될 것을 기대할 수 있겠습니까. 그러나 이 또한 중엽의 정치 폐단이니, 건국 초기에는 반드시 이와 같지 않았습니다.

신들이 들으니, 조종조(祖宗朝)에서 남지(南智)[214]는 나이 열여덟 살에 평민으로서 등급을 뛰어넘어 도사(都事)에 배수되었고 오래지 않아 재상에 배수되었습니다. 유호인(兪好仁)은 임금의 은혜가 매우 융성하였으나 관직이 응교(應敎)에 그쳤으니, 이에서 사람을 쓰는 활법(活法)을 볼 수 있습니다. 또 대부의 품계는 여러 정사에 참여하여 돕고 온갖 관료들을 나누어 다스리는 바이니, 반드시 재주와 덕망이 있는 선비라야 마땅히 그 반열에 있을 수 있습니다. 그러나 근래에 보니, 전하께서는 조그마한 수고를 하는 사람에게는 베풀기를 쉽게 하면서도 현명하고 덕 있는 사람에게는 주기를 인색하게 하니, 빼어나고 어진 사람을 등용하고 숭상하여 힘들고 어려운 일을 크게 구제하는 바의 방법이 아닙니다.

삼가 바라건대, 전하께서는 여러 신하들 가운데서 살피시어 그

肖)에 관계없이 일정한 연한과 요건이 되면 일괄 전형하여 승진시키는 법이다. 능력이 없어 승진에 누락되던 자들이 기뻐하여 '성세(聖世)'라 일컬었다. 《新唐書 選擧志下》

214 남지(南智) : ?~1453. 본관은 의령(宜寧), 자는 지숙(智叔), 시호는 충간(忠簡)이다. 음보로 감찰이 되어 부정·지평을 거쳐 의성군(宜城君)에 책봉되었다. 1451년(문종1) 좌의정이 되었으며, 1453년(단종1) 영중추원사로서 사직을 청하였으나 허락받지 못하였다. 계유정난 때 사돈인 안평대군(安平大君)과 사위 이우직(李友直) 부자가 죽음을 당하였으나 병으로 화를 면하였다.

기량에 따라 관직을 제수하시매 지나치게 인색함도 없고 넘치게 베풂도 없게 하여 만약 반드시 현명하고 능력 있는 사람을 윗자리에 있게 하며, 용렬하고 못난 사람을 아랫자리에 있게 한다면, 명기(名器)[215]가 절로 엄중해지고 조정이 절로 높아질 것입니다.

여섯째, 관원을 자주 바꾸는 것을 경계하여 돈후하고 순박한 기풍을 보존하십시오. 옛날 후한(後漢)의 광무제(光武帝) 6년에 집금오(執金吾 의금부 관원의 별칭) 주부(朱浮)가 일식의 변고로 인하여 상소하기를 "대한(大漢)이 일어났을 때에 관리들이 모두 한곳에 오랫동안 근무하여 자손들이 장성함에 이르렀습니다. 그런데 근래에는 수재(守宰)를 자주 바꾸어서 새로운 사람을 맞이하여 옛 사람과 서로 교대하느라 도로에서 지치고, 또 사무를 본 날짜가 짧아서 자신의 직책을 밝게 알지 못합니다. 잘못을 들어 탄핵함에 핍박을 받고, 헐뜯고 비난함에 두려워하면서 다투어 거짓을 꾸며 헛된 명예를 바라기에 해와 달이 제대로 된 길을 잃는 보응을 이르게 한 것입니다. 원컨대 폐하께서는 몇 해가 지난 뒤에 효과가 나타나는 데에 뜻을 두시고, 한 대(代)가 지난 뒤에 국가가 다스려지기를 바라십시오."[216]라고 하니, 광무제가 그 말을 채택하여

215 명기(名器) : 작위(爵位)와 거복(車服)을 이른다. 《춘추좌전(春秋左傳)》 성공(成公) 2년 조에 "오직 기(器)와 명(名)은 다른 사람에게 빌려주어서는 안 되니, 이는 군주가 관장하기 때문이다."라고 하였는데, 두예(杜預)의 주(注)에 "기(器)는 거복이고, 명(名)은 작호(爵號)이다."라고 하였다.

216 대한(大漢)이……바라십시오 : 《후한서(後漢書)》 〈주부전(朱浮傳)〉에 자세하게 보인다.

끝내 태평한 정치를 이루었습니다.

신들이 삼가 보건대, 반정 이후에 조정은 지난날 탐학(貪虐)한 풍조를 매우 싫어하면서도 다스려짐을 구함에 너무 성급한 병폐를 면하지 못하고 있습니다. 무릇 외직에 임명한 신하들에게는 모두 열흘이나 보름 안에 효과가 있기를 책려하니, 혹 정사를 관대하고 화평하게 하여 명성을 조금 더디게 얻거나 혹 아랫사람을 엄하고 분명하게 다스려 고식적인 것을 일삼지 않는 사람의 경우는 으레껏 백간(白簡 관리를 탄핵하는 상소문)의 비평을 받게 됩니다. 이 때문에 간사한 백성이 그 윗사람에 대해 비난할 수 있고, 근거 없는 비방이 그 계획을 이룰 수 있습니다. 다만 관원을 맞이하고 보내는 폐단은 백성들이 감당하지 못할 바일 뿐만 아니라 또한 순후(醇厚)한 풍조도 이로 인하여 점차 사라지니, 동한(東漢)의 폐단과 함께 고금의 동일한 전철(前轍)입니다.

신들이 생각건대, 관원을 차출하여 임명할 때는 인재를 선택하는 일에 힘쓰고, 이미 파견한 뒤에는 자주 교체하는 것을 경계해야 합니다. 너무 심한 것은 제거하되 지나치게 각박하게 하지 않은 뒤라야 상하의 분수가 정해지고 진실한 풍조가 일어날 것입니다. 외방의 경우는 참으로 이와 같습니다. 서울의 관원에 대해서도 교체하여 바꾸는 것이 또한 빈번하여 아침에 바뀌고 저녁에 옮기니, 관아를 잠시 머무는 전사(傳舍 역사(驛舍))같이 여기는 경우도 있습니다. 이것이 직무가 많고 광범위하여 부조(浮躁)한 습관이 날로 자라는 까닭입니다. 삼가 바라건대, 전하께서는 이런 폐단을 살피십시오.

무릇 그 내외의 관원들이 반드시 삼가고 반드시 간약하며, 반드시 그 임무를 오래 하게 하십시오. 그들이 각각 그 분수에 편안하며 각각 그 직무를 다하여 감히 망녕되이 분수를 벗어난 사람이 생기지 않게 한다면, 관청의 일이 폐하지 않고 풍속 또한 돈후해질 것입니다.

일곱째, 공론(公論)을 세워서 붕당의 폐해를 없애십시오. 무릇 붕당의 폐해는 진실로 성상께서 매우 싫어하시어 여러 신하들에게 자주 경계하신 바입니다. 오늘날 신료들이 성상의 뜻을 자못 우러러 체득할 수 있어 감히 자기와 의견이 다른 이를 배척하는 계책을 하지 않아 또한 이미 대략 화평함을 얻었습니다. 다만 보건대, 조정의 기상은 비유컨대 질투하는 부인들이 집에 함께 있어서 겉으로는 친한 척하지만 속으로는 소원하며, 면전에서는 다정한 체하지만 뒤돌아서서는 비웃는 것과 같습니다. 그래서 끝내 타성일편(打成一片)[217]할 수 없어서 하루아침에 갑작스럽게 무너질 근심이 없을 수 없습니다. 이것은 참으로 여러 신하들의 죄입니다만, 또한 아마 전하께서 그 도술(道術 도덕과 학술)을 지극하게 하지 못하여 그런 것인 듯합니다.

대개 전하께서는 붕당을 매우 싫어하시어 뭇 신하들에 대해 지나치게 의심하십니다. 한 사람을 구제할 때는 먼저 사당(私黨)을 비호하고 있는가 의심하며, 한 사람을 논죄할 때는 먼저 자기와

217 타성일편(打成一片) : 한 덩어리로 이루어진다는 뜻으로 원래 선가(禪家)의 용어인데, 피아(彼我)·주객(主客)·선악(善惡)·호오(好惡) 등 모든 상대적 대립 관념을 타파하여 차별이 없는 평등의 세계로 조화시키는 것을 말한다.

의견이 다른 이를 배척하고 있는가 의심합니다. 선발하여 제수할 때는 인원수가 균일함으로 공평하다고 여기고, 논의할 때는 강한 자를 억누르고 약한 자를 돕는 것으로 공평하다고 여깁니다. 항상 색목(色目 붕당)과 형적(形跡) 사이에 구구하여 무심(無心)으로 대처하지 못합니다. 그래서 현명한 사람은 감히 그 마음을 다하지 못하며, 못난 사람은 그 틈을 엿봄이 있습니다. 기심(機心)을 임금과 신하 둘 다 잊을 수 없으니, 무엇으로 인하여 온화한 기운이 빈틈없이 들어맞겠습니까.

무릇 사람의 마음이 텅 비어 외물이 없으면, 느낌에 따라 각각 그 바름을 얻습니다만 조금이라도 이기려는 마음이 붙으면 일을 만날 때마다 그 평온함을 잃음이 많습니다. 그러므로 말하기를, "비록 마땅히 해야 할 일이라도 만약 의도된 마음을 가지고 한다면, 곧 사사로운 뜻이다."라고 합니다. 지금 전하께서는 크게 공평한 마음을 가지고도 도리어 전하의 사사로운 뜻을 행하고 있습니다. 옛말에 이르기를, "여우처럼 의심하는 마음을 가진 자는 참소하고 해치는 입을 놀린다.〔執狐疑之心者, 來讒賊之口.〕"[218]라고 하였습니다. 신들은 훗날 간사한 사람들이 도모하여 선비들을 해치는 것도 이것으로 하며, 권력 있고 총애받는 이를 맞이하여 취하는 것 또한 이것으로 할까 두렵습니다.

옛날에 갈매기를 좋아하는 사람이 있어, 매일 아침 바닷가에 나가서 갈매기와 놀다 보니, 그곳으로 날아오는 갈매기가 백 마리

218 여우처럼……놀린다 : 소망지(蕭望之)가 자결한 뒤에 유향(劉向)이 원제(元帝)에게 올린 소에 나오는 내용이다. 《漢書 楚元王傳》

도 더 되었습니다. 그의 아비가 말하기를, "내가 듣건대 네가 갈매기와 함께 노닌다 하니, 갈매기를 잡아 오너라. 내가 데리고 놀련다." 하였습니다. 다음 날 그가 다시 바닷가에 나가니, 갈매기들이 공중에서 춤을 추며 내려오지 않았습니다. 무릇 갈매기는 지극히 지혜가 없는 동물인데도, 의도하는 마음이 없이 가면 가까이 하면서도 의심하지 않지만, 의도하는 마음을 가지고 가면 까닭 없이 절로 흩어집니다. 무슨 까닭이겠습니까. 의도하는 마음을 잊었느냐 잊지 않았느냐의 결과입니다.[219]

삼가 바라건대 전하께서는 의필고아(意必固我)[220]의 사사로움에 생각을 끊고, 광대관평(廣大寬平)의 지경에 마음을 두십시오. 그래서 사람을 쓸 때는 오직 그가 현명한가 아닌가를 보아서 나아가고 물러나게 하며, 그 말을 들을 때는 오직 합당한가 아닌가를 살펴서 따르거나 물리치십시오. 임금과 신하 사이의 형적(形跡) 두 가지를 모두 잊으면, 조정에는 붕당이 절로 사라질 것입니다.

무릇 군자의 마음은 도에 있기 때문에 처음에는 비록 다르더라도 끝에는 반드시 합치할 것이나, 소인의 마음은 이로움에 있기 때문에 처음에는 비록 같더라도 끝에는 반드시 달라질 것입니다.

219 옛날에……결과입니다 : 사적인 목적을 위하여 불순한 마음을 갖게 되면, 미물도 알아차린다는 뜻으로, 《열자(列子)》 〈황제(黃帝)〉에 나오는 내용이다.

220 의필고아(意必固我) : 의(意)는 사의(私意), 필(必)은 기필(期必), 고(固)는 집체(執滯), 아(我)는 사기(私己)이다. 《논어(論語)》 자한(子罕)에, "공자는 네 가지의 마음이 전혀 없으셨으니, 사사로운 뜻이 없으셨고 기필하는 마음이 없으셨으며, 집착하는 마음이 없으셨고 이기심이 없으셨다.〔子絶四, 毋意毋必毋固毋我.〕"라고 하였다.

삼가 바라건대 전하께서는 그 다름을 의심하지 마시고 그 같음도 기뻐하지 마시며 오직 군자를 등용하고 공론을 숭상하십시오. 무릇 군자의 도가 장대(長大)하여 공론이 조정에서 시행되어 선한 것을 좋아하고 악한 것을 싫어하며 옳은 것을 옳다고 하고 그른 것을 그르다고 하여 각각 그 마땅함을 얻는다면, 자연스럽게 사람의 마음이 기쁘게 복종하여 세상의 도가 형통하고 태평할 것이니, 붕당을 깨트리는 방법은 이보다 나은 것이 없습니다.

여덟째, 유학(儒學)을 숭상하여 풍속 교화의 근원을 북돋우십시오. 동방 도학의 밝음이 우리 조선보다 성대함이 없어 선조(宣祖) 초년에 이르러 명현(名賢)들이 배출되어 성대하게 유학의 조종(祖宗)이 되었기에 당시 사람들이 교화에 점점 젖어들어 강마(講磨)하고 절차(切磋)하며 마음을 조존(操存)하여 반드시 자신을 단속하니, 볼만한 것이 많았습니다. 혼조(昏朝)인 광해군 때에 이르러서도 세상의 도가 금수(禽獸)가 되지 않은 것은 실로 여기에 힘입은 것입니다. 그러나 이 이후로 사문(斯文 유학)이 땅을 쓴 듯 없어지고 스승의 도는 없어져 끊어지니, 뜻 있는 선비들이 장차 어떤 것을 본받아서 흥기하겠습니까.

반정 초에 가장 먼저 장현광(張顯光), 김장생(金長生) 등을 불러 모두 서울에 이르게 하였고, 또 정엽(鄭曄), 정경세(鄭經世) 같은 여러 신하가 있었습니다. 그래서 들어와서는 임금의 덕을 도와 인도하고 나가서는 여러 생도들을 가르쳐 이끌어 거의 이 유학이 다시 세상에 밝혀질 듯하였는데, 어찌하여 유학의 쇠락함이 이에 이르렀단 말입니까. 주상이 좋아하는 바가 지극하지 않음이 있어서는 아닌지요. 아니면 말세의 습속을 다시 구제할 수 없기 때문인지요.

아, 무릇 이 서너 명의 유신(儒臣)들은 옛 어진 사람과 비교하면 어떤 수준인지는 알 수 없으나, 또한 오늘날 유학의 영수(領袖)라고 말할 수 있습니다. 그런데 불행하게도 정엽은 이미 죽었고, 남은 이들도 모두 조정에서 벼슬하지 못하고 있습니다. 죽은 사람이야 이미 어쩔 수 없지만, 살아 있는 사람은 돈유(敦諭)하고 근면하여 조정에 이르게 하여 그들에게 후진들을 장려하고 가르치게 할 수 있지 않겠습니까. 무릇 풍속(風俗)이 바르지 않음은 도학(道學)이 밝지 않음으로 말미암고, 도학이 밝지 않음은 유학이 서지 않음으로 말미암습니다. 삼가 바라건대 성스럽고 명철하신 주상께서는 유념하십시오.

신들이 진술한 조목이 비록 많으나 그 요체는 다만 전하의 일심(一心)에 달렸으니, 삼가 바라건대 오직 성명(聖明)께서는 공경하고 공경하십시오. 마음이 체(體)가 됨은 고금(古今)을 통(通)하고 동정(動靜)을 꿰뚫으며 외물과 나를 겸하여 밝고 신령스러우며 적연(寂然)할 수도 있고 감발할 수도 있습니다.

한 사람의 마음이 곧 만물의 마음이며, 만물의 마음이 바로 천지의 마음입니다. 내 마음이 바르면 천지의 마음 또한 바르게 되며, 내 기운이 온화하면 천지의 기운 또한 온화할 것입니다. 무릇 기국(器局)이란 것은 기운으로, 천지만물이 각각 그 형체를 가지고 있습니다. 통(通)이란 것은 이치로, 상하 사방에 관철(貫徹)하여 틈이 없으니 오묘하도다, 마음이여! 그 크기는 한 치도 되지 않지만 포괄하지 못할 물건이 없고 감동하여 통하지 않음이 없는 것은 다름이 아니라 이치는 하나일 뿐입니다. 지금 전하께서는 오제(五帝) 삼왕(三王)[221]의 마음으로 오제 삼왕의 정사를 행하신다면, 오제 삼왕의 정치가 곧 여기에 있을 것입니다. 삼가 바라건대 성상께서는 힘쓰고, 힘쓰십시오.

무릇 법이 오래되면 폐단이 생기니, 옛 법도에 반드시 얽매일 것은 없습니다. 엄정하고 분명함이 지나치면 의심이 생기니, 자잘한 것을 살피는 일은 반드시 쓸 것은 없습니다. 사람이 많으면 하늘을 이기니, 아랫사람의 마음을 어길 수 없습니다. 오직 마땅히 충후(忠厚)함으로 근본을 삼고, 관대(寬大)함으로 유지하며, 간이(簡易)함으로 행하고, 근엄(謹嚴)함으로 지키며, 구원(久遠)함으로 기약하십시오. 넉넉하게 노닐어 백성과 더불어 쉬며, 변하여 통해서 조화와 더불어 함께한다면, 자연히 온화한 기운이 화합하여 이르고, 재앙과 돌림병이 아울러 사라질 것입니다.

신들은 학식이 넉넉지 못하지만 정성은 넉넉함이 있습니다. 학식이 넉넉지 못한 까닭으로 일을 논함에 그 마땅함을 잃음이 많지만, 정성은 넉넉함이 있기 때문에 남이 꺼리는 일을 들추어내면서도 스스로 피할 줄을 알지 못합니다. 삼가 바라건대 성명께서는 너그러이 헤아리십시오.

221 오제(五帝) 삼왕(三王) : 모두 옛날의 훌륭한 군주로, 오제는 소호금천씨(少昊金天氏)·전욱고양씨(顓頊高陽氏)·제곡고신씨(帝嚳高辛氏)·제요(帝堯)·제순(帝舜)이며, 삼왕은 하(夏)의 우왕(禹王), 상(商)의 탕왕(湯王), 주(周)의 문왕(文王)·무왕(武王)이다.

진강을 계기로 폐단을 진술하는 차자[222]

을축년(1625, 인조3)

因進講陳弊箚 乙丑

삼가 생각건대 지난날 경연(經筵)에서 경문(經文)을 통해 의리를 일으켜 다스리는 방법에까지 들어갔기에 대신(大臣)들이 드디어 상황에 맞춰 덜고 더하며 법을 세우고 기강을 펼 것을 요청하신 것에 대해 진언하였으니, 매우 아름다운 뜻입니다. 피폐한 정치를 닦아 밝히고 새로운 교화를 크게 여는 기회는 진실로 여기에 있으나, 주상의 뜻이 더디고 힘들어 윤허를 얻지 못하여 신은 참으로 부족하게 여겨 크게 실망하였습니다. 밝은 임금과 훌륭한 신하들의 만남이 천재일우(千載一遇)의 기회인데도 일이 뜻대로 되지 않은 것이 이와 같을 줄은 생각지도 못했습니다.

신은 말이 졸렬하고 어눌하여 스스로 주상을 감동시킬 수 없음을 아는 까닭으로 묵묵히 물러났습니다. 그러나 잊지 못해 밤이 새도록 이 마음을 스스로 멈출 수 없었기에 문득 이전의 말을 부연하여 간략히 어리석은 저의 생각을 드러냅니다. 삼가 생각건대 전하께서는 지금 막 맹자를 진강하셨는데, 전하께서 이것을 진강

222 진강으로……차자 : 이 차자는 최명길(崔鳴吉)의 《지천집(遲川集)》 권7에 〈논관제차(論官制箚)〉로 수록되어 있으며, 일부 내용이 《인조실록》 인조 3년 3월 14일 조에 '행 부제학 최명길 상차(行副提學崔鳴吉上箚)'로 실려 있으니, 아마 착오가 있는 듯하다.

하신 것은 무엇 때문입니까. 어찌 수용하여 정치에 시행하려는 것이 아니겠습니까. 맹자는 제(齊)나라와 양(梁)나라의 임금에게 왕도를 행하라고 권함에 그 말이 자세할 뿐만이 아니었으니, 그 대요(大要)는 "선왕의 마음으로 선왕의 정치를 행한다."라고 말하는 것에 지나지 않을 뿐입니다.

신이 삼가 보건대, 전하의 총명하고 슬기로운 자질과 공경하고 검소한 덕망은 하늘이 한량없이 부여한 것이며, 도를 구하는 뜻과 다스려지기를 바라는 정성은 성주(聖主)의 본심에 넘쳐 납니다.

경전(經傳)을 강론할 때는 해가 저물어서야 비로소 밥을 먹었으며, 기무(機務)를 수응(酬應)할 때는 밤이 늦어서야 비로소 잠자리에 들었으며, 사람을 등용할 때는 확 트인 큰 공정함으로 털끝만큼의 치우침도 없었으며, 명령을 낼 때는 성대하게 마음을 지극히 하여 거짓으로 꾸미는 말이 한마디도 없었으니, 전하의 마음은 또한 도에 가깝습니다. 그러나 반정으로 임금의 자리에 오른 지 3년이 되었는데 정치의 효과가 아직 드러나지 않아 백성들의 고통이 이전과 같으며, 풍속의 어지러움이 이전과 같으며, 기강의 무너짐이 이전과 같으니, 이와 같은데도 어찌 그 소이연(所以然)을 돌이켜 구하지 않을 수 있겠습니까. 맹자가 말하기를, "그저 선하기만 한 것으로는 정치를 하기에 부족하고, 한갓 법만 가지고는 저절로 행해지지 못하는 법이다. 지금 어진 마음과 어진 명망이 있는데도 백성들이 그 은택을 누리지 못하는 것은 선왕의 정치를 행하지 않기 때문이다."[223]라고 하였으니, 이것이 바로 오늘

223 그저……때문이다 : 《맹자》 〈이루 하(離婁下)〉에는 "지금 임금에게 인심과 인

날을 말하는 것입니다.

삼대(三代)의 정치는 예와 지금이 마땅함이 다르고 풍속과 기상 또한 다르니, 진실로 옛 제도를 다 회복할 수는 없습니다. 그러나 농상(農桑)을 독려하고 곤궁한 이를 구휼하며, 백성의 생업을 마련하고 재용(財用)을 절약하며, 형법을 세워서 가지런히 하고 교화를 밝혀서 인도하여 선왕의 제도에 얽매이지 않으면서도 선왕의 마음을 얻을 수 있다면, 선왕의 다스림을 이루게 하는 것은 반드시 그 방법이 있을 것입니다.

삼가 바라건대 전하께서는 한갓 그 책을 강론만 하지 마시고 반드시 마음에 체득하시며, 한갓 마음에 체득만 하지 마시고 반드시 현실에 시행하시어 한 시대의 제도를 이루고 한 시대의 정치를 열어 밝히십시오. 우리나라의 법 제도는 《경국대전(經國大典)》에 갖추어 기록되어 있는데 상세하고 자세하여 모두 법으로 삼을 만합니다. 그러나 시행한 지 이미 오래되었기에 예사롭게 보아 대소 신료들이 한결같이 사사로운 정을 따르니, 이에 《경국대전》이 헛된 형식이 되어 나라에 법이 없습니다. 지금 조종(祖宗)의 정치를 회복하고자 한다면, 마땅히 조종의 법(法)을 닦아야 하지만, 다만 이 책이 간행된 지 이미 백 년이 넘어 혹 막혀 시행하지 못할 것이 있으며, 혹 어두워 분명히 알 수 없는 것이 있습니

문이 있는데도 백성들이 그 혜택을 입지 못하여 후세에 법이 될 수 없는 것은 선왕의 도를 행하지 않기 때문이다. 그러므로 이르기를 '한갓 선만 가지고는 정사를 할 수 없으며, 한갓 법만 가지고는 스스로 행해질 수 없다.'라고 한 것이다.〔今有仁心·仁聞而民不被其澤, 不可法於後世者, 不行先王之道也. 故曰 : 徒善不足以爲政, 徒法不能以自行.〕"라고 하여 저본과는 문장의 순서가 다르다.

다. 그 뒤에 또 《경국대전속록(經國大典續錄)》[224]이 있으나 더욱 번다하고 복잡하여 따르기 어려움이 있어 다만 아전들이 농간을 부리는 자료가 될 뿐입니다. 또 우리나라는 전대의 법규 사용을 기뻐하여, 무릇 한 시대에 유행하는 관례에서 나온 것을 따라 행하면서 성법(成法)으로 보아 감히 고치지 않으니, 그 잘못이 더욱 심합니다. 신이 생각건대 마땅히 《경국대전》과 《경국대전속록》 등의 책을 취하여 다시 산정(刪定)해야 합니다. 무릇 막힌 것은 변하여 통하게 하고, 어둡고 외진 것은 틔워서 밝게 하며, 폐하여 무너진 것은 고쳐 시행케 하십시오. 그 번다하고 복잡한 것을 깎아 내고 빠트린 것을 보충하여 서울과 지방의 크고 작은 관청에 이르기까지 각각 일체의 예(例)를 두어 사람들에게 받들어 시행함에 감히 어기거나 넘지 못하게 하는 것이 옳습니다.

지금 더욱 심하게 무너지고 폐한 것이 세 가지 있으니, 관제(官制), 전제(田制), 병제(兵制)입니다. 이 세 가지 가운데 관제가 더욱 긴급하니, 만약 변통하지 않는다면 결단코 정치를 지극하게 할 희망이 없기에 시험 삼아 대략 진술하겠습니다.

지금 비변사(備邊司)에서 국정을 오로지 주관하여 의정부는 한가한 기관이 되었으며, 승정원은 다만 왕명의 출납만 관리하여 승지는 하나의 해리(該吏 담당 관리)가 되었으며, 도감(都監)을 별도로 설치하여 본사(本司)는 도리어 남은 관직이 되어 관원이 자주

224 경국대전속록(經國大典續錄) : 《경국대전》 이후의 육전(六典)에 관한 사실을 적은 책으로, 1492년(성종23)에 이극증(李克增)이 왕명에 따라 편찬하였다. 6권 1책의 활자본이다.

교체되며, 성(省)·시(寺)는 우사(郵舍)와 같음이 있어 문서를 관리하지 않아 아전들이 법을 농간합니다. 직책을 겸하는 것이 많아 책임을 전담하는 실상이 없고, 일이 조사(曹司)[225]에게 돌아가 직책을 분담하는 의미가 없고, 책임이 분명하지 않아 자리를 비우는 것이 습관이 되고, 녹봉이 너무 박하여 염치를 잃어버리기 쉽게 되었으니, 이것이 모두 관제의 폐단입니다.

우리 조선에서는 서사(署事)의 법[226]을 폐하면서부터 삼공(三公)이 국정을 의논할 곳이 없게 되었습니다. 이에 별도로 비변사를 설치하여 재신들 중에 군무를 아는 사람으로 당상을 삼고, 무반 중에 문자를 아는 사람으로 낭청을 삼아, 변방 일을 처리하는 지위로 삼았습니다. 이 제도가 대략 송나라 조정의 추밀원(樞密院)과 같은데, 조정의 정령(政令)을 재단하는 데가 없어 모두 비변사로 돌아가지 않을 수 없습니다. 이로부터 찬성(贊成)과 참찬(參贊)은 병을 요양하는 자리가 되고, 사인(舍人)과 검상(檢詳)은 기악(妓樂)을 맡는 자리가 되었으니, 어긋나고 잘못됨이 심합니다.

우리나라 사람들은 부화하고 내실이 없이 대각(臺閣)에 나가 노닐며 전혀 일을 하지 않으면서 스스로 청류(淸流)라 말하고, 중요한 기무를 물망(物望)도 없는 재상이나 문자를 조금 아는 무부

225 조사(曹司) : 관직, 계급, 재능 등이 말위(末位)에 있는 사람을 일컫는 말이다.

226 서사(署事)의 법 : 의정부(議政府) 서사제(署事制)를 말한다. 의정부 서사제는 조선 태조(太祖) 때 시행된 제도로, 육조(六曹)에서 정무를 의정부에 먼저 보고하면 의정부에서 이에 대해 토의한 후 임금에게 계주(啓奏)하는 제도를 말한다. 의정부 서사제는 왕권에 비해 신권(臣權)이 강화되는 결과를 낳았는데, 태종(太宗)은 즉위한 뒤 왕이 직접 육조의 정무를 보고받는 육조직계제로 바꾸었다.

에게 맡깁니다. 이와 같이 하면서도 치도가 이루어지기 바라는 것은 너무나 잘못된 일이 아니겠습니까. 마땅히 조종의 법을 따라 서사(署事)의 규정을 회복한 다음이라야 정령이 한곳에서 나와 기강이 설 것입니다. 혹자는 대신의 권한이 중해지는 것으로 뒷날에 염려가 될 것이라 여기지만 이는 그렇지 않습니다. 임금이 성스럽고 신하가 어질면 권한이 중해지는 것이 혐의가 될 만하지 않고, 임금이 어둡고 정치가 어지러우면 천하에 어찌 패공(沛公)[227]처럼 봉기하는 이가 없겠습니까.

만일 오히려 이를 염려하여 반드시 대신의 권한을 분산하려고 한다면, 마땅히 당나라나 송나라의 옛 제도를 따라 비변사를 문하성(門下省)으로 이름을 고쳐서 삼공이 문하성의 일을 겸하여 통괄하게 하고, 찬성과 참찬이 지사(知事)를 겸임하게 하며, 또 치체(治體)를 잘 아는 두 사람을 뽑아 문하성 좌우복야(門下省左右僕射)라 일컫고 유사의 임무를 맡게 하며, 사인과 검상은 당하관 중에 계려(計慮)와 재주가 있어 뒷날에 크게 쓸 수 있는 사람으로 극력 선택하여 문하급사중(門下給事中)을 겸임하고 낭청(郎廳)의 일을 대행하게 하십시오. 그러면 명칭이 중해지고 일과 권한이 자연히 구별되어 거의 조정의 체면이 갖추어질 것입니다.

또 지금의 승지는 곧 옛날의 시중 상서령(侍中尙書令)으로, 중국 조정의 내각(內閣)입니다. 국가의 모든 문서는 이〔승지〕를 경유하지 않음이 없기에 정령(政令)의 이롭고 해로움과 군덕(君德)

227 패공(沛公) : 한 고조(漢高祖) 유방(劉邦)이 임금이 되기 전의 칭호이다. 그의 고향이 패(沛) 땅인 데에서 유래하였다.

의 잘잘못을 대신과 대간은 들을 수 있는 방법이 없고 오직 승지만 아니, 그 지위의 중요함이 어떠하겠습니까. 그런데도 오늘날에는 물망(物望)이 도리어 삼사(三司)보다 아래에 있어 단지 문서만 받들어 거행할 뿐이고, 논의하여 집행하는 일이 적으니, 이는 또 잘못 중에 심한 것입니다.

신은 생각건대, 마땅히 한 시대에 인망이 있는 사람을 잘 뽑아 선발할 인원을 보충하고 자주 의견을 물어서 권한이 중해지게 하며, 일에 따라 봉사(封事)를 올려 따지고 임금의 계책을 치밀하게 돕도록 하여, 의정부와 서로 안팎이 되게 하는 것이 좋습니다. 역대의 옛 제도는, 중서성(中書省)이 주상의 뜻을 취하고 문하성이 복주(覆奏 다른 관아에서 보내 온 공문을 검토하여 상주(上奏)함)하며 상서성(尙書省)이 시행하였는데, 이를 삼성(三省)이라고 합니다. 만약 신의 말대로 한다면 크게 개혁하는 데 이르지는 않더라도 옛 제도의 의미가 실로 그 가운데 들어 있을 것입니다. 오늘날 정사(政事)가 번잡한 것은 모두 대간이 자주 교체되는 데서 말미암고, 대간이 자주 교체되는 것은 또한 사소한 혐의라도 다 피하는 데서 말미암은 것으로, 아침에 벼슬을 옮겼다가 저녁에 또 바뀌어 아이들 장난과 같은 것이 있으니, 참으로 괴이합니다.

신이 듣건대, 조종조(祖宗朝)에는 대간이 비록 추고(推考)받더라도 그것을 피해 교체하지 않고, 양사(兩司)가 서로 함문(緘問 서면으로 추문(推問)함)하게 했다고 하니, 피혐(避嫌)이 본래 조종조의 제도가 아님을 알 수 있습니다. 또 혹시 하찮은 병에 걸리거나 조금이라도 편치 않은 일이 있으면, 마치 미치지 못할까 두려워하듯이 다투어 정고(呈告)하니 더욱 온당치 않습니다. 당나라 양성

(陽城)이 간직(諫職)에 있었던 것이 7년인데 그사이 어찌 사소한 질병이 없었겠으며, 한유(韓愈)가 〈쟁신론(爭臣論)〉을 지어 기롱하는 지경에 이르렀는데도, 또한 이로 인해 인피(引避)하였다는 말을 듣지 못했습니다.[228]

또 옛날의 언관은 각자 일을 논계(論啓)했기 때문에 사람마다 소견을 다 말할 수 있었는데, 지금의 계사(啓辭)는 하리(下吏)가 간통(簡通 서간으로 통지함)을 가지고 각 원(員)의 집에 달려가 반드시 의견이 일치되기를 기다린 다음에야 입계(入啓)합니다. 이 때문에 걸핏하면 구애 받아 감히 말을 다 하지 못하고 조금이라도 잘못이 있으면 시끄러운 사단이 잡다하게 일어나니, 조정이 안정되지 않는 것은 실로 이 때문입니다. 이제 마땅히 옛 제도를 다 따라서 피혐하지도 말고 정고하지도 말며, 무릇 품은 생각이 있으면 각자가 진계(陳啓)하고, 오직 대단하게 조치할 일로 조정 의논

228 당나라……못했습니다 : 양성(陽城)은 당(唐)나라 북평(北平) 사람으로, 자(字)는 항종(亢宗)이다. 집이 가난하여 책을 구할 수가 없자 집현원(集賢院)의 하리(下吏)가 되어 몰래 책을 훔쳐다가 읽고서 과거에 급제하였다. 덕종(德宗) 때 간의대부(諫議大夫)로 기용되었으나 간언하지 않자, 한유(韓愈)가 〈쟁신론(爭臣論)〉을 지어 "그는 일찍이 정치에 대해서 한마디도 발언한 일이 없으니, 이는 그가 정치의 잘잘못을 보는 것이 마치 남쪽의 월나라 사람이 북쪽의 진나라 사람의 살찌고 여윈 것을 보는 것처럼 하여 조금도 마음에 기쁨과 슬픔을 느끼지 않는다.〔未嘗一言及於政, 視政之得失, 若越人視秦人之肥瘠, 忽焉不加喜戚於其心.〕"라고 비판하였으나 개의치 않았다. 그 후 탁지(度支) 배연령(裵延齡) 등이 육지(陸贄) 등을 모함하였으나 아무도 구원하는 사람이 없었는데, 양성이 상소하여 배연령의 간사함과 육지 등의 무고함을 주장하다가 덕종의 노여움을 사서 벌을 받게 되었다. 이때 다행히 순종(順宗)이 나서서 해명해 주어 화를 면하게 되었다. 《舊唐書 陽城列傳》《韓昌黎集 卷14》

이 모두 동의한 것만 합계(合啓)해야 합니다. 그러면 정직한 말을 날마다 듣고 또 시끄러울 염려도 없을 것입니다.

조정 신하 중에 경학(經學)이 있는 사람의 경우는 경연에 두어 군덕(君德)을 보필하여 인도하는 것을 오로지 책임지게 하고, 글 재주가 있는 사람은 사액(詞掖 한림원(翰林院) 등 문장을 관장하는 관서(官署))에 두어 왕언(王言)을 대신 짓는 것을 오로지 책임지게 하며, 기타의 사람도 각자의 재주에 따라 육조(六曹)와 각시(各寺)에 두어 한 가지 임무만 오로지 책임지게 하십시오. 겸임시키지 말고 이동시키지도 말며, 그중에 빼어난 공적이 있는 사람은 각각 그 관사에서 차례로 승진하게 해야 합니다. 또 모든 관사 중에 긴요하지 않은 것은 합하여 하나로 하고 관원의 인원이 너무 많은 곳은 걸러서 없애야 합니다. 그리고 따로 산국(散局)을 두어 관원의 수(數)는 많게 하되 녹봉은 적게 하여 무릇 오래 벼슬하다가 늙었는데 돌아갈 만한 전지(田地)가 없는 사람, 실로 병이 있는 사람은 한결같이 녹용(錄用)하는 계기로 삼아서 혹 봉사(奉使)하거나 제관(祭官)으로 차출하는 등의 일이 있을 경우에는 모두 이들로 충당하게 하여야 합니다. 그러면 관직에 있는 사람은 직무를 비울 염려가 없고, 벼슬을 잃은 사람은 낙담하는 한탄이 없을 것입니다.

외방의 경우 감사·병사·수사는 모두 한 고을의 수령을 겸직하는 것을 허락하여 각각 그 지역의 수입으로 먹고 살게 하되, 문신 판관을 두어 세세한 직무를 규찰하고 방자한 짓을 막도록 해야 합니다. 그러면 오랫동안 벼슬하면서 성과를 독려하는 효과는 있고 여러 고을을 침탈하는 폐해는 없어질 것입니다.

군정 같은 경우는, 정예한 장정을 뽑아 속오(束伍)를 편성하고, 노약자에게는 군역을 면제하고 대가로 베를 받으며, 복무를 느슨하게 하여 도망한 자를 되돌아오게 하고, 무예를 가르쳐 정예롭게 만들어야 합니다.

전제(田制) 같은 경우는, 양전법(量田法)을 개혁하여 누락된 결(結)을 수습하고, 대동법(大同法)을 복구하여 부역을 균등하게 하고, 입안(立案)[229]을 금지하여 겸병하는 것을 억제하고, 면세를 없애어 부세의 수입을 넓혀야 합니다. 이것이 그 대략입니다.

무릇 지금 세상의 사람들은 조용히 일 없이 지내는 것을 고상한 것으로 여기고 부지런한 것을 비루한 습속으로 여기며, 사사로운 정 따르는 것을 후하다고 여기고 법 받드는 것을 박덕하다고 여기며, 자주 벼슬이 교체되는 것을 영화롭게 여기고 오랫동안 벼슬하는 것을 구차한 짓으로 여기며, 뇌물질하는 것을 법으로 여기고 근거 없는 비판을 공론으로 여깁니다. 이런 풍속을 만약 크게 고치지 않는다면, 성상께서 위에 계시고 명현이 조정에 그득하더라도, 양자강(揚子江) 왼쪽의 진(晉)나라가 편안함을 탐한 것과 송(宋)나라가 시들어 쇠퇴한 것[230]에 지나지 않으니, 좋은 법과

229 입안(立案) : 문안(文案)을 세운 것이라는 뜻으로, 소청에 따라 관에서 사실을 확인하여 등록하거나 수발(受發)한 공문을 등록한 문부(文簿) 또는 그 문부에 따라 증명하여 발급하는 문서를 뜻한다.

230 양자강(揚子江)……것 : 양자강 왼쪽의 진(晉)나라는 서진(西晉)이 흉노족 유한(劉漢)에 망한 후 남쪽으로 내려와서 세운 동진(東晉)을 말하고, 송나라는 여진족 금(金)나라에 밀려 남쪽으로 내려온 남송(南宋)을 말한다. 두 나라 모두 북쪽 오랑캐 나라의 핍박을 받아 수모를 겪으면서 구차하게 나라를 유지하였다.

훌륭한 정책도 쓸데없게 될 것입니다.

삼가 바라건대 전하께서는 결단코 성심(聖心)으로 상신(相臣)에게 자문하고 떨쳐 일어나 근래의 규정에 집착하지 말고, 왕도(王道)를 반드시 실천할 수 있다고 여기고 조종(祖宗)을 반드시 본받을 수 있다고 여기시며, 폐정(弊政)을 혁파하여 투속(偸俗 경박한 풍속)을 변화시키고 구명(舊命)을 새롭게 하여 지치(至治)를 하여 동토(東土)의 백성들이 공경히 바라는 마음에 부응하신다면, 매우 다행함을 이기지 못할 것입니다.

계 啓

정언으로 있을 때 피혐한 장계[231] 계축년(1613, 광해군5)
正言時避嫌啓 癸丑

미관 말직의 소신이 참람되게도 언관의 책무를 맡았으나, 이 반역을 국문함이 바야흐로 급박한 날을 당하여 감히 사사로운 저의 일을 자질구레하게 말하여 주상의 귀를 더럽힐 수가 없었습니다. 그러나 다만 언관(言官)은 여러 관료들과 같지 않아서 진실로 털끝만큼이라도 실수한 바가 있다면, 감히 자리를 차지하여 관직을 욕되게 할 수 없습니다.

신은 지난날 평민의 자격으로 고인이 된 도승지(都承旨) 김시헌(金時獻)[232]의 발인을 조문하러 갔습니다. 인하여 문을 나가서

231 정언으로 있을 때 피혐한 장계 : 최현은 1613년 4월, 정언이 되었었다. 이때 적신(賊臣) 이이첨(李爾瞻)이 그의 도당을 몰래 사주(使嗾)하여, 연흥부원군(延興府院君) 김제남(金悌男)이 영창대군(永昌大君)을 임금으로 추대하려 한다고 모해하여 옥사를 꾸몄다. 영창대군을 안율(按律)해야 한다는 계사(啓辭)를 아침저녁으로 올리니, 5월, 공이 다툴 수 없다고 생각하고 규례를 들어 혐의(嫌疑)가 있음을 이유로 물러나기를 청하고 부평(富平)에 우거하다가 7월, 고향으로 돌아왔다.

232 김시헌(金時獻) : 1560~1613. 본관은 안동(安東), 자는 자징(子徵), 호는 애

같은 해에 과거에 합격한 벗으로, 새로 대구 부사(大丘府使)로 제수된 김윤안(金允安)[233]을 송별하다가 마침 숭양부원군(崇陽府院君) 김신원(金信元)[234]과 갑자기 길에서 서로 만나게 되었습니다. 신(臣)이 허겁지겁 피해 돌아가려고 할 때, 신의 이름을 묻고 말을 돌려 저를 만나 보고자 하였기에 마지못해 말 위에서 간략히 안부를 묻고 지나왔습니다.

신은 영외(嶺外) 시골의 우매한 사람이라 체면(體面)을 알지 못하고 백의(白衣) 차림으로 문을 나섰으니, 매우 잘못입니다. 또 1품(品)의 관원을 말 위에서 뵈었으니, 실수한 바가 더욱 자명합니다. 낯부끄럽게 관직에 있을 수 없으니, 신의 직책을 파하여 물리치시기를 청합니다.

헌(艾軒)이다. 그는 어려서 등과하였으며, 역학(易學)에 밝아 일대(一代)의 명류(名流)로 이름이 났다. 임진왜란 때 그의 아버지 제갑(悌甲)이 적에게 죽임을 당하자 호남·영남 지방의 복수별장(復讐別將)이 되어 나아갔다.

233 김윤안(金允安) : 1560~1622. 본관은 순천(順天), 자는 이정(而靜), 호는 동리(東籬)이다. 유성룡(柳成龍)의 문인이다. 1588년(선조21) 생원시에 합격하였고, 1612년(광해군4) 증광 문과에 갑과로 급제하여 대구 부사, 대사간을 지냈다. 임진왜란 때 김해(金澥) 휘하에서 형 김윤명(金允明)과 함께 의병을 일으켰다. 저술로 《동리집》이 있다.

234 김신원(金信元) : 1553~1614. 초명(初名)은 김신원(金信元)이고, 개명(改名)은 김이원(金履元)이다. 본관은 선산(善山), 자는 수백(守伯), 호는 소암(素菴), 봉작(封爵)은 숭양부원군(嵩陽府院君)이다. 광해군 때 임해군(臨海君)을 고변하여 부원군(府院君)이 되고, 김직재(金直哉)의 옥을 다스려 공신이 되었다. 그가 죽고 난 뒤에 1623년 인조반정(仁祖反正)이 일어나서 서인들이 그의 훈작을 추탈(追奪)하였으나, 세상 사람들은 김신원에 대해 허물하지 않았다고 한다.

비망기(備忘記)에 이르기를, "임금이 욕을 당하면 신하는 죽어야 하는 이날을 당하여, 삼사(三司)의 관리들은 더욱 마땅히 자신을 잊고 나라를 위해 죽어 역적을 토벌하는 의리를 도와야 한다. 그러나 전 정언(前正言) 최현은 감히 규피(規避 법을 어기고 교묘히 죄를 피함)의 계책을 내어 고의로 자잘한 일을 들어 추국하는 날에 임금의 귀를 더럽히고 어지럽혔으니, 그 마음이 나쁘다. 일단 우선 파직하여 다른 이를 경계한다."라고 하였다.

사헌부에 궁의 노비를 다스리지 말 것을 다시 하교하신 것에 대해 반박하는 장계

갑자년(1624, 인조2) 7월 승정원 동부승지로 있을 때

繳還下憲府勿治宮隷教啓 甲子七月 在政院時

신들이 삼가 주상의 하교를 보니, "명례궁(明禮宮)[235] 장무(掌務)는 이미 자전(慈殿)에 속한 하인인데 법부(法府)에서 신문 받는 것을 투서기기(投鼠忌器)[236]에 비유한 것은 참으로 지극히 당연합니다. 다만 생각건대, 법부(法府)의 임무는 서정(庶政)의 기강을 바로잡는 것이니, 간악한 짓을 하고 법을 어긴 자는 궁중과 부중(府中)에 관계없이 죄를 따져 다스리는 것이 마땅합니다. 하물며 이른바 명례궁의 장무라는 자가 정몽필(鄭夢弼)[237]이 남긴 폐습에

235 명례궁(明禮宮) : 당시 인조의 생모 구씨(具氏)가 살던 저택이다. 선조가 임진왜란 후 환도하여 궁으로 사용하였고 광해군 때 경운궁(慶運宮)으로 개칭하였으며, 인조 때 다시 명례궁으로 개칭하였다.

236 투서기기(投鼠忌器) : 임금 가까이에 있는 간신을 제거하려 하나 임금이 다칠까 염려함을 비유한 것이다. 《한서(漢書)》 〈가의전(賈誼傳)〉에, "쥐에게 물건을 던져 쳐서 죽이려 하나 옆에 기물이 있어서 그것을 다치게 할까 염려한다.〔投鼠忌器〕"라는 말에서 나왔다. 여기서는 명례궁(明禮宮)의 장무(掌務)를 치죄하고 싶으나 그와 관련된 인조의 생모 구씨(具氏)가 다칠까 염려한 것이다.

237 정몽필(鄭夢弼) : 이조의 서리(胥吏)인 정정남(鄭正男)의 아들로, 광해군의 총애를 받던 김 상궁(金尙宮)의 조카사위이다. 명례궁(明禮宮)에 사옥(私獄)을 만들어 놓고 사람들을 위협하여 그들의 노비를 빼앗는 등 악행을 저질렀는데, 김 상궁을 등에 업은 그의 권세가 막강해서 상신(相臣)들조차도 그에게 굽실거릴 정도였다.

얽매여 감히 도장을 찍은 문서를 위조하여 근기(近畿)의 고을에 폐단을 만들고 민간을 침탈한 것이야 말할 것이 있겠습니까. 지금 감사의 장계 가운데 드러난 것은 사람들이 보고 들음에 놀라지 않음이 없습니다.

법부가 적발하여 형신(刑訊 형벌을 가하며 심문함)한 것이 바로 그들의 직무입니다. 중외(中外)의 사람들로 하여금 중간에서 간악한 놈들이 한 짓을 분명히 모두 알게 하면서도 백성의 원망이 위로 자전께 이르지 않게 하였으니, 사리(事理)로써 헤아려 보건대 어찌 온당하지 않은 바가 있겠습니까. 지금 만약 십분 삼가고 경계하라는 뜻을 사헌부에 내리신다면, 대관(臺官)들의 의기가 꺾이고 아랫것들의 기가 살아나 지난날 방자하게 날뛰던 폐단이 장차 오늘날 다시 나타나게 될까 두렵습니다. 그 온당하지 못함 가운데 어떤 것이 이보다 크겠습니까. 신들이 언관의 지위에 있으면서 감히 이 전교를 사헌부에 전하지 못하고 삼가 되돌려 들여놓습니다. 삼가 바라건대 성스럽고 명철한 전하께서는 다시 거듭 심사숙고하시기 바랍니다.

전교하기를 "더 이상 생각할 일이 없으니, 너희들 멋대로 하라."라고 하였다. 비망기에 "근래 승정원에서 일의 체요(體要)를 알지 못하여 모든 하교한 것을 멋대로 되돌려 들였으니, 지극히 놀랍다. 입직(入直)한 승지를 함께 추고(推考)하라."라고 하였다.

인조반정이 일어난 다음 날 김 상궁과 함께 군문(軍門)에서 처형당하였다. 《仁祖實錄 1年 9月 14日》

다시 올린 장계 9월

再啓 九月

새로이 본궁(本宮)에서 폐단을 일으킨 하인에 대하여, 법부(法府 사헌부)에서 규찰하여 적발하고 추문하여 치죄(治罪)하는 것은 자신의 직임으로 여기는데, 전하께서 본궁 소속의 하인은 다른 곳의 하인과 비할 바가 아니니 온당하지 못한 바가 있다고 여기시어 엄하게 하교하신 것이 두어 번에 이르렀습니다. 신들이 성주(聖主)의 뜻이 있는 바를 알지 못하는 것은 아니지만, 대간 또한 어찌 임금의 명을 어기면서 스스로 정사를 마음대로 하는 죄에 빠질 리가 있겠습니까. 지금 삼가 보건대, 사헌부에 내리신 전교에서 "멋대로 가두고 치죄하여 임금의 명을 만만히 여겨 무시한다."와 같은 말에 이르러서는 신들이 서로 돌아보며 놀라고 괴이하게 여겨 아뢸 바를 알지 못하겠습니다. 이유점(李有點)의 무리들이 폐단을 일으킨 상황과 법부에서 법에 따라 다스린 책임은 이미 지난날 논계(論啓)한 말에서 극진히 하였으니, 지금 감히 더 이상 아뢰지 않습니다. 다만 사구(司寇)의 직임은 간교한 자를 벌하고 포악한 자를 누르는 것으로 임금을 높이고 백성을 감싸는 의(義)로 삼으니, 비록 천자의 아버지가 살인을 했더라도 오히려 법에 따라 용서하지 않는데, 하물며 본궁에 속한 하인은 법으로 마땅히 다스려야 함에 있어서야 말할 것이 있겠습니까. 만약 죄주기를 청하는 것을 멋대로 한다고 여기고, 법에 따르는 것을 군명을 만만히 여겨 무시하는 것이라고 여기신다면, 이 또한 매우 온당하지 못한 것이 아니겠습니까.

신들이 전에 하교를 봉환(封還)한 일은 지은 죄가 이미 큰데, 지금 또 죽음을 무릅쓰고 번거롭게 아뢰면서 그칠 줄을 모릅니다. 신들은 차라리 전하께 거듭 죄를 짓더라도 전하께서 백성〔丘民〕들에게 죄를 짓지 않으시도록 하려는 것입니다. 전하께서 만약 힘써 따르기를 윤허하지 않으신다면, 대관들이 어찌 기꺼이 한갓 주상의 뜻을 받들어 따르기만 일삼고 나라의 기강을 무너뜨려 뒷날 끝없는 폐단을 열겠습니까. 삼가 바라건대, 빨리 두어 번 더 생각하시어 이 공사(公事)[238]에 부표(付標)[239]하시고 윤허를 내려 대각(臺閣)을 넉넉히 용납하는 도리를 보이신다면, 매우 다행함을 이기지 못할 것입니다.

비답에 말하기를, "알겠다. 이른바 인문(印文)이란 것을 이유점(李有點)의 무리들이 법을 무시하고 거짓으로 만들었다면, 본디 그에 해당하는 법률이 있을 것이니 나는 반드시 안타까워하지 않겠다. 만약 거짓으로 만든 것이 아니라면, 오늘 사헌부에서 한 일이 어찌 매우 온당치 못한 일이 아니겠느냐. 너희들은 다시 더욱 심사숙고하고 이와 같이 나의 뜻을 막지 마라."라고 하였다.

238 공사(公事) : 조정의 일이나 공무 및 그 문안(文案) 또는 소송(訴訟)을 뜻하기도 한다. 여기서는 임금에게 아뢰어 시행할 조정의 사안(事案)을 말한다.

239 부표(付標) : 한번 계하(啓下)한 문서에 일부분을 고쳐야 할 점이 있으면 다시 임금의 재가를 받기 위하여 그 고칠 자리에 누런 찌지를 붙인 것을 말한다.

대사간으로 있을 때[240] 혐의를 피해 사직하는 장계
大司諫時避嫌啓

신은 부여 받은 성품이 어리석고 외골수며, 일을 처리함이 엉성하고 노둔합니다. 그래서 사람을 대함에 오직 저의 생각을 다 쏟아낼 줄만 알아 조금도 마음을 숨김이 없으며, 일을 논함에 반드시 올곧게 진술하고자 하여 피하거나 꺼릴 줄을 알지 못합니다. 사람들이 신을 알아주는 것도 이 때문이며, 신을 벌주는 것 또한 이 때문입니다.

지난 8일 본원(本院 사간원)에서 차자를 올릴 때, 동료들은 훈신 군관(勳臣軍官)에 대한 한 조목을 빼고자 하였습니다. 신이 "품은 생각이 이와 같으니 감히 아뢰지 않을 수 없다."라고 하자, 동료들은 또 "군관이 어찌 대단한 폐단의 일이겠는가. 오늘날 또 민간에서 폐단을 일으켰다는 것을 듣지 못했다."라고 하였습니다. 신은 "지금 비록 큰 폐단은 없으나, 훗날 어찌 반드시 없으리라 보장할 수 있겠는가. 또 훈신 가운데 덕망 있는 사람은 반드시 그렇지는 않을 것이나, 오십 명의 공신이 어찌 모두 다 선량하여 한결같이 지극히 공평에서 나와 사사로운 바가 없겠는가."라고 하였습니다. 또 "수백 명이 떼를 지어 사실(私室)을 호위한다."라는 말을 빼고자 하였으나, 신은 생각건대 대간의 의논이 비록 과격한

240 대사간으로 있을 때 : 최현은 1624년(인조2) 10월, 대사간이 되었고 11월, 병조 참지가 되었는데 12월, 정사(呈辭)하고 환향하였다.

듯하지만 실로 이런 일이 있다면 아뢰는 데 무슨 거리낌이 있겠습니까. 드디어 이 한 조목을 고치지 않았기에 이 때문에 세상 여론에 크게 거슬려 많은 사람의 비난이 떼 지어 일어났으나 신은 알지 못했습니다.

그 뒤 신이 우찬성 이귀(李貴)[241]의 병문안을 갔는데, 이귀가 와내(臥內 침실)로 끌어 들여 가장 먼저 이 말을 하고 크게 꾸짖었습니다. 인하여 말하기를, "지난날 유백증(兪伯曾)[242]을 만났는데, 그대가 사간원의 자리에서 '공신 오십 명을 어찌 모두 믿을 수 있겠는가.'라고 하였다 하니, 이는 공신을 장차 반역할 사람으로 여긴 것일세. 태평승세의 여러 사람들과 함께 연명(連名)으로 차자를 올려 군관(軍官)을 다 파직하고자 하는 것은 나라를 떠나 멀리 가게 하려는 것일세."라고 하고, 인하여 반편(半篇)의 차자 초고를 보여 주었는데, 대개 이러한 뜻이었습니다.

신은 생각건대 이귀가 만약 진실로 신을 의심하는 마음이 있었

241 이귀(李貴) : 1557~1633. 본관은 연안(延安), 자는 옥여(玉汝), 호는 묵재(默齋), 시호는 충정(忠定)이며, 이이(李珥), 성혼(成渾)의 문인이다. 임진왜란 때 삼도 소모관(三道召募官)으로 활약했고 유성룡을 도왔다. 인조반정의 정사 공신(靖社功臣) 1등에 책록되었고, 연평부원군(延平府院君)에 봉해졌다. 정묘호란 때에는 최명길과 함께 화의를 주장하여 탄핵을 받았다. 영의정에 추증되었고 인조 묘정에 배향되었다.

242 유백증(兪伯曾) : 1587~1646. 본관은 기계(杞溪), 자는 자선(子先), 호는 취헌(翠軒), 시호는 충경(忠景)이다. 이이첨(李爾瞻) 등 권신들에게 아부하지 않아 한직에 머물렀고, 인목대비(仁穆大妃) 폐모론에 반대해 사직하고 낙향하였다. 1623년 인조반정 때 공을 세워 정사 공신(靖社功臣) 3등으로 기평군(杞平君)에 봉해졌다. 이조 참판, 대사성, 대사헌 등을 역임하였다. 저서에 《취헌소차(翠軒疏箚)》 등이 있다.

다면, 반드시 저를 대면하고 곧바로 배척하여 그 마음에 품은 생각을 다 말하지 않았을 것이니, 이는 바로 신을 꺾으려는 말이지 사실을 말한 것은 아닙니다. 그래서 답하기를, "공은 어찌하여 이런 말을 하십니까. 비록 사실을 말한 것이 아니더라도 어찌 차마 입에 담을 수 있습니까. 자리에서 말한 바가 뒷날의 폐단이 근본적으로 없다는 것을 어찌 다 믿을 수 있겠는가라는 말에 지나지 않으니, 이는 사간원의 말이 아닙니다. 공이 먼저 화난 마음이 있고 화평한 기운이 없기 때문에 미리 말의 뜻을 찾아서 저를 꺾은 것입니다."라고 하였습니다.

이귀가 인하여 웃으며 말하기를, "내가 그대의 마음을 아는 것이 결코 이와 같지 않기 때문에 마음을 열어 알려 준 것이라네. 다른 사람의 경우는 그대가 간사한 무리들의 꾐을 받았다고 생각할 것일세. 흉악한 무리가 부추기는 곳은 구포(購捕 상을 걸고 잡게 함)가 바야흐로 급하니, 만약 군관을 철수하면 장차 무엇을 할 수 있겠는가. 나는 그대의 소견이 이같이 실상에 어두운 줄 알지 못했네."라고 하였습니다. 신은 즉시 마땅히 혐의를 피해 사직해야 하지만, 이귀가 하는 말의 기세는 이전부터 지나침이 있었으나, 이미 다 토로하면서 조금도 혐의를 두지 않았기에 시끄러운 단서가 생기게 하고 싶지 않아 입을 다문 채 피혐하지 않았습니다.

이로부터 신 또한 병이 중하여 문을 닫고 나오지 않은 지 여러 날이 되었는데, 실정에서 벗어난 말이 자못 있이 공신들의 분노를 더욱 격발시켰습니다. 한 번 전해져서는 다 믿을 수 없는 것이 되었고, 재차 전해져서는 공신들의 권력이 중한 것이 되었으며, 혹은 공신을 저격했다고 하고, 혹은 간사한 무리들에게 꾐을 받아

넘어갔다고 하여, 오고 가는 말이 그 분분함을 다 말할 수 없었습니다. 삼가 듣건대 경연에서 여러 번 이 말을 했다고 합니다. 어저께는 중신(重臣)들도 신이 자리에서 한 말을 혐의롭게 여겨, "예로부터 공신들이 사람들에게 시기를 받아 목숨을 온전히 보전할 수 있었던 경우가 드물다."라는 등의 말이 있기까지 하였다고 합니다. 이는 중신들 또한 범이 나타났다는 말을 세 번 전하는 것에 미혹되어 의심함을 면치 못한 것[243]입니다. 신은 이 말을 듣고 춥지 않은데도 몸이 떨렸습니다.

지금 사람들의 마음은 근심하고 의심하며 나랏일은 날마다 그릇되니, 천문이 경계를 보여 형체와 그림자가 상서롭지 않습니다. 차자에서 진술한 바는 서로 권면하는 뜻에 불과합니다. 그러나 군관에 관한 한 가지 일은 또한 각자 경계하고 삼가서 뒷날의 폐단을 끼침이 없게 하여 조금 안정되기를 기다리고 때가 되면 일찍 파면하고자 할 뿐입니다. 만약 신의 말이 옳다면 또한 서로 면려하는 이로움이 없지 않을 것이며, 만약 그릇되다면 끝내 현실에 맞지 않은 말로 귀결될 것이니, 그것이 훈신들에게 무슨 손상함이 있겠습니까. 어찌 이 때문에 더욱 의심이 생겨나 좌우의 유언비어

243 범이……것 : 터무니없는 헛소문도 계속 반복되면 사실로 받아들이게 된다는 말이다. 전국 시대 위(魏)나라 방공(龐公)이 위왕(魏王)에게 "지금 한 사람이 저자에 호랑이가 나타났다고 하면 믿으시겠습니까?" 하니, 왕이 "믿지 않겠다." 하였고, 다시 "두 사람이 저자에 호랑이가 나타났다고 하면 믿으시겠습니까?" 하니, 왕이 "믿지 않겠다." 하였는데, 다시 "세 사람이 저자에 호랑이가 나타났다고 하면 믿으시겠습니까?" 하자 왕이 "믿겠다." 한 데서 나왔다. 이후로 삼인성호(三人成虎)라는 고사가 되었다. 《韓非子 內儲說上》

가 이로부터 격동하게 될 줄 생각했겠습니까.

신의 죄가 점점 무거운 곳으로 들어가니, 이것이 어찌 신의 본마음이며, 또한 어찌 훈신들의 마음이겠습니까. 옛말에 "명월주와 야광벽을 어두운 데서 사람에게 던지면 사람들이 검을 잡고 일어나지 않는 자가 없다.〔明月之珠夜光之璧, 以暗投人則人莫不按劍而起.〕"[244]라고 하니, 명월주와 야광벽을 던져 그것으로 좋아하게 하더라도 검을 잡고 의심하는 것은 마음이 평소에 믿지 못하여 갑작스럽게 나타난 행동입니다.

지금 신은 평소 남들에게 믿음을 얻을 수 없었고 말을 함에 점진적이지 못하여 당시의 꺼림에 저촉되어 실정에서 벗어난 말까지 있게 되었습니다. 그래서 훈신들이 마음에 편안하지 못하게 하였으니, 부끄러워 얼굴을 붉히며 여전히 자리를 차지하여 남들의 꾸짖음을 받는 것은 결코 견딜 수 없습니다. 명하여 신의 직책을 파직해 주시기를 청합니다.

244 명월주와……없다 : 추양(鄒陽)의 〈옥중상서자명(獄中上書自明)〉에 이르기를, "명월주와 야광벽을 어두운 길에서 사람에게 던지면 검을 잡고 노려보지 않는 자가 없다.〔明月之珠, 夜光之璧, 以暗投人於道, 衆莫不按劍相眄者.〕"라고 한 것을 원용하였다.

재변을 만나 공구수성(恐懼修省)[245]하기를 청하는 계

병인년(1626, 인조4) 2월

請遇災修省啓 丙寅二月

근래에 건문(乾文 천문)이 경계(警戒)를 보여 줌이 지극합니다. 잇따라 발생하는 재앙이 매양 갑을(甲乙)이 든 날에 나타나고 있습니다. 갑을은 동방[246]에 해당하므로, 실로 우리나라의 분야(分野)이니, 진실로 이른바 '박상(剝牀)의 재앙'[247]입니다. 이번 달 22일 을미(乙未)에 흰 무지개가 해를 침범한[248] 변고는 더욱 참혹하여 신들은 밤새도록 근심하고 두려워하여 침석에 자리를 깔지 않았습니다. 성스럽고 명철한 주상께서 두려워하고 염려하시는 뜻은 비록 상중[249]에 있으시지만 또한 조금도 느슨한 적이 없으실 것이

245 공구수성(恐懼修省) : 옛사람들은 사람에게 잘못이 있으면 하늘이 재변(災變)을 내려 경계의 뜻을 보인다고 생각했기 때문에, 천재(天災)가 생길 경우 임금이 하늘의 노여움을 두려워하여 몸을 닦고 허물을 반성하였다. 《周易 震卦》

246 갑을은 동방 : 십간(十干)을 오방(五方)에 배합할 때에 갑을(甲乙)은 동방(東方), 병정(丙丁)은 남방(南方), 무기(戊己)는 중앙(中央), 경신(庚辛)은 서방(西方), 임계(壬癸)는 북방(北方)에 배치한다.

247 박상(剝牀)의 재앙 : 피부까지 다가온 재앙을 뜻한다. 《주역》 〈박괘(剝卦) 육사(六四)〉에 "상을 깎아 살갗에 이르니 흉하다.〔剝牀以膚, 凶.〕"라고 하고, 그 상전(象傳)에 "상을 깎아 살갗에 이르는 것은 재앙이 매우 가까워진 것이다.〔剝牀以膚, 切近災也.〕"라고 하였다.

248 흰 무지개가 해를 침범한 : 백홍관일(白虹貫日)과 같은 말로, 흰 무지개가 해를 뚫고 지나간다는 일종의 기상 현상인데, 재앙을 암시하는 것이라 한다.

라 삼가 생각합니다.

지극한 정성은 하늘의 뜻을 되돌릴 수 있는데도 하늘의 뜻은 되돌아오지 않으며, 지극한 덕은 사람을 감동시킬 수 있는데도 사람의 마음이 더욱 어긋나며, 지극한 조화는 상서로움을 이르게 할 수 있는데도 재앙이 더욱 심합니다. 비록 하늘의 도가 유원(悠遠)하여 어떤 일에 대한 감응인지 가리킬 수 없으나 우리를 통해 보고 듣는 하늘은 감응이 어긋나지 않으니, 어찌 망매(茫昧)함을 핑계 삼아 하늘을 감응케 하는 실상을 생각하지 않을 수 있겠습니까. 옛말에, "머리를 깎을 때에는 깊이 피부까지 깎고 손톱을 깎을 때에는 깊이 살까지 깎아야 한다.〔割髮宜及膚, 翦爪宜侵肌.〕"[250]라고 하였습니다. 진실로 전하의 순역불이(純亦不已)[251]한 정성이 상천(上天)에 이르러 두루 입히는 은덕은 믿음이 돼지와 물고기에게도 미치고[252] 중화(中和)의 공은 동정(動靜)에 틈이 없게 된

249 상중 : 인조(仁祖) 4년(1626)에 원종(元宗)의 비(妃)이자 인조(仁祖)의 어머니 인헌왕후(仁獻王后) 구씨(具氏)가 세상을 떠났다.

250 머리를……한다 : 삼국(三國) 위(魏)의 응거(應璩, 190~252)가 광천 현령(廣川縣令) 잠문유(岑文瑜)에게 보낸 편지에 나오는 말이다. 은탕(殷湯)이 하걸(夏桀)을 정벌한 뒤에 5년 동안 가뭄이 들자, 상림(桑林)에서 머리를 자르고 손톱을 깎아 그것을 희생으로 삼아서 하늘에 비를 내려 달라고 기도하자 마침내 큰비가 내렸다는 전설이 있다. 《文選 與廣川長岑文瑜書》

251 순역불이(純亦不已) : 순수함이 그치지 않는다는 뜻으로, 《중용장구》 제26장에서 문왕(文王)이 문왕이라는 이름을 얻게 된 까닭을 말한 것이다. 주자의 주에 따르면, 여기서 순(純)은 마음이 둘로 나뉘거나 박잡(駁雜)하지 않음이고 불이(不已)는 그러한 상태가 잠깐의 간단(間斷)도 없이 이어지는 것이다.

252 은덕은……미치고 : 《주역(周易)》 〈중부괘(中孚卦) 단사(彖辭)〉에 이르기를

다면, 어찌 하늘의 뜻이 돌아오지 않으며, 사람의 마음이 화합하지 않으며, 재앙이 사라지지 않겠습니까. 세 가지 가운데 또한 서로 원인이 되는 순서가 있으니, 중화의 공이 지극한 뒤라야 사람의 마음을 미덥게 할 수 있으며, 사람의 마음이 믿고 감동한 뒤라야 하늘의 뜻을 돌이킬 수 있습니다. 삼가고 두려워하는 일은 항상 마음속에 있으나 감응하는 오묘함은 구만리 장천(長天)에 영향을 끼치니, 그 일은 지극히 간약하더라도 그 쓰임은 지극히 넓습니다. 전하께서는 마땅히 더욱 밝게 살피소서.

신들이 또 들으니, 평범한 여인이 원통함을 머금어도 오히려 가뭄을 이르게 한다[253]고 하였습니다. 오늘날 원통함을 호소하는 사람이 몇천 명이나 되는지 모를 지경입니다. 삼가 보건대, 중앙과 지방의 신료들이 성상(聖上)께서 백성을 다친 사람 보듯[254] 하시는 어짊을 체득하지 못하여, 탕척(蕩滌 죄명(罪名)을 씻어 줌)한 은혜가

"돼지와 물고기가 길함은 신의가 돼지와 물고기에 미친 것이다.〔豚魚吉 信及豚魚也〕"라고 한 데서 온 말이다. 돼지와 물고기는 감동시키기 어려운 미물인데 신의가 이런 미물에까지 미침을 말한다.

253 평범한……한다 : 한(漢)나라 때 동해군에 어떤 효부(孝婦)가 있었다. 자식도 없이 일찍 남편을 여의었으나 시어머니를 아주 잘 봉양하였고, 시어머니가 그를 재가시키려고 하였지만 끝내 따르지 않았다. 그러자 시어머니는 자기 때문에 며느리가 재가하지 않는다고 생각하여 목을 매어 자살하였는데, 그곳 태수가 고의로 시어머니를 살해했다는 누명을 씌워 그 여자를 처형하려 하였다. 이에 우공(于公)이 이 효부는 반드시 시어머니를 살해하지 않았을 것이라고 주장하였으나, 태수가 끝내 효부를 처형하였다. 그러자 동해 지역에 3년 동안 큰 가뭄이 들었다.《漢書 于定國傳》

254 다친 사람 보듯 : 《맹자(孟子)》〈이루 하(離婁下)〉에 "문왕은 백성 보기를 다친 사람 보듯 하였다.〔文王視民如傷〕"라고 하였다. 즉 백성을 지극히 잘 돌본다는 뜻이다.

막히어 시행되지 못하고 세금을 독촉함이 날로 더욱 심하니, 감동하여 기뻐하는 사람의 마음을 더욱 답답하게 합니다. 농민과 군졸이 모두 그 본업을 잃고 온화한 기운을 상한 자들을 낱낱이 열거할 수 없습니다. 일단 한 가지 일을 말씀드리겠습니다. 남한산성(南漢山城)의 부역은 실로 장맛비가 내리기 전에 미리 대비하는[255] 계책입니다. 백성의 힘을 번거롭게 하지 말고 일 없이 놀고 있는 무리들로 부역하게 하는 것이 참으로 마땅할 것이니, 다만 큰일은 오로지 이런 무리에게 의지하십시오. 처음[256]의 경우는 부역이 7일을 넘기지 않되 뒤늦게 도착한 사람은 15일간 부역을 시키고, 또 더 뒤에 도착한 사람은 한 달간 부역을 시켰습니다.

처음에는 절의 크기에 따라 열 명씩 뽑아 그중 한 명에게 부역을 시키고, 나머지는 모두 물자를 보내게 하였던 까닭으로 매우 원망하는 지경에 이르지는 않았습니다. 그런데 뒤에는 또 간사(幹事)를 나누어 보내어 총림(叢林)[257]을 파헤쳐서 이름을 확인하여 부역하게 하여 도첩(度牒)을 주고, 도첩이 없는 자는 호패를 받아 환속할 수 없게 하였습니다. 이 때문에 관리와 역졸들이 제 마음

255 장맛비가……대비하는 : 《시경》 〈치효(鴟鴞)〉의 "하늘에서 비가 내리기 전에 뽕나무 뿌리를 거두어 문을 단단히 얽어맨다면 저 백성이 나를 업신여길 수 있겠는가.〔迨天之未陰雨, 徹彼桑土, 綢繆牖戶, 今此下民, 或敢侮予.〕"라는 구절을 인용한 것으로, 환란에 철저히 대비하는 태도를 말한다.

256 처음 : 저본에는 '약(礿)'으로 되어 있으나, 전후 문맥을 살펴보면, '초(初)' 자의 오자로 생각되어 수정 후 번역하였다. 이후의 경우도 모두 동일하다.

257 총림(叢林) : 많은 승려들이 모여서 수도하는 곳을 나무가 우거진 숲에 비유하여 이른 말로, 즉 많은 승려들이 모여 수도하는 사찰 등을 가리킨다.

대로 위의(威儀)를 행하여 승려들이 가지고 있던 종이와 신을 거의 다 빼앗고, 혹 관청에 아뢰어 수치(囚治 가두어 치죄함)하게 하니, 사찰이 이미 편안히 살 수 없고 시장 또한 양식을 살 수가 없습니다. 곤궁하여 돌아갈 곳이 없어 달아나 산골짜기에 모이니, 곳곳에서 울부짖으며 윗사람을 원망합니다. 승려들이 비록 편맹(編氓 호적에 편입된 백성)에 들지는 못한다 하더라도 돼지와 물고기에 비하면 또한 차이가 있습니다. 원망을 부르고 믿음을 잃는 것은 아마 화기(和氣)를 부르는 도가 아닌 듯합니다.

그러나 신들이 크게 근심하는 바는 여기에 미칠 겨를이 없는 시급한 것이 있습니다. 성명(聖明)께서 어머니의 병환[258]에 약 시중을 든 지 이미 몇 달이 지났으나 끝내 하늘이 끝나는 슬픔을 만났습니다. 지극한 효성의 소치가 절도에 맞게 할 줄을 알지 못하여 상례에 예제를 넘음이 많고 슬픔 또한 지나치게 몸을 상하게 하니, 바라건대 여러 신하들이 힘써 간쟁하는 말을 따라 성상께서 뉘우치고 깨달으십시오. 상을 치름에 예제를 넘어 조금도 슬픔을 절제하지 않고 일상생활과 먹고 마시는 것이 처음부터 끝까지 상을 당했을 때와 다르지 않음에 이르렀으니, 이는 성상의 몸을 보호하는 도가 아닙니다. 성상께서는 스스로를 가볍게 생각하시면서 설마 종묘사직과 백성들이 소중하다는 생각은 하지 않으

258 어머니의 병환 : 원문은 '색우(色憂)'로, 《예기》 〈문왕세자(文王世子)〉에 "문왕의 아버지 왕계가 편찮을 때 내시가 문왕에게 고하면 문왕은 걱정스러운 얼굴빛을 하고 걸음이 비틀거렸다.〔其有不安節, 則內豎以告文王, 文王色憂, 行不能正履.〕"라고 한 것에서 온 말이다.

십니까. 한번 생각하고 한번 헤아릴 때의 잘못도 오히려 화기를 상하게 할 수 있는데, 더구나 온 나라가 의탁하고 있는 몸으로 애구(哀疚 부모의 상(喪))에 지나쳐 자신의 몸을 돌보지 않으시니, 인애(仁愛)한 하늘이 어찌 정성스럽게 경계하지 않겠습니까.

삼가 바라건대, 성상께서는 이미 지나간 일에 대한 후회 때문에 법제를 넘는 예(禮)를 다 없애고, 상과 장례와 제사를 올림에 다만 정성과 믿음을 힘써서 다 간약(簡約)함을 따르십시오. 또 의탁한 바의 소중함을 깊이 생각하고 대신의 청을 굽어 따라 힘써 지극한 정성을 억누르고 몸을 더욱 잘 조리하여 한없는 복을 공고히 하신다면, 지극한 다행을 이기지 못할 것입니다.

다시 올린 계[259]

再啓

신들이 삼가 들으니, 천문(天文)이라는 것은 인군(人君)의 거울이라고 하였습니다. 대개 인군이 행하는 바의 선악이 천문과 함께 유통하여 하늘에 형상을 드리운 것으로, 환하게 밝아 가릴 수 없으니, 어찌 그 당시의 임금이 마땅히 거울삼아 경계해야 할 것이 아니겠습니까.

최근에 사람이 요사하고 사물이 괴이한 것은 진실로 말할 것도 없고, 능상(陵上)의 변고가 다달이 더해 가니,[260] 실로 예전에는 없었던 일입니다. 그런데 지금 흰 무지개가 해를 침범한 변고가 더욱 참혹하여 신들은 밤새도록 근심하고 두려워하여 침석에 자리를 깔지 않았습니다. 비록 어떤 정사의 잘못인지 어떤 일의 보응인지 지적할 수는 없으나, 재앙이 허투루 발생하지는 않으니 반드시 야기한 바가 있을 것입니다. 성명께서는 이에 상중에 있으면서도 공구수성(恐懼修省)의 생각을 도리어 조금도 느슨하게 하신 적이 없으실 것이라 삼가 생각합니다.

신들은 삼가 반정(反正)한 처음에 멀고 가까운 곳의 백성들의

259 다시 올린 계 : 이 글은 이민성(李民宬, 1570~1629)의 《경정집(敬亭集)》 권13 〈정원백홍관일계사(政院白虹貫日啓辭)〉와 내용이 동일한데, 승정원에서 연명으로 상소한 것이기 때문에 각각의 문집에 수록된 듯하다.

260 다달이 더해 가니 : 원문은 '식월사생(式月斯生)'으로, 《시경(詩經)》 〈절피남산(節彼南山)〉 편의 한 구절이다. 하늘의 재앙이 달마다 생겨날 만큼 심해진다는 뜻이다.

마음이 귀의하여 기뻐하며 고무(鼓舞)하기를 마치 달아난 자식이 자애로운 아버지를 만난 것과 같아 어떻게 형용할 수 없음을 보았습니다. 몇 년이 지나서 백성들의 마음이 기뻐하며 복종하는 것이 점차 처음과 같지 않게 되었습니다. 신들이 그 까닭을 궁구해 보았으나 알 수 없었습니다. 일단 지금의 일로 말씀드리겠습니다. 백성들의 힘이 이미 고갈되었는데 세금 거두는 것은 그치지 않으며, 병사들의 수는 날마다 줄어드는데 구사(句査)[261]함은 바야흐로 재촉하고 있습니다. 백성들의 원망을 불러일으키면서도 하늘의 화한 기운을 느끼고자 하는 것을 어찌 자세히 다 헤아릴 수 있겠습니까.

느껴 깨닫는 단서가 비록 대신들의 문장에 드러났지만 겸허하게 받아들이는 아름다움이 언로(言路)의 규계에 미진하여, 임금과 백성이 미덥지 못하여 뭇사람들의 마음이 답답하고 막히며, 보고 듣는 일들이 두려워하고 미혹되어 원근의 백성들이 흩어지게 하였습니다. 백성에게서 민심을 잃어 하늘의 변고가 임금에게 보응하는 것은 이치가 참으로 그러한 것입니다.

무릇 해라는 것은 뭇 양(陽)의 으뜸으로 인군의 표상이며, 무지개라는 것은 바르지 못한 기운으로 전쟁의 상징입니다. 음탁(陰濁)이면서도 양명(陽明)을 제어하고, 소인이면서 군자를 이기고, 오랑캐이면서 중국을 침범하니, 근심할 만한 단서가 한둘이 아닙니다. 하늘이 꾸짖어 알려 줌이 정성스러운 것은 실로 인애(仁愛)한 전하에게 나온 것입니다. 삼가 바라건대, 성상께서는 보응함에

261 구사(句査) : 구교(句較)와 같으며, 일일이 하나하나씩 비교 검사함을 말한다.

실상으로 하고 문식으로 하지 말며, 행동함에 하늘의 뜻으로 하고 사람의 생각으로 하지 마십시오. 또 충언(忠言)을 살펴 가납하여 화평(和平)한 복을 이르게 하며, 지극한 효성의 마음을 힘써 억눌러 신민(臣民)의 바람에 부응하십시오. 재앙을 그치게 하는 도를 크게 다하고 천문의 거울을 소홀히 하지 않는다면, 매우 다행함을 이기지 못할 것입니다.

전교(傳敎)하기를, "이 계사(啓辭)를 보니, 그대들이 인군을 사랑하는 정성이 매우 가상하도다. 진술한 말은 내가 마땅히 유념하겠다."라고 하였다.

궁성 밖으로 행차하는 것을 멈추도록 요청하는 장계
請停城外擧動啓

신들이 삼가 어제의 비망기(備忘記)[262]를 보고는 서로 모여 매우 놀랍고 두려움을 이기지 못하였습니다. 발인할 때 성문 밖에서 울며 전송하는 것은 실로 참된 효성의 지극한 마음에서 나온 것이니, 유사(有司)가 된 사람이 어찌 장차 순순히 봉행함에 겨를이 없어야 함을 알지 못하겠습니까. 그런데도 거듭하여 장계를 올려 아뢰는 까닭은 진실로 임금의 몸은 종사와 신민(臣民)의 의탁함이 달려 있어 행동을 가벼이 할 수 없기 때문입니다. 산릉(山陵)까지 함께 따라가는 것이 비록 오례의(五禮儀)에 실려 있으나 조종조(祖宗朝)에서 시행한 적이 없고 궐문 안에서 떠나보내는 것이 이미 규례가 되었습니다. 다만 대왕대비의 상 때도 오히려 그렇게 하였는데, 어찌 정에 이끌려 오늘날 곧바로 행할 수 있겠습니까.

또 삼가 생각건대, 전하께서는 초상 때부터 지금까지 슬퍼하시어 몸이 상함이 예제를 넘어 옥체(玉體)의 손상됨이 많으니, 신들이 항상 매우 근심하고 마음 아파합니다. 강 건너 먼 곳의 경우는

262 비망기(備忘記) : 승지가 입시하지 않았을 때 사알(司謁)에게 임금의 지시나 명령을 글로 작성하여 승정원에 전달하게 하는 것으로, 전교의 일종이다. 비망기를 사알이 승정원에 전해 주면 승지가 이를 받아 적고 사알과 함께 대조한 뒤에 원본은 사알이 다시 가지고 들어갔다.

결코 밤을 지내며 행차하셔서는 안 됩니다. 삼가 바라건대, 전하께서는 다시 더욱 깊이 생각하시어 빨리 그만두십시오.

전교하기를, "상여가 이미 출발하였으니, 길이 영원히 이별하였다. 중문에서 울며 떠나보내는 것을 차마 할 수 있겠느냐. 내 뜻이 이미 결정되었으니 더 이상 번거롭게 하지 마라."라고 하였다.

해당 관청에 엄한 교시를 내린 것이 지나침을 논한 장계

論下該曹嚴敎過當啓

요즘의 상례 제도는 실로 이전에는 없었던 변례(變禮)입니다. 해당 관청에서 의주(儀註)[263]를 마련하였는데, 설령 완전히 합당함에 이르지는 못하더라도 요컨대 정(情)과 예(禮)를 참작하여 지나침이 없게 하고자 해야 할 뿐입니다. 어찌 털끝만큼이라도 소홀히 여긴 뜻이 있어서야 되겠습니까. 지금 삼가 비망기를 보니, 임금 보기를 마치 어린아이 보듯 한다는 말이 있었습니다. 더없이 중요한 상례에 속이고 소홀히 하여 이런 전교가 이르고 또 추고(推考)[264]의 명을 내리시니, 신들은 서로 모여 놀라고 두려워하며 성상의 전교가 이에 이를 줄은 생각지도 못하였습니다. 임금의 말이 한번 나와 원근에까지 전파되면, 이목이 미치는 바는 관계되는 바가 작지 않습니다. 신들은 왕명을 출납하는 승정원의 지위에 대죄(待罪)[265]했으므로 타당하지 못함을 이기지 못하겠습니다. 황공히 여기며 감히 아룁니다.

263 의주(儀註) : 의식의 절차, 의식에 참여할 인원과 복장, 의식에 필요한 물품의 마련 등을 상세히 정리한 것이다.

264 추고(推考) : 죄과 있는 관원을 신문하여 그 죄상을 고찰하는 것으로, 관원에 대한 일종의 징계 조치이다.

265 대죄(待罪) : 원뜻은 죄인이 저지른 죄에 대하여 처벌을 기다린다는 것이지만, 일반적으로 관리가 그 관직에 있는 것을 겸손하게 일컫는 말이다.

백관들이 어가를 따르지 말라는 명을 철회해 달라고 요청하는 장계

請寢百官勿爲隨駕之命啓

삼가 전날 내려 주신 비망기를 보니, 발인하고 반혼(返魂)할 때의 주상 행차에 백관들이 와서 일에 참석하지 말라고 전교하셨습니다. 신들은 서로 돌아보며 두렵고 미혹되어 형용할 바를 알지 못하겠습니다. 이미 해당 관청에 내리신 비답을 보았는데 또 어가를 따르지 말라고 전교하시니, 신들은 반복하여 생각해 봄에 지극히 편치 못한 마음을 이기지 못하겠습니다. 평상시에도 임금이 행차할 때 대소백관(大小百官)이 어가를 따라가지 않음이 없습니다. 더욱이 이 망극한 상을 당하여 영원히 이별하는 날에 주상부터 교외에서 울며 전송하는 행차를 함이 있는데, 신하 된 자들이 어찌 감히 어가를 따라가지 않고 장례에 참여하러 가지 않을 도리가 있겠습니까. 정의(情義)를 헤아려 보건대, 결코 마땅하지 않습니다. 삼가 바라건대, 내리신 명을 다시 철회하여 뭇사람들의 마음을 편안케 해 주십시오.

전교하기를, "알았다. 나는 백관들을 수고로이 움직이게 하고 싶지 않은 것인데, 경들이 이와 같이 아뢰니 마땅히 따르겠다."라고 하였다.

서계 書啓

연경에 조회하러 갔을 때의 별단 서계[266]
朝京時別單書啓

신이 삼가 생각건대, 수은(搜銀)[267]의 일을 이미 암행어사로 파견되어 강가에서 조사한 적이 있었고,[268] 또 서장관(書狀官) 겸 대간(兼臺諫)에 차출되어 살펴보았습니다. 대개 조종(祖宗)이 법을 세운 뜻이 매우 엄격하고 또 중대하기 때문에 이와 같이 하지 않을 수 없습니다. 그러나 일은 시대에 따라 변하고 법은 그에 따라 느슨해졌으니, 인정(人情)과 사세(事勢)를 돌아보지 않고 이미 느슨해진 법을 진작시키고자 하는 것 같은 경우는 신처럼 어둡고 못난 사람이 할 수 있는 바가 아닙니다. 눈으로 그 폐단을 보는

266 연경에……서계 : 1608년(선조41) 8월, 최현이 동지사(冬至使) 서장관(書狀官)으로 중국에 다녀와서 지은 것이다. 별단 서계는 임금에게 올리는 글에 덧붙이는 문서나 명부를 말한다.

267 수은(搜銀) : 사행(使行)이 오갈 적에 필요 이상의 은이 실려 있는지 여부를 조사·수색하는 일을 말한다.

268 암행어사로……있었고 : 1610년(광해군2) 5월, 평안도 암행어사로 나아가 압록강과 대동강 가에서 사신 행렬의 은을 조사한 것을 말한다.

데 이르러서는 침묵하여 말하지 못하여 신하가 임금을 섬김에 숨김없이 아뢰는 도를 어김이 있었으니, 또한 신의 마음이 편한 바가 아닙니다.

대개 은(銀)을 금지하는 영(令)은 사형 죄에 비견되는데, 지금 통사(通事 통역관) 무리들이 몰래 품고 사사로이 지닌 것은 진실로 논할 겨를이 없습니다. 사신 일행이 공공연히 싣고 가는 물건으로 제사(諸司 여러 관청)가 무역하려거나 반전(盤纏 노자(路資))으로 받은 베 같은 것이 거의 5천 필에 이릅니다. 베 5천 필을 백 바리〔駄〕에 가득 싣고 가더라도 중원에서는 쓸모가 없으니, 팔기 쉬운 가벼운 보화인 은(銀)을 버려두고 저 쓸모없고 운반하기 어려운 물건인 베를 누가 기꺼이 가져가려 하겠습니까. 이것으로 유추해 보면 나머지를 알 수 있습니다. 신이 강을 건너 중국으로 들어간 뒤에도 짐을 수색하여 나라에서 금하는 것을 경계하고자 하지 않은 것은 아닙니다. 삼가 들으니, "요동(遼東)에서 연경에 이르기까지 요구가 끝이 없어 들어가는 비용이 적지 않은데, 무릇 사정을 말할 때에 은이 아니면 통하지 않고, 수레에 지급하는 돈도 은이 아니면 받아 주지 않습니다. 심지어 물과 불, 음식 같은 것도 또한 반드시 은에 의지해야 사용할 수 있습니다. 그렇지 않으면 일마다 곤란을 겪어 앉아서 시간을 허비하게 되어 연경으로 가는 기한이 늦추어져 우리나라로 돌아올 기약도 없게 됩니다. 크게는 나라에 일이 생기고, 작게는 근심과 해가 자신에게 닥칩니다. 만약 은의 통행을 일체 가혹하게 금지한다면, 중원에는 결코 갈 수 없고, 사신의 일도 결코 완수할 수 없습니다."라고 하였습니다.

신은 그래도 감히 다 믿지 못하였으나, 제 자신이 두루 눈으로 확인함에 이른 뒤에야 거짓이 아님을 알았습니다. 이런 까닭으로 알면서도 모르는 척, 보고서도 보지 못한 척하여 끝내 전하를 속이는 결과를 면치 못하였습니다. 그러니 나라에서 금지하는 것을 도둑질한 죄가 어찌 다만 통역관 무리들만 해당하는 것이겠습니까. 싣고 가던 토산물은 모두 요동 골짜기에 묻었고, 이곳을 지난 뒤에는 베를 가지고 생활을 이어 갈 수 없었으니, 신이 먹는 것 또한 나라에서 금한 물건에 의지하지 않을 수 없었습니다. 신이 이미 규찰(糾察)하는 직임을 받았으나 다만 규찰할 수 없었을 뿐만 아니라 또 그들을 따르고 의지하여 음식을 먹었으니, 삼가 바라건대, 신에게 직임을 받들지 못한 죄를 주신 뒤에 속히 뒷일을 잘할 계책을 강구하시어 뒷날 저를 잇는 신하가 신의 죄를 답습하여 상하가 서로 속이는 폐단이 있게 하지 마십시오. 신의 경우는 말할 것도 없고, 백여 년 뒤에 어사가 되고 서장관이 되는 자로 법을 지킴에 흔들리지 않을 선비가 어찌 드물겠습니까. 또한 적발하였으나 법으로 다스렸다는 말을 듣지 못했으니, 다 사사로운 정을 따른 것이 아니라 형편상 어쩔 수 없는 바가 있습니다.

대개 중국에서 사용하는 것은 은전(銀錢)인데, 우리나라에서는 금지하는 바이고 부족한 바입니다. 우리나라에서 사용하는 바는 베인데, 중국에서는 천하게 여기는 바이고 버리는 바입니다. 지금 만 리 먼 중국으로 사람을 보내면서 그들이 사용하는 은을 금지하고 그들이 버리는 베를 주어서 정의(情意)가 통하지 않아 온갖 일이 조화롭게 해결되기 어렵게 한다면, 이치에 어긋나고 인정에 어긋나는 것이 아니겠습니까. 인정으로 금할 수 없는 것은 성인도 금하지 않았으니, 이해하기 어려운 한어(漢語)를 익히고 외워 앞다투어 만 리 먼 연경으로 달려가는 저 통역관 무리들이 어찌 나라를 위해 충성을 바치는 마음에서 나온 것이겠습니까. 게다가 지금의 형편은 또 지난날과 같지 않아 나라에 큰일이 있으면, 반드시 명나라 조정에 달려가 하소연해야 합니다.

사개(使价 사자(使者))들이 연이어 갈 때 저들의 요구가 이전의 배가 되니, 외복(外服 외번(外藩))의 사람이 중원에 들어갈 때 출입 동정이 자유롭지 못하면, 반드시 은과 인삼 등의 물건으로 선용(先容 사전(事前)에 먼저 허용하는 일)하게 해야 합니다. 아래로 문리(門吏)에서부터 위로 관원에 이르기까지 뇌물을 주는 것이 다반사이니, 그들의 환심을 얻은 뒤라야 정이 비로소 통하여 일을 잘 이룰 수 있습니다. 더구나 공가(公家 국가)에서 사들이는 소황(焇黃), 궁각(弓角), 능단(綾段), 약재(藥材) 같은 물품은 이미 베로써는 무역할 수 없으니, 그렇다면 그 형편상 은을 사용하지 않을 수 없습니다. 이미 국가에서 금지할 수 없으면서 이에 개인에게 그만두게 하고자 한다면, 또한 어렵지 않겠습니까.

이런 까닭으로 금지하는 법을 세움이 더욱 엄격할수록 법을 어기는 것이 더욱 심합니다. 비록 이 한 가지 행위에 견주어 다 주살하더라도 끝내 그 도둑질하는 폐단을 끊을 수 없습니다. 이것이 이전에 임금의 명을 받든 신하가 애매하게 덮어 주어 지금에 이르지 않을 수 없었던 까닭입니다. 다만 어사가 된 사람만 감히 드러내지 못할 뿐 아니라 조정에서도 또한 어찌 은을 조사한다는 것이 허문(虛文 실상이 없는 법제(法制))이 됨을 알지 못하였겠습니까. 대개 이미 허문임을 알면서도 억지로 명령하는 것은 신하를 임금을 속이는 죄에 빠트리는 것입니다. 금하기 어렵다는 것을 고려하여 감히 드러내지 않는 것, 이는 임금을 속이는 죄에 스스로 편안한 것입니다. 임금을 속이는 것이 풍조가 되어 상하가 서로 친압하게 되면, 금지하는 법을 세운 해로움이 금지하지 않는 것이 나음만 못합니다. 혹자는 나라에서 은을 금하는 것은 그 의도가 별도로 있다고 생각합니다. 지금 만약 법으로 금한 것을 느슨하게 하여 나라 안에 통용되게 한다면, 법을 세운 뜻에 어긋남이 있지 않겠습니까.

무릇 시대는 고금의 차이가 있고, 형세는 완급의 다름이 있습니다. 상란(喪亂 환란)을 겪은 뒤로 명나라에 요청하는 일이 어느 해도 없은 적이 없어 형편상 뇌물을 주지 않을 수 없는 데 이르렀으니, 이미 뇌물을 주었다면, 진실로 꺼릴 것이 없습니다. 예를 들면, 부모와 자식이 함께 사는 집에 사사로이 종의 무리를 두는 것을 금하여 아침저녁으로 사용하는 물건인데도 말하기를 꺼리며, 혹 부모에게 알려지게 될까를 두려워하는 것과 같으니, 어찌 이런 이치가 있겠습니까.

지금 진실로 은을 금하고자 한다면, 반드시 시방(市坊 시장과 가게)의 사이에 절대 사고팔지 못하게 하고 명나라에 요청할 때도 절대 뇌물을 주지 말고, 서로 무역하는 물건도 절대 들여보내지 말고 은으로 바꾼다는 영(令)을 절대 백성들에게 내리지 마십시오. 그런 뒤라야 금지하는 법이 시행될 수 있을 것입니다. 이처럼 일이 많은 때를 당하여 과연 일체의 모든 법을 준용할 수 있겠습니까. 만약 그렇게 할 수 없다면, 빨리 시행하여 변통으로 삼는 것이 낫습니다. 신의 어리석은 생각으로는 이미 금할 수 없다면, 은괴와 돈〔錢〕을 주조하여 군국(軍國)의 비용에 보충하고 도리(道里)의 경비로 지급하는 것이 낫습니다.

무릇 사람이 사는 곳은 취자(取資 생활에 필요한 물자를 취함)의 이로움이 없는 곳이 없으니, 바닷가에 사는 사람은 바다에서 물자를 취하고, 산에 사는 사람은 산에서 물자를 취합니다. 형초(荊楚) 지역의 쇠와 주석, 오월(吳越) 지역의 소금과 철은 땅의 이로움으로 인하여 물자가 풍부하지 않음이 없습니다. 그러므로 "사용하고 버려두는 땅이 있다면 백성의 삶을 두텁게 하는 도가 아니다."라고 하겠습니다. 우리나라는 산과 계곡 사이에 나라가 있어 땅은 척박하고 백성들은 가난하지만, 은혈(銀穴)이 매우 많으니 취하여 나라의 물자로 삼을 것은 은을 주조하는 것이 아니겠습니까. 어찌하여 하늘은 보화에 대해 인색하지 않은데 사람이 스스로 인색하게 하며, 땅은 보배를 감추지 않는데 사람이 스스로 감추어서 천하의 보화가 나라 안에 유통되지 못하여 근심스레 항상 부족하게 여기는 근심이 있단 말입니까.

또 돈〔錢〕이란 것은 역대 제왕들이 만들어 천하에 사용한 것입니다. 무술(戊戌) 연간에 양 경리 호(楊經理鎬)[269]가 우리나라의

269 양 경리 호(楊經理鎬) : 양호(楊鎬)로, 호는 창서(滄嶼)이고, 하남(河南) 귀덕부(歸德府) 상구현(商丘縣) 사람이다. 1597년(선조30) 정유재란 때 경략조선군무사(經略朝鮮軍務使)가 되어 군사를 거느리고 우리나라로 들어와 울산에서 벌어진 도산성(島山城) 전투에 참여하였다가 크게 패하였다. 중국으로 돌아간 뒤에 1619년(광해군11)에 청나라가 명나라를 침략하자 다시 기용되어 요동(遼東) 등을 경략하였으나, 청나라에 패해 처형당하였다.

양식이 부족함과 군량 운송의 괴로움을 보고 매양 돈을 사용하지 않는 것을 애석하게 여겼습니다. 지금 진실로 은괴와 돈을 주조한다면, 국가의 경제를 넉넉히 하고 군사의 중흥을 계속하며 상록(賞祿)을 하사할 수 있을 것입니다. 연경으로 가는 사신 행차도 또한 그 날짜를 헤아려 그 가는 길에 쓸 비용을 지급한다면, 번거롭게 운송하지 않더라도 쓰는 데 부족함이 없을 것입니다.

요동 지역 군마의 폐단 또한 덜 수 있을 것입니다. 관서 지역은 나라의 서쪽 문으로, 사개(使价)가 경유하여 가는 곳이고 오랑캐들이 엿보는 곳입니다. 지난날 전란을 겪은 뒤로 유랑하는 자들이 모이지 못하고 수고하는 자들이 쉬지 못합니다. 인삼을 공물로 거두는 가렴주구와 공억(供億 사신에게 주는 선물)으로 인한 동요는 끝이 없으며 군마의 폐단은 자못 이보다 심함이 있습니다. 한번 사신의 행차가 일어나면 군마 수백 필이 국경을 넘어, 한데서 생활하기를 걸핏하면 달포를 넘기니 길에서 병들어 쓰러져 죽는 것이 끊이지 않습니다. 이른바 말이란 것은 군졸이 모두 스스로 마련할 수 있는 것이 아닙니다. 강가에 사는 사람들은 그 말을 고립(雇立 돈을 받고 공역(公役)을 대신 치름)하고 군졸들에게 돈을 거두는데, 군졸들이 사는 곳의 거리에 따라 말값의 다소를 결정합니다. 만약 혹 병들어 쓰러져 죽으면 그 말의 품질보다 배나 보상해야 하니, 군졸들은 이 때문에 더욱 곤궁해집니다.

남편은 농사짓고 아내는 길쌈해도 부족하고, 밭을 팔고 집을 팔아도 넉넉하지 못합니다. 울부짖으며 빚을 내어 겨우 한 번의 사신 행차를 견디고 나서 일어나 국경을 바라보면, 사신 행차가 또 이릅니다. 이처럼 의지할 터전을 잃음이 지극함에 이르러 일찌

감치 몸을 숨기지 못한 것을 스스로 후회하니, 그들이 황지(潢池)의 도둑[270]이 되지 않은 것만으로도 매우 다행입니다. 더구나 그들이 편안히 생활하며 생업을 되찾아 나라를 위해 힘을 다하기를 바람에 있어서야 말할 것이 있겠습니까.

신은 생각건대, 사신을 호송하는 일은 그만둘 수 없으나, 재화를 운송하는 폐단은 어찌 바꿀 계책이 없겠습니까. 지금 사신 행차에서 수량을 변경할 수 없는 것은 방물(方物)[271]을 실은 수레와 원역(員役)[272]과 짐 싣는 말〔騎卜〕 80여 필입니다. 이 밖에 또 30여 명이 반 년 동안 먹을 양식을 운송해야 하고, 또 이른바 '제사무역(諸司貿易)'이란 것이 있습니다. 가는 곳마다 중국의 요구에 응하는 경비와 토산품처럼 짐이 무거운 물건은 그 수량이 배나 됩니다. 만약 돈으로 헤아려 보면, 백 바리〔馱〕의 짐도 수십 바리

270 황지(潢池)의 도둑 : 원문은 '황지지소취(潢池之嘯聚)'로, 핍박과 생활고에 시달리다 못해 일으킨 농민들의 반란을 말한다. 황지는 물이 고여 이루어진 조그마한 못을 말하는데, 한 선제(漢宣帝) 때에 발해(渤海)에서 농민의 반란이 일어나 황제가 걱정을 하자, 공수(龔遂)가 "백성들이 배고픔과 추위에 고통을 받고 있는데도 관원들이 제대로 보살펴 주지 않기 때문에, 폐하의 적자들이 황지 사이에서 폐하의 무기를 몰래 훔쳐 들고서 한번 장난을 쳐 본 것일 뿐입니다.〔其民困於飢寒而吏不恤, 故使陛下赤子盜弄陛下之兵於潢池中耳.〕"라고 한 데서 유래하였다. 《漢書 循吏傳 龔遂》 소취(嘯聚)는 도적들이 밤에 휘파람으로 신호하여 패거리를 불러 모으는 것을 말한다.

271 방물(方物) : 그 지방에서 생산되는 토산물이다. 《서경(書經)》 〈여오(旅獒)〉에 "원근을 막론하고 전부 방물을 바쳤다."라고 하였는데, 채침(蔡沈)의 집전(集傳)에 "방물은 본지에서 생산되는 물건이다."라고 하였다.

272 원역(員役) : '원(員)'은 관원, '역(役)'은 실무를 맡은 서리 등을 말하는 것으로, 사신과 하졸(下卒)을 제외한 그 사이의 모든 수행원(隨行員)을 가리킨다.

로 줄일 수 있으며, 은으로 헤아려 보면 한 바리로 줄일 수 있습니다. 그런데 수레가 넘어지고 말이 엎어지며 백성들의 힘을 부질없이 허비하면서 수천 리 먼 외국으로 운송하는 것은 계책 중에서도 졸렬한 것이 아니겠습니까.

또 의주(義州)로 하여금 요양(遼陽)에서 지공(支供 음식을 대접함)을 책임지고 순삭(旬朔 열흘이나 한 달쯤) 동안 머무른 뒤에 돌아오게 합니다. 이처럼 한 고을의 힘을 앉아서 사신들에게 바치게 하니, 또한 너무 피폐합니다. 거기에 이어서 짐을 지고 싣고 국경을 넘어 천 리까지 양식을 운송하니, 이 또한 어찌 계속할 만한 방도이겠습니까. 지금 만약 돈으로 노자(路資)를 넉넉하게 지급하여 강을 건너 중국으로 들어간 뒤에는 스스로 음식을 마련하게 하고, 가는 곳마다의 경비와 제사무역 또한 은으로 헤아려 지급하십시오. 방물과 기복(騎卜) 외에 이른바 건량(乾糧)과 토산품 같은 물건은 일체 엄격히 금지하여 싣고 가는 것을 허락하지 마십시오. 평안도의 병마절도사에게 병사를 대략 점검하고 장수를 정하여 호송하게 한다면, 의주에는 사신을 맞이하고 전송하는 폐단이 없고, 군마는 다시 소생할 길이 있을 것입니다.

또 원역(員役)을 줄이는 것이 폐단을 제거하는 가장 중요한 요체가 됩니다. 원역을 한번 선발함에 많게는 30여 명에 이르니, 10여 명은 하는 일 없이 경비만 낭비합니다. 정사(正使)와 부사(副使) 외에 서장관 또한 맡은 일 없이 노자[盤纏]만 허비합니다. 중국에서 사신을 파견하거나 외방의 오랑캐가 조공을 들일 때, 정사와 부사만 파송하여 모두 서장관이란 이름이 없으니, 걸러 내어 관서 지방 군마의 폐단을 줄이는 것만 못합니다. 신은 직무를 받든 것이 역량과 걸맞지 않아 엎드려 벌 받기를 기다리기에도 겨를이 없으면서, 일에 따라 들은 것을 기록하는 것 외에 어리석고 망녕된 저의 견해를 진술하였습니다. 스스로 모람(冒濫 함부로 법을 어김)함을 알겠으니, 황송하여 몸둘 바를 모르겠습니다. 감히 아룁니다.

장계 狀啓

정묘호란 당시에 영서 수령 선발을 청하는 장계
정묘년(1627, 인조5) 강원도 감사 시절
胡變時請擇嶺西守令狀 丁卯江原監司時

신민(臣民)이 직임을 다하지 못하여 거듭 종묘사직이 파월(播越 도성(都城)을 떠나 피난함)하고 군부(君父)가 몽진(蒙塵)함을 보았으니, 가슴을 어루만지고 길이 통곡하며 죽을 곳을 찾아도 장소가 없었습니다. 변란이 발생하고 10여 년이 지나는 동안 외적들이 엿보는 바이며 우리나라가 의지하는 바는 오직 관서 지역에 달렸습니다. 그러나 견고한 성(城)과 거대한 진(鎭)으로 일찍이 울타리의 경계가 없었기에 외적이 이르는 곳마다 크게 패하여 병사들이 머무르거나 가지 못하니, 열흘 사이에 이미 적들이 평양에 이르렀습니다. 삼가 생각건대, 취화(翠華)[273]가 서쪽 의주로 몽진할 때 어찌 기꺼이 "나에게 신하가 있다."라고 말할 수 있었겠습니까. 생각이 이에 이르니 신자(臣子)의 죄는 만 번 죽은들 무엇을 애

273 취화(翠華) : 제왕의 의장(儀仗) 가운데 물총새의 깃털로 장식한 깃발이나 수레의 덮개를 이르는데, 어가(御駕)나 제왕의 대칭으로 사용된다.

석히 여기겠습니까.

신은 병든 몸을 이끌고 신음하면서 국경 사이의 한데서 생활하며 날마다 서울의 소식을 바랐습니다. 그러나 승정원의 기별서리(奇別書吏)[274]들이 모두 이미 흩어져 달아나 조보(朝報)를 볼 수가 없었습니다. 오늘 아침에서야 비로소 피난 온 사람을 통해 대가(大駕)가 26일에 강화도로 옮겨 행차하였음을 삼가 알았습니다만 확실히 알 수는 없으니, 더욱 지극히 답답한 마음을 이길 수 없습니다.

강원도까지는 도로가 험하고 멀며 호령(號令)이 편치 않아 병사를 모아 양식을 운송하는 것이 걸핏하면 기회를 놓쳤습니다. 신이 바야흐로 남은 병졸 수백 명을 거느리고 한강을 방어하느라 강원도의 일에 대해서는 책응(策應)[275]할 겨를이 없습니다. 이처럼 어수선한 날을 당하여 병사를 거느릴 사람이 없어서는 안 되는데, 오직 평해 군수(平海郡守) 박정기(朴廷琦)[276] 외에는 모두 무신이 아닙니다. 영서(嶺西 대관령 서쪽)는 적을 방어하는 데 가장 긴요한 곳인데도 무장(武將)이 한 사람도 없으니, 청컨대 해당 관청에 명하여 나이가 젊으면서도 방략(方略)이 있는 무장을 신중

274 기별서리(奇別書吏) : 조선 시대에 승정원에서 반포하는 기별(奇別)을 쓰던 사람이다. 기별(奇別)은 승정원에서 처리한 일을 기록해서 아침마다 널리 알리던 일, 또는 그것을 기록한 종이를 말한다.

275 책응(策應) : 군사 용어로, 전후 혹은 좌우에서 두 군대가 호응해 작전(作戰)하는 것을 말한다.

276 박정기(朴廷琦) : 자세하지 않다. 다만 《승정원일기》 1625년(인조3) 7월 3일 조에, 박정기를 평해 군수(平海郡守)로 제수한 기록이 있다.

히 선택하여 영서 수령(嶺西守令)으로 차출하고 조방장(助防將)의 호칭을 겸대(兼帶 겸직)하게 하십시오. 평해 군수 박정기 또한 겸직하여 병사를 거느리고 외적을 막는 직임을 맡긴다면 실로 편의에도 합당할 것입니다.

군병을 접응할 방책을 거듭 아뢰는 장계

申稟接應軍兵之策狀

상략(上略)

도체찰사(都體察使)의 전령(傳令) 가운데, "영서(嶺西) 각관(各官)의 군병들은 부원수(副元帥)의 진하(陣下)에 이미 도착했으나, 영동(嶺東)의 군병들은 아직까지 오지 않았으며, 함경 남병사(咸鏡南兵使)가 거느리는 군병 5천여 명은 이미 안변(安邊)에 도착하여 귀도(貴道)의 병사들과 함께 모여 부원수가 거느리는 군병과 서로 연합하여 진격할 계획을 약속하고 급히 직접 데리고 있던 군병을 거느리고 와서 철원(鐵原)에서 모일 것을 전령(傳令)한다."라고 하였습니다.

본도(本道)는 재물을 탕진하여 형편없는 지역으로 또 흉년을 만났기에 바야흐로 구휼할 방법을 찾는 가운데 갑자기 큰 변란을 만났습니다. 백성들의 고통과 양식이 없음을 헤아릴 겨를도 없이 한편으로는 군사를 조련하고 한편으로는 군량을 조달하였습니다. 원군(元軍) 이외에 남정(男丁 열다섯 살 이상의 장정이 된 남자)을 더 뽑아 수천 명 남짓에 이르렀습니다. 원군의 양식 이외에 더 긁어모을 수 있는 곡식은 거의 5, 6백 섬에 이르렀습니다. 그러나 한강(漢江)을 수비하는 군병은 1천6백여 명이며 장사(將士) 출신의 잡색군(雜色軍 정병(正兵)을 제외한 여러 직종의 임무를 맡아보던 군인) 상하(上下) 인원 또한 거의 5, 6백 명이기에 하루에 제공하는 것이 쌀과 콩 4, 5백 섬을 쓸 지경입니다.

영서(嶺西)의 경우, 공사(公私)가 모두 벌거벗은 형편이라 마른 나무에 물이 날 수 없습니다. 영동(嶺東)의 경우, 비록 조금의 군량은 있으나 운송하기 어려움이 하늘에 오르는 것보다 심함이 있으니, 답답하고 근심스러움이 바야흐로 지극합니다. 그러나 도체찰사(都體察使)의 전령이 또 이와 같으니, 한 지역에서 군량을 운송하는 것은 또한 넉넉하지 않으며, 두 지역에서 힘을 나누더라도 결코 버틸 수 있는 형편이 아닙니다. 오늘날 중요한 곳은 한강(漢江)에 있는 것이 아니라 오로지 서로(西路)의 병사를 접응(接應)하는 데 달렸으니, 군량을 수송하는 것은 형편상 그만둘 수 없습니다.

남병사(南兵使)가 거느린 병사 5천여 명도 조만간에 장차 철원에 도착할 것인데, 선문(先文 출발하기 전 먼저 도착 일자를 알리는 글)이 이미 왔으니, 신 또한 마땅히 체부신(體府臣)[277]의 분부에 의거하여 즉시 병사를 거느리고 달려가 서쪽 변방에서 전력을 다하여 접응의 방책으로 삼겠습니다. 그러나 이미 한강을 수비하라는 명이 있었으니 감히 체부의 전령 때문에 쉽사리 곧장 떠날 수가 없습니다. 감히 이와 같이 거듭 아뢰니, 빨리 묘당에 명하여 피차간의 완급·경중의 형편과 두 지역이 접응함에 감당하기 어려운 상황을 심사숙고하여 좋은 방법을 따라 지도편달해 주십시오.

하략(下略)

277 체부신(體府臣) : 체찰사(體察使)를 말한다. 체부는 체찰사가 군무(軍務)를 보는 관아이다. 체찰사는 나라에 난리가 났을 때 임금의 명령을 받아 그 지방에 가서 군무를 총찰(總察)하던 임시 벼슬이다.

강렬을 정으로 참작하여 처리해 달라고 청원하는 장계
請原情勘處姜烈狀

상략

도체찰사 장만(張晩)[278]은 전령을 통해, "지금 도착한 비변사에서 계하(啓下)[279]를 받아 내린 관문(關文 동급 또는 하급 관청에 보내는 공문서) 가운데, '본도(本道)의 장계(狀啓)는 비변사의 계사(啓辭 논죄(論罪)에 관하여 임금에게 올리는 글) 중 〈평강 군사(平康軍士) 강렬(姜烈)이 신계(新溪)로부터 도망쳐 와서 부원수 이하가 모두 포로로 잡혔다는 말을 하니, 터무니없는 말을 하여 사람들의 마음을 동요케 한 죄는 평범하게 전쟁에 패하여 흩어진 무리에 비할 바가 아니다.〉라는 것에 의거하였다.'라고 하고 본도의 감사로 하여금 몰래 체포하여 가둔 뒤에 첩보(牒報 상부에 서면으로 보고하는 것)할 것을 전령한다."라고 하였습니다.

당초에 신이 장계한 뜻은 실로 매우 놀란 마음에서 나온 것이었으나, 그 자세한 내용을 물어보니 강렬도 흩어져 달아난 병졸이

278 장만(張晩) : 1566~1629. 본관은 인동(仁同), 자는 호고(好古), 호는 낙서(洛西)이다. 1619년(광해군11)에 관서(關西) 도체찰부사(道體察副使)가 되었다. 1624년(인조2) 이괄(李适)이 반란을 일으키자 각지의 관군과 의병을 모집하여 이를 진압하였다. 이 전공(戰功)으로 진무 공신(振武功臣) 1등에 책록되고 보국숭록대부(輔國崇祿大夫)에 올라 옥성부원군(玉城府院君)에 봉해졌다.

279 계하(啓下) : 임금에게 재가(裁可)를 받음을 이른다. 상주(上奏)한 안건을 임금이 재가하게 되면 '계(啓)' 자 인(印)을 찍어서 해당 부서에 내렸으므로 이렇게 말한다.

었습니다. 그가 달아날 때, 여러 장수들이 모두 그 전쟁터 가운데 있었기 때문에 본 바에 따라 그 관리에게 와서 보고한 것에 불과합니다. 일진(一陣)이 함락당했다는 말은 헛된 말인 듯하지만 이 말을 원인으로 하여 장계에 추급하였습니다. 대개 그 당시는 적이 이른 것도 맞고, 달아나 흩어진 것도 맞습니다. 적이 살육하지 않고 다만 말만 취한 것은 마침 이미 화친을 맺었기 때문입니다. 강렬이 어찌 그 적들의 사정을 미리 헤아릴 수 있었겠습니까. 여러 장수들이 함락당했다는 말도 강렬뿐만 아니라 평강(平康) 지역에서 지난날 달아났던 병졸들이 한결같은 목소리로 하는 말이었습니다. 체부(體府) 이하 여러 곳의 장관(將官)과 정탐하는 사람들 또한 마찬가지였습니다. 장계 가운데서는 오직 강렬의 이름만 들어 이와 같은 데 이르렀습니다. 그 정황을 근원하여 살펴보건대, 결코 일부러 터무니없는 말을 하여 사람들의 마음을 동요케 할 계획이 아니었습니다.

지금 만약 군율(軍律)로 처단한다면, 억울한 일에 해당할 듯합니다. 그러므로 위에서 말한 것과 같은 연유를 도체찰사 장만에게 보고하니, 회답하는 내용 가운데 강렬의 일은 흩어져 달아난 죄는 있으나 대중을 미혹한 실정은 없었으므로 보고한 바가 맞다고 하였습니다. 장계를 낱낱이 올리니, 시행할 일을 회답해 주십시오. 일단 위 항목의 강렬은 지금 감옥에 가두었으니, 해당 관리에게 심사숙고하여 처리하게 하십시오.

하략

용골산성[280]에 군수품을 보내 원조한 뒤에 거듭 아뢰는 장계

送助軍需龍骨山城後申聞狀

신령(神靈)이 묵묵히 도와 온 나라 신민(臣民)들이 삼가 군부(君父)께서 옛 도읍으로 어가를 돌려 오시는 것을 보니, 기쁘고 다행함이 지극합니다. 삼가 또 들으니, 평안도 의병장 정봉수(鄭鳳壽)가 결사대 4천여 명을 앞장서 이끌고 홀로 용골산성을 지키며 나라를 배신하고 적에게 붙은 자인 장사준(張士俊)을 죽였으며,[281]

280 용골산성(龍骨山城) : 평안도 철산(鐵山) 소재의 산성 이름이다. 1627년(인조 5) 정묘호란 때에 의병장 정봉수(鄭鳳壽, 1572~1645)가 흩어진 병사를 수습하여 용골산성에서 후금(後金)의 군사 반수 이상을 죽이고 포로가 된 백성 수천 명을 구한 일이 있다. 《仁祖實錄 5年 5月 14日》《承政院日記 英祖 2年 10月 4日》 정봉수의 본관은 하동(河東), 자는 상수(祥叟), 시호는 양무(襄武)이다. 1592년(선조25) 무과에 급제하고 임진왜란 때는 선전관으로서 왕을 호종하여 부장(部將)이 되었다. 정묘호란 때, 의병장으로 용골산성에서 공을 세워 철산 부사로 특진하였다. 이후 전라좌도 수군절도사·경상도·전라도의 병마절도사를 거쳐 중추부 동지사로 부총관·훈련원도정(都正)을 겸임하였다.

281 정봉수(鄭鳳壽)가……죽였으며 : 《조선왕조실록》〈인조실록〉 인조 5년 정묘(4월 5일)에 용골산성(龍骨山城)의 의병장 정봉수(鄭鳳壽)가 치계하기를, "미곶 첨사(彌串僉使) 장사준(張士俊)은 부사(府使) 이희건(李希建)이 돌아오지 않자 스스로 머리를 깎고 달적(㺚賊)의 장수 왕자(王子)에게 투항하여 아내를 인질로 맡기고 용천 부사(龍川府使)가 되기를 청하였고, 용천 부사가 되어서는 스스로 관곡(官穀)을 내어 오랑캐를 호궤(犒饋)하는 술을 빚고 백성들의 소를 겁탈하여 오랑캐를 호궤하는 반찬을 만들었으며, 백성 중에 머리를 깎지 않은 자가 있으면 협박하여 머리를 깎게 하되 순종하지 않으면 죽였습니다. 신이 지난달 27일 산성(山城)으로 들어와서

고립된 의병군으로 여러 차례 적의 칼날을 꺾었다고 합니다.

변란이 발생한 이후 여러 군진들이 바람에 쏠리듯 쓰러져, 활을 당기고 적의 칼날에 맞서 북쪽 오랑캐를 향해 죽음으로 대적하는 이가 한 사람이라도 있다는 말을 듣지 못했는데, 의를 위해 떨쳐 일어나 적을 물리친 공이 이 사람에게서 나왔으니, 바로 하늘이 재앙 일으킨 것을 후회하여 사직을 위하여 이성(李晟)[282]을 낳아 준 것입니다. 이 같은 사람이 있다면 나라를 흥기하여 회복할 것을 기약할 수 있습니다. 신이 비록 병들어 신음하고 있는 중이지만 저도 모르게 뛸 듯이 일어나 앉으니, 감격과 기쁨의 눈물이 흘렀습니다.

다만 생각건대, 외로운 용골산성은 원조도 없고, 양식과 병기도 갖추어지지 않았으니, 혹 오랑캐 병사가 크게 침입하여 원한을 갚는 근심이 있을 것입니다. 본도가 매우 피폐함을 헤아리지 않고,

용천(龍川)・의주(義州)・철산(鐵山) 세 고을 사람들을 불러 타일렀더니 무리들이 점차 모여들어 거의 4천 명에 이르렀습니다. 그 뒤 장사준이 신에게 글을 보내어 항복하라고 협박하였으나 신이 회답도 않자 이튿날 사준이 와서 협박하기를 '만약 항복하지 않으면 너에게 화가 미칠 뿐만 아니라 백성들의 화 또한 예측할 수 없다.'라고 하였습니다. 그리고 그는 진달(眞㺚) 수백을 몰래 끌고 와서 성 밖 7리 지점에 숨겨 두었는데, 신이 드디어 사준과 공모자 수십 명을 죽이니 성중의 남녀들이 기뻐하지 않는 이가 없었습니다." 하였다.

282 이성(李晟) : 당 덕종(唐德宗) 때의 장군으로, 자는 양기(良器), 시호는 충무(忠武)이다. 당시에 주자(朱泚)가 요영언(姚令言)의 난군(亂軍)과 합세하여 반란을 일으켜, 국호를 대진(大秦)이라 일컬으면서 수도를 장악하였는데, 서쪽으로 쫓겨 갔던 덕종이 이성을 시켜 정벌하게 하여 수도를 수복하고 사직을 보전하였다. 《舊唐書 李晟列傳》

겨우 마련한 목면(木綿) 1동(同), 흑각궁(黑角弓) 20장(張), 장전(長箭) 30부(部), 편전(片箭) 30부(部), 통아(桶兒)[283] 10개(箇), 화약(火藥) 50근(斤), 연환(鉛丸) 500개(箇), 그리고 신이 가지고 있던 개인 전마(戰馬) 1필, 별도로 정한 군관(軍官)을 곧바로 산성으로 보내 군수품을 돕고자 합니다. 조정의 명령 없이 다른 도로 월송(越送 순서를 밟지 않고 바로 상급 관아로 보내는 것)하는 것은 번신(藩臣)이 각자 봉강(封疆)을 지키는 체례(體例)를 어기는 듯하여 지극히 황공합니다.

하략

283 통아(桶兒) : 짤막한 화살을 쏠 때에 살을 담아서 활의 시위에 메어 쏘는 가느다란 나무통을 말한다.

인재집

제6권

강의 講義

강의 講義

서연강의
書筵講義

무신년(1608, 선조41) 4월 5일 신유(辛酉) 사시(巳時)의 주강(晝講)에 보덕(輔德 서연관(書筵官)의 종3품 벼슬) 이경전(李慶全)[284]과 설서(說書)인 나 최현(崔晛)[285]이 입시(入侍)하여 〈효경서문(孝經序文)〉의 '공문지학(孔門之學)'부터 '효경지조야(孝經之祖也)'[286]까

284 이경전(李慶全) : 1567~1644. 본관은 한산(韓山), 자는 중집(仲集), 호는 석루(石樓)이다. 1590년(선조23) 문과에 급제하였다. 1608년 정인홍 등과 함께 영창대군(永昌大君) 옹립을 꾀하는 소북(小北)의 유영경(柳永慶)을 탄핵하다 강계(江界)에 안치되었다. 같은 해 광해군이 즉위하자 풀려나 충청도와 전라도의 관찰사를 지내고, 1618년(광해군10) 좌참찬에 올랐다. 1623년 인조반정이 일어나자 서인(西人)들에게 아첨하여 생명을 보전하고, 주청사(奏請使)로 명나라에 가서 인조의 책봉을 요청했다. 저술로 《석루유고(石樓遺稿)》가 있다.

285 설서(說書)인 나 최현(崔晛) : 설서는 임금 곁에서 경서를 강설(講說)하는 것을 전담하던 관직명으로, 최현은 1608년 3월, 설서가 되었다.

286 효경서문(孝經序文)의……효경지조야 : 송(宋)나라의 학자인 웅화(熊禾)가 1305년에 쓴 〈효경대의서(孝經大義序)〉의 "공자의 학문은 증씨만이 그 종(宗)을 얻었다. 증씨의 글에는 두 가지가 있으니 《대학》과 《효경》이다. 경전의 장구도 비슷하

지 강하였다.

이경전이 두 번 읽고, 저하(邸下)께서도 두 번 읽으셨다. 옥소리같이 아름다워 마치 금석의 악기를 연주하는 듯하여, 나도 모르게 공경히 마음으로 탄복하였다.

경전이 인하여 아뢰기를, "효(孝)라는 것은 온갖 행실의 근본이니, 요·순·우·탕(堯舜禹湯), 문·무·주공(文武周公) 같은 성인의 덕을 가진 분들도 모두 효로 말미암아 근본을 삼았습니다. 천자·제후(天子諸侯), 공·경·대부(公卿大夫)로부터 아래로 서인(庶人)에 이르기까지 또한 모두 효로 근본을 삼았습니다. 작게는 한 집안의 형제와 처자에서 크게는 한 나라와 천하에 이르기까지 효로써 미루어 가지 않음이 없으니, 이것이 효가 위대하게 되는 까닭입니다."라고 하고, 또 아뢰기를, "무릇 책은 익숙히 읽는 것이 더욱 좋으니, 익숙히 읽으면 자연스럽게 외우게 됩니다. 삼가 생각건대 많이 외우면 외울수록 더욱 좋습니다."라고 하였다.

내가 아뢰기를, "저하의 타고난 자질이 고명(高明)하시니, 아래 신하들이 자세하고 번거롭게 말씀드릴 필요도 없이 반드시 이미 아실 것입니다. 다만 의리는 무궁하니, 생각함이 깊고 강구함이 정밀하여야 의리가 비로소 드러납니다. 바라건대, 더욱 묻고 따지

디. 학문은 《대학》을 근본으로 하고 행실은 《효경》을 우선으로 한다. 이는 황제에서 서민에 이르기까지 다 한가지다. 《요전(堯傳)》 한 편은 《대학》과 《효경》의 뿌리다.〔孔門之學, 惟曾氏得其宗. 曾氏之書有二, 曰大學曰孝經. 經傳章句頗亦相似. 學以大學爲本, 行以孝經爲先. 自天子至庶人一也. 堯傳一篇, 大學孝經之祖也.〕"라는 내용을 말한다.

며 반복하고 강구하여 밝히십시오."라고 하였다.

13일 사시(巳時)의 주강(晝講)에 〈효경서문(孝經序文)〉의 '당현종개원칙의(唐玄宗開元敕議)'부터 '일지어차(一至於此)'[287]까지 강하였다.

이필영(李必榮)[288]이 문장의 뜻을 한 번 풀이하고, 인하여 말하기를, "현종은 당나라 군주이니, 현종의 잘못이 많습니다. 그 가운데 큰 것을 들어 말하자면, 그 아들 수왕(壽王)을 위해 비(妃)를 맞아 준 것이 10년이 되었는데, 현종이 빼앗아 궁인으로 들였으니, 이른바 양 귀비(楊貴妃)입니다.[289] 하루아침에 세 아들을 죽

287 효경서문(孝經序文)의……일지어차(一至於此) : "당 현종의 개원(開元 : 713~741) 칙의(敕議)는 뜻이 아름다웠으나 사마정(司馬貞)이 천루한 학식으로 〈규문(閨門)〉 한 장을 아울러 없앴기 때문에 마침내 현종의 무례무도한 화를 불러왔다. 그 어제 서문에는, 예를 외식의 바탕으로 삼고 인의가 후에 점차 가지게 된다고 여기는 데까지 이르렀다. 이른바 마음의 효를 인한다는 것이 과연 어디서 인하고 또 어디서 싹튼다는 것인가? 학문이 강론되지 않고 덕을 닦지 않음이 마침내 이에 이르렀다.〔唐玄宗開元敕議意非不美, 而司馬貞淺學陋識, 幷以閨門一章去之, 卒啓玄宗無禮無度之禍. 而其所製序文至以禮爲外飾之所資, 仁義爲後來之漸有. 不知所謂因心之孝者, 果何所因 而又何自而萌乎? 學之不講德之不脩, 一至於此.〕"라고 한 단락을 말한다.

288 이필영(李必榮) : 본관은 광주(廣州), 자는 이빈(而賓), 호는 만회(晩悔)이다. 1597년(선조30) 문과에 급제하여, 벼슬이 경기도 관찰사, 예조 참판에 이르렀다.

289 수왕(壽王)을……양 귀비(楊貴妃)입니다 : 수왕(壽王)은 당 현종(玄宗)의 열여덟째 아들로 이름은 모(瑁)이다. 양 귀비(719~755)는 17세 때, 수왕의 비(妃)가 되었다가, 현종의 눈에 들어 현종의 후궁이 되었으며 27세 때 정식으로 귀비가 되었다. 현종의 총애를 받아 황후나 다름없는 대우를 받았고, 양국충(楊國忠) 등 친척들

이고,[290] 궁 안에서 호추(胡雛)를 길러 규문(閨門)을 어지럽게 하였습니다.[291] 이것은 사마정(司馬貞)이 〈규문(閨門)〉 장을 없앴기 때문에[292] 현종의 무례무도한 화를 불러온 것입니다. 외가(外家 유

도 고위 관직에 대거 발탁되어 권세를 누렸다. 755년 안녹산의 난 때 현종과 함께 피난하던 중, 분노한 호위병들이 양국충을 살해하고 현종에게 양 귀비의 목숨을 내놓으라고 요구하자 자살하였다.

290 하루아침에……죽이고 : 현종의 총애를 받던 혜비(惠妃)가 수왕(壽王)을 낳자 현종이 태자를 폐하려고 하였다. 얼마 후 수왕을 자주 칭찬하여 혜비의 환심을 사서 정권을 전횡하던 이임보(李林甫)는, 태자와 두 왕자에게 사람을 보내 궁중에 역적이 들었으니 무장하고 들어올 것을 청하였는데 태자가 시키는 대로 하였다. 이에 혜비가 "태자와 두 왕자가 모반을 일으키려고 무장하고 왔습니다."라고 고하자 현종이 이임보와 상의하고는 태자 영(瑛)과 악왕(鄂王) 요(瑤), 광왕(光王) 거(琚)를 폐하여 서인(庶人)으로 삼았다. 이 소식을 들은 사람들이 '세 명의 서인〔三庶〕'이라 하며 원통해하였는데, 아첨하는 자들은 "오작이 대리시의 옥창(獄窓)에 둥지를 트니 천하에 거의 형옥이 쓰이지 않게 되었습니다.〔有烏鵲巢於大理獄戶, 天下幾致刑措.〕"라고 하였다. 이러한 혜비의 끊임없는 참소로 현종은 결국 세 왕자를 한꺼번에 사사하고 말았다. 《舊唐書 李林甫列傳, 玄宗諸子傳》

291 궁……하였습니다 : 호추(胡雛)는 되놈이란 뜻으로, 여기서는 당 현종 때 역모(逆謀)를 감행했던 호인(胡人) 안녹산(安祿山)을 가리킨다. 양 귀비(楊貴妃)에게도 총애를 받아 그의 양자가 되겠다고 청하여 현종의 윤허까지 얻었다. 양 귀비가 그를 양자로 삼은 뒤에는 궁중에 마음대로 출입하여 양귀비와 간통하였다. 《新唐書 安祿山列傳》 심지어 송(宋) 유부(劉斧)의 《청쇄고의(青瑣高議)》 〈여산기(驪山記)〉에 따르면, 양 귀비가 술에 취해 옷이 흘러내려 젖가슴이 조금 드러나자 현종이 가슴을 만지며, "부드럽고 붉은 것은 새로 나온 닭의 벼슬이로다.〔軟紅新剝鷄頭肉〕" 하니, 곁에 있던 안녹산이 답하기를, "미끄럽고 부드럽기는 북방의 다락과 같구나.〔滑膩凝如塞上酥〕" 하였다 한다.

292 사마정(司馬貞)이……때문에 : 사마정(司馬貞)은 당(唐)나라 때의 학자로, 자는 자정(子正)이고, 하내(河內) 사람이다. 저서로 《사기색은(史記索隱)》 30권이 있다. 《효경》은 《금문효경》과 《고문효경》이 있는데, 당나라 개원(開元) 7년에 당 현

학 이외의 제가)의 설은 도덕을 귀하게 여기고, 인의를 도덕보다 낮추어 아래에 둔 것이라고 여기는데, 이는 잘못입니다. '마음의 효를 인한다.〔因心之孝〕'는 것은 효란 본래 사람의 마음을 인하여 나오는 것이지 외부에서 이르는 것이 아닙니다. 만약 사람의 마음을 인하지 않는다면, 어디에서 인하여 또 어디에서 싹트겠습니까."라고 하였다.

내가 아뢰기를, "효는 오로지 어버이 섬기는 것을 가리키지만 규문을 아울러 말한 것은 규문이 바르게 된 뒤라야 한 집안의 도가 바르게 되기 때문입니다. 만약 부부와 형제의 도가 바르지 않으면, 효라고 말할 수 없을 것입니다. 이는 규문을 바르게 하는 것이 효의 큰 요체가 되는 까닭입니다. 사마정은 〈규문〉 장이 《효경》에서 크게 중요한 곳임을 알지 못했으니, 학문이 얕다고 하는 까닭입니다. 예(禮)라는 것은 위엄 있는 거동과 규범에 맞는 태도가 밖으로 드러나는 것일 뿐만 아니라 바로 인의예지가 천성(天性)에 근본한 것이니, 곧 천리의 절문(節文)입니다. 사마정은 다만 위엄 있는 거동이 밖으로 드러나는 것만 예라고 생각하고,

종이 유학자들을 불러 《효경》의 진위 여부를 질정하게 했다. 이때 우서자(右庶子)였던 유지기(劉知幾)는 《고문효경》을 정통으로 보고 12개의 조항을 들어 《금문효경》이 가짜라고 주장하였고, 국자좨주(國子祭酒)였던 사마정(司馬貞)은 《금문효경》의 입장에서 〈규문(閨門)〉 장의 문구가 졸렬하고 〈서인(庶人)〉 장에 '자왈(子曰)' 두 글자가 잘못 추가된 것 등을 근거로 《고문효경》을 공박했다. 그 뒤 당 현종이 《금문효경》을 기준으로 주를 붙이면서 《고문효경》은 마침내 폐지되었다. 당 현종은 개원 10년에 주(注)를 완성하고 원행충(元行冲)에게 소(疏)를 짓게 하여 국자학에 반포하였는데, 이것이 《어주효경(御注孝經)》이다.

천성에 근본하여 절문에 드러나는 것이 예가 됨을 알지 못하고 이에 예를 외식의 바탕으로 생각하였으니, 이는 예를 알지 못하는 것입니다."라고 하였다.

필영이 말하기를, "사양지심(辭讓之心)은 예의 단서이니, 예는 바로 천성에서 나온 것입니다."라고 하였다.

내가 그 설을 마무리하며 말하기를, "인의(仁義)라는 것은 인성(人性)이 본래 가지고 있는 것입니다. 이단의 설은 '도덕은 곧 자연스러움에서 나왔으나 인의는 인성을 거스르는 것이니, 바로 도덕의 수준이 낮아져 인의가 된다.'라는 설입니다. 대개 인(仁)이 아니면 어버이를 인정하지 않으며, 의(義)가 아니면 임금을 인정하지 않으니, 인의의 성(性)은 태어남과 더불어 타고나기에 사람이라면 모두 가지고 있는 것임을 매우 모르는 것입니다. 그러니 '후에 점차 가지게 된다.〔後來之漸有〕'라고 여긴 것은 또한 잘못이 아니겠습니까. 이는 우리 유학의 도와 이단이 분별되는 점이니, 변별하지 않으면 안 됩니다."라고 하였다.

필영이 말하기를, "인(仁)은 사람의 마음입니다. 인으로 말미암아 의(義)가 되고 예(禮)가 되고 지(智)가 되고 신(信)이 되니, 이 인은 의, 예, 지, 신을 포함하고 있습니다."라고 하였다.

내가 말하기를, "효는 인(仁)에 근본하고, 인은 마음에 근본하니, 이른바 '해제의 어린아이도 자기 부모를 사랑할 줄 모르는 이는 없다.'[293]라는 것에서 효가 마음을 인하여 나오는 것임을 알 수 있습

293 해제의……없다 : 《맹자(孟子)》 〈진심 상(盡心上)〉에 "해제의 어린아이도 자기 부모를 사랑할 줄 모르는 이는 없다.〔孩提之童, 無不知愛其親也.〕"라고 하였는데,

니다. 이단이 이른 바 '예는 외식(外飾)이 되고 인의는 후에 점점 가지게 된다.'와 같다면 효는 마음에서 인하지 않는 것입니다. 싹튼다는 것은 마음에서 싹트는 것이니, 만약 마음에서 인하지 않는다면, 효가 어디에서 싹트겠습니까. 이는 학문을 강론하지 않고 덕을 닦지 않아서 폐단이 이와 같게 되었습니다."라고 하였다.

20일 《효경》의 '중니한거(仲尼閑居)'부터 주석의 '연거지시야(燕居之時也)'까지[294] 주강을 하다.

정홍익(鄭弘翼)[295]이 '증자는 공자의 제자이다.'라는 주석의 내용

이에 대해 주희는 "해제는 두세 살 정도 되는, 웃을 줄 알고 손을 잡아 주고 안아 줄 만한 아이이다.〔孩提, 二三歲之間, 知孩笑可提抱者也.〕"라고 하였다.

294 중니한거(仲尼閑居)부터 주석의 연거지시야(燕居之時也)까지 : 《효경》 〈개종명의장(開宗明義章)〉 제1의 첫 단락인 "중니〔공자(孔子)〕께서 한가로이 계실 때 증자가 모시고 앉았더니, 공자께서 말하기를, '삼아! 선왕들은 지극(至極)한 덕(德)과 중요(重要)한 도(道)가 있어 천하 사람들의 마음을 따르니, 백성들이 화목하여 상하(上下) 간에 원망이 없었느니라. 너는 이것을 아느냐?'라고 하였다.〔仲尼閒居, 曾子侍坐. 子曰 : '參, 先王有至德要道, 以順天下, 民用和睦, 上下無怨, 女知之乎?'〕"라는 내용과 그에 대한 주석 가운데 "중니는 공자의 자(字)이니, 이름은 구(丘)이다. 증자는 공자의 제자이니 이름은 삼이고 자(字)는 자여(子輿)이다. 자(子)라 칭한 것은 높인 것이다. 이 글은 증자의 문인이 기록한 것이다. 공자(孔子)는 자(字)로 부르고 증자는 이름으로 부른 것은 사제의 도리이다. 한거(閒居)는 한가로이 있을 때이다.〔仲尼, 孔子字, 名, 丘. 曾子, 孔子弟子, 名, 參, 字, 子輿. 稱子者, 尊之也. 此書, 曾子門人所記也. 孔子稱字, 曾子稱名, 師弟子之義也. 閒居, 燕居之時也.〕"까지를 말한다.

295 정홍익(鄭弘翼) : 1571~1626. 본관은 동래(東萊), 자는 익지(翼之), 호는 휴옹(休翁)·휴헌(休軒), 시호는 충정(忠貞)이다. 벼슬은 동부승지·부제학 등을 역임했다. 성혼(成渾)을 탄핵하는 정인홍(鄭仁弘)을 공격하다가 좌천되고, 폐모론(廢母論)을 반대하다 유배되기도 했다.

으로 인하여 대답하여 말하기를, "증자는 공자 문하의 제자로, 도통(道統)을 전해 받은 사람입니다. 증자는 자질이 노둔하였으나 공부가 독실하였기에 끝내 도통을 전수받을 수 있었습니다. 더구나 저하께서는 자질이 영명(英明)하시니 증자가 독실하게 공부한 것처럼 하신다면 그 성취가 어찌 평범하겠습니까."라고 하였다.

내가 말하기를, "자질이 비록 노둔하더라도 독실하게 공부한다면 성현의 경지에 이를 수 있으나, 자질이 비록 영명하더라도 성실하게 공부하지 않는다면 성현의 경지에 이르기 어려우니, 자질의 영명함과 노둔함에 달린 것이 아니라 다만 공부하는 것이 성실한지 성실하지 못한지에 달렸습니다."라고 하였다.

홍익이 말하기를, "하늘이 사람에게 양성(良性)을 부여한 것은 예나 지금이나 차이가 없습니다. 그러니 요순우탕(堯舜禹湯)의 성품이 지금 사람의 성품과 어찌 다르겠습니까. 옛사람들의 글을 읽고 옛사람들의 선한 행실을 생각하여 익숙히 읽고 깊이 생각하기를 오래도록 한다면, 점점 깨달아 아는 것이 있을 것입니다."라고 하였다.

내가 말하기를, "무릇 배운 것은 다만 문자를 이해할 뿐만 아니라 반드시 체득하여 실천하고자 해야 합니다. 다만 문자를 찾아보기만 하고 실제로 행하지 않는다면, 배움이라 말할 수 없습니다."라고 하였다.

주강이 끝날 때가 되자 내가 대답하여 말하기를, "선날 이미 말씀드렸다시피 무릇 글을 읽을 때는 의리가 정미하니 반드시 묻고 따지며 강론하고 궁구하여야 비로소 알지 못한 것을 더욱 알 수 있게 됩니다. 전에 수업받은 내용에 의심할 만한 곳이 있다면 삼가 바라건대 하문하십시오."라고 하였다.

홍익이 대답하여 말하기를, "동궁과 신료들 사이는 집안의 부자와 같아 반드시 친밀해야 하니, 모든 일에 하문하시는 것이 좋을 듯합니다."라고 하였다.

22일 《효경》 대주(大註)의 '중니호증자지명(仲尼呼曾子之名)'부터 '소당지야(所當知也)'까지[296] 주강하다.

저하께서 먼저 전에 수업받은 내용을 암송하시기를 마치고 하문하여 말씀하시기를, "이른바 지덕(至德)·요도(要道)라는 것은 무엇을 가리키는가?"라고 하자, 이충양(李忠養)[297]이 대답하여 말하기를, "바로 효를 말합니다."라고 하였다. 또 하문하여 말씀하시

296 중니호증자지명(仲尼呼曾子之名)부터 소당지야(所當知也)까지 : 앞의 《효경》 주석 중 "중니가 증자의 이름을 부르며 말하기를, '옛날 성왕(聖王)들이 천하를 다스리는 방법에는 각기 지극한 덕(德)과 중요한 도(道)가 있어서 천하 사람들의 마음을 따라 다스렸기 때문에 천하의 백성들이 화합(和合)하고 친목(親睦)하여 상하(上下) 간에 모두 원망하는 이가 없었다. 너는 그 도리를 아느냐?'라고 하였다. 대개 천하의 원망(怨望)은 매양 불화(不和)에서 생기고, 불화의 근심은 항상 불순(不順)에서 일어나는데, 지금 백성들로 하여금 화순(和順)하고 원망(怨望)이 없게 할 수 있는 하나의 도리가 있다면 진실로 학자들이 마땅히 알아야 할 것이다.〔仲尼呼曾子之名而語之以古先聖王之所以治天下, 自有極至之德切要之道, 以順其心. 故天下之民, 以此和協而親睦, 上下擧無所怨, 汝其知之否乎? 蓋天下之怨, 每生於不和, 不和之患, 常起於不順, 今有一箇道理能使之和順而無怨, 誠學者所當知也.〕"라는 내용을 말한다.

297 이충양(李忠養) : 1564~?. 본관은 전주(全州), 자는 효숙(孝叔), 호는 후계(後溪)이며 효령대군(孝寧大君) 보(補)의 8대손이다. 1596년(선조29) 정시 문과에 을과로 급제하고, 관직은 세자시강원 문학, 통례원 좌통례(通禮院左通禮) 등을 거쳐, 형조 참의에 이르렀다.

기를, "두 가지 모두 효를 말하는 것인가."라고 하자, 충양이 대답하여 말하기를, "모두 효를 말하는 것입니다."라고 하였다.

내가 말하기를, "덕(德) 자와 도(道) 자의 뜻을 몰라서는 안 됩니다. 덕(德)이라는 것은 바로 하늘이 부여한 바로, 사람이 마음에 얻은 것이며, 도(道)라는 것은 이 덕으로 말미암아 일상 생활의 일과 행동 사이에 드러나는 것이니, 마땅히 걸어가야 할 길과 같습니다. 덕이 있은 뒤라야 이 도가 있으니, 이 두 가지는 사실상 한 가지 사물입니다. 그러므로 지덕(至德) 요도(要道)라 하는 것입니다."라고 하였다.

새 수업에 대한 강론이 끝나고 내가 '일개도리능사천하화순이무원(一箇道理能使天下和順而無怨)'으로 인하여 말하기를, "배움은 의리를 찾고 깊이 생각하는 것을 귀하게 여기니, 생각하면 터득하게 됩니다. 지금 효는 바로 한 집안의 일인데, 어떻게 천하 백성들로 하여금 화순(和順)하고 원망(怨望)이 없게 할 수 있겠습니까? 이 점을 마땅히 익숙히 생각해야 할 것입니다."라고 하였다.

23일 《효경》 대주(大註)의 '인이불발(引而不發)'부터 '붕우지교야(朋友之交也)'까지[298] 주강하다.

298 인이불발(引而不發)부터 붕우지교야(朋友之交也)까지 : 주에, "인이불발(引而不發)하신 것은 그 일을 중(重)하게 여겨 즉시 말씀해 주고자 하지 않으신 것이다. 덕(德)은 사람이 하늘에서 얻은 이치로, 마음속에 갖추어져 있는 것이니 인(仁)·의(義)·예(禮)·지(智)·신(信)이 이것이다. 이 다섯 가지를 모두 덕(德)이라 이르지만, 여기에서는 다만 덕(德)의 지극한 것만을 들었고, 도(道)는 사물의 당연한 이치가 모두 이것이니, 그 큰 항목으로 말하면 부자(父子)·군신(君臣)·부부

강론이 끝나자 민덕남(閔德男)[299]이 말하기를, "인이불발(引而不發)은 활 쏘는 사람이 활시위를 끝까지 당겼으나 화살을 쏘지 않은 것과 같습니다. 부자(夫子)께서 장차 효를 말씀하시고자 하면서도 갑작스럽게 말씀하시지 않은 것은 증자로 하여금 경계하고 살펴서 자세히 듣게 하고자 하신 것입니다."라고 하였다.

내가 말하기를, "학문을 함은 다만 입으로 외우는 것에 그칠 뿐만이 아니니, 중점은 심성(心省) 공부에 달렸습니다. 부자께서 증자에게 심성(心省)하게 하고 갑자기 말씀하지는 않았습니다."라고 하였다. 덕남이 말하기를, "사람의 마음은 하늘에서 받은 것이니, 사람이 천지 음양의 기를 받아 인의예지가 됩니다."라고 하였다.

내가 말하기를, "사람이 하늘에서 받아 인의예지가 되는 것은 기(氣)가 아니고 바로 이(理)입니다. 음양의 기는 하늘이 사물에게 부여하여 형체를 이루게 하는 것이며, 인의예지는 그것을 받아 성(性)이 되는 것입니다. 기로써 형체를 이루지만 이(理) 또한 부여됩니다. 하늘에 있어서는 원형이정(元亨利貞)이 되고 사람에 있어서는 인의예지가 되는 것이 이른바 성(性)이며, 하늘에서 받아

(夫婦)・곤제(昆弟)・붕우(朋友)의 사귐이다.〔引而不發, 重其事而未欲遽言之也. 德者, 人心所得於天之理, 仁義禮智信, 是也. 此五者, 皆謂之德, 而此獨擧其德之至; 道者, 事物當然之理皆是, 而其大目則父子也君臣也夫婦也昆弟也朋友之交也.〕"라는 내용을 말한다.

299 민덕남(閔德男) : 1564~1659. 본관은 여흥(驪興), 자(字)는 윤부(潤夫), 호는 지애(芝厓), 시호는 장정(莊貞)이다. 민형남(閔馨男)으로 개명하였다. 1600년(선조33) 별시(別試) 병과(丙科)에 입격하였고 찬성(贊成), 이조 좌랑(吏曹佐郞)을 역임하였다.

몸에 갖추어지는 것이 이른바 덕(德)이니, 성과 덕은 한가지 사물입니다. 도라는 것은 본래 덕인데 일상생활에 드러난 것을 말하는 것입니다. 이 덕이 없으면 도가 될 수 없으니, 또한 한가지 물건입니다. 사물의 당연한 이치는 모든 일과 모든 물건에 소당연(所當然)의 법칙과 소이연(所以然)의 까닭이 각각 있지 않음이 없습니다. 사물은 형체가 있으나 이치는 형체가 없습니다. 형체가 없는 이치가 형체가 있는 사물의 가운데 있으니, 이른바 '사물이 있으면 법칙이 있다.'[300]라는 것이 이것입니다. 예를 들면, 이 서책이 네모나면서 깨끗한 것은 책의 형체이며, 옛것을 고찰하여 도를 실은 것은 책의 이치이니, 이것이 바로 이치가 형체에 깃든 것입니다. 이것을 오륜에 미루어 보면, 부자(父子), 군신(君臣), 부부(夫婦), 장유(長幼), 붕우(朋友)는 사물이며, '친함이 있음〔有親〕', '의가 있음〔有義〕', '분별이 있음〔有別〕', '차례가 있음〔有序〕', '믿음이 있음〔有信〕'은 이치입니다. 이 이치를 실천하는 것을 도라고 합니다. 이것을 미루어 보면, 모든 일과 모든 물건이 다 그렇지 않음이 없으니, 마땅히 살펴 생각해 봐야 할 것입니다."라고 하였다.

24일 《효경》 대주의 '차오자(此五者)'부터 '이비유소강불위지야(而非有所强拂爲之也)'까지[301] 주강하다.

300 사물이……있다 : 《시경》 〈증민(蒸民)〉에 나오는 말로, "'하늘이 여러 백성을 내시니, 사물이 있으면 법칙이 있다. 사람들이 마음에 떳떳한 본성을 가지고 있는지라, 이 아름다운 덕을 좋아한다.〔天生蒸民, 有物有則. 民之秉彝, 好是懿德.〕"라고 하였다.

민덕남(閔德男)이 뜻풀이를 마침에, 내가 말하기를, "이른바 '따라 행하다.〔率而行之〕'의 '솔(率)' 자는 그 다섯 가지 성품이 자신에게 있기 때문에 이 성품을 따라 실천하는 것입니다. '천하 사람을 따르게 하다.〔順天下〕'의 '순(順)' 자는, 사람들은 또한 이 다섯 가지 성품을 가지고 있기 때문에 이 성품을 따라 가르치는 것입니다. 성품은 하늘의 법칙에서 부여받은 것을 덕이라 말하고, 일과 행위에 드러난 것을 도라고 말합니다. 따라 가르치는 것 또한 도라고 말합니다. 신이 전날 아뢴 '효가 한 집안에 행해지면 천하가 화순하여 원망하는 사람이 없다는 것을 생각하지 않으면 안 된다.'라는 것은 바로 자신에게도 이 성품이 있고 남들에게도 이 성품이 있기 때문입니다. 자신의 성품을 좇아 남의 성품을 따르게 하는 까닭으로 천하 사람들에게 미루어 감에 화순하여 원망함이 없는 것입니다."라고 하였다.

301 차오자(此五者)부터 이비유소강불위지야(而非有所强拂爲之也)까지 : 주에, "이 다섯 가지는 바로 인(仁)·의(義)·예(禮)·지(智)의 성품을 따라 행해서 천하(天下)의 달도(達道)가 된 것이니, 모두 도(道)라 이르지만 여기에서는 다만 도(道)의 중요한 것만을 들었다. 도(道)와 덕(德)은 하나의 이치이니 모든 행위(行爲)에 드러난 것을 도(道)라 하고, 도(道)를 행하여 그 의미(意味)를 스스로 깨달은 것에 근본한 것을 덕(德)이라 한다. 덕(德)의 지극한 것이 바로 도(道)의 중요한 것이 된다. 순(順)은 인심(人心)과 천리(天理)의 고유(固有)한 도리를 따르는 데 불과하고, 억지로 (고유한 성품(性稟)을) 거슬러 가며 하는 것이 아니다.〔此五者, 卽仁義禮智之性, 率而行之, 以爲天下之達道者也, 皆謂之道, 而此獨擧其道之要. 道也德也, 一理也, 見於通行者, 謂之道; 本於自得者, 謂之德. 德之至, 卽所以爲道之要. 順者, 不過因人心天理所固有, 而非有所强拂爲之也.〕"라는 내용을 말한다.

25일 《효경》 대의(大義)의 '증자피석왈(曾子避席曰)'부터 '사양이대(辭讓而對)'까지[302] 주강하다.

이필영(李必榮)이 지의(旨義) 진술하기를 마침에, 내가 말하기를, "이는 바로 공자와 증자가 묻고 답하며 가르치고 배운 말입니다. 지금 비록 책을 마주하고 있으나, 마땅히 스승과 제자가 묻고 답하는 말을 그 당시에 직접 본 것과 같아야 아마 유익함이 있을 것입니다."라고 하였다.

필영이 말하기를, "전날 수업한 글이 익숙하지 않은 듯하니, 반드시 익숙히 읽으십시오. 일반 백성들 가운데 장구(章句)를 익히는 선비도 정밀하고 익숙해지기를 기다린 뒤라야 비로소 통하게 됩니다. 더구나 제왕의 학문이야 말할 것이 있겠습니까. 다만 장구를 읽고 외우는 데 그칠 뿐만이 아닙니다. 원컨대 더욱 정밀하게 생각하고 익숙히 읽으십시오."라고 하였다. 또 말하기를, "강론할 때, 아랫사람이 아뢰는 것은 윗사람이 질문한 것에 대해 대답하는 것과는 차이가 있습니다. 신들이 어리석은 학문과 얕은 식견으로 비록 하문하신 것에 대해 우러러 대답하지 못하는 것이 있

302 증자피석왈(曾子避席曰)부터 사양이대(辭讓而對)까지 : 경1장의 "증자가 피석(避席)하여 말하기를, '제가 불민(不敏)하니 어찌 그것을 알 수 있겠습니까.'〔曾子避席曰 參不敏, 何足以知之?〕"라고 한 내용과 그 주석에 "예(禮)에 스승의 물음이 계시면 피석(避席)하고 일어나서 대답하는 것이다. 증자는 공자께서 그 덕(德)을 들어 지극(至極)한 덕(德)이라 하고, 그 도(道)를 들어 중요(重要)한 도(道)라고 하시는 것을 듣고는 그 일이 중대(重大)하기 때문에 피석(避席)하고 일어나 사양하고서 대답하였다.〔禮, 師有問, 避席起對. 曾子見孔子擧其德而曰至德, 擧其道而曰要道, 其事重大. 故避席而起, 辭讓而對.〕"라고 한 데까지를 말한다.

을 수 있으나, 만약 미진한 곳이 있어 다시 하문하신다면 아마 알고 있는 바를 다 진술할 수 있을 것입니다."라고 하였다.

5월 12일 《효경》의 '공자기언효자(孔子旣言孝者)'부터 '지소경의(知所敬矣)'까지[303] 주강하다.

박건(朴楗)[304]이 말하기를, "천자로부터 일반 백성에 이르기까지 그 효됨은 동일합니다만 많은 백성과 넓은 사해(四海)는 그 미치

303 공자기언효자(孔子旣言孝者)부터 지소경의(知所敬矣)까지 : 《효경》〈천자장(天子章)〉의 "어버이를 사랑하는 자는 감히 남을 미워하지 않고, 어버이를 공경하는 자는 감히 남에게 함부로 하지 않는다. 어버이를 섬기면서 사랑과 공경을 극진히 하면, 덕교(德敎)가 백성에게 더해져서 사해(四海)에 본보기가 될 것이니, 이는 천자의 효이다.〔愛親者不敢惡於人, 敬親者不敢慢於人. 愛敬盡於事親, 而德敎加於百姓, 刑于四海, 此天子之孝也.〕"라고 말한 것의 주석 가운데, "공자가 이미 '효는 덕의 근본이고, 교가 말미암아 생기는 바이다.'라고 하고, 이에 먼저 천자의 효를 말하였다. 천자라는 것은 또 덕교가 말미암아 나오는 바이다. 천자가 되어서 어버이를 사랑하는 자는 반드시 남에 대해서도 사랑하지 않음이 없어 감히 남을 미워하는 바를 두지 않고, 어버이를 공경하는 자는 반드시 남에 대해서도 공경하지 않음이 없어 감히 남에게 함부로 하는 바를 두지 않는다. 나의 사랑이 이미 지극하다면, 남 또한 인에 흥기하여 사랑할 바를 알게 될 것이며, 나의 공경이 지극하면, 남 또한 예에 흥기하여 공경할 바를 알게 될 것이다.〔孔子旣言'孝者德之本, 敎之所由生.' 於是首言天子之孝. 天子者, 又德敎之所自出也. 爲天子而愛其親者, 必於人無不愛而不敢有所惡於人; 敬其親者, 必於人無不敬而不敢有所慢於人. 我之愛旣盡, 則人亦興於仁而知所愛矣; 我之敬旣盡, 則人亦興於禮而知所敬矣.〕"라고 한 데까지를 말한다.

304 박건(朴楗) : 1434~1509. 본관은 밀양(密陽), 자는 자계(子啓), 시호는 공간(恭簡)이다. 1473년(성종4)에 강원도 관찰사로 나갔다. 이후 중종반정에 동조하여 정국 공신(靖國功臣) 3등에 책록되고 의정부 좌찬성에 임명되었으며, 밀산부원군(密山府院君)에 봉하여졌다.

는 범위가 크기 때문에 천자의 효를 말했습니다. 어버이를 사랑하는 마음을 미루어 남을 사랑하는 데까지 옮겨 간다면, 남에 대해서도 사랑하지 않는 바가 없어 원망하거나 미워하는 바가 없을 것입니다. 이는 다만 자식이 어버이에 대해 마땅히 친애와 공경을 위주로 하여 친애와 공경을 미루어 가는 바가 널리 남에게까지 미쳐야 하지만, 소인 같은 경우에 이르러서는 또한 미워하지 않을 수 없음을 말했습니다. 《대학장구》에 '선하지 않은 자를 보고도 능히 물리치지 못하며, 물리치되 멀리하지 못함이 과실이다.'[305]라고 하였고, 또 말하기를 '오직 인자한 사람이라야 남을 좋아할 수 있으며 남을 미워할 수 있으니, 사방 오랑캐의 땅으로 내쫓아 중국에 함께 살지 못하게 한다.'[306]라고 하였습니다. 주석에 '선하지 않은 자를 미워하는 것은 선한 사람을 사랑하는 까닭이니, 다만 사랑할 줄만 알고 미워할 줄을 알지 못한다면, 또한 인자하다고 할 수 없다.'[307]라고 하였습니다."라고 하였다.

내가 그 말을 거듭하여 말하기를, "문학(文學 박건)이 아뢴 바는

305 선하지……과실이다 : 《대학장구》 전 10장에 "선하지 않은 자를 보고도 능히 물리치지 못하며, 물리치되 멀리하지 못함이 과실이다.〔見不善而不能退, 退而不能遠, 過也.〕"라고 하였다. '퇴(退)' 자가 저본에는 '거(去)' 자로 되어 있다.

306 오직……한다 : 《대학장구》 전 10장에 나오는 말을 조금 변형하였다. 원문에는 "오직 어진 사람이라야 이들을 추방하여 유배하되 사방 오랑캐 땅으로 내쫓아, 중국에 함께 살게 하지 않으니, 이를 일러 '오직 인자한 사람이라야 능히 남을 사랑하며 능히 남을 미워한다.'라고 하는 것이다.〔唯仁人, 放流之, 迸諸四夷, 不與同中國, 此謂唯仁人, 爲能愛人, 能惡人.〕"라고 하였다. '병(迸)' 자가 저본에는 '병(屛)' 자로 되어 있는데, 이는 주자(朱子)의 장구를 수용한 것이다.

307 선하지……없다 : 출처가 분명하지 않다.

이 글의 '남에 대해 사랑하지 않음이 없으나 감히 미워하는 바를 둘 수 없다.'라는 것으로 인하여 말하였습니다. 이 글은 다만 그 친한 이를 친하게 하고 백성에게 인자하게 하는 순서를 말했습니다. 다만 남을 사랑할 줄만 알고 선하지 않은 사람을 미워할 수 있다는 것을 알지 못한다면, 또한 정당하게 좋아하고 미워하는 것이 아닙니다. 보통의 사람은 좋아하고 미워함을 분명하게 하지 않으면, 끝내 의롭지 못한 데 빠져서 자기 한 사람에게만 해가 미치지만, 인군의 경우에 이르러서는 관계되는 것이 큽니다. 인군은 좋아하고 미워함이 한번 그 바름을 잃게 되면, 소인의 해가 끝내 현인을 방해하고 나라를 병들게 하는 데까지 이르러 재앙이 천하에까지 미치게 되니, 삼가지 않을 수 있겠습니까. 그러므로 사람에 대해 사랑하지 않는 바가 없으되 선하지 않은 사람은 마땅히 미워해야 하는 것입니다. 사랑과 미움의 사이는 관계되는 바가 매우 크기 때문에 반복하여 말씀드립니다."라고 하였다.

또 말하기를, "'천자의 효는 사랑과 공경의 실상을 극진히 하여 백성이 인(仁)과 예(禮)에 흥기한다.'라는 것은 애초에 백성이 인(仁)에 흥기하고 예(禮)에 흥기하기를 의도함이 있어 효를 하는 것은 아닙니다. 효라는 것은 자식으로서의 직분이니, 스스로 그 직분을 다한다면 자연스럽게 보고 감동하여 그 효과가 이와 같을 것입니다. 만약 남들이 보고 감동하여 흥기하게 하려는 데 의도가 있어서 효도를 한다면, 그 효도는 정성스럽지 못하여 끝내 남을 감동시킬 수 없습니다."라고 하였다.

경연강의 상 ○옥당[308] 시절

經筵講義 上 ○玉堂時

천계(天啓) 3년 계해년(1623, 인조1) 4월 22일 신사(辛巳)에 《논어》의 '자공왈빈이무첨(子貢曰貧而無諂)'[309]부터 '자왈불환인지불기지(子曰不患人之不己知)'[310]까지 조강(朝講)하다.

신 현(晛)이 진언하기를, "가난하면서도 아첨함이 없는 것은 어려우나, 부(富)하면서도 교만함이 없는 것은 쉽습니다. 군주는 천하의 부유함을 가지고 온 백성의 위에 있으니, 교만과 방일이 생기기 쉽습니다. 그렇다면 부(富)하면서도 교만함이 없는 것은 더욱 어렵습니다. 교만함은 영일(盈溢 부귀·권세가 극성(極盛)함)에서 생겨나니, 지영(持盈)[311]의 경계가 조금 느슨해지면, 절로 교만함

308 옥당(玉堂) : 홍문관의 부제학·직제학·전한·응교·부응교·교리·부교리·수찬·부수찬의 총칭으로, 최현은 1623년 3월, 반정이 일어난 뒤 수찬이 되었다.

309 자공왈빈이무첨(子貢曰貧而無諂) : 《논어》 〈학이(學而)〉 15장에 "자공(子貢)이 말하였다. '가난하면서도 아첨함이 없으며, 부(富)하면서도 교만함이 없는 것이 어떻습니까?〔子貢曰 : 貧而無諂, 富而無驕, 何如?〕' 공자(孔子)께서 답하셨다. '괜찮으나, 가난하면서도 즐거워하며, 부하면서도 예(禮)를 좋아하는 자만은 못하다.〔子曰 : 可也, 未若貧而樂, 富而好禮者也.〕'"라고 한 것을 가리킨다.

310 자왈불환인지불기지(子曰不患人之不己知) : 《논어》 〈학이(學而)〉의 마지막 장인 16장에, "공자(孔子)께서 '남이 자신을 알아주지 못함을 걱정하지 말고, 내가 남을 알지 못함을 걱정해야 한다.' 말씀하셨다.〔子曰 : 不患人之不己知, 患不知人也.〕"라고 한 것을 가리킨다.

311 지영(持盈) : 《도덕경(道德經)》 9장의 "손에 쥐고 가득 차서 흘러넘치게 하기

에 이르게 됩니다. 교만은 거만하게 된 뒤를 교만이라고 말하는 것이 아니라, 다만 거만한 뜻이 있기만 하면, 바로 교만입니다." 라고 하였다.

'환부지인(患不知人)'에 대하여

신 현이 말하기를, "시비(是非)와 사정(邪正)에 대해 누군들 분변하고자 하지 않겠습니까만 간사한 사람을 신임할까 항상 근심하십시오. 사특함을 바르게 여기고 바름을 사특하게 여기면, 이는 거울처럼 비어 있고 저울처럼 공평한〔鑑空衡平〕 명철함이 없어서 사사로운 뜻이 본원(本原 마음)을 가렸기 때문입니다. 반드시 격물치지의 공부를 하여 본원의 바탕으로 하여금 맑고 분명하여 허물이 없고 광명정대하여 사사로운 뜻에 가리는 바와 좋아하고 미워함에 의혹되는 바가 되지 않게 한 뒤라야 사람을 알아줄 수 있습니다."라고 하였다.

정경세(鄭經世)[312]가 이어서 반복하여 극진히 아뢰니, 주상께서 물으시기를, "자공은 성문(聖門)의 고제(高弟)인데, 오히려 재화를 불린 것은 무엇 때문인가?"라고 하셨다. 경세가 말하기를, "정자(程子)가 말하기를, '이는 자공이 젊은 시절에 한 일로, 성(性)과 천도(天道)를 들음에 이른 뒤에는 반드시 그렇게 하지 않았을 것이다.'[313]라고 하였습니다." 하였다.

보다는 아예 손에 쥐지 않는 것이 낫다.〔持而盈之, 不如其已.〕"라고 한 말에서 나온 것으로, 매사에 조심하면서 신중하게 대처하는 것을 말한다.

312 정경세(鄭經世) : 1563~1633. 본관은 진양(晉陽), 자는 경임(景任), 호는 우복(愚伏)이다. 유성룡(柳成龍)의 제자로, 1586년(선조19) 문과에 급제하였다. 인조반정 후 부제학·지제교가 되었다. 저술로 《우복집》 등이 있다.

민성징(閔聖徵)[314]이 말하기를, "그 당시의 습속(習俗)이 이와 같았으니, 자공 또한 습속에 따라간 것입니다."라고 하니, 주상께서 말씀하시기를, "습속이 비록 그렇다 하더라도 군자가 어찌 습속에 의해 따라간단 말인가."라고 하셨다.

신 현이 말하기를, "전국 시대의 습속은 공리(功利)에 의해 물들어져 부강을 좋게 여겼습니다. 자공은 재주가 있고 부강에 뜻이 있었기에 그 재주를 시험하고자 하여 싼 물건을 사서 귀하게 팔아 수고하지 않고도 성취하였고 남에게 해가 되지도 않았습니다. 이는 범려(范蠡)가 천금(千金)을 모은 일[315]과 같습니다. 그러나 이 또한 잔재주를 부린 바이고 습속에 따라간 것이니, 군자가 취하지 않는 바입니다. 그러므로 공자(孔子)께서 그르다고 여겼습니다. 그렇지 않다면 무엇 때문에 '천명을 받아들이지 않았다.'라고 말씀하셨겠습니까."라고 하였다.

313 이는……것이다 : 《논어》 〈선진(先進)〉에 공자는 자공을 두고 "사(賜)는 천명(天命)을 받아들이지 않고 재화를 불렸다. 그러나 억측하면 곧잘 들어맞았다.〔賜不受命, 而貨殖焉. 億則屢中〕" 하였다. 주희의 집주에 정자의 이 말이 인용되어 있는데, 글자의 차이가 있다.

314 민성징(閔聖徵) : 1582~1647. 본관은 여흥, 자는 사상(士尙), 호는 졸당(拙堂)·용졸(用拙)이다.

315 범려(范蠡)가……일 : 범려는 월나라 상국(相國)으로, 월왕(越王)을 도와 오(吳)를 격파한 뒤에 월나라를 떠나 제(齊)나라로 가서 성명을 치이자피(鴟夷子皮)로 바꾸고서 열심히 농사를 지어 부자가 되었다. 제왕(齊王)이 그를 승상으로 삼자, 범려는 승상인(丞相印)을 돌려주고 재물을 다 흩어 친지와 이웃에게 나누어 주는 어진 일을 하고서, 도(陶)로 가서 다시 재산을 모아 억만장자가 되니 사람들이 그를 '도주공(陶朱公)'으로 불렀다고 한다. 《史記 越王句踐世家》

조강이 끝나고, 대간(臺諫)들이 조정(趙挺),[316] 윤휘(尹暉),[317] 박홍구(朴弘耉)[318]의 일을 논계(論啓)하였다. 주상께서 말씀하시기를, "조정은 그 부류가 조금 나은 사람이다. 선대 조정의 원로이니 어찌 반드시 다 죄를 줄 수 있겠는가. 폐주(廢主 연산군)가 원로들을 쫓아내어 남은 사람이 거의 없는 것을 마음으로 항상 아파하였다."라고 하셨다. 경세가 말하기를, "이른바 원로라는 것은 조정 같은 부류가 아니니, 조정이 어찌 원로겠습니까. 그의 형 조진(趙振)[319]은 폐조(廢朝)의 잠저(潛邸 왕세자) 시절 사부라는

316 조정(趙挺) : 1551~1629. 본관은 양주(楊州), 자는 여호(汝豪), 호는 한수(漢叟)·죽천(竹川)이다. 1583년(선조16) 정시 문과에 급제한 뒤 수찬, 형조 판서, 우의정 등을 역임하였다. 형난공신(亨難功臣) 2등에 책록되어 한천군(漢川君)에 봉해졌다. 인조반정 때 관직이 삭탈되고 해남(海南)에 유배되었으나 뒤에 풀려나 기로소(耆老所)에 들어갔다. 저서에 《동사보유(東史補遺)》 등이 있다.

317 윤휘(尹暉) : 1571~1644. 본관은 해평(海平), 자는 정춘(靜春), 호는 장주(長洲) 또는 천상(川上), 시호는 장익(章翼)이다. 영의정 윤두수(尹斗壽)의 아들이고 성혼(成渾)의 문인이다. 인조반정 때 장흥·아산 등지에 유배되었다. 1627년 정묘호란 때 기용되어 한성부 좌윤·청주 목사, 호조와 형조의 참판을 지냈으며, 1636년 병자호란 때에는 왕을 남한산성까지 호종하고, 특명전권대사로 적진에 출입하면서 강화조약을 체결하였다. 글씨를 잘 썼으며, 저서에 《장주집》이 있다.

318 박홍구(朴弘耉) : 1552~1624. 본관은 죽산(竹山), 처음 이름은 홍로(弘老), 자는 응소(應邵)이다. 호남·호서·관서(關西) 등의 감사와 찬성을 지냈다. 탐욕하고 혼탁한 인물로, 좌의정에 이르렀으나 인조반정 후에 삭출되었다.

319 조진(趙振) : 1543~1625. 본관은 양주(楊州), 자는 기백(起伯)이며, 이황의 제자이다. 1576년(선조9)에 생원이 되고, 1579년 천거로 왕자사부가 되었으며, 1608년 광해군이 즉위하자 잠저(潛邸) 시절에 세자를 보도한 공으로 총애를 받아, 동생 조정(趙挺)을 이조의 요직에 앉히고 자신은 공신이 되어 한산군(漢山君)에 봉해졌다. 판중추부사를 거쳐 80세에 기로소(耆老所)에 들어갔다. 1623년(인조1) 인조반

이유로 자못 총애를 받아 발탁되었으며, 조정은 형의 권세로 인하여 빌붙어 승진하였습니다. 오직 이이첨(李爾瞻)[320]만을 따르며 오랫동안 이조 판서가 되어 자신의 당인들을 요직에 앉혔으니, 그 마음은 미워할 만합니다."라고 하였다.

이어서 윤휘의 일을 말하였다. 대간들이 또 극렬하게 윤휘의 악함을 말하였다. 주상께서 말씀하시기를, "죄인은 반드시 법률에 맞게 하여 그 실상과 일치한 뒤라야 죄를 받는 자는 굴복하며 죄를 주는 자도 넘치지 않을 것이니, 중도를 넘으면 제대로 된 법이 아니고, 중도에 미치지 못하는 것도 공정한 법이 아니다. 과인이 들은 말이 어찌 반드시 다 진실이겠는가."라고 하셨다. 명준이 말하기를, "신들은 윤휘가 청나라 오랑캐의 우두머리와 화친할 것을 청하였기 때문에 계사(啓辭)에서 언급하였다고 들었습니다. 윤휘의 계장(啓狀)을 고찰해 보니, 강화(講和)라는 말은 한마디도 없었으며, 다만 천병(天兵)을 도와 오랑캐 우두머리와 맞서 싸우면 안 된다는 뜻을 말하였을 뿐인데, 이것이 바로 강화입니다. 비록

정으로 삭직되었다. 편서로 《상제례문답(喪祭禮問答)》 2권이 있다. 저본에는 조정의 '아우'라고 되어 있으나, 《성호전집(星湖全集)》 권68 〈농은 조판서 소전(聾隱趙判書小傳)〉 등의 기록에 따르면 '형'의 오기로 생각된다.

320 이이첨(李爾瞻) : 1560~1623. 본관은 광주(廣州), 자는 득여(得輿), 호는 관송(觀松)·쌍리(雙里)이다. 선조의 후사(後嗣) 문제로 대북과 소북이 대립하자, 대북의 영수로서 광해군의 옹립을 주장하여 영창대군을 옹립하려는 유영경(柳永慶) 등 소북을 논박하다가 선조의 노여움을 사서 갑산(甲山)에 유배되었다. 1608년(선조41) 2월 선조가 갑자기 서거하고 광해군이 즉위함으로써 예조 판서에 올라, 정인홍과 함께 소북 일파를 숙청하였다. 정인홍과 함께 계축옥사를 일으킨 장본인으로, 인조반정 후 참형되었다.

그 말을 숨겼으나 실상은 다르지 않습니다."라고 하였다.

주상께서 말씀하시기를, "그렇다. 강화와 싸우지 않음은 다름이 있다. 대간들이 또한 잘못 들은 것이다."라고 하셨다. 경세가 말하기를, "대간들이 풍문(風聞)을 가지고 논계(論啓)했다면, 애당초 비록 윤휘의 계장을 보지 않았더라도 강화의 말이 있었을 것이니, 실상은 싸우지 않는 것이 바로 강화입니다. 예로부터 소인은 그 명칭을 꺼리고 그 실상을 행하는 자이니, 대간의 잘못이 아닙니다."라고 하였다.

신 현이 진언하기를, "강화와 싸우지 않음은 진실로 다릅니다. 강화는 곧 오랑캐와 화평을 통하게 하는 것이며, 싸우지 않음은 곧 기미(羈縻)[321]하여 기다려서 원망을 돋우고 화를 부르는 데에는 이르지 않을 뿐입니다. 그러나 윤휘의 심술(心術)은 악독합니다. 폐주 광해군 시절에도 명나라 조정을 기만하여 물러나고 핑계대며 책임을 전가하여 2백 년 동안 지성으로 큰 나라를 섬긴 의리와 명나라에서 우리나라를 자식처럼 돌봐 준 은혜를 하루아침에 잊어버리고 명나라 군대를 돕지 않게 하였습니다. 밖으로는 거짓으로 꾸몄지만 실은 배신한 것이니, 온 나라 사람들이 통탄해하지 않음이 없었습니다. 이때에도 윤휘가 주상의 뜻에 맞추어 이에 싸우지 않아야 한다는 말을 진언하여 폐주가 오랑캐와 화친하

321 기미(羈縻) : '기(羈)'는 말의 굴레이고, '미(縻)'는 소의 코뚜레로, 원래 이적(夷狄)에 대한 중국의 외교 정책을 일컫는 말이다. 우마(牛馬)를 얽어매듯이 관계를 끊지도 않고 친근하게 하지도 않아 반발하지 않도록 얽어매어 두는 것인데, 여기서는 청(淸)나라와 화친(和親)하여 그들이 쳐들어오지 않도록 묶어 둔 계책을 이른다.

여 상국(上國)을 배신하려는 뜻을 돕고 있습니다. 신하이면서 임금의 악함에 영합하는 것이 이와 같은데도 어찌 천하 만세의 죄인이 아니겠습니까. 마땅히 그의 심술을 논죄하고서 그만두어야 할 것입니다. 계사(啓事)를 가지고 교묘하게 꾸민 말을 비호하여 자취가 없다고 하여 그 죄를 느슨하게 해서는 안 됩니다."라고 하니, 주상께서는 대답이 없으셨다.

주상께서 군사(軍士) 일족이 유리(流離)하는 폐단을 교시함으로 인하여 영상 이하가 모두 말하기를, "일족의 폐단이 이미 십분(十分)에 이르렀으니, 장차 모두 다 달아나는 데 이를 것입니다. 마땅히 통융(通融 여러 종류의 군인들을 구별 없이 한데 모음)하여 호적(戶籍)을 만들고 달아난 자와 죽은 자를 제적(除籍)해야 하는데, 병조(兵曹)에서 이를 막았습니다. 또 이괄(李适)[322]은 무인으로, 홀로 통융(通融)하면, 군인의 수가 모두 공허한 장부가 되니 고칠 수가 없었습니다."라고 하였다. 신 현이 대답하여 말하기를, "우리나라의 군정(軍政)은 한데 모아 일정한 형태를 이루지 못합니다. 일족의 일 때문에 여러 고을이 모두 텅 비게 되고 안은 군사가 십분의 일도 되지 않아 폐단이 일반 백성에게 미치는 지경이 되었습니다. 만약 지금 고치지 않는다면 일반 백성도 장차 모두 텅 비게 될 것입니다. 지금 백성들은 비록 주상의 은택

322 이괄(李适) : 1587~1624. 본관은 고성(固城), 자는 백규(白圭)이다. 계해반정에 참여하여 정사 공신(靖社功臣) 2등에 책봉되었으나, 아들 이전(李旃)이 반역의 무고를 받아 영변에 금부도사가 당도하자 난을 일으켰다. 서울에 입성한 지 이틀 뒤에 관군에 참패하여 이천(利川)으로 도망하였는데 부하 장수 기익헌(奇益獻) 등에게 죽임을 당하였다.

을 입고 있으나, 군사의 경우는 예와 같습니다. 지난번 달아난 사람과 죽은 사람의 죄를 씻어 준다는 말을 듣고 모두 눈을 닦고 기대하며 이미 달아난 사람들 가운데 돌아와 모인 사람이 혹 많았습니다. 지금 만약 고치지 않는다면, 주상의 은택을 입을 희망이 끊어져 하루아침에 흩어져 버릴 것입니다. 병조에서 변통하기가 어렵다고 여기는 까닭은 이웃과 일족에게 혹독하게 세금을 징수하여 가포(價布)[323]를 상납하기 때문입니다. 그러나 실상은 모두 공허한 장부일 뿐입니다. 오래지 않아 다 텅 비게 되는 것보다는 차라리 아직 남아 있는 십분의 일에 대해서라도 변통하는 것이 낫습니다."라고 하였다.

주상께서 말씀하시기를, "나라에서 병사를 두는 것은 장차 위급할 때 쓰려는 것이다. 병조에서 가포(價布) 때문에 굳게 잡아 변통하지 않으니, 만약 변란이 생기면, 가포로 병사를 삼을 수 있겠는가. 영상은 모쪼록 신속히 의논하여 좋은 방향으로 처리하라."라고 하셨다.

《대학연의(大學衍義)》[324] 수장(首章)의 '요전왈약(堯典曰若)'부터 주

323 가포(價布) : 국가에 일정한 신역(身役)을 치러야 할 사람이 출역(出役)하지 않고 그 신역의 대가로 바치는 포목(布木)을 말한다.

324 대학연의(大學衍義) : 송대(宋代)의 학자 진덕수(眞德秀)가 《대학장구(大學章句)》의 뜻을 부연(敷衍)한 책으로, 모두 43권이다. 체재는 위치지요(爲治之要)와 위치지서(爲治之序)를 앞에 놓은 다음 격물치지(格物致知), 성의정심(誠意正心), 수신(修身), 제가(齊家) 등 네 개의 대강(大綱)으로 나누어 각 강(各綱)의 아래에 44개의 자목(子目)을 두었다. 자료는 모두 경서(經書)를 인용하고 역사에서 사례를

석의 '종조여(宗祖歟)'까지[325] 석강(夕講)하다.

윤지경(尹知敬)[326]이 말하기를, "요(堯)임금을 법으로 삼아 성왕의 덕을 먼저 밝혀서 구족과 친목하고 백성을 평안하게 하며 만방을 화평케 하는 데까지 이르십시오."라고 하였다. 주상께서 말씀하시기를, "만약 덕을 밝히지 못하면, 끝내 구족과 친목할 수 없는가?"라고 하셨다.

들고 선유(先儒)들의 의논을 참고하여 법계(法戒)를 분명히 하였으며, 편찬의 의도가 '정본청원(正本淸源)'이어서 치국(治國)과 평천하(平天下)에 관한 내용은 다루지 않았다. 전통 시대 제왕학(帝王學)에 관한 주요 저서로, 조선 시대 경연(經筵)에서 주로 사용되었다. 《四庫全書簡明目錄 卷9 子部1 儒家類》

325 요전왈약(堯典曰若)부터 주석의 종조여(宗祖歟)까지 : 《대학연의》 권1 〈제왕위치지서(帝王爲治之序)〉 "《서경》 〈요전(堯典)〉에 '옛날 요임금을 상고하건대 공이 크니, 공경하고 밝고 문채롭고 생각함이 편안하고 편안하며 진실로 공손하고 능히 겸양하여 광채가 사방에 입혀지며 상하에 이르렀다. 큰 덕(德)을 밝히시어 구족과 화목하였다. 구족과 이미 화목하거늘 백성을 고루 밝혔다. 백성이 덕을 밝히며 만방을 합하여 고르게 하니 여민들이 아! 변하여 이에 화(和)하였다.〔曰若稽古帝堯, 曰放勳, 欽明文思安安, 允恭克讓, 光被四表, 格于上下. 克明峻德, 以親九族, 九族旣睦, 平章百姓, 百姓昭明, 協和萬邦, 黎民於變時雍.〕'라고 하였다."라는 내용과 그에 대한 주석 전체를 가리키는데, 끝부분에 "무릇 오제의 다스림은 요임금보다 성대한 이가 없으니, 그 근본은 '극명준덕(克明俊德)'으로 시작하였기 때문에 《대학》에서 '명명덕(明明德)'을 '신민(新民)'의 단서로 삼았다. 그렇다면 〈요전〉이란 것은 아마 《대학》의 조종이 아니겠는가.〔夫五帝之治, 莫盛于堯, 而其本則自克明俊德始, 故大學以明明德爲新民之端, 然則堯典者. 其大學之宗祖歟!〕"라고 하였다.

326 윤지경(尹知敬) : 1584~1634. 본관은 파평(坡平), 자는 유일(幼一), 호는 창주(滄洲)이다. 1609년(광해군1)에 문과에 급제하여 우부승지, 충청도 관찰사, 예조참의 등을 역임하였다. 병자호란 이후 청나라와 화친(和親)을 논의할 때에 화친을 배척하는 소를 올렸다.

신 현이 말하기를, "덕이 밝아지지 않으면, 천리가 없어지고 사욕이 이기게 되어 몸이 닦일 수 없습니다. 몸이 닦이지 않으면, 좋아하고 미워함이 바르지 않아 집안의 도가 날로 어지러워지니, 어찌 구족과 친목할 수 있겠습니까. 은나라의 거울이 멀지 않으니,[327] 청컨대 복철(覆轍)[328]을 거울 삼아 이 밝은 명을 돌아보시고[329] 능히 밝히는[330] 공부를 더하십시오."라고 하였다. 인하여 말하기를, "고금의 제왕들이 누군들 덕을 밝히고 백성을 새롭게 하고자 하지 않았겠습니까만 요순(堯舜) 같은 지성(至聖)의 경지는 거의 미칠 수 없다고 생각하였기 때문에 스스로 능력을 한정하는 데 안주하여 끊임없이 진보하려는 공부가 없었으니, 그래서 날로 가려져 덕을 밝히지 못하는 것입니다. 만약 하루라도 없어서는 안 되는 음식과 의복 같은 것이 하늘에서 얻어서 나에게 보존된 덕

327 은나라의……않으니 : 《시경》 〈탕(蕩)〉에 "은나라의 거울이 멀지 않으니, 하후씨의 시대에 있다.〔殷鑑不遠, 在夏后之世.〕"라는 말이 보인다. 은나라는 하나라의 멸망을 경계 삼아야 한다는 뜻으로, 여기서는 광해조 때의 일을 경계 삼아야 한다는 말이다.

328 복철(覆轍) : 원래 수레가 줄줄이 뒤집힌다는 뜻으로, 실패한 자취를 비유하는 말이다. 《한시외전(韓詩外傳)》에 "앞에 가는 수레가 엎어졌는데도 뒤에 가는 수레가 경계하지 않는다. 이 때문에 뒤에 다시 엎어지는 것이다.〔前車覆而後車不誡 是以後覆也〕"라고 한 데서 온 말이다.

329 이 밝은 명을 돌아보시고 : 《대학장구》 전(傳) 1장에서 《서경》 〈태갑 상(太甲上)〉의 말을 인용하여 "하늘의 밝은 명을 돌아본다.〔顧諟天之明命〕"라고 한 것을 원용하였다.

330 능히 밝히는 : 《대학장구》 전(傳) 1장에서 《서경》 〈강고(康誥)〉의 말을 인용하여 "능히 덕을 밝힌다.〔克明德〕"라고 한 것과 〈요전〉의 말을 인용하여 "능히 큰 덕을 밝힌다.〔克明峻德〕"라고 한 구절에서 원용한 것이다.

이라는 것을 알아서 혹 잃어버릴까 두려워한다면 어찌 힘쓰지 않을 수 있겠습니까. 의복과 음식이 내 몸과는 분리된 두 개의 물건이지만 오히려 없앨 수 없습니다. 더구나 밝은 덕은 내가 본디 가지고 있는 바인데도 가려져 밝지 않아 기꺼이 스스로 버려 심지어 자신을 망치고 나를 망하게 하는 데 이른다면, 잃어버리는 바가 의복과 음식에 비할 것이 아닙니다. 어찌 두려워할 만한 것이 아니겠습니까. 전하께서는 대요(大堯)의 '능히 높은 덕을 밝히는 일'을 고원(高遠)하여 행하기 어렵다고 여기지 마시고, 하늘의 밝은 명을 돌아보시고 '스스로 밝히는 공부'를 더하시어 마치 하루도 없을 수 없는 의복과 음식처럼 하시기를 바랍니다. 이렇게 한다면 요순의 수준에 그칠 뿐이겠습니까."라고 하였다. 이경함(李慶涵)과 정경세(鄭經世)가 반복하여 극진히 아뢰었다.

신 현이 또 말하기를, "이른바 '극명(克明)'이란 것은 지극히 성실하여 쉬지 않는 것이기 때문에 그 효과가 매우 큽니다. 만약 잠시 행하였다가 금방 그만둔다면, 이미 밝아졌다가도 다시 어두워질 것입니다. 공부하는 데에는 시종여일(始終如一)하게 하는 것이 가장 어려운데, 임금의 경우에는 더욱 어렵습니다. 요즘 전하께서 지난날의 잘못된 일을 살펴 경계로 삼으시어 백성과 함께하기를 다시 시작하셨으니, 존심(存心) 절검(節儉)에 마음을 두고 폐정(弊政)을 혁파하여 제거하신다면, 백성들이 모두 기뻐 고무하며〔歡欣鼓舞〕 태평성대를 바랄 것입니다. 만약 이로 인해 그 덕을 끝까지 지켜 조금도 그침이 없을 수 있다면, 구족(九族)과 친목하고 만방(萬邦)을 화평케 하는 일을 이루기에 어렵지 않을 것입니다."라고 하였다.

주상께서 말씀하시기를, "공허한 말을 하지 마라. 환흔고무(歡欣鼓舞) 같은 말은 현실과 너무 다른 듯하니, 어찌 이런 이치가 있겠는가."라고 하셨다.

신 현이 말하기를, "백성들이 매우 곤궁하여 하늘의 해를 볼 수 있기를 마치 목마른 사람이 마실 것 얻는 것과 같이 하니, 오늘날 기뻐함〔歡欣〕은 형세가 진실로 그러합니다. 앞으로가 지극히 어렵다면, 어찌 백성들의 바람에 답하시겠습니까. 이에 그치고서 평장협화(平章協和)의 정치[331]를 더하지 않으신다면, 지난날 기뻐함이 도리어 근심하고 탄식함이 될 것입니다. 다스려지고 다스려지지 않음은 오늘날에 달렸으며, 시행하고 시행하지 않음은 전하께 달렸으니, 원컨대 오늘의 마음을 잊지 마시고 유일(惟一)[332]의 공부를 힘써 더하십시오."라고 하였다.

갑신(甲申)에 《논어》 '위정(爲政)'부터 집주의 '무불경(毋不敬)'까지[333] 주강하다.

331 평장협화(平章協和)의 정치 : 임금이 덕정을 펴서 백성들이 교화되는 정치를 말한다. 《서경》 〈요전〉에 "백성을 고루 밝히시니 백성이 덕을 밝히며 만방(萬邦)을 합하여 고르게 하시니 백성들이 아, 변하여 이에 화(和)하였다.〔平章百姓, 百姓昭明, 協和萬邦, 黎民於變時雍.〕"라고 한 데서 온 말이다.

332 유일(惟一) : 이 말은 원래 《서경(書經)》 〈대우모(大禹謨)〉에 들어 있는 순(舜)이 우(禹)에게 전수한 말인, "인심은 위태롭고 도심은 은미하니, 정밀히 살피고 한결같이 지켜야 진실로 중을 잡을 수 있다.〔人心惟危, 道心惟微, 惟精惟一, 允執厥中.〕"라는 16자에서 유래한 말인데, 후대에 심학(心學)의 종지(宗旨)로 규정되었다.

333 위정(爲政)부터 집주의 무불경(毋不敬)까지 : 《논어》 〈위정(爲政)〉의 1장 전체, 그리고 2장의 "《시경》의 300편 시를 한마디로 말하자면 생각에 사특함이 없다는

정경세가 진강(進講)하고 문장의 뜻을 미루어 부연설명하였다. '사무사(思無邪)'에 이르자 정이(程頤)의 말을 인용하여 말하기를, "'철인은 기미를 알아서 생각을 성실하게 한다.〔哲人知幾, 誠之於思.〕'라는 것은 성인의 일이고, '지사는 행실에 힘써서 하는 일을 지킨다.〔志士勵行, 守之於爲.〕'라는 것은 학자의 일입니다."[334]라고 하였다.

신 현이 말하기를, "성인(聖人)은 생각을 성실하게 하는 사람이니, 이는 생각하는 사이에 사욕과 간단(間斷)이 없어 절로 성실하지 않음이 없게 됩니다. 그러나 뭇사람들은 그렇지 않아 생각이 막 싹트기만 하면 선악의 기미가 드러나니, 이것이 가장 어려운 점입니다. 반드시 성실하게 되기를 힘써 스스로 속이는 폐단이 없어야 합니다. 이것이 성인을 배우는 공부이니, 실제로는 동일한 것입니다."라고 하였다.

'무불경(毋不敬)'에 이르러 신 현이 또 말하기를, "사무사(思無邪)라는 것은 성(誠)이며, 무불경(毋不敬)이란 것은 경(敬)입니다. 학문을 함은 처음부터 끝까지 입성(立誠)[335]과 거경(居敬)에

것이다.〔詩三百, 一言以蔽之, 曰思無邪.〕"라는 내용과 그 집주에서 범씨(范氏)가 말하기를 "경례 300과 곡례 3,000조목도 한마디 말로써 그 뜻을 단정할 수 있으니, '공경하지 않음이 없다.'라는 말이다.〔經禮三百, 曲禮三千, 亦可以一言以蔽之, 曰毋不敬.〕"라고 한 데까지를 말한다. '무(毋)' 자가 저본에는 '무(無)' 자로 되어 있는데, 《논어집주(論語集註)》에 의거해 수정하였다.

334 철인은……일입니다 : 정이(程頤)의 〈동잠(動箴)〉에 "철인은 기미를 알아서 생각을 성실하게 하고, 지사는 행실에 힘써서 하는 일을 지킨다.〔哲人知幾, 誠之於思; 志士勵行, 守之於爲.〕"라고 한 것을 성인의 일과 학자의 일로 나누어 설명한 것이다.

서 벗어나지 않을 뿐입니다."라고 하였다.

서연(書筵)이 끝나고 호패(戶牌)[336]의 시행 여부에 대해 논의하였다. 주상께서 말씀하시기를, "이 시대에 거처를 잃은 백성들은 항심(恒心)[337]을 가지고 있지 않다. 호패에 대한 법률은 윗사람에게는 편리하지만 백성에게는 불편하다. 만약 이 법을 시행함에 반드시 법률 조목을 엄격하게 세워 누락되거나 속이는 폐단이 없게 한다면, 백성들이 모두 크게 놀랄 것이다."라고 하셨다. 신 현이 말하기를, "주상 전하의 하교가 지극히 합당합니다. 경술년[338]은 지금 시대와 다릅니다. 경술년은 시행할 만한 형세가 있었는데도 폐지하였지만, 오늘날은 백성들이 흩어져 결속하기 어려움이 경술년보다 심합니다. 일단 기다리는 것이 마땅합니다."라고 하였다.

335 입성(立誠) : 뜻을 성실히 하는 것이다. 《주역》 〈건괘(乾卦)〉에 "군자는 덕을 진취시키고 학업을 닦나니, 충과 신이 덕을 진취시키는 것이요, 말을 함에 있어서 그 성실함을 세움이 학업을 보유(保有)하는 것이다.〔君子進德修業, 忠信所以進德也, 修辭立其誠, 所以居業也.〕"라고 한 데서 나온 말인데, 주희(朱熹)는 뜻을 돈독히 하는 것이 입성이라고 하였다. 《朱子語類 卷69》

336 호패(戶牌) : 16세 이상의 남자에게 차도록 한 패. 앞면에는 성명・나이・생년월일을 새기고, 뒷면에는 해당 관아의 낙인(烙印)을 찍은 것으로, 지금의 신분증과 같은 것이다.

337 항심(恒心) : 언제나 지니고 있는 떳떳한 마음을 말한다. 《맹자》 〈양혜왕 상(梁惠王上)〉에 "일정한 생업이 없어도 언제나 선한 본심을 견지할 수 있는 것은 선비만이 가능한 일이다. 백성의 경우엔 일정한 생업이 없으면 선한 본심을 지킬 수 없다.〔無恒産而有恒心者, 惟士爲能 若民則無恒産, 因無恒心.〕"라는 말이 나온다.

338 경술년 : 1610년(광해군2)을 말한다. 그해 9월, 비변사에서 이듬해 정월부터 호패법을 시행토록 할 뜻을 고하니 알았다고 하였고, 그 후 호패청을 마련하고 추진하였으나, 끝내 시행되지 못하였다.

주상께서 말씀하시기를, "그리 하겠다."라고 하셨다.

신 현이 또 자리를 고치고 대답하여 말하기를, "신에게 품은 생각이 있으니, 원컨대 진술하겠습니다."라고 하니, 주상께서 말씀하시기를, "무슨 내용인가."라고 하셨다. 다음과 같이 대답하여 말하였다.

소신은 먼 지방의 천한 신분이라 일의 처음과 끝을 알지 못하고, 조정의 일은 본디 처리하는 사람이 있을 것입니다. 그런데도 미천한 신이 전하께 외람되이 아뢰니 매우 황공합니다. 그러나 품은 생각이 있어 아뢰고자 한 것이 오래되었습니다. 무릇 일에는 경중과 완급이 있습니다. 오늘날 서쪽에 오랑캐의 침략 위험이 있는데도 나라에는 믿을 바가 없으니, 갑작스런 변란이 일어나는 것은 아침이 아니면 저녁일 것입니다. 군정(軍政)과 양식이 가장 긴급하고 또 중요합니다.

옥을 다스리는 일은 마땅히 급히 먼저 결단해야 할 바이니, 오래 지체하여 시간을 질질 끄는 일을 없게 하십시오. 대옥사[339]가 지체되어 죄 있는 자는 오히려 자리를 보존하고 죄 없는 자는 혐의를 받게 합니다. 곳곳의 둔결(屯結)[340]에 대해 관망하며 스스로 의심하니, 불행히 갑작스러운 난리가 있게 된다

339 대옥사 : 계축년(1613, 광해군5)에 정인홍(鄭仁弘), 이이첨(李爾瞻) 등이 계축옥사를 일으켜 영창대군(永昌大君)을 역모 죄로 몰아 죽이고 1618년에 인목대비(仁穆大妃)를 폐위하여 서궁에 유폐시킨 사건을 말한다.

340 둔결(屯結) : 조선 시대 지방 관청의 경비나 군량 확보의 목적을 지닌 둔전의 결세(結稅)로, 국가에서 면세로 규정해 준 토지를 말한다.

면, 이 무리들은 장차 도적이 될 것입니다. 어찌 빨리 결단하여 죽일 자는 죽이고, 쫓아낼 자는 쫓아내고, 유배 보낼 자는 유배 보내고 위협 때문에 따른 자는 내버려서 사람들이 스스로 편안케 하고 묘당의 주상께서는 큰일을 경영하시어 다스리지 않으십니까. 지금 대간에서 날마다 한두 사람을 지적하여 죄를 논하는데, 주상께서 핑계 대며 유보하신 것이 10여 일에 이르렀습니다. 이와 같이 하면, 비록 한 해가 다가도록 옥사를 다스리더라도 끝이 없을 것입니다.

또 신이 외직에서 와서 자못 공론을 들어보니, 죄는 같은데 벌이 다른 경우가 있으며, 탄주(呑舟)[341]인데도 그물을 빠져나가는 경우가 있으며, 가벼운 죄인데도 먼저 잡혀 들어가는 경우가 있으니, 이 때문에 인심이 상쾌하지 않아 죄를 지은 자는 변명을 한다고 하였습니다. 예나 지금이나 천하에 일정하여 바꾸지 못하는 법이 있으니, 법을 집행하는 자가 마음대로 할 수 있는 바가 아니며, 전하께서 핑계 대며 유보하실 수 있는 것이 아닙니다. 예컨대, 강상을 범하여 인목대비(仁穆大妃)의 폐위를 모의한 죄가 있는 경우, 소장(疏狀)을 올린 우두머리 유생과 논계(論啓)한 대관(臺官)은 반드시 죽여 용서하지 마시고, 영

341 탄주(呑舟) : 배를 삼킬 만한 큰 고기를 뜻하는 말이나, 의미가 바뀌어 큰 악인을 가리키는 말로 쓰인다. 《사기(史記)》 〈혹리열전(酷吏列傳)〉에 "한나라가 흥기하자 모난 것을 깨뜨려 둥글게 하고, 조각한 장식을 깎아 질박하게 만들었으며, 법망은 배를 삼킬 만한 큰 물고기도 빠져나갈 정도로 관대했다.〔漢興, 破觚而爲圜, 斲雕而爲樸, 網漏於呑舟之魚.〕"라고 한 것을 인용한 것이다. 형률이 엄격하지 않아서 중대한 죄인을 처벌하지 않음을 비유한 것이다.

창대군(永昌大君)을 죽이라고 청한 자는 마땅히 그에 버금가는 형률이 있어야 하며, 뭇 흉악한 이에 빌붙어서 앞장서고 이끌어서 충성스럽고 어진 이를 해친 자는 또한 그에 해당하는 형률이 있어야 합니다.

혹 교묘하게 그 이름을 감추어서 몰래 그 모의를 주장하면서도 이름이 소차(疏箚)에 빠져 오랫동안 인사를 맡은 관청인 이조(吏曹)를 장악하여 자신들의 당인(黨人)을 요직에 앉힌 자는 마땅히 이이첨에 버금가는 형률로 다스려야 합니다. 혹 처음에는 더불어 일을 함께 하였으나 끝에는 이견을 내세워 쥐새끼처럼 이리저리 눈치를 살피다가[342] 반대로 이이첨을 공격한 자는 마땅히 그다음 형률을 따라야 할 것입니다. 혹 본심은 그렇지 않은데 화를 두려워하여 물결을 따라 정청계사(庭請啓辭)[343]에

342 쥐새끼처럼……살피다가 : 쥐가 의심이 많아 동굴 속에서 머리를 밖으로 내놓고 형세를 관망하는 것처럼 진퇴(進退)와 거취(去就)를 결정하지 못하고 망설이는 것을 비유하는 말이다. 한(漢)나라 무안후(武安侯) 전분(田蚡)이 어사대부(御史大夫) 한안국(韓安國)을 불러서 수레에 태우고 성을 내며 "내가 장유와 함께 대머리 늙은이 하나를 공동으로 처치할까 하였는데, 어찌하여 머리 내민 쥐처럼 진퇴를 결정하지 못한 채 머뭇거린단 말인가.〔與長孺共一老禿翁, 何爲首鼠兩端.〕"라고 한 데서 따온 표현이다.《史記 魏其武安侯列傳》 장유(長孺)는 한안국의 자이고, 대머리 늙은이는 두영(竇嬰)을 가리킨다.

343 정청계사(庭請啓辭) : 정청(庭請)이란 세자(世子)나 세손(世孫) 또는 대신이 백관(百官)을 거느리고 궐 안의 뜰에 나아가서 임금이나 왕대비 등에게 중대한 사안의 시행이나 시행의 중지 등을 청하는 것이다. 이때 이러한 내용을 임금이나 왕대비 등에게 올리는 계사(啓辭)를 정청계사(庭請啓辭)라고 하였다. 정청계사를 올릴 때에는 왕세자가 정전(正殿)으로 나아가서 정청계사를 먼저 살펴보고 승전색(承傳色)을 청하였으며, 예방 승지가 정청계사를 읽은 뒤에 왕세자에게 올리면 왕세자가 직

참여한 자 및 유생 가운데 협박을 받아 상소에 참여한 자는 마땅히 협종망치(脅從罔治)[344]의 법에 따라 먼저 제목(題目 죄에 관한 평가를 적은 글)의 등급을 분명하게 세운 뒤에 죄를 지은 사람은 그다음의 형률로 다스려야 할 것입니다. 그렇게 한다면, 이는 유사(有司)의 일이니 전하께서 핑계 대며 유보하지 마십시오. 공의로 결단한다면, 어찌 어수선하고 지체하는 근심이 있겠습니까. 먼저 죄의 명목을 바르게 하고 난 다음에 사람의 이름을 든다면 일정하여 바꾸지 못하지만, 먼저 사람의 이름을 발표하고 난 다음에 죄목을 든다면 죄의 경중을 따지는 것이 사람의 손에 달리게 되니, 이것으로는 어수선하여 결단하기 어렵습니다.

주상께서 말씀하시기를, "이 말이 옳다. 내 뜻은 며칠 내에 결단할 수 있을 것이나, 지금은 그렇게 할 수 없다."라고 하셨다. 무슨 뜻인지 알지 못하여 신 현이 또 말하기를, "마땅히 먼저 죄인을 처리하고 오로지 군무(軍務)를 다스리고 군량을 비축하는 데 힘쓰십시오. 오늘의 계책은 싸울 만하면 싸우고, 지킬 만하면 지키는 것이니, 만약 혹 버티지 못하여 마지못한 상황에서 계책을 낸다면, 반드시 수습하여 보존할 계책이 있을 것입니다. 지금 서

접 승전색에게 전해 주었다.

344 협종망치(脅從罔治) : 《서경(書經)》 하서(夏書) 윤정(胤征)에, "큰 괴수를 죽이고 위협에 따른 자들은 다스리지 말아서 옛날에 물든 나쁜 풍습을 모두 함께 새롭게 하겠다.〔殲厥渠魁, 脅從罔治, 舊染汚俗, 咸與惟新.〕"라고 하였는데, 협박에 의하여 어쩔 수 없이 따른 자는 그 죄를 다스리지 않고 용서함을 말한다.

북(西北) 지방에는 전혀 믿을 바가 없으며, 기전(畿甸 경기(京畿)) 또한 지킬 수 없습니다. 마땅히 동북(東北) 지방을 수습하여 원려(遠慮 앞일을 헤아리는 깊은 생각)로 삼으십시오. 백성들이 이미 일분(一分)의 혜택에 젖었으니 지난날과는 다릅니다. 마땅히 먼저 부득이한 큰 폐단을 제거하고, 인하여 백성들을 수습하고 병사를 뽑아 훈련하여 소란한 데 이르게 하지 않고, 또 완전히 폐지하는 데 이르지 않았을 때 자상(慈詳)하고 강명(剛明)한 사람을 뽑아 파견하여 미리 도모하는 것이 옳습니다."라고 하였다. 주상께서 여러 신하를 돌아보며 말씀하시기를, "모든 일을 마땅히 빨리 잘 처리하라."라고 하셨다.

5월 6일 을미(乙未)에 《논어》의 '자왈온고(子曰溫故)'부터 집주의 '심기취사지기야(審其取舍之幾也)'까지[345] 주강하다.

군자불기(君子不器)[346]에 이르러 신 현이 말하기를, "각각 그 쓰임이 정해져서 서로 통용할 수 없는 자는 작은 그릇 같은 사람입니다. 체(體)는 갖추지 않음이 없고 용(用)은 두루하지 않음이 없

345 자왈온고(子曰溫故)부터 집주의 심기취사지기야(審其取舍之幾也)까지 : 《논어》 〈위정(爲政)〉 11장 "옛것을 알고 새것을 알면 남의 스승이 될 수 있다.〔溫故而知新, 可以爲師矣.〕"라고 한 것부터 14장 "군자는 두루하고 편당하지 아니하고, 소인은 편당하고 두루하지 아니한다.〔君子周而不比, 小人比而不周.〕"라고 한 것에 대한 집주의 내용을 말한다.

346 군자불기(君子不器) : 《논어》 〈위정〉 12장에 나오는 말로, 주자(朱子)의 집주에 "덕을 이룬 선비는 본체가 갖추어지지 않음이 없어 작용이 두루 미치지 못함이 없으니, 단지 한 가지 재주, 한 가지 기예만 갖출 뿐만이 아니다.〔成德之士, 體無不具, 故用無不周, 非特爲一才一藝而已.〕"라고 하였다.

는 자는 재덕(才德)이 남보다 뛰어난 사람입니다. 그러나 성인이 사람을 쓸 때는 그 그릇의 크기에 따라 사용합니다. 만약 불기(不器)의 군자를 구하여 쓰고자 한다면, 어찌 쉽게 얻을 수 있겠습니까. 이 경우 성인은 덕을 이룬 군자를 가리키는 것으로, 남에게 진덕(進德)하기를 면려하는 사람입니다."라고 하였다. 주상께서 말씀하시기를, "인재는 얻기 어려우니, 만약 온전한 재주를 구한다면 세상에 어찌 많이 있겠는가."라고 하셨다.

'군자주이불비(君子周而不比)'의 주(註) "군자와 소인이 하는 바는 같지 않아 음양이나 주야와 같이 매양 서로 반대된다. 그러나 그 나누어지는 까닭을 궁구해 보면, 공사(公私)의 즈음과 호리(毫釐)의 차이에 달렸을 뿐이다.〔君子小人所爲不同, 如陰陽晝夜, 每每相反. 然究其所以分, 則在公私之際, 毫釐之差耳.〕"[347]에 이르러, 신 현이 말하기를, "군자와 소인이 하는 바가 같지 않지만 또한 서로 비슷하니, 변별하기 어렵습니다. 이는 공사(公私)와 염려(念慮)의 싹틈을 살피고, 선악과 취사의 기미를 살필 것을 권면하는 것이지만, 남을 살피는 자 또한 마땅히 그 공사의 사이를 살펴야 합니다. 두루하는 것과 편당(偏黨) 짓는 것의 사이에 이르러서는 더욱 자세히 살펴서 알기 어렵습니다. 군자와 소인이 모두 붕당(朋黨)이 있기에 실로 변별하기 어렵습니다."라고 하였다. 주상께서 말씀하시기를, "어찌 이와 같단 말인가. 편당(偏黨) 짓는 것은 소인의 일인데, 군자가 어찌 편당을 둔단 말인가. 절대 서로 비슷

347 군자와……뿐이다 : 원문이 저본에는 '소위상반(所爲相反)'으로 되어 있는데, 《논어집주》에 의거하여 '소위부동(所爲不同)'으로 고쳤다.

한 이치가 없다."라고 하셨다.

신 현이 말하기를, "편당이 참으로 소인의 일이지만, 군자 또한 어찌 벗이 없겠습니까."라고 하였다. 주상께서 말씀하시기를, "그렇지 않다. 군자의 경우 뜻이 같고 도가 합치되는 경우는 있지만, 어찌 붕당이 있겠는가."라고 하셨다. 대답하여 말하기를, "소인이 군자를 모함할 때, 또한 붕당으로 지목하니, 한(漢)나라의 당고(黨錮)[348]와 우리 조선의 기묘사화(己卯士禍)[349]에서 볼 수 있습니다. 만약 인군의 감식안이 공평하지 않고 밝지 않아서 공사의 구분을 살피지 못한다면, 그 재앙이 클 것입니다."라고 하셨다.

주상께서 말씀하시기를, "내가 조정에서 편당의 폐습을 끊고자 하여 지난날 한쪽의 사람들만 모두 등용하니 매우 불편하였다."라고 하셨다. 대답하여 말하기를, "주상께서 막 등극하신 초기에는 사람들이 모두 잘 다스려지기를 바라는 마음이 있고, 조정에 있는 여러 신하들도 마음을 깨끗하게 하여 성상의 뜻을 체인(體認)하지 않는 이가 없었을 것이니, 어찌 이와 같은 마음이 있겠습니까. 비록 이런 마음이 있더라도 주상께서 만약 공정한 마음의 도를

348 한(漢)나라의 당고(黨錮) : 후한(後漢) 환제(桓帝) 때 진번(陳蕃)·이응(李膺) 등이 환관(宦官)들의 전횡을 비판하다가 도리어 당인(黨人)으로 지목되어 종신토록 금고(禁錮)를 당하고 이후 영제(靈帝) 때에 또다시 두무(竇武)와 진번 등이 환관을 제거하려다가 사전에 누설되어 100여 명이 살해된 사건을 말한다. 《後漢書 孝靈帝紀, 黨錮列傳》

349 기묘사화(己卯士禍) : 기묘년(1519, 중종14) 11월에 남곤(南袞), 심정(沈貞), 홍경주(洪景舟) 등의 훈구 대신들에 의해 조광조(趙光祖), 김정(金淨), 김식(金湜) 등 사림들이 화를 입고 귀양 가거나 처형된 사건을 말한다. 이때 죽은 사람들을 후일에 기묘명현(己卯名賢)이라 한다.

굳게 지키셔서 시행하기를 오래 하신다면, 자연스럽게 사라져 협공(協恭)의 아름다움을 보실 수 있을 것입니다."라고 하였다.

주상께서 말씀하시기를, "조정이 감화하여 편당의 폐습을 없게 하는 것은 오직 덕화(德化)가 큰 사람이라야 그렇게 할 수 있다. 덕화가 미덥기 전에 인재를 치우치게 써서 현재(賢才)가 즐거이 등용되지 못하게 한다면, 매우 통탄할 만하다."라고 하셨다. 대답하여 말하기를, "우리나라는 동서(東西)의 붕당 때문에 끝내 나라가 엎어지는 데까지 이르렀습니다. 지금 만약 징계하지 않는다면, 인인(仁人) 군자의 마음이 아니니, 어찌 차마 하겠습니까. 소인의 편당은 사람들이 모두 알기 쉽기에 제거하는 것 또한 쉽습니다. 군자가 서로 화협(和協)하지 못한 지경에 이르러서는 더욱 불행합니다. 송(宋)나라의 여러 현인[350]과 우리나라의 동서 당인들이 그러합니다."라고 하였다.

주상께서 말씀하시기를, "군자와 소인이 어찌 서로 용인하는 이치가 있겠는가. 마치 얼음과 숯, 물과 불처럼 둘이 함께 존재하지 못하는 것과 같다. 군자가 서로 붕당을 지어 공격함에 제거하는 것은 매우 어렵다. 그러나 붕당을 짓는 자는 제거하지 않을 수 없

350 송(宋)나라의 여러 현인 : 송나라 철종(哲宗) 때 당론(黨論)이 아주 심하여 사마광을 중심으로 한 문언박(文彦博), 소식(蘇軾), 정이(程頤), 황정견(黃庭堅) 등의 구법당과 왕안석(王安石)을 중심으로 한 채경(蔡京), 증포(曾布) 등의 신법당이 심하게 대립하였다. 그 이후 휘종(徽宗) 때에 이르러 채경 등이 용사(用事)하면서 구법당을 당인으로 몰아 조정에서 축출하였는데, 그때 정주학파가 모두 조정에서 축출되었다. 조여우는 주자(朱子)와 교유했던 명재상으로, 송나라 영종(寧宗) 때 간신 한탁주(韓侂胄)에게 탄핵을 받고 주자까지 끌어들여 위학(僞學)으로 몰았다.

다."라고 하셨다. 대답하여 말하기를, "주상께서 지극히 바른 마음과 크게 공평한 도를 가지고 실천하시고, 성실함으로 오래도록 지켜 나가신다면, 치우치고 사적인 폐습은 자연스럽게 크게 변할 것입니다."라고 하였다.

주강이 끝나자 오백령(吳百齡)[351]이 아뢰어 말하기를, "선조(宣祖)께서 처음 즉위하셨을 때, 선유신(先儒臣) 이황(李滉)이 〈성학십도(聖學十圖)〉[352] 병풍을 진상하였습니다. 지금 마땅히 이것으로 병풍을 만들어 살펴 반성하는 마음을 붙이는 것이 좋을 것입니다."라고 하였다. 주상께서 말씀하시기를, "옳다. 홍문관(弘文館)으로 하여금 병풍을 만들어 들이도록 하라. 며칠 전 홍범(洪範)[353]의 전(傳)을 병풍으로 만드는 일에 대해서는 이미 말하였으니, 모쪼록 함께 만들게 하라."라고 하셨다.

351 오백령(吳百齡) : 1560~1633. 본관은 동복(同福), 자는 덕구(德耇), 호는 묵재(默齋)이다. 1594년 별시 문과에 병과로 급제한 뒤 내직을 두루 거쳤으며, 1613년(광해군5)에 폐모론의 정청(庭請)에 참여하지 않았다가 파직되어 도성 밖에 은거하였다. 1623년 인조반정이 일어나자 형조 참판에 기용되고, 이어 도승지, 대사간, 이조 참판, 대사성, 예조 참판 등을 역임하였다.

352 성학십도(聖學十圖) : 이황이 1568년(선조1)에 성학(聖學)의 뜻을 담아 선조(宣祖)에게 올린 10폭의 그림과 그에 대한 해설을 담은 글이다.

353 홍범(洪範) : 《서경(書經)》 주서(周書)의 편명으로, 천지간에 가장 큰 법이라는 뜻이다. 기지(箕子)가 주(周)나라 무왕(武王)에게, 하늘이 우왕(禹王)에게 내려 주었다고 하는 정치 도덕의 아홉 가지 법칙인 '홍범구주(洪範九疇)'를 자세히 설명한 것이다. 구주(九疇)는 첫째가 오행(五行), 둘째가 오사(五事), 셋째가 팔정(八政), 넷째가 오기(五紀), 다섯째가 황극(皇極), 여섯째가 삼덕(三德), 일곱째가 계의(稽疑), 여덟째가 서징(庶徵), 아홉째가 오복(五福)과 육극(六極)이다.

신 현이 말하기를, "정구(鄭逑)[354] 집안의 〈성학십도〉 병풍은 이황이 만든 것에 자못 상세함을 더하였습니다. 또 《주역》 병풍이 있으니 모쪼록 진상케 하여 열람하시는 것이 좋을 것입니다."라고 하였다. 주상께서 말씀하시기를, "매우 좋도다. 수송하는 것은 편리하지 않으니, 베껴 써서 가져오게 하는 것이 좋겠다. 병풍을 만들 때 사치스럽고 화려하게 하지 말고 두꺼운 종이로 만들도록 하라."라고 하셨다.

병신(丙申)에 《논어》의 '학이불사(學而不思)'부터 '우유가지지리호(又有可知之理乎)'까지[355] 조강하다.

진강(進講)할 때, 지의(旨義)를 언급하기도 전에 이귀(李貴)[356]

354 정구(鄭逑) : 1540~1620. 본관은 청주(淸州), 자는 도가(道可)이고, 호는 한강(寒岡), 시호는 문목(文穆)이다. 조식, 이황의 문인이다. 공조 참판, 대사헌을 역임하였다. 저서로 《한강집》이 전한다.

355 학이불사(學而不思)부터 우유가지지리호(又有可知之理乎)까지 : 《논어》 〈위정(爲政)〉 15장의 "배우기만 하고 생각하지 않으면 얻음이 없고, 생각하기만 하고 배우지 않으면 위태롭다.〔學而不思則罔, 思而不學則殆.〕"라고 한 데서부터 17장의 "유야, 너에게 안다는 것에 대해 가르쳐 주겠다. 아는 것을 안다고 하고 모르는 것을 모른다고 하는 것, 이것이 아는 것이다.〔由! 誨女知之乎? 知之爲知之, 不知爲不知, 是知也.〕"라고 한 것의 집주 "이와 같이 하면 비록 혹 다 알지는 못하더라도 스스로 속이는 폐단이 없고 또한 그 앎에 해가 되지 않을 것이다. 더욱이 이로 말미암아 구한다면 또 알 수 있는 이치가 있을 것이다.〔如此則雖或不能盡知, 而無自欺之蔽, 亦不害其爲知矣. 況由此而求之, 又有可知之理乎?〕"까지를 말한다.

356 이귀(李貴) : 1557~1633. 본관은 연안(延安), 자는 옥여(玉汝), 호는 묵재(默齋), 시호는 충정(忠定)이며, 이이(李珥), 성혼(成渾)의 문인이다. 임진왜란 때 삼도 소모관(三道召募官)으로 활약했고 유성룡을 도왔다. 인조반정의 정사 공신(靖社

가 불씨(佛氏)의 말이 더욱 이치에 가깝다[357]는 것으로 인해 불교가 사람들을 미혹케 하는 말을 힘써 진술하였다. 인하여 사친(私親 생부(生父))에게 '고(考)' 자를 더하는 것은 불가함이 없다는 뜻[358]을 힘써 진술하였는데, "사람들의 말은 혹 그것을 그릇되다 하지만, 삼대 이후로 제왕 중에 밖에서 들어와 대통(大統)을 이은 경우는 사친을 부(父)라고 칭하지 않은 사람이 없습니다. 한 선제(漢宣帝)가 사황손(史皇孫)에 대한 일[359]은 다만 그 '황(皇)' 자를

功臣) 1등에 책록되었고, 연평부원군(延平府院君)에 봉해졌다. 정묘호란 때에는 최명길과 함께 화의를 주장하여 탄핵을 받았다. 영의정에 추증되었고 인조 묘정에 배향되었다.

357 불씨(佛氏)의……가깝다 : 《논어》 〈위정〉 16장의 "이단을 전공하면, 이에 해로울 뿐이다.〔攻乎異端, 斯害而已.〕"라는 구절의 주자 집주에 정자(程子)의 말을 인용하여, "불씨의 말이 양주와 묵적에 비해 더욱 이치에 가까우니, 그러므로 그 해가 더욱 심하다.〔佛氏之言, 比之楊墨, 尤爲近理, 所以其害爲尤甚.〕"라고 하였다.

358 사친(私親)에게……뜻 : 인조의 생부인 정원군(定遠君)을 추숭하는 데 대한 의론을 말한다. 인조가 선조의 다섯째 아들인 정원군(定遠君)의 장남으로서 반정(反正)을 일으켜 왕위에 오른 뒤, 정원군에 대해 어떻게 대우할 것이냐 하는 문제가 대두되었는데, 여러 차례의 논의를 거친 뒤에 신하들의 반대를 무릅쓰고 인조의 뜻에 따라 1632년(인조10)에 드디어 정원군을 원종(元宗)으로 추존하고, 능호(陵號)를 장릉(章陵)으로 고쳤다.

359 한 선제(漢宣帝)가……일 : 사황손은 선제(宣帝)의 생부이다. 무제(武帝)의 장자인 여태자(戾太子) 거(據)가 무고(誣告)로 인해 자살하자, 무제의 손자인 소제(昭帝)가 무제의 뒤를 이었다. 그런데 소제가 죽은 뒤에 후사가 없어서 여 태자의 손자인 선제(宣帝)가 입궁하여 왕위를 이었다. 따라서 소제와 선제는 항렬상 조손(祖孫) 관계이지만, 제왕의 계통으로 보면 부자의 의리가 있는 것이다. 그런데 선제는 여 태자의 아들, 곧 자신의 생부인 사황손(史皇孫)을 추존하여 황고(皇考)라 부르고 따로 사당을 지어 제사를 받들게 함으로써 왕통을 어지럽히는 일을 저지르고 말았다.

사용한 것을 비난하였으니, 주자 또한 그 '고(考)'라고 칭한 것을 비난한 것은 아닙니다. 예관(禮官)의 의논을 취합한 것이 매우 합당합니다. 지난날 주상께서 사제(私第)에서 어머니를 뵙고자 한 것은 의리에 해가 되지 않는데도 두루 물어보라고 하교하셨으니, 이 또한 잘못입니다. 제왕이 비록 대통보다 중하지만, 어머니와 아들이 보고 싶어 하는 마음은 바로 인정과 천리가 있는 바이니, 어찌 다름이 있겠습니다. 이는 독단적으로 시행할 수 있는 것이니, 외부의 의논에 미혹되지 않는 것이 옳습니다. 어머니를 불러서 만나 볼 수 없다면, 직접 가서 만나 보는 것이 비록 자주 간들 무엇을 혐의하겠습니까. 그런데 어떤 이는 제왕이 된 사람은 사제에 직접 납실 수 없다고 여기는데 이것은 무슨 말입니까. 한 고조(漢高祖)가 고향인 패현(沛縣)의 풍읍(豐邑)으로 가서 수숙(嫂叔 형수와 시동생)으로 서로 일컬었지만 어찌 그릇되다고 하는 자가 있었습니까."라고 하고, 인하여 독단으로 어머니를 만나러 가시라는 뜻을 진술하였다.

신 현이 진언하기를, "이귀(李貴)의 말이 비록 옳다 하더라도 문제점이 있습니다. 제왕으로 들어와 대통을 이은 사람이 사친을 가벼이 여기는 것은 정이 야박하기 때문이 아니라 대의가 존재하는 바이기 때문입니다. 옛날 제왕 가운데 이런 점에 대해 잘못된 행동을 한 경우가 많았으니, 모두 자신의 감정대로 곧바로 시행한 데서 말미암은 것입니다. 사제에서 어머니를 직접 뵙는 것이 비록 지극한 마음에서 나왔더라도 제왕의 거동은 예관(禮官)과 유신들에게 두루 물어 그 일을 신중하게 하지 않을 수 없으니, '독단으로 어머니를 만나러 간다.'는 말은 훗날의 폐단이 될까 두렵습니다."라고 하였다.

이귀가 말하기를, "이 같은 말은 모두 잘못입니다. 신은 대통을 마땅히 중하게 여기고 사친을 마땅히 경하게 여겨야 한다는 것을 알지 못하는 것이 아닙니다. 낳아 준 분에게 고(考) 자를 붙이지 않으면 어떻게 호칭할 것이며, 낳아 준 분을 찾아뵙고 안부를 묻지 않으면 마땅히 불러서 만나야 합니까."라고 하였다.

현이 말하기를, "이것을 잘못이라 하는 것이 아닙니다. 독단으로 시행한다는 말은 문제점이 있는 듯하니, 신중해야 할 지위에 어찌 독단으로 할 수 있겠습니까. 낳아 준 분을 고(考)라고 칭하는 것은 이미 정해진 의논이니, 분변할 필요가 없습니다. 오늘날 성상(聖上)이 사친을 대하는 것은 복원(濮園)의 의논[360]과 같지 않고 한 선제와 비슷하니, 고(考)라고 칭하는 것은 괜찮습니다. 그러나 지금 김장생(金長生)이 삼대 성왕(聖王)의 일을 인용하여

360 복원(濮園)의 의논 : 송(宋) 제5대 영종(英宗)의 생부(生父)인 복안의왕(濮安懿王)을 숭봉(崇奉)하는 전례(典禮)에 관한 의논. 제4대 인종(仁宗)이 재위 중에 오래도록 아들이 없으므로 복왕의 제13자를 황자(皇子)로 삼았고, 인종이 죽자 황자가 즉위하니, 이가 바로 영종이다. 영종 재위 시에 복왕의 숭봉을 의논하였는데, 중서성(中書省)은 황친(皇親)이라 칭하기를 주장하고, 사마광(司馬光)・왕규(王珪)・여회(呂誨)・여대방(呂大防)・범진(范鎭)・범순인(范純仁) 등은 입승(入承)한 대통(大統)을 중시하여 복왕이 인종의 사촌 형이 되므로 황백(皇伯)이라 칭하기를 주장하였다. 의논이 정해지지 않으므로, 황태후(皇太后)가 수조(手詔)하여 황제로 하여금 복왕을 친(親)이라 칭하고 왕을 황(皇)이라 칭하고 왕의 세 부인(夫人)을 다 후(后)라 칭하게 하였고, 그날로 영종이 수조하여 복왕의 영(塋)을 원(園)이라 개칭하고 원에 묘(廟)를 세우게 하였는데, 제6대 신종(神宗) 때에 이르러 세 부인을 왕부인(王夫人)이라 칭하게 하였으니, 마침내 황친이라 칭한 것은 한때뿐의 일이 되었다. 《宋史 濮王傳》

아뢴 것[361]을 보니, 매우 좋은 뜻이었습니다."라고 하였다.

윤방(尹昉)[362]이 진언하기를, "두 사람의 말이 모두 옳습니다. 최현의 말은 훗날의 폐단이 있을까 두려워한 것이니, 또한 좋은 말입니다. 어머니를 뵙고 안부를 묻는 것 또한 어찌 의리에 해가 있겠습니까. 운운."이라고 하였다.

무신(戊申)에 《논어》 '자왈인이불인(子曰人而不仁)'부터 '고지이차(告之以此)'까지[363] 조강하다. 진강이 끝나고 지의(旨義)를 논하였다.

361 김장생(金長生)이……것 : 1623년(인조1) 5월, 인조가 사친을 제사 지낼 때 호칭에 대한 것으로, 《사계유고(沙溪遺稿)》 권1의 〈사묘에서 몸소 제사 지낼 때 축문에 쓰는 호칭에 대해 논하는 소〔論私廟親祭時祝文屬號疏〕〉를 말한다. 최현은 왕위를 계승한 자는 선왕(先王)을 부친으로 삼아야 한다는 뜻으로, 생부에 대해 숙부(叔父)로 칭해야 한다고 주장하였다.

362 윤방(尹昉) : 1563~1640. 본관은 해평(海平), 자는 가회(可晦), 호는 치천(稚川), 시호는 문익(文翼)이다. 윤두수(尹斗壽)의 아들이고 이이(李珥)의 문인이다. 1618년 인목대비(仁穆大妃)에 대한 폐모론이 일자 병을 핑계로 정청(政廳)에 불참해 탄핵을 받고 사직하였으며, 1623년 인조반정 후 다시 등용되었다. 1636년 병자호란이 일어나자 묘사제조(廟社提調)로서 40여 신주(神主)를 모시고 빈궁(嬪宮)·봉림대군(鳳林大君)과 함께 강화로 피난하였다. 저서로 《치천집》이 있다.

363 자왈인이불인(子曰人而不仁)부터 고지이차(告之以此)까지 : 《논어》 〈팔일(八佾)〉 3장에 "사람으로서 인(仁)하지 못하면 예(禮)를 어떻게 사용하며, 사람으로서 인(仁)하지 못하면 악(樂)을 어떻게 사용할 수 있겠는가?〔人而不仁, 如禮何? 人而不仁, 如樂何?〕"라고 한 구절부터 〈팔일〉 4장의 "임방이 예(禮)의 근본을 묻자, 공자께서 '훌륭하다, 너의 질문이여. 예는 사치하기보다는 차라리 검소하여야 하고, 상(喪)은 형식적으로 잘 다스려지기보다는 차라리 슬퍼하여야 한다.' 하셨다.〔林放問禮之本, 子曰, 大哉! 問! 禮與其奢也, 寧儉; 喪與其易也, 寧戚.〕"라는 구절의 집주까지를 말한다.

신 현이 말하기를, "인(仁)이란 것은 본심(本心)의 온전한 덕(德)이니, 정자(程子)는 '인(仁)이란 것은 천하의 바른 이치이다.'[364]라고 하였습니다. 이른바 바른 이치라는 것은 곧 본연(本然)의 양심(良心)입니다. 어질지 못한 사람은 사욕이 어지럽혀 그 본연의 양심을 잃어서 바른 이치가 어두워집니다. 화평(和平)·온후(溫厚)·중정(中正)한 덕이 없으면, 어찌 예악(禮樂)을 쓸 수 있겠습니까. 정자가 이른 바 '무서이불화(無序而不和)'라는 것은 인군의 마음이 천하의 중함에 달렸다는 것이니, 한번 사욕에 어지럽게 되어 그 화평(和平)·온후(溫厚)한 덕을 잃으면, 백성이 근심하고 원망하여 천지의 기운이 어그러지고 화평하지 못합니다. 그 사용하는 예악이 모두 참람되고 어지러워 차례를 잃고 음란하고 사특하여 죽이고 정벌하니, 비록 옥과 비단이 교차하고 종과 북이 연주되더라도 이것이 어찌 예악을 말하는 것이겠습니까. 유씨(游氏)는 마음의 온전한 체(體)를 위주로 말하였고,[365] 정자는 온전한 체를 가리켜 말하였으며, 이씨(李氏)는 예악의 용(用)을 가

364 인(仁)이란……이치이다 : 3장의 집주에 정자가 말하기를, "인이란 것은 천하의 바른 이치이니, 바른 이치를 잃으면 질서가 없고 화하지 못하다.〔仁者, 天下之正理, 失正理則無序而不和.〕"라고 한 것을 말한다. 이 말은 《근사록(近思錄)》 권1 〈도체(道體)〉에도 보인다.

365 유씨(游氏)는……말하였고 : 유씨는 송나라의 유초(游酢, 1053~1123)를 가리킨다. 자는 정부(定夫)이고, 호는 광평(廣平) 또는 치산(廌山)이며, 정호(程顥)·정이(程頤) 형제의 문인이다. 주자의 집주에 유씨의 말을 인용하여, "사람으로서 어질지 못하면 사람의 마음이 없는 것이니, 그 예악을 어떻게 하겠는가. 비록 쓰려고 하더라도 예악이 그를 위해 쓰이지 않을 것이다.〔人而不仁, 則人心亡矣, 其如禮樂何哉? 言雖欲用之, 而禮樂不爲之用也.〕"라고 하였다.

리켜 말하였으나,[366] 실은 서로 표리가 됩니다. '예는 사치하기보다는 차라리 검소하여야 하고, 상(喪)은 형식적으로 잘 다스려지기보다는 차라리 슬퍼하여야 한다.'라고 하였는데, 예는 문채와 바탕이 서로 걸맞은 것을 귀하게 여기니, 검소함과 슬퍼함은 또한 예가 중을 얻은 것이 아닙니다. 집주에서 '예의 온전한 체가 그 가운데 존재하지 않음이 없다.'라고 한 것은 검소함과 슬퍼함이 바로 예의 온전한 체임을 말하는 것이 아닙니다. 이미 그 바탕이 있다면 체(體)가 그 가운데 있을 것이니, 말단을 따르다 그 체를 잃는 것보다는 차라리 그 체를 얻고 용에 부족한 것이 낫지 않겠습니까."라고 하였다.

주상께서 말씀하시기를, "주(周)나라 때의 성인이 서로 이어 예를 제정하였으니, 어찌 문채가 이기는 폐단이 있었겠는가."라고 하셨다. 이정귀(李廷龜)가 말하기를, "문왕과 무왕 때에 그러한 것이 아닙니다. 성왕(聖王)의 법이 오래됨에 폐단이 생겨나니, 말세의 폐단은 당연한 것입니다."라고 하였다.

주상께서 말씀하시기를, "주공(周公)이 예를 제정함에 매우 상세하고도 또 완비하였으나, 공자의 시대에 이미 문채가 이기는 폐단이 있었다."라고 하셨다. 신 현이 말하기를, "삼대(三代)의 예는 덜고 더하면서 서로 인습하였습니다만 은(殷)나라는 질박함

366 이씨(李氏)는……말하였으나 : 주자의 집주에 이씨의 말을 인용하여, "예악은 사람을 기다린 뒤에 행해지니, 그 사람이 아니면 비록 옥과 비단이 교차하고 종과 북이 연주되더라도 또한 장차 어떻게 하겠는가.〔禮樂, 待人而後行, 苟非其人, 則雖玉帛交錯, 鍾鼓鏗鏘, 亦將如之何哉?〕"라고 하였다.

을 숭상하였기에 말류(末流 말세)에는 자잘하고 촌스런 폐단이 있었습니다. 그러므로 주나라 때는 이 때문에 더하여 문채가 나지 않을 수 없었습니다. 만약 성인이 주나라를 계승하여 홍기하였다면, 또한 반드시 그 문채를 덜고 그 질박함을 더하였을 것입니다. 이것이 공자께서 이 말씀을 하신 까닭입니다. 또 '예사이비(禮奢而備)'[367]를 말하였는데, 이 '사(奢)' 자는 바로 지나치게 갖추어서 중을 넘은 것을 말하는 것이지 사치는 아닙니다. 그러나 지나치게 갖추는 데 허물이 있으면, 그 폐단이 사치하게 되니, 사치의 피해는 하늘의 재앙보다 심합니다. 공사(公私) 간의 재화가 탕진되었는데도 혼례와 상례에 지나치게 사치하여 서인(庶人)은 대부(大夫)의 예를 참람되이 행하고, 사대부(士大夫)는 왕공(王公)의 예를 참람되이 행합니다. 만약 검소함으로 몸소 솔선수범하여 사치한 풍조를 통렬히 금지하지 않는다면, 말세의 피해를 이루 말로 할 수 없을 것입니다."라고 하였다.

진강(進講)이 끝나고 신 현이 또 진언하기를, "선비가 아름답지 못한 것에 습관이 들어 예학이 오랫동안 폐지되고, 예문(禮文)이 여러 글에 흩어져 있어 참고하기 어렵습니다. 《의례(儀禮)》와 《예기》 같은 경우, 너무 방대한 거질(巨帙)이어서 사가(私家)에서는 또한 구해 보기 어렵습니다. 주자의 《가례(家禮)》

367 예사이비(禮奢而備) : 주자의 집주에 범씨(范氏)의 말을 인용하여 말하기를, "예는 사치하여 잘 갖추어짐이 검소하면서 덜 갖추어지는 것만 못하며, 상은 형식적으로 잘 치러 문채 나는 것이 슬퍼하면서 덜 문채 나는 것만 못하다.〔禮奢而備, 不若儉而不備之愈也; 喪易而文, 不若戚而不文之愈也.〕"라고 하였다.

는 너무 간약(簡約)하고 갖추어지지 않았습니다. 정구(鄭逑)가 이 문제점을 염려하였기에 여러 예문(禮文)을 모으고 취합해서 책을 만들고, 주자(周子), 이정(二程), 장횡거(張橫渠), 주자(朱子) 등 다섯 선생의 설을 절충하여 《오선생예설(五先生禮說)》[368] 이라 이름하였습니다. 또 우리나라 이황(李滉)의 논의를 보충하여 《이선생예설(李先生禮說)》[369]을 만들었으니, 모두 7권입니다. 위로 천자 제후의 예로부터 아래로 사서인(士庶人)의 상례(常禮)와 변례(變禮)에 이르기까지 겨우 책을 완성하자마자 세상을 떠났습니다. 원컨대 이 책을 간행하여 나라 안에 배포하여 사람들이 열람할 수 있게 한다면, 아마 치화(治化)에 도움이 될 것입니다."라고 하였다.

주상께서 말씀하시기를, "이것은 곧 정구가 스스로 설을 세운 것인가, 옛사람의 설을 분류하고 모은 것인가?"라고 하시기에 대답하여 말하기를, "다만 여러 선비들이 예에 대해 말한 것이 다른

368 오선생예설(五先生禮說) : 정구(鄭逑)가 송나라의 성리학자 정호(程顥), 정이(程頤), 사마광(司馬光), 장재(張載), 주자(朱子) 등 5인의 예설을 모아 만든 책이다. 관(冠), 혼(婚), 상(喪), 제(祭)와 잡례(雜禮) 등을 체계 있게 분류하여 전집(前集) 8권 3책, 후집(後集) 12권 4책으로 만들었다. 전집은 주로 천자와 제후에 대한 예를 다루었고, 후집은 일반 사대부에 관한 예를 다루었다. 저본에는 사마광 대신 주자(周子), 즉 주돈이(周敦頤)를 들었는데, 잘못이다.

369 이선생예설(李先生禮說) : 자세하지 않다. 정구의 저작은 1614년 저자가 살던 노곡(蘆谷)에 화재가 발생해 대부분 소실되었는데, 아마 이때 소실된 듯하다. 다만 《한강집(寒岡集)》 권5 〈임탁이(任卓爾) 흘(屹)에게 답함〔答任卓爾 屹〕〉에, 이 선생(李先生)의 예설(禮說)에 대해 만족스럽지 못한 마음과 유별(類別)과 체제를 임흘과 상의하지 못한 것을 한스러워하는 내용이 있다.

곳에 나아가 다섯 선생의 논의를 취합한 것이지, 감히 스스로 설을 세운 것은 아닙니다."라고 하였다. 주상께서 말씀하시기를, "그렇다면, 분류하고 모은 것이구나. 간행하는 일은 지금의 공력으로는 매우 어려우니, 일단 가져다가 본 뒤에 때를 기다려 간행하고자 한다."라고 하셨다.

6월 8일 정묘(丁卯)에 《논어》 '자입태묘(子入太廟)'부터 '정금지실(正今之失)'까지[370] 주강하다.

진강이 끝나고 지의를 논하였다. 신 현이 아뢰어 말하기를, "성인(聖人)의 총명과 예지는 이치를 알지 못하는 바가 없습니다. 혹 알지 못하는 바가 있다면, 바로 유사(有司)의 일이니, 절목(節目)과 명물(名物), 그리고 그 변이처(變異處)는 반드시 물어야 합니다. 비록 알고 있더라도 또한 묻는 것은 지극히 공경하고 삼가는 것입니다. 또 이는 공자가 처음 조정에 들어가 막 벼슬한 때이니,

370 자입태묘(子入太廟)부터 정금지실(正今之失)까지 : 《논어》 〈팔일(八佾)〉 15장에 "공자께서 태묘(大廟)에 들어가 매사를 물으시니, 혹자가 말하기를 '누가 추(鄹) 땅 사람의 아들〔공자〕을 일러 예를 안다고 하는가? 태묘에 들어가 매사를 묻는구나.'라고 하였다. 공자께서 이 말을 들으시고 말씀하기를 '이것이 바로 예이다.' 하였다.〔子入大廟, 每事問, 或曰 : '孰謂鄹人之子知禮乎? 入大廟, 每事問.' 子聞之, 曰 : '是禮也.'〕"라고 한 내용부터 16장 "공자가 말하기를, '활을 쏠 때에 과녁의 가죽 뚫는 것을 기준으로 삼지 않음은 힘이 동등하지 않기 때문이니, 옛날의 활 쏘는 도(道)이다.'라고 하였다.〔子曰 : 射不主皮, 爲力不同科, 古之道也.〕"의 주자 집주에서 양씨(楊氏)의 말을 인용하여 "적중하는 것은 배워서 할 수 있으나 힘은 억지로 하여 이를 수 없다. 성인이 옛날의 도를 말한 것은 지금의 잘못을 바로잡으려는 까닭이다.〔中可以學而能, 力不可以强而至. 聖人言古之道, 所以正今之失.〕"까지를 말한다.

들어갈 때마다 물은 것은 아닙니다."라고 하였다. 또 말하기를, "이에서 성인께서 제사에 임할 때의 공경과 삼감을 볼 수 있습니다. 알고 있으면서도 물으신 것은 스스로 만족스럽게 여기지 않은 뜻인데, 어떤 이는 공자가 예를 알지 못한다고 기롱하였으니, 이는 덕을 아는 자가 드문 것[371]입니다."라고 하였다.

주상께서 말씀하시기를, "성인은 뭇사람들과 다르니, 사람들이 모두 알 수 있는데도 알지 못한 것은 무엇 때문인가."라고 하셨다. 신 현이 대답하여 말하기를, "성현이 때를 만나지 못한 것은 숭상하는 바가 시대와 부합하지 않기 때문입니다. 그러므로 춘추전국(春秋戰國) 시대에는 다투어 권모술수를 행하여 부국강병의 방법에 급급하였으나, 성인은 뜻이 세상을 구제하는 데 있어서 공리(功利)를 숭상하지 않았습니다. 위 영공(衛靈公)이 진법(陣法)에 대해 물은 것은 그 의도가 부국강병에 있었는데, 공자는 '조두(俎豆)에 관한 일은 일찍이 들었지만 군대에 관한 일은 배우지 못하였다.'라고 대답하였습니다. 영공이 마음속으로 현실 사정과 거리가 멀다고 생각하여 날아가는 기러기를 돌아보니, 공자가 드디어 떠났습니다.[372] 제 선왕(齊宣王)과 양 혜왕(梁惠王)은 토지를 넓히고 진초(秦楚)를 조회하게 하는 방법을 듣고자 하였으나, 맹자는

371 덕을……것 : 《논어》 〈위령공(衛靈公)〉에 "공자가 말하기를, '유야, 덕을 아는 자가 드물구나.'라고 하였다.〔子曰 : 由! 知德者鮮矣.〕" 하였는데, 집주에 "덕은 의리를 자신의 몸에 얻은 것이니, 자신이 덕을 가지고 있지 않으면 그 의미의 실제를 알 수 없다.〔德, 謂義理之得於己者. 非己有之, 不能知其意味之實也.〕"라고 하였다.

372 위 영공(衛靈公)이……떠났습니다 : 《논어》 〈위령공(衛靈公)〉 1장에 나온다. 다만 날아가는 기러기를 보았다는 내용은 《사기》 〈공자세가(孔子世家)〉에 보인다.

'인의(仁義)가 있을 뿐인데, 하필이면 이(利)를 말하는가.'[373]라는 것을 먼저 진술하고 또 말하기를, '5묘의 집 주변에 뽕나무를 심게 하고, 닭과 돼지와 개와 큰 돼지를 기름에 새끼 칠 때를 잃지 않게 하라.'[374]라고 하였으니, 뜻이 백성들에게 생업에 종사하도록 하는 데 있습니다. 어찌 현실 사정과 거리가 멀다고 생각하지 않겠습니까. 성현의 성덕(盛德)이 밝게 빛나는 것을 본 사람은 공경하여 예를 갖추지만, 그 말만 들으면 현실 사정과 크게 거리가 멀다고 생각하기 때문에 모두 기꺼이 등용하지 않는 것입니다. 설사 공자와 맹자가 다시 지금 시대에 태어나더라도 어찌 그 등용되기를 기필할 수 있겠습니까."라고 하였다.

'사불주피(射不主皮)'에 이르러 신 현이 말하기를, "'활 쏘는 것으로 덕을 관찰하다.〔射以觀德〕'라는 것은 막 활을 쏠 때 여유롭게 읍하고 사양하여 밖으로는 몸이 꼿꼿하고 안으로는 마음이 바르게 되어 활과 화살을 잡고 안정된 뒤라야 정곡(正鵠)을 맞춤에 대해 말할 수 있으니,[375] 이것이 덕용(德容)이 됩니다. 옛날에 활

373 인의(仁義)가……말하는가 : 《맹자》 〈양혜왕 상(梁惠王上)〉에 양 혜왕이 "우리나라를 이롭게 해 줄 수 있겠느냐?〔有以利吾國乎?〕"라고 묻자, 맹자가 "하필이면 이를 말합니까. 또한 인의가 있을 뿐입니다.〔何必曰利? 亦有仁義而已矣.〕"라고 한 것을 변용하였다.

374 5묘의……하라 : 《맹자》 〈양혜왕 상〉에 "5묘의 집 주변에 뽕나무를 심게 한다면 50세 된 사가 비단옷을 입을 수 있으며, 닭과 돼지와 개와 큰 돼지를 기름에 새끼 칠 때를 잃지 않게 한다면 70세 된 자가 고기를 먹을 수 있을 것이다.〔五畝之宅, 樹之以桑, 五十者可以衣帛矣; 鷄豚狗彘之畜, 無失其時, 七十者可以食肉矣.〕"라고 하였다.

375 활……있으니 : '사이관덕(射以觀德)'은 주자의 집주에 보이는데, 관덕은 《예기(禮記)》 〈사의(射義)〉에 "활쏘기는 진퇴(進退)와 주선(周旋)이 반드시 예(禮)에

쏘는 것은 덕을 보려는 것이지만, 난세에는 힘을 숭상하지 않을 수 없습니다. 성인이 그 힘을 숭상하고 덕을 숭상하지 않음을 탄식한 것은 옛날 도를 위하기 때문입니다. 그래서 그 세상의 도가 쇠미함을 아파하였습니다. 무왕(武王)이 상(商) 나라를 정벌한 뒤, 군대를 해산하고 교외에서 활쏘기를 하였습니다.[376] 이른바 '군대를 해산했다.'라는 것은 농민으로 돌아가게 한 것이며, 교외에서 활쏘기를 한 까닭은 잊지 않고 대비하려는 것입니다. 무력은 뜻하지 않은 변란을 대비하는 데 그치고 전쟁을 하지 않는 것은 오로지 문치(文治)를 숭상한 것입니다. 그러므로 가죽을 관통〔貫革〕하는 활쏘기가 종식되었습니다. 예사(禮射)[377]는 다만 적중하는 데 중점을 두지만, 군사(軍射)는 천찰(穿札)[378]에 중점을 두었습니다. 주(周)나라가 쇠퇴함에 이르러 예가 없어지자 강함을 숭

맞아야 한다. 마음이 바르고 자세가 곧아야 활과 화살을 잡을 때 바르고 안정되고, 활과 화살을 잡을 때 바르고 안정되어야 적중을 말할 수 있다. 활쏘기는 덕행을 살필 수 있다.〔射者, 進退周旋必中禮. 內志正外體直, 然後持弓矢審固; 持弓矢審固, 然後可以言中. 此可以觀德行矣.〕"라고 한 데서 나온 말이다.

376 무왕(武王)이……하였습니다 : 주자의 집주에 보이는데, 《예기(禮記)》〈악기(樂記)〉 23장에 "군대를 해산하고 교외에서 활쏘기를 하되 동학(東學)에서 활을 쏠 적에는 〈이수(貍首)〉를 절주(節奏)로 삼고 서학(西學)에서 활을 쏠 적에는 〈추우(騶虞)〉를 절주로 삼으니 가죽을 관통하는 활쏘기가 종식되었다.〔散軍而郊射, 左射, 貍首, 右射, 騶虞, 而貫革之射息也.〕"라고 하였다. 이수(貍首)는 일시(逸詩)의 편명이고, 추우(騶虞)는 《시경》〈소남(召南)〉의 편명이다.

377 예사(禮射) : 예를 행하고 음악을 연주하며 활을 쏘는 대사(大射)·빈사(賓射)·연사(燕射)·향사(鄕射) 등을 말한다.

378 천찰(穿札) : 작은 미늘 조각들을 이어 붙여서 만든 갑옷인 찰갑(札甲)을 뚫는다는 뜻으로, 굳세고 강한 활쏘기를 말한다.

상하여 다시 관혁(貫革)을 숭상하였습니다. 그러므로 공자께서 옛 예를 회복하지 못함을 탄식하였습니다."라고 하였다.

진강이 끝나고 외방(外方 지방 향교)에서 강학하는 일을 말하였다. 신 현이 진언하기를, "선비들의 습속이 두텁고 얇음은 나라의 치란에 관계되는데, 지금 선비들의 습속이 매우 부박(浮薄)하니, 만약 크게 바꾸지 않으면 다스리기 어렵습니다. 서한(西漢)은 기상(氣象)이 관후(寬厚)하여 남의 잘못 말하기를 부끄러워하기 때문에 비록 투미(偸靡 투박하고 사치스러움)의 잘못이 있었지만 나라를 공고히 세울 수 있었습니다. 동한 시대 낙양에 수도를 정했을 때는 오로지 절의를 숭상하여 비록 윤기(倫紀)를 부지하는 아름다움이 있었지만, 논의가 과격하여 끝내 당고(黨錮)의 화가 있어 국가의 명맥이 그 때문에 상실되었습니다. 오늘의 근심도 이런 폐단이 있기 때문이니, 당쟁의 화가 그치지 않는 것은 모두 이로 말미암은 것입니다. 유생으로 하여금 오로지 예학(禮學), 경학(經學), 그리고 효우(孝友)의 도를 다스리고서 문장 공부를 하여 돈실(敦實)함을 힘쓰고 부화(浮華)함을 제거하는 것이 옳습니다. 조정의 인물에 대해 논하기를 좋아하여 장소(章疏)로 분분하게 언급하는 자에 이르러서는 모두 부박한 습속이 그렇게 만든 것입니다."라고 하였다.

주상께서 말씀하시기를, "선비의 습속을 바꾸는 것은 매우 어렵나."라고 하셨다. 신 현이 말하기를, "국자사업(國子司業)[379]의 명

379 국자사업(國子司業) : 고대에는 악(樂)을 맡은 벼슬로서 세자(世子)의 시·서·예·악(詩書禮樂)을 가르쳤는데, 후대에 와서는 태학(太學)을 관장하는 벼슬로 바

칭은 옛 제도를 회복했다고 말할 수 있으니, 김장생(金長生), 장현광(張顯光)[380] 등을 제수한 것이 아름답지 않은 것은 아닙니다. 그러나 끝내 문구(文具 실상이 없이 법문(法文)만이 갖추어 있는 것)를 면치 못하니, 누가 기꺼이 경전을 잡아 도를 묻고자 하겠습니까. 세월이 쌓여야 그 이루어진 효과를 볼 수 있습니다."라고 하였다.

정엽(鄭曄)[381]이 인하여 관학(館學 성균관)에서 가르치는 방법 및 외방(外方)에서 가르치는 일을 진술하였다. 현이 말하기를, "외방의 훈도관(訓導官)과 제독관(提督官 향교의 교관)은 모두 허명(虛名)으로 가르치는 실상이 없습니다. 지금 만약 관례에 따라 한다면, 반드시 이루어질 효과가 없을 것입니다."라고 하였다.

주상께서 말씀하시기를, "만약 적임자를 얻어 부지런히 가르쳤다면, 어찌 이런 지경에 이르렀겠는가."라고 하셨다. 신 현이 말하기를, "비록 적임자를 얻었더라도 조정에서 만약 항상 감독하지 않고 평범하게 본다면, 사대부의 자제들 또한 기꺼이 학문에 나아

꿔었다. 우리나라에서는 고려 때에는 성균관의 종4품 교관(敎官), 조선조 때에는 성균관의 정4품 국자사업으로 불리었다.

380 장현광(張顯光) : 1554~1637. 본관은 인동(仁同), 자는 덕회(德晦), 호는 여헌(旅軒), 시호는 문강(文康)이다. 저서에 《여헌집》, 《성리설(性理說)》, 《역학도설(易學圖說)》, 《용사일기(龍蛇日記)》 등이 있다.

381 정엽(鄭曄) : 1563~1625. 본관은 초계(草溪), 자는 시회(時晦), 호는 수몽(守夢)이며, 시호는 문숙(文肅)이다. 송익필(宋翼弼)에게 수업하고 성혼(成渾), 이이(李珥)의 문하를 출입하다가 1583년(선조16) 문과에 급제하였다. 1617년(광해군9) 폐모론(廢母論)이 일어나자 양양 부사(襄陽府使)로 나갔다가 사직하였다. 인조반정 이후 중용되어 대사성으로 대사간을 겸하기도 하였다. 저서에 《근사록석의(近思錄釋疑)》와 《수몽집》이 있다.

가지 않을 것입니다. 스승은 가서 가르치는 예가 없으니, 비록 마음을 다하고자 하더라도 도리어 남들의 비웃음을 받을 것입니다. 지난날 유성룡(柳成龍)[382]이 조정에서 벼슬할 때, 학문을 흥기하는 데 뜻을 두어 제독(提督)을 설치하고 권하여《소학(小學)》등의 책을 강의하게 하였습니다만 오래지 않아 모두 허문(虛文)이 되고 제독은 비웃음을 받는 관직이 되었습니다. 여러 고을의 훈도(訓導)와 학장(學長)도 또한 이와 같습니다."라고 하였다.

주상께서 말씀하시기를, "제독과 학장 등은 천전(遷轉 벼슬자리를 옮김)을 권장할 규정이 없는가."라고 하였다. 정엽이 말하기를, "제독과 훈도를 차출하여 제수할 때, 만약 명환(名宦 중요한 자리에 있는 벼슬)을 차출하여 보낸다면, 관직을 잃었다고 생각하여 마음에 불평이 있을 것입니다. 관례대로 명망이 없는 사람을 차출하여 제수하기 때문에 학교(學敎)의 퇴폐함이 이와 같습니다. 만약 명망이 있는 사람을 선택하고 그로 하여금 마음을 다해 권장하게 하고, 학장도 한 고을에서 학행이 있는 사람을 선택하여 하게 하는 등 권장하는 규정을 두신다면, 거의 흥기할 것입니다."라고 하였다.

주상께서 말씀하시기를, "그렇다. 만약 선한 사람을 선택하여 보내 마음을 다해 권장하게 한다면, 어찌 이런 지경에 이르렀겠는가."라고 하셨다.

382 유성룡(柳成龍) : 1542~1607. 본관은 풍산(豐山), 자는 이현(而見), 호는 서애(西厓), 시호는 문충(文忠)이다. 이황(李滉)의 문인이다. 저서로는《서애집(西厓集)》,《징비록(懲毖錄)》등이 있다.

무진(戊辰)에 《논어》의 '자공욕거곡삭지희양(子貢欲去告朔之餼羊)'부터 '식기성정지정야(識其性情之正也)'까지[383] 조강하다.

진강이 끝나고 지의(旨義)를 풀이하였다. 신 현이 진언하기를, "곡삭(告朔)의 예(禮)는 그 일을 중요시하여 감히 마음대로 할 수 없는 바이니, 조묘(祖廟)에 보관하였다가 매월 초하루에 고유하고 시행하였습니다.[384] 노(魯)나라의 정치가 쇠퇴함에 모든 법도가 태만하고 해이하여 드디어 시삭(視朔)[385]을 하지 않게 되었습니다. 자공은 실상이 없이 헛되이 낭비하는 것을 아깝게 여겼기 때문에 그 양을 없애고자 하였으니, 대개 평범한 사람은 이해를 위주로 하여 이치를 보지 못합니다. 자공의 현명함으로도 또한 사물을 아깝게 여김을 면치 못하여 이런 논의를 하기에까지 이르렀으니, 성인이 아니면 어찌 예를 아껴 양을 보존하는 것을

383 자공욕거곡삭지희양(子貢欲去告朔之餼羊)부터 식기성정지정야(識其性情之正也)까지 : 《논어》 〈팔일(八佾)〉 17장에 "자공이 곡삭에 희생으로 바치는 양을 없애려 하자, 공자께서 말씀하셨다. '사(賜)야! 너는 그 양을 아끼느냐? 나는 그 예를 아낀다.'〔子貢欲去告朔之餼羊, 子曰 : 賜也, 爾愛其羊? 我愛其禮!〕"라고 한 부분부터 20장 "공자께서 말씀하기를, '《시경》의 〈관저(關雎)〉는 즐거우면서도 넘치지 않고, 슬프면서도 마음을 상하게 하지 않는다.〔關雎 樂而不淫 哀而不傷〕' 하였다."라고 한 부분의 주자 집주를 말한다.

384 곡삭(告朔)의……시행하였습니다 : 주자의 집주에 "곡삭(告朔)의 예는 옛날에 천자가 항상 섣달에 이듬해 12개월의 달력을 제후에게 반포하면 제후는 그것을 받아서 조묘에 보관하였다가 매월 초하루가 되면 한 마리의 양을 가지고 사당에 고유하고 청하여 시행하였다.〔告朔之禮, 古者, 天子常以季冬頒來歲十二月之朔于諸侯, 諸侯受而藏之祖廟, 月朔則以特羊告廟, 請而行之.〕"라고 하였다.

385 시삭(視朔) : 곡삭(告朔)을 본다는 말인데, 고대 천자와 제후가 매달 초하루에 조묘(祖廟)에 제사 지낸 뒤에 정사를 행하는 것을 말한다.

알겠습니까. 아마 뒷사람들이 혹 이 허기(虛器)로 인하여 옛 도를 회복하기를 바랐을 것입니다. 공자가 옛 도를 생각하며 당시를 마음 아파한 혼후(渾厚)한 뜻을 성대하게 생각해 볼 수 있습니다."라고 하였다.

'임금을 섬김에 예를 다하는 것을 사람들이 아첨한다고 한다.'[386] 라는 것에 이르러 현이 말하기를, "공자께서 임금을 섬기는 예는 달리 더한 바가 있는 것이 아니고 예에 그쳤을 뿐이니, 만약 일푼이라도 더한다면 또한 예를 다하는 것이 아닙니다. 또 공자께서 예를 다한다고 한 것은 임금의 뜻을 받들어 순종함을 말하는 것이 아니니, 당(堂) 아래에서 절을 하는 것〔拜下〕[387] 같은 유입니다."라고 하였다.

'임금이 신하를 부리고, 신하가 임금을 섬기는 것'[388]에 이르러

386 임금을……한다 : 공자의 말로, 〈팔일〉 18장에 나온다.

387 당(堂)……것 : 《논어》 〈자한(子罕)〉에 "베로 면류관을 만드는 것이 본래의 예(禮)인데 지금은 생사(生絲)로 만드니, 검소(儉素)하므로 나는 시속(時俗)을 따르겠다. 당(堂) 아래에서 절하는 것이 본래의 예인데 지금은 당 위에서 절하니, 교만하므로 나는 비록 시속과 어긋나더라도 당 아래에서 절하는 예를 따르겠다.〔麻冕禮也, 今也純儉, 吾從衆. 拜下禮也, 今拜乎上, 泰也, 雖違衆, 吾從下.〕"라는 공자의 말이 나오는데, 이에 대해서 정이(程頤)가 "군자가 처세함에 있어서 일이 의리를 해치지 않는다면 세속을 따르는 것도 괜찮지만, 의리에 해로울 경우에는 세속을 따르면 안 된다.〔君子處世, 事之無害於義者, 從俗可也. 害於義, 則不可從也.〕"라고 해설하였다.

388 임금이……것 : 〈팔일〉 19장에, 노(魯)나라 정공(定公)이 임금이 신하를 부리고 신하가 임금을 섬기는 도리를 묻자, 공자가 대답하기를 "임금은 예로써 신하를 부리고, 신하는 충성으로써 임금을 섬긴다.〔君使臣以禮, 臣事君以忠.〕"라고 한 것을 말한다.

현이 말하기를, "예(禮)로써 하고 충(忠)으로써 하는 것은 모두 이치의 당연함이니, 각각 그 도를 지극히 하는 것이 바로 임금은 임금답고 신하는 신하다움[389]을 말합니다. 여씨(呂氏)가 말하기를, '신하를 부림에 충성하지 않음을 걱정하지 말고, 예가 지극하지 못할까 걱정해야 한다.'[390]라고 한 것은 충성스럽지 못한 신하를 용납하여 제거하지 못함을 말하는 것이 아니라, 사람마다 그 충성을 다하지 못함을 꾸짖어서는 안 되고 자신을 꾸짖어 스스로 지극히 함을 말합니다."라고 하였다.

주상께서 말씀하시기를, "신하를 부림에 충성하지 않음을 걱정하지 말고 예가 지극하지 못할까 걱정해야 한다는 말이 참으로 옳다."라고 하셨다. 현이 말하기를, "윤씨(尹氏)가 말하기를, '임금이 신하를 예로써 부리면, 신하는 임금을 충성으로 섬긴다.'[391]라고 하였습니다. 이 장(章)은 정공(定公)을 위한 말이기 때문에 이에 임금을 경계하기 위하여 말하였습니다. 신하가 어찌 임금이 예가 없다는 이유로 충성하지 않을 수 있겠습니까. 걸주(桀紂)가 무도하였으나 세 사람의 인자(仁者)가 모두 충성을 다하여 어떤 이는 간하다가 죽고, 어떤 이는 간하다가 노예가 되고, 어떤 이는 달아나서 제사를 보존하였습니다.[392] 하물며 걸주에 이르지 않은

389 임금은……신하다움 : 《논어》 〈안연(顔淵)〉에 제 경공(齊景公)이 정치에 대해 공자에게 묻자, 공자는 "임금은 임금답고 신하는 신하답고 아비는 아비답고 아들은 아들다워야 한다.〔君君臣臣, 父父子子.〕"라고 답하였다.

390 신하를……한다 : 〈팔일〉 19장의 집주에 보인다.

391 임금이……섬긴다 : 〈팔일〉 19장의 집주에 보인다. 저본에는 '사군(使君)'으로 되어 있는데, 《논어집주》에 의거하여 '사군(事君)'으로 바로잡아 번역하였다.

경우야 말할 것이 있겠습니까."라고 하였다.

'관저낙이불음애이불상(關雎樂而不淫哀而不傷)'에 이르러 현이 말하기를, "낙이불음애이불상(樂而不淫哀而不傷)은 중화(中和)의 기상이니, 바로 시인의 성정이 바름을 말합니다. 그러나 어찌 다만 시인뿐이겠습니까. 이는 또한 문왕(文王)의 중화의 덕이 이룬 바입니다. 문왕과 후비(后妃)의 성대한 덕과 지극한 다스림이 집안의 법도가 되어 천하에 통용되었으니, 주나라 팔백 년의 기업(基業)이 시작된 바입니다. 이것이 공자께서 《시경》의 첫째 편(篇)에 드러내신 까닭입니다."라고 하였다.

주상께서 말씀하시기를, "성인께서 또한 '여자는 교화하기 어렵다.'[393]라고 하셨으니, 혹 성품이 순종하지 않으면 비록 성인의 덕이 있더라도 어찌 쉽게 교화할 수 있겠는가. 공자는 성인이지만 또한 아내를 내보냈다고 하니,[394] 교화함과 교화하지 못함이 어찌

392 세……보존하였습니다 : 비간(比干)과 기자(箕子)는 은(殷)나라 주왕(紂王)의 숙부이고, 미자(微子)는 주왕의 서형(庶兄)이다. 은나라 말에 주왕이 무도하여 백성들이 폭정(暴政)에 시달리자, 미자는 나라를 떠나서 종사(宗祀)를 보존하였고, 비간은 간하다가 죽임을 당했고, 감옥에 갇혀 노예가 된 기자는 미치광이 행세를 하며 모욕을 받아들였다. 《논어》 〈미자(微子)〉에 공자는 이들을 두고 "은나라에 세 사람의 어진 이가 있었다.〔殷有三仁焉〕"라고 평한 바 있다.

393 여자는 교화하기 어렵다 : 《논어》 〈양화(陽貨)〉에 "여자와 소인은 기르기가 어려우니, 가까이하면 불손하고 멀리하면 원망한다.〔唯女子與小人, 爲難養也, 近之則不孫, 遠之則怨.〕"라고 한 말을 변용한 듯하다.

394 공자는……하니 : 《예기》 〈단궁 상(檀弓上)〉에 자사(子思)의 아들인 자상(子上)의 어머니가 죽었는데 자상이 상복을 입지 않자, 문인이 자사에게 묻기를 "옛날 선생님의 선군자〔공자〕께서는 백어(伯魚)로 하여금 출모(出母)의 상복을 입도록 하

그리도 다른가."라고 하셨다. 현이 말하기를, "일에는 변치 않는 것〔常〕과 변하는 것〔變〕이 있으니, 성인의 덕이 감화하는 것은 상(常)이며, 매우 어리석은 사람이 성인에게 교화될 수 없는 것은 변(變)입니다. 문왕과 후비(后妃)는 성(聖)으로 성인의 짝이 되었기 때문에 덕화가 쉽게 행해져 관저(關雎)의 아름다움이 있었습니다. 매우 어리석어 변화되지 않거나 자포자기하는 사람의 경우는, 비록 문왕이라 하더라도 장차 어떻게 하겠습니까."라고 하였다.

이경여(李敬輿)[395]가 말하기를, "규문(閨門)은 마땅히 엄숙함을 주로 해야 하니, 《주역》에 '위엄이 있으면 길하다.'[396]라는 것이 또한 엄숙함을 말한 것입니다. 만약 규문이 엄숙하면, 비록 교화할 수는 없더라도 선을 행하여 또한 집안의 법도를 어지럽히는 데는 이르지 않을 것입니다."라고 하였다. 현이 말하기를, "낙이불음(樂而不淫)은 화목하면서도 엄숙함을 말하는 것입니다. 화목하지 않으면 서로 어긋나며, 엄숙하지 않으면 집안을 어지럽게 합니

지 않았습니까?〔昔者子之先君子喪出母乎?〕"라고 한 내용을 통해 공자가 아내를 내보냈음을 알 수 있다.

395 이경여(李敬輿) : 1585~1657. 본관은 전주(全州), 자는 직부(直夫), 호는 백강(白江) 또는 봉암(鳳巖), 시호는 문정(文貞)이다. 광해군 때 검열(檢閱)을 지내고 인조반정 후에 부제학・청주 목사・좌승지・경상도 관찰사・형조 판서 등을 거쳐 영의정에 이르렀다. 저서에는 《백강집(白江集)》이 있다.

396 위엄이 있으면 길하다 : 《주역》 〈대유괘(大有卦)〉에 "위엄이 있으면 길한 것은 쉽게 여겨 대비함이 없기 때문이다.〔威如之吉, 易而無備也.〕"라고 하였다. 위엄이 있으면 길하다는 것은, 만약 위엄이 없으면 아랫사람들이 함부로 하고 업신여겨 경계하고 대비함이 없다는 것을 말한다.

다. 두 가지가 서로 극진한 것이 집안을 바르게 하는 도입니다." 라고 하고, 또 말하기를, "이 시에서는 문왕이 정심(正心)·수신(修身)해서 집안을 바르게 하는 법으로 삼은 것을 볼 수 있고, 또 문왕의 덕이 집에서 나라에 이르러 천하가 화평하게 됨에 이르기까지 그 근본은 다만 수신에 달려 있을 뿐임을 볼 수 있습니다." 라고 하였다.

진강이 끝나고 여러 신하들이 군국(軍國)의 일과 여러 도(道)의 초병(抄兵 병사를 뽑음) 등의 일에 대해 논하였다. 현이 진언하기를, "군정(軍政)의 일은 경연(經筵)의 신하들이 알 바가 아닙니다만 신이 원수 종사관(元帥從事官)[397]으로 최근에 서하(西下)를 담당하였기 때문에 감히 아뢰지 않을 수 없습니다. 지금 국가가 다시 세워짐〔인조반정〕에 사람들이 모두 태평성대를 기약할 수 있다고 말합니다. 그러나 신의 어리석은 견해로는 이때가 참으로 위급 존망의 기미입니다."라고 하였다. 주상께서 말씀하시기를, "그렇다. 어째서 그러한가?"라고 하셨다.

현이 다음과 같이 대답하여 말하였다.

> 무릇 나라를 다스림에 먼저 백성의 마음을 안정시키고 그다음으로 국가의 대계를 정한 뒤라야 온갖 일을 현실에 적용할 수 있습니다. 지금 백성의 마음이 안정되지 않고 국가의 대계 또한 정해지지 않아 떠들썩하고 어수선하여 아무 소용이 없는

397 원수 종사관(元帥從事官) : 최현은 계해년(1623, 인조1)에 홍문관수찬 겸 도원수 종사관(弘文館修撰兼都元帥從事官)에 제수되었다.

헛된 말로 세월을 보내고 있습니다. 가을에서 겨울까지 풍고(風高)의 계절[398]은 다만 수개월만 있으니, 모든 일을 반드시 완비할 수 없습니다. 오직 완비하지 못할 뿐만 아니라 계책을 확정치 못한 군정으로 갑자기 풍진(風塵 병란(兵亂))의 경계를 만나 허둥지둥하며 조치를 잘못하여 어찌할 바를 알지 못하며, 안정되지 않은 민심은 때를 틈타 무너지고 흩어져 수습할 수 없습니다. 어디에서 병사를 뽑으며, 어디에서 군량을 이을 수 있겠습니까.

지금 죄인들이 감옥에 가득하고 체포된 사람이 서로 바라볼 정도로 많으며, 죄 있는 자들은 모두 의심과 두려움을 품고 있습니다. 조정의 신하 가운데 조그만 허물이 있는 자들은 모두 그 자리를 편안히 할 수 없으니, 조정은 평안치 못하다고 말할 수 있습니다. 도성(都城)의 백성들 가운데 도탄(塗炭)의 고통을 면할 수 있었던 자들도 처음에는 삶을 즐거워하는 마음이 있었으나 점점 옛 습관을 답습하였습니다. 각시(各寺 각 관청)도 모두 아전들에게 침탈당하여 백성들이 실제 은혜를 입지 못하였습니다. 또 죄인의 집안이라는 까닭으로 적몰(籍沒)된 뒤에는 당초에 앞다퉈 도둑질한 것에 대해서는 죄를 따지지 않는 관용을 두는 것이 옳습니다. 그런데 지금 남들의 하소연하는 것으로 인하여 옥에 가두어 죄를 다스리고 징속(徵贖 체형(體刑)

398 가을에서……계절 : 바람이 거세지는 9월부터 이듬해 2월까지는 풍고(風高)철이라 하여 유방(留防)을 파하는 것을 말한다. 3월부터 8월까지 바람이 잔잔해지는 풍화(風和)철에 요해지(要害地)에 나가 유방하였다.

을 가하는 대신 돈을 징수하는 것)하여 방리(坊里)가 소란하니, 도성의 백성들이 편안치 못합니다.

죄인과 노비 가운데 투탁(投託 남의 세력에 의지하는 것)한 무리가 거의 온 나라의 반이 되고, 죽거나 유배된 뒤 갈 곳을 알지 못해 산곡(山谷)으로 달아난 사람들은 화(禍)를 다행으로 여기는 마음이 있습니다. 지금 일찍이 그들을 위해 잘 처리하여 그 마음을 편안케 하지 않고 그들로 하여금 이리처럼 돌아보고 짐승처럼 놀라 혹 흩어지고 혹 모이는 것이 마치 경급(警急 경계할 급한 사항)을 만난 것처럼 하게 하니, 이 무리들이 어떻게 진정하겠습니까. 이 점이 신(臣)이 먼저 백성의 마음을 안정시키기를 원하는 까닭입니다.

적을 방어하는 계책에 이르러서는 반드시 저들의 형세를 헤아리고 우리의 역량을 살펴야 합니다. 역량이 미치지 못하는 바이고 형세를 어찌할 수 없는 바라면, 비록 아침저녁으로 강구하더라도 끝내 반드시 이로움은 없고 해로움만 있을 것입니다. 그런 까닭으로 먼저 나라의 대계를 확정하는 것만 한 것이 없습니다. 늙은 오랑캐 추장〔청 태조 누르하치〕이 병사를 기른 지 삼십여 년이 되어 이미 천하에 대적할 자가 없는 군대가 되었습니다. 우리나라는 잔패(殘敗)하여 흩어진 끝이라 스스로 설 수 없고, 군사와 군량이 모두 부족하여 작은 적도 감당할 수 없습니다. 하물며 바야흐로 강성해지는 적이야 말할 것이 있겠습니까.

무릇 병사를 쓰는 것은 첫째는 싸우는 것이고 둘째는 지키는 것입니다. 싸울 수도 없고 지킬 수도 없다면, 피해야 합니다.

지금 우리의 힘을 헤아려 보면, 싸울 수 있습니까, 지킬 수 있습니까, 피할 수 있습니까? 이 세 가지에 대해 반드시 정해진 계책이 있어야 합니다. 지금 모장(毛將)이 외로이 바다의 섬에 깃들어 겨우 스스로 보존하기를 꾀하고 있으니,[399] 서로 싸우지 못할 것이 분명합니다. 우리가 비록 온 나라의 힘을 다하고 팔로(八路 팔도)의 식량을 모두 모아 서변(西邊)에 모으더라도 오랑캐가 만약 승승장구하여 공격해 온다면 더불어 싸울 수 없습니다. 한번 여지없이 패하여 다시 일어날 수 없게 되어 근본(根本)이 싸그리 없어진다면, 비록 굳게 지키고자 하더라도 또한 할 수 없을 것입니다. 불행하게도 오랑캐가 이르면, 그 형세는 반드시 피하는 데 이를 뿐입니다. 지금 조금 안정된 때라고 외적 피하는 것을 말하기 꺼리지만 급할 때에 임하여서는 피하는 것도 쉽지 않을 것입니다. 조정에서는 세 가지에 대한 계책을 생각하고 계시는지 모르겠습니다.

주상께서 말씀하시기를, "그렇다면 무엇을 해야 하는가?"라고 하셨다. 현이 대답하여 말하기를, "피하는 것은 비록 미리 말하여

399 모장(毛將)이……있으니 : 모장은 명나라 장수 모문룡(毛文龍)을 가리킨다. 1621년(광해군13)에 요동 지방이 후금(後金)에 점령당하자, 요동 도사(遼東都司) 모문룡이 조선 땅으로 넘어와 압록강 연안을 근거지로 후금과 대치하였다. 1622년에는 평안도 철산(鐵山) 앞의 가도(椵島)를 점령하고, 요동 회복을 공언하면서 조선에 병기와 식량을 강요하다가 결국은 명나라 경략(經略) 원숭환(袁崇煥)에게 살해되었다. 이는 당시 조선의 외교와 사회 안정에 큰 부담으로 작용하였으며, 이후 정묘호란과 병자호란의 빌미가 되었다.

사람의 마음을 태만하게 해서는 안 되겠지만 마땅히 청야견벽(清野堅壁)[400]의 계책을 생각해야 합니다."라고 하였다. 윤방(尹昉)이 말하기를, "견벽(堅壁) 또한 좋지 않은 것은 아니지만, 마땅히 그 계책을 강구해야 합니다. 평안도(平安道)는 물자가 부족하니, 여러 도(道)에서 병사를 뽑아 군량을 운송하지 않으면, 어떻게 성을 지킬 수 있겠습니까."라고 하였다.

현이 말하기를, "여러 도(道)의 병사와 군량은 진실로 도움이 되지 않는 것은 아닙니다. 그러나 안정된 계책이 되지 못하여 그 근본을 어지럽히면 어쩔 수 없습니다. 믿을 수 없는 서변(西邊)을 믿고, 믿을 수 있는 동남(東南)을 어지럽히는 것은 뒷일을 잘 대비하는 계책이 아닙니다. 신의 생각으로는 각자 지킨다면, 동시에 함께 패하는 근심은 없을 것입니다. 평안도의 군병이 비록 적지만 도내(道內)에 유리(流離)하는 백성들이 매우 많습니다. 여러 고을의 군사와 백성들이 만약 힘을 합하여 마음을 하나로 한다면, 성 하나는 지킬 수 있습니다. 마땅히 먼저 유민(流民)을 안정시켜 힘을 합쳐 성을 지킬 계책을 강구해야 합니다. 평안도(平安道)와 황해도(黃海道)가 힘을 합하여 스스로 한 지역을 지키고, 경기도(京畿道)와 충청도(忠淸道)가 힘을 합하여 스스로 도성 혹은 남한산성(南漢山城)과 강도(江都 강화도(江華島)) 한 곳을 지키고, 전라(全羅)와 경상(慶尙) 두 도(道) 또한 각각 그곳을 지킬 수 있을

400 청야견벽(清野堅壁) : 수비전술의 하나로, 청야(清野)는 들에 자라는 곡식이나 풀을 깨끗이 없애서 적이 물자를 취할 곳이 없어 스스로 물러가게 하는 것이고, 견벽(堅壁)은 성벽을 굳게 지키고 싸우지 않는 것이다.

것이니, 셋으로 나누어 지킨다면 평안도와 황해도는 버티지 못하더라도 이곳은 지킬 수 있을 것입니다. 이곳을 만약 지키지 못한다면 동남쪽으로 피할 수 있고, 만약 동남쪽 백성들의 마음을 잃지 않는다면 훗날을 대비하는 좋은 계책이 될 수 있을 것입니다.

오백령(吳百齡)이 말하기를, "청나라를 방어하는 계책은 마땅히 압록강(鴨綠江)에 이르지 못하게 해야 합니다."라고 하니 경연 자리에 있던 사람들이 슬며시 비웃었다. 현이 말하기를, "우리의 힘을 헤아려 보건대, 적이 강을 건너지 못하게 할 수 있겠습니까."라고 하였다.

주상께서 말씀하시기를, "평안도와 황해도로 하여금 스스로 지킬 수 있게 한다면, 참으로 좋겠지만 지킬 수 있겠는가."라고 하셨다. 현이 말하기를, "미리 그 백성을 길러 계책이 만약 먼저 확정된다면, 스스로 지킬 수 있습니다만 아마 지금은 미칠 수 없습니다."라고 하였다. 방(昉)이 말하기를, "최현(崔晛)은 젊어서부터 병무(兵務)에 마음을 두고 있었습니다. 신이 영남 방백(嶺南方伯)이 되었을 때, 그와 일을 함께 하였는데, 군정(軍政)의 일에 매우 밝았습니다. 들으니, 지난번 평안도에 가서 산천(山川)을 그림으로 그려 막아 지킬 계책을 계획했다고 하였습니다. 지금 남의 막하(幕下)에서 종사관이 되어서는 큰일을 할 수 없으니, 마땅히 한 지역의 책임을 맡게 할 만합니다."라고 하였다.

현이 말하기를, "신은 재주와 바탕이 약하고 천성이 느리니, 스스로 헤아리건대 군사의 일에는 맞지 않습니다. 다만 전쟁하는 시기에 생장하여 겨우 비분강개하며 앉아서 말만 할 뿐인데, 더군다나 지금은 늙어 쇠약하고 병이 많으니 어떡하겠습니까. 유악(帷

幄)[401]으로 들어가 모시는 것도 광직(曠職 직책을 다하지 못함)이 많은데, 어찌 전쟁터를 치달릴 수 있겠습니까. 원수(元帥)가 불러 종사관으로 삼은 것은 신의 소년 시절을 안 것이니, 어찌 종사관의 직분에 부합하겠습니까. 다만 이미 막관(幕官)이 되었으니 마땅히 원수와 함께 가야 합니다만, 질병 때문에 물러나 머물고 있습니다. 가까운 시일 내에 마땅히 병을 무릅쓰고 내려가 막하에서 요양하겠습니다."라고 하였다.

주상께서 말씀하시기를, "가서 의논하고 직무를 맡으라. 이른바 '산천(山川)을 그림으로 그렸다.'는 것은 산천의 형세인가, 성과 해자의 평이하고 험준함인가?"라고 하셨다. 현이 말하기를, "지난 경술년(庚戌年 1610, 광해군2)에 신이 어사로 서쪽으로 가서 강변(江邊)의 여러 진(鎭)과 내지(內地)의 각 고을을 두루 순행하고 산천의 평이하고 험준함, 도로의 곡직(曲直), 성과 해자의 형세를 그림으로 그리고 합하여 책 한 권으로 만들어 올렸습니다."라고 하였다.

주상께서 말씀하시기를, "보고 싶구나. 지금 있느냐?"라고 하시기에, 대답하여 말하기를, "그 초본(草本)은 신의 처소에 있으나 다만 깨끗하게 베끼지 못하여 아마 보여 드릴 수 없을 듯합니다."

401 유악(帷幄) : 유악지신(帷幄之臣)을 말한다. 유악은 원래 대장의 진영에 치는 장막을 의미하였는데, 훗날 임금의 곁에서 나라의 정사(政事)를 늘 함께 의논하는 참모의 뜻을 지니게 되었다. 한 고조(漢高祖)가 천하를 통일하고 나서 "장악 안에서 산가지를 놀리어 천리 밖의 승리를 결단하는 것은 내가 자방만 못하다.〔運籌策帳幄之中, 決勝千里之外, 吾不如子房.〕"라고 했던 데서 온 말이다. 자방(子房)은 장량(張良)의 자이다. 《史記 留侯世家》

라고 하였다. 주상께서 말씀하시기를, "한 번 보는데, 어찌 반드시 다시 쓰겠는가."라고 하시고는 승정원에 명하여 들이도록 하셨다. 인하여 하교하여 말씀하시기를, "의주(義州)는 지킬 수 있겠는가?"라고 하셨다.

현이 말하기를, "성이 험하지 않고 넓고 크니 지키기 어렵습니다. 지난번 그 성의 형세를 보았는데, 강변은 조금 험하지만 동남쪽은 평이하니, 수만여(餘) 병사를 쓰기에 합당합니다. 만약 적이 위축되어 병사가 준다면, 만여(餘) 병사를 쓰기에 합당합니다. 의주(義州)는 응당 군사에 포함되어야 하는 수가 천 명에 미치지 못하고, 유민(流民) 가운데 입작(入作 타 지역에 들어가서 품팔이를 하는 백성)하는 사람이 몇천 명이니, 만약 미리 어루만지고 다스려 힘을 모아 죽음으로 지키게 한다면, 지킬 수 있을 것입니다. 지금 듣건대, 유민들은 조금만 침해하여 사역함이 있으면, 집기(什器)를 싣고 달아나는 것이 이미 폐습이 되었다 하니, 지금 어찌 갑작스럽게 고칠 수 있겠습니까. 또 의주 사람들은 요동(遼東) 사람들과 서로 호시(互市 국경 무역)하여 한 집안과 같습니다. 늙은 오랑캐가 평소 뇌물을 주어 성문을 열도록 하는 계책을 잘하였으니, 이익을 좋아하는 무리들은 반드시 성문을 열어 오랑캐를 맞이하는 폐단이 있을 것입니다."라고 하였다.

주상께서 말씀하시기를, "만약 잘 어루만져 다스린다면, 어찌 성문을 열어 주는 지경에 이르겠는가. 안주성(安州城)은 어떠한가?"라고 하셨다. 현이 말하기를, "신이 안주의 형세를 살펴보니, 서북쪽은 강으로 막혀 형세가 조금 험합니다. 또 내지(內地)로 외적들이 침입하는 길의 요충지이니, 우리가 반드시 지켜야 할 곳입니다. 그러나 동쪽에 횡강(橫岡) 이 있어 본성(本城)보다 높으니, 반드시 횡강 위에 성을 쌓아 자모(子母)의 성으로 삼아 외적이 웅거할 수 없게 한 뒤라야 지킬 수 있습니다. 그러나 이는 성의 형세를 말한 것입니다. 병사가 많고 군량이 넉넉하며, 또 사람의 마음을 얻은 뒤라야 지킬 수 있습니다. 사람의 마음을 얻는 것을 어찌 하루아침에 갑자기 갖출 수 있겠습니까."라고 하였다.

주상께서 말씀하시기를, "성을 지키는 것은 그 마땅한 사람을 얻으면 사람의 마음도 얻을 수 있을 것이다."라고 하셨다. 경연 자리의 다른 사람들이 어지러이 함께 아뢰었기에 그 말을 끝내지 못하였다. 여러 신하들은 모두 병사 모집의 일을 말하였다. 현이 말하기를, "만약 군졸들에게 살 수 있는 길을 마련하여 모집에 응하는 자들이 모두 후회가 없게 한다면, 평안도 또한 방어하는 병사들을 모을 수 있을 것입니다. 신이 경술년(1610, 광해군2)에 삭주(朔州)에 갔을 때,[402] 부사(府使) 이경립(李景立)이 전사 수십 명을 모으고 길렀는데, 모두 산비탈을 말을 타고 달리며 말 위에서 일어서거나 돌기를 마치 평지처럼 하였고, 또 창과 검을 잘 사용하였습니다. 이와 같은 자들은 오랑캐 병사를 감당할 수 있으나, 다만 재력(財力)이 넉넉지 못하여 상으로 주는 하사품이 후하지 못하기 때문에 널리 모집할 수 없었습니다. 그러나 그 당시에 조정에서 김류(金瑬)의 장계로 인하여 경립을 포상하여 승진시키고 전사들에게 상을 하사하였기 때문에 변방의 여러 고을에서도 본받아 흥기함이 많았습니다. 큰 상을 내리면 용감한 사내를 얻을

402 신이……때 : 최현이 이해 5월, 평안도 암행어사로 나간 것을 말한다.

수 있습니다."라고 하였다. 주상께서 말씀하시기를, "국가의 재력이 고갈되어 상으로 줄 만한 물건이 없으니, 이것이 한탄스럽다."라고 하셨다.

여러 신하들이 또 하삼도(下三道)와 강원도(江原道)의 병사 모집하는 일을 말하였다. 현이 말하기를, "병사 모집하는 형세는 어찌할 수가 없습니다. 이전에 이미 믿음을 잃었으니, 어찌 모집에 응할 자가 있겠습니까. 신은 거의(擧義 반정(反正))할 때, 멀리 영남에 있었습니다. 도성에 들어온 뒤에 이어서 듣고 보니, 13일 거의(擧義)한 뒤 호위(扈衛)하는 병사들이 허술하고 기전(畿甸)에 또 병사를 모은다는 말이 있어 사람들의 마음이 의심하고 두려워하였다 합니다. 당시에 병사를 모집하는 뜻이 매우 급하였기에 두 세 편장(編將)에게 도성에서 널리 모집하게 하고 의리로 깨우치니, 모집에 응하는 사람들이 혹 회기(希覬 자기 분수에 넘치는 일을 바람)의 마음이 있기도 하고 혹 나라를 위하는 정성이 있기도 하여 모집을 즐거워하지 않는 이가 없었습니다. 사자(士子 벼슬을 하지 않은 선비)와 조관(朝官), 상고(商賈)와 천예(賤隸), 부자(父子)와 형제(兄弟)를 따질 것 없이 하나도 빠진 사람이 없었습니다. 그 뒤 거사가 조금 안정되자 기전(畿甸)의 병사들마저 또한 흩어졌습니다. 마땅히 한번 음식을 차려 먹이고 상을 주어 그 마음을 위로해야 하니, 비록 벼슬을 더해 줄 수는 없더라도 마땅히 위로하고서 해산해야 할 것입니다. 뒤에 만약 일이 있으면 다시 모집하는 것이 옳습니다. 오래지 않아 병사를 모집하는 일로 억지로 군병(軍兵)의 인원수를 정하여 그 신장을 재고 그 나이를 기록해야 하고 만약 도피하는 자가 있으면, 방리(坊里)의 행수(行首 각 관아의 같은 계품(階品)의 관리 가운데 가장 우두머리에 해당하는 관원)를 가두어 독현(督現 빨리 출두하여 현신하기를 독촉함)하고, 만약 먼 지방에 있으면, 여러 고을에 공문서를 보내 침책(侵責 간접으로 관계되는 사람에게 책임을 추궁함)할 것입니다. 그러면 사자(士子)와 조관(朝官) 또한 모두 두려워하여 대장(大將)의 군문(軍門)에서 벗어나기를 도모할 것입니다. 그 가운데 벗어나지 못한 자는 부모와 형제가 눈물 흘리고 울며 서로 책망하며 경솔하게 모집에 응한 것을 후회할 것입니다. 어찌 위급한 때를 당하여 병사를 모집하여 호위를 삼고자 함에 사람들로 하여금 모집에 응한 것을 후회하게 하겠습니까. 사람들로 하여금 모집에 응한 것을 후회하게 하면서 다시 변방에서 죽음을 무릅쓰고 전장에 나갈 병사를 모집하고자 한다면, 어찌 기꺼이 응할 사람이 있겠습니까. 지금 만약 모집하고자 한다면, 마땅히 지난번 모집에 응한 사람들을 그만두고 떠나게 하되 위로하여 보내고, 다시 병사를 모집한다면 믿음을 잃는 근심은 없을 것입니다."라고 하였다.

주상께서 말씀하시기를, "해산하여 떠나게 하고 다시 모집하는 것이 이치상 참으로 그러하다. 모집에 응할 사람이 없으면 군병이 한 사람도 없을까 두려우니, 어쩔 수 없이 그렇게 해야겠다."라고 하셨다. 현이 말하기를, "비록 모집에 응하는 사람이 한 명도 없더라도 오히려 모집에 응한 것을 후회하는 것보다는 낫습니다. 믿음을 보이는 것과 믿음을 잃는 것은 경중(輕重)이 참으로 같지 않습니다. 지금 만약 병사를 모으려 한다면, 마땅히 사자(士子), 품관(品官 품계를 가진 벼슬아치), 공경 자제(公卿子弟), 서얼 허통(庶孽許通)[403]으로 곡물을 바치고 첩문을 받은 자를 따질 것 없이 각각 베 한 필을 내어 모집한 병사를 양성하여 모집에 응한 사람으로 하여금 살길이 있도록 해 주고 침탈하여 부역함이 없게 한다면, 아마 모집할 수 있을 것입니다. 만약 병사를 양성하는 규정 없이 다만 검속하기만 한다면, 검속함에 따라 흩어질 것입니다." 라고 하였다. 이정귀(李廷龜)가 말하기를, "만약 수령을 잘 뽑으면, 병사를 뽑는 것이 또한 어찌 어렵겠습니까. 병사(兵使 병마절도사(兵馬節度使))로 하여금 군병을 뽑아 자신이 거느리고 가게 한다면, 그가 거느리고 갈 병사를 정밀하게 뽑지 않을 수 없을 것입니다."라고 하였다.

주상께서 말씀하시기를, "병마절도사가 자신이 뽑아 자신이 거느린다면, 반드시 정밀하게 뽑을 것이다."라고 하셨다. 현이 말하기를, "그렇지 않습니다. 병마절도사가 스스로 어떤 백성은 합당하고 어떤 백성은 불가함을 알아서 자신이 선택하여 뽑는 것이 아닙니다. 먼 외지에 있으면서 여러 고을에 공문을 보내는 것에 불과합니다. 향소(鄕所)[404]의 색리(色吏 일정한 일을 맡아보던 아전)들을 잡아다가 곤장을 치면, 여러 고을의 수령들이 죄를 입을까 겁

403 서얼 허통(庶孼許通) : 서얼은 첩의 소생 자손을 말하며, 허통이란 서얼이 서얼 금고법(庶孼禁錮法)으로 인해 과거 시험에 응시하지 못하던 것을 해제하여 과거에 응시하는 것을 허가하여 벼슬길에 오를 수 있게 해 주는 것을 말한다.

404 향소(鄕所) : 고려 말기에 생긴 수령(守令)의 자문 기관이다. 즉, 수령을 보좌하고 풍속을 바로잡고 향리(鄕吏)를 규찰(糾察)하며 정령(政令)을 민간에 전달하고 민정(民情)을 대표하는 지방 자치 기관이었는데, 직원으로는 장(長)에 향정(鄕正) 혹은 좌수(座首) 한 사람과 별감(別監) 약간 명이 있었다. 향청(鄕廳) 또는 유향소(留鄕所)라고도 한다.

을 내니, 어느 겨를에 백성의 이해를 헤아리고 군병의 장약(壯弱)을 선택하여 떠들썩하게 뽑아 보내겠습니까. 각 관청의 색리들이 법규를 농락하여[405] 군병 한 명을 뽑는 것으로 인하여 사람 백 명을 침탈합니다. 이미 보고한 뒤에 병마절도사가 한번 순시하여 각 관청을 점열할 때, 백성들을 침탈하여 베와 비단을 다그쳐 빼앗고 꾸미기를 힘쓰면, 잘 뽑았다고 생각합니다. 만약 백성을 침탈하지 않고 문구(文具 법문(法文)만이 갖추어 있는 것)를 일삼지 않으면, 무능하다고 생각하여 책임과 벌을 주니, 그 실상은 병마절도사가 모르기 때문입니다. 군병을 거느릴 때에 이르러서는 비록 병마절도사로 하여금 스스로 거느리게 하더라도 만약 거느리고 관서(關西)에 이른 뒤, 이로 인하여 수비하게 한다면 주진(主鎭)이 오랫동안 비게 될 것입니다. 만약 군병을 거느리고 교대로 갈 뿐이라면, 대장(代將 남의 책임을 대신하여 출전한 장수) 한 사람으로 가할 것입니다. 어찌 반드시 병마절도사로 하여금 스스로 가게 하겠습니까. 이와 같은 까닭으로 시례(時例)에 임하여 우후(虞候)[406]에게 대신 거느리게 하였습니다. 병마절도사가 스스로 뽑아 스스로 거

405 법규를 농락하여 : 원문은 '무문(舞文)'으로, 무문농법(舞文弄法)의 준말이다. 붓을 함부로 놀려서 법규를 농락하며 고의로 왜곡 적용하여 폐단을 끼치는 것을 말한다.

406 우후(虞候) : 조선 시대 각 도의 절도사(節度使)에 소속된 관직으로, 남병사(南兵使)를 제외한 전임(專任) 절도사 밑에 두었다. 각 도의 주장(主將)인 절도사의 막료로서 주장을 보필하였으므로 아장(亞將)이라고도 한다. 절도사를 도와 군기(軍機)에 참여하고 군령을 전달하며 군사를 지휘하는 일 외에 절도사를 대신해 군사 훈련이나 무기·군장 점검을 위해 도내를 순행하였다. 남병사는 함경남도 병마절도사이다.

느리는 것은 병사의 뛰어남과 뛰어나지 못함에 전혀 관계되지 않습니다. 다만 이른바 군병이 뛰어나다는 것은 오직 씩씩함과 허약함을 볼 뿐이니, 그 뛰어남과 뛰어나지 못함은 이미 뽑은 뒤에 훈련하는 것이 어떠한가에 달렸습니다. 씩씩함과 허약함은 눈이 있는 자는 모두 볼 수 있으나 훈련은 잘 양성하는 것이 어떠한가에 달렸습니다. 잘 양성할 계책을 구하지 않고 정병으로 훈련하고자 한다면, 또한 어렵지 않겠습니까. 지난날 권반(權盼)[407]이 경상 감사(慶尙監司)가 되어 훈련에 부지런하였으나 군병의 살길을 강구하지 못하여 몇 달 사이에 군병들이 모두 원망하며 흩어졌습니다. 권반이 군병을 침탈한 것은 아니지만 그 근본을 버려두고 그 말단을 다스렸기 때문입니다. 우리나라는 군병을 양성하는 규범이 없기 때문에 평소에 훈련을 할 수 없으니, 모두 쓸데없는 군사가 됩니다."라고 하였다.

방이 말하기를, "장은(張恩)에 대한 일은 매우 처리하기 어려워 장만(張晩)[408]이 영상에게 편지를 보내 묘당(廟堂)으로 하여금 잘

407 권반(權盼) : 1564~1631. 본관은 안동(安東), 자는 중명(仲明), 호는 폐호(閉戶), 봉호는 길천군(吉川君)이다. 1595년(선조28)에 문과에 급제하였다. 충청도 관찰사로 재임하면서는 이원익(李元翼)이 경기도에 시행한 대동선혜(大同宣惠)의 정책을 본받아 한 도(道)의 전세(田稅)와 부역을 공평히 하려 하였으나 성사시키지는 못하였다. 그 뒤 내직으로 옮겨 형조 판서를 지냈다. 서화(書畫)에 능하였다.

408 장만(張晩) : 1566~1629. 본관은 인동(仁同), 자는 호고(好古), 호는 낙서(洛西), 시호는 충정(忠定)이다. 인조반정 직후 후금(後金)의 침략에 대비하여 평양에 원수부(元帥府)를 설치하자 그 우두머리인 도원수(都元帥)에 임명되었다. 이괄(李适)의 난을 진압한 공로로 진무 공신(振武功臣) 1등에 책록되고 영의정에 추증되었다. 저서에는 《낙서집(洛西集)》이 있다.

처리할 계책을 긴밀히 의논하게 하였습니다. 그런데 영상이 병이 심하기에 신이 있는 곳에 보냈는데, 신 또한 처리할 바를 알지 못하여 밀봉하여 주상께 아뢲니다."라고 하였다. 주상께서 말씀하시기를, "이 사람은 어느 곳 사람이며, 그 마음으로 하고자 하는 것은 무슨 일인가?"라고 하셨다. 방이 말하기를, "들으니, 장은은 가장 부유한 장사꾼으로, 처음에는 모장(毛將 모문룡(毛文龍))과 가장 친하였으나 모장에게 죄를 입은 뒤에는 원망하는 마음이 많았다 합니다. 그가 운운한 것은 모장을 해치고자 하여 우리나라에 유언비어를 퍼트려 상국(上國)에 전해져 들리게 하려는 것인지, 아니면 모장이 실제 이런 일이 있었는지는 알 수 없습니다."라고 하였다.

주상께서 말씀하시기를, "도원수(都元帥) 장만이 어떻게 알고 편지를 보냈는가?"라고 하셨다. 방이 말하기를, "남이흥(南以興)[409]과 유효걸(柳孝傑)[410]이 직접 장은과 묻고 답하였는데, 장은이 두 사

409 남이흥(南以興) : 1576~1627. 본관은 의령(宜寧), 자는 사호(士豪), 호는 성은(城隱), 시호는 충장(忠壯)이다. 1602년 무과에 급제하였다. 이괄의 난 당시 도원수 장만(張晩)의 중군(中軍)으로서 많은 무공을 세워 그 공으로 연안 부사(延安府使)가 되었고, 진무 공신(振武功臣) 1등에 책록되었으며 의춘군(宜春君)에 봉하여졌다. 이후 정묘호란이 일어나자 평안도 병마절도사로서 안주(安州)에서 후금군을 막다가 패하자 자살하였다. 뒤에 영의정에 추증되고, 의춘부원군(宜春府院君)에 추봉되었으며, 안주의 충민사(忠愍祠)에 제향되었다.

410 유효걸(柳孝傑) : 1594~1627. 본관은 진주(晉州), 자는 성백(誠伯), 시호는 장의(莊毅)이다. 1618년(광해군10) 무과에 급제하였고, 이괄(李适)의 난에 전공을 세워 진무 공신(振武功臣) 2등에 책록되고 진양군(晉陽君)에 봉하여졌으며, 평안도 병마절도사에 이르렀다. 좌찬성에 추증되었다.

람에게 큰소리치기를, '모장이 하는 바가 전날과 크게 다름이 이러이러하니, 귀국(貴國)은 마땅히 속히 천조(天朝)에 아뢰라. 운운.'이라고 하였습니다. 남이흥 등은 '장은이 말을 번복하여 헤아릴 수 없으니, 훗날 반드시 우리나라에 화가 될 것이다.'라고 생각하여 이 기회로 인하여 제거하고자 하였습니다. 이 계획은 어떻습니까?"라고 하였다. 정귀가 말하기를, "장은은 이익을 도모하여 말을 번복하는 사람이니, 반드시 우리나라에 해를 끼칠 것입니다. 지금 그 일로 인하여 제거한다면, 매우 좋을 것입니다."라고 하였다. 주상께서 말씀하시기를, "매우 분통한 일이로다. 제거하는 것이 좋겠다."라고 하셨다. 방이 말하기를, "유효걸이 이미 잡아다가 금부(禁府)에 가두었고, 남이흥 등은 장은이 쓴 편지를 구하여 모장에게 보내고자 합니다. 이 계획이 어떤지는 모르겠으나 이 사람을 제거하는 것은 우리나라에 다행입니다."라고 하였다. 주상께서 신 현을 돌아보며 말씀하시기를, "그대가 돌아가 원수에게 말하고 상세히 의논하여 처리하라."라고 하셨다.

신 현이 말하기를, "신은 일의 전말을 알지 못하니, 이른바 장은이 남이흥에게 말했다는 것이 어떤 일인지 모르겠습니다."라고 하였다. 주상께서 말씀하시기를, "알아보고 가는 것이 좋겠다."라고 하였다. 방이 현에게 말하기를, "장은이 남이흥 등에게 말하기를, '모장의 마음이 변하여 하는 바가 군정(軍情)에 부합하지 않음이 많고, 친신(親信 가까이하고 믿음) 가달(假㺚)[411]로 하여금 빈

411 가달(假㺚) : 달단족(㺚靼族) 모습으로 가장한 명(明)나라 사람이다. 달단은 만주에 사는 몽고족의 한 갈래이다.

번하게 늙은 오랑캐와 내통하여 함께 귀국을 정벌하기를 도모하고자 하니, 귀국은 마땅히 속히 천조에 아뢰어 그 근심을 방비하라. 운운.' 하니, 이것이 참으로 이런 일이 있었는지는 알 수 없으나, 아마 모장이 박대한 것을 원망하여 반간(反間)[412]하여 해치고자 도모한 것인 듯합니다. 원수가 이홍 등의 말을 듣고 장은의 편지를 구해 모장에게 보내어 제거하고자 하였습니다. 이런 까닭으로 장계(狀啓)가 누설될까 두려워하여 몰래 영상과 통하여 조정에서 의논하여 처리하기를 기다려 이 계획을 실행하고자 하였습니다."라고 하였다.

현이 말하기를, "이 일은 쉽게 할 수 없습니다. 무릇 군중(軍中)에서 반간(反間)을 쓰는 것은 장수가 스스로 마땅히 임기응변해야 합니다. 그러나 만약 처리를 잘하지 못한다면, 도리어 재앙의 단서가 생길 것입니다. 지난날 김응서(金應瑞)[413]가 평행장(平

412 반간(反間) : 적군의 간첩이나 기타의 사람을 이용해서 적중(敵中)에 내홍(內訌)을 일으키게 하였다가 기회를 보아 승리를 취하는 일을 말한다. 《손자(孫子)》 〈용간(用間)〉에, "반간(反間)이란 것은 적군의 간첩을 역이용한 것이다."라고 하였는데, 두목(杜牧)의 주에, "적군의 간첩이 와서 아군의 정황을 엿보면, 내가 반드시 먼저 파악하거나 혹은 그 간첩에게 후한 뇌물을 주어서 반대로 나의 사용이 되게 한다. 또 혹은 일부러 모른 체하면서 거짓 정보를 보여 주어 보내면, 적군의 간첩이 도리어 나의 사용이 된다."라고 하였다.

413 김응서(金應瑞) : 김경서(金景瑞, 1564~1624)로, 응서는 그의 초명이다. 본관은 김해, 자는 성보(聖甫), 시호는 양의(襄毅)이다. 무과에 급제한 후 임진왜란 때 왜적을 소탕하고 성을 탈환하는 데 큰 공을 세웠다. 1619년(광해군11)에 후금(後金)이 세력을 확장하자 명나라가 조선에 원병을 청해 왔다. 광해군은 명의 요청을 거절할 수 없어 강홍립(姜弘立)을 오도 도원수(五道都元帥)로, 김경서를 부원수로 삼아 군대를 파견하였다. 이에 군사를 이끌고 명나라 제독 유정(劉綎)의 군과 합류하였으

行長)[414]과 함께 수길(秀吉 도요토미 히데요시(豊臣秀吉))에게 반간을 도모하여 청정(淸正)[415]을 살해하고자 하였으나, 계획을 끝내 이루지 못하고 마침내 가등청정의 함정에 빠졌습니다. 왜적은 우리 수군을 전복시키고 삼도(三道)를 살육하여 기전(畿甸)에 이르러서야 물러났습니다. 우리나라에서는 이전부터 이런 일들에 대해 상소하였으나, 장은은 지혜가 넉넉하고 재물이 많아 반드시 뇌물

나 부차(富車)에서 크게 패하자 광해군의 밀명에 따라 남은 군사를 이끌고 후금군에 투항하였다. 이러한 과정에서 김경서가 적진의 사정을 자세히 기록하여 본국으로 보내려 하였으나 강홍립이 이를 적에게 고발하여 살해당하였다. 후에 우의정에 추증되고, 고향에 정문(旌門)이 세워졌다.

414 평행장(平行長) : 고니시 유키나가(小西行長, 1555~1600)를 가리킨다. 도요토미 히데요시(豊臣秀吉)의 가신으로, 빈고(備後) 우토성(宇土城)의 성주가 되었다. 임진왜란 때 왜군 선봉장으로 활약하여 한양을 제일 먼저 점령하였다. 정유재란 때 제2사령관으로 참여하였으나, 전주에서 크게 패배하여 후퇴하다가 1597년 순천 왜성에 갇히게 되었는데 명나라 장수에게 뇌물을 주고 탈출하였다. 퇴로를 열기 위한 노량해전에서 참패하였다. 이후 도쿠가와 이에야스(德川家康)와 싸워 패배하고서 참수형에 처해졌다.

415 청정(淸正) : 가토 기요마사(加藤淸正, 1562~1611)를 가리킨다. 미장(尾張) 출신이다. 도요토미 히데요시의 가신으로, 여러 차례 공을 세워 비후(肥後) 지방 20만 석의 영주가 되었다. 임진왜란 때 제2진으로 2만 2천 명을 이끌고 일본군의 선봉장이 되어 우리나라에 내침하여 곡산(谷山)·안변(安邊)을 거쳐 함경도로 북진하였다. 회령(會寧)에서 임해군(臨海君)과 순화군(順和君) 두 왕자를 사로잡았으며, 그 후 서울의 일본군이 위태로워지자 함경도에서 철수, 서울을 거쳐 경상도에 이르러 진주(晉州) 싸움에 참여한 뒤 일부 병력을 남겨 두고 귀국했다. 1597년 정유재란 때 다시 5만 군사를 이끌고 내침하였고, 1598년 도요토미가 죽자 본국으로 철수했다. 반대파인 이시다(石田) 등 문치파(文治派)와는 늘 사이가 나빴으며 도요토미의 아들 히데요리(秀頼)를 받들어 도요토미 일가에 충성을 다했다.

을 주어 화를 면하였을 것입니다. 중원(中原) 사람들은 또한 재물을 중하게 여기고 의리를 가볍게 여기니, 모장이 반드시 제거할 수 있을지도 알 수 없습니다. 만약 제거할 수 없다면, 도리어 큰 재앙이 될 것이니, 겉으로는 모르는 척하면서 몰래 그 기미를 엿보는 것만 못합니다. 만약 과연 모장을 모함하는 간사한 계책이 있다면, 천천히 그를 위해 도모하거나 혹 모장에게 스스로 알고 대비하게 해야 합니다. 지금 편지를 구하여 모장에게 보내는 것은 아마 쉽지 않을 듯합니다."라고 하였다.

주상께서 돌아보며 방에게 말씀하시기를, "그렇다. 쉽게 할 수 없다."라고 하셨다. 방이 말하기를, "신도 그렇기 때문에 어떻게 해야 할지 모르겠다고 한 것입니다."라고 하였다. 주상께서 돌아보며 현에게 말씀하시기를, "돌아가 장만(張晩)과 은밀히 논의하라. 만약 성공할 수 없다면, 마땅히 모르는 척하고 몰래 살피는 것이 좋겠다. 지극히 비밀스럽게 함이 마땅하니, 문장으로 기록해서는 안 된다."라고 하셨다.

경연을 마치고 나왔는데, 주상께서 현에게 앞으로 나아오라 하시고 말씀하시기를, "언제 관서(關西)로 내려갈 것인가?"라고 하셨다. 현이 대답하여 말하기를, "비록 병이 났으나, 내일 마땅히 하직인사 하겠습니다."라고 하였다. 주상께서 말씀하시기를, "가서 힘쓰라."라고 하시고 인하여 하문하여 말씀하시기를, "이 도적은 무슨 계책을 써서 공격하려는가?"라고 하셨다. 현이 대답하여 말하기를, "신이 비록 남들이 의논하는 것으로 인하여 망녕되이 어리석은 저의 견해를 진술하였으나, 실은 군정(軍政)에 대해 밝지 못하니, 어떻게 알겠습니까. 이 도적은 곧 수십 년간 훈련한 군병으로, 향하는 곳에는 앞을 가로막는 자가 없습니다. 비록 천하의 역사(力士)라도 서로 교전하기 어렵습니다. 더구나 우리나라가 전쟁의 혼란한 끝에 훈련되지 않은 병졸을 수습하여 그들과 전쟁터에서 교전한다면, 버틸 형세가 전혀 없습니다. 오직 성벽을 견고히 하여 굳게 지키고 청야(淸野)하여 기다린다면, 객병(客兵 타국에서 온 군사)이 깊이 들어오기 어렵습니다. 이것이 조금 나은 점입니다. 다만 성벽을 견고히 하여 굳게 지키는 것 또한 어렵습니다. 지금의 일의 형세로 보아 바야흐로 확장하는 적을 감당하는 것은 비록 제갈공명(諸葛孔明)이라도 계획을 마련하기 어려울 것입니다."라고 하였다.

주상께서 말씀하시기를, "어찌하여 그러한가? 만약 제대로 된 사람을 장수로 얻는다면, 패배를 바꾸어 승리로 만들고 약한 병사를 이끌어 강하게 만들 것이니, 만약 제갈공명이 있다면, 어찌 제어하기 어려울 리가 있겠는가."라고 하셨다. 현이 말하기를, "공명이 위(魏)를 정벌할 때, 이십만의 군사를 써서 삼 년간 훈련하고, 먼저 남만(南蠻)에 시험하였습니다. 칠 년이 지나서야 군대를 출전하면서도 오히려 관중(關中)을 차지하는 데 뜻을 이루지 못하였습니다. 하물며 장수가 공명도 아니고 군병이 훈련된 자도 아닌 경우야 말할 것이 있겠습니까."라고 하였다.

주상께서 말씀하시기를, "이 도적은 성을 공격하는 데 서투니, 성을 지키는 것은 어렵지 않을 듯하다. 관서 지방의 어떤 성을 지킬 수 있겠는가?"라고 하셨다. 현이 말하기를, "이른바 '성을 공격하는 데 서툴다.'라는 것은 모두 기마병이기 때문에 그렇게 말한 것입니다. 그러나 기마병과 보병이 함께 참전한다고 들었으니, 청하(淸河)·철원(鐵原)·심양(瀋陽)·요성(遼城) 들이 모두 한 시각을 넘기기 전에 함락될 것입니다. 성을 공격하는 데 서툴다고 말할 수 없습니다. 만약 왜구(倭寇)와 비교한다면, 조금 차이가 있습니다. 만약 우리 군사들이 한마음으로 굳게 지키며 양식도 있고 기계(器械 무기와 장비)도 있다면, 지킬 수 있을 것입니다. 지금 관서(關西)의 여러 성들은 군사도 없고 군량도 없으며 또한 기계도 없어 사람들이 각기 다른 마음을 품고 있어 죽음으로 지키려는 계책이 없습니다. 은혜를 베풀면 기율(紀律)이 엄하지 않고 위엄을 쓰면 모두 원망하여 배반할 마음을 품습니다. 또 장수와 병졸은 평소에 본래 양성한 바가 아니어서 모두 위급함에 임하여 그저 자리만 유지(維持)하는 것이 마치 여관〔逆旅〕의 지나가는 나그네와 같으니, 어찌 사졸(士卒)에게 생사를 걸고 원수를 함께 치게[416] 할 수 있겠습니까."라고 하였다.

주상께서 말씀하시기를, "저들은 기마전(騎馬戰)을 잘하고, 우리나라는 모두 보병이니, 참으로 대적할 수 없는가?"라고 하셨다. 현이 말하기를, "이 또한 개괄적으로 논할 수 없습니다. 우리나라도 만약 좋은 말을 선발하여 미리 조련한다면, 어찌 말을 잘 탈 수 없겠습니까. 신이 이전에 평안도에 갔을 때, 강변(江邊)의 토병(土兵 토착민(土着民)을 뽑아서 만든 군대)들을 보니, 말을 타고 활

416 원수를 함께 치게 : 원문은 '동구(同仇)'로, 원수를 함께 친다는 말이다. 《시경(詩經)》 〈무의(無衣)〉에 "어찌 옷이 없다 해서, 그대와 솜옷을 같이 입으리오. 왕이 군사를 일으키면, 우리들 창과 모를 손질하여, 그대와 함께 원수를 치리.〔豈曰無衣, 與子同袍? 王于興師, 修我戈矛, 與子同仇.〕"라고 하였다.

쏘는 것도 잘하였으며 산비탈을 오르내리는 것도 빠르기가 나는 듯하였으며, 말 위에 서서 도는 것도 평지와 다름이 없었으며, 쌍검(雙劍)과 장창(長槍)을 잘 사용하는 것이 가장 묘법을 얻었습니다. 만약 사람들마다 미리 익히기를 이와 같이 한다면, 비록 늙은 오랑캐라도 어찌 이보다 낫겠습니까. 다만 그 당시 강변의 수령은 상으로 내려 줄 물품이 없어 널리 군병을 모집할 수 없었기에 많은 경우는 수십 명, 적은 경우는 십여 명에 그칠 뿐이었습니다. 또 이 사람은 스스로 훈련하기를 즐기지 않았기에 반드시 수령이 전마(戰馬)와 전복(戰服)을 사 주고 그 처자에게 옷감을 제공하여 완전히 넉넉히 봉양해 주기를 기다린 뒤에 모집에 응하였습니다. 각 관청의 재력(財力)이 넉넉지 못하였기 때문에 널리 모집할 수 없었습니다. 만약 넉넉히 봉양해 주고 훈련을 시킬 수 있다면, 우리나라 군병들 또한 천하에 대적할 이가 없을 것입니다. 또 그들이 타는 말을 보니, 탐라(耽羅 제주도) 바닷가 목장에서 기른 좋은 말이 아니고, 다만 평범한 말 가운데서 잘 달리는 놈을 뽑아서 연습시킨 말들로, 시간이 오래됨에 모두 산비탈을 달릴 수 있게 되었습니다. 우리나라 마정(馬政)이 해이(解弛)하여 각 목장의 말들은 모두 목자(牧子)[417]의 속임수에 빠져 이름은 있으나 내실은 없으며, 또 말의 숫자도 불어나지 않습니다. 마정도 거듭 분명하게 하지 않을 수 없습니다."라고 하였다.

417 목자(牧子) : 조선 시대에 나라에서 경영하는 목장에서 우마를 먹이던 사람으로, 신분은 노비(奴婢)와는 다른 양인(良人)이지만 맡은 일은 천역(賤役)으로 여겨졌다.

주상께서 말씀하시기를, "이 오랑캐의 전쟁을 대비하는 데는 마땅히 어떤 물건을 써야 하는가?"라고 하셨다. 현이 말하기를, "성을 지키는 데 가장 중요한 것은 화구(火具)를 많이 갖추는 것만 한 것이 없으며, 복병(伏兵)과 유병(游兵 유격대)에게 가장 중요한 것은 강궁(强弓)과 독시(毒矢 촉에 독을 바른 화살)만 한 것이 없습니다."라고 하였다.

주상께서 말씀하시기를, "활과 화살로 어찌 가득히 몰려오는 오랑캐를 감당할 수 있겠는가. 수레로 싸우는 것은 어떤가?"라고 하셨다. 현이 말하기를, "한교(韓嶠)[418]는 전쟁을 잘 알았는데, 일찍이 수레로 싸우는 것의 유리함을 말하였습니다. 신이 영변(寧邊)에 갔을 때, 한교에게 수레로 싸우는 것을 시험하게 하고 관찰하였으나, 신의 생각으로는 괜찮은지를 알지 못하겠습니다."라고 하였다.

주상께서 말씀하시기를, "어찌하여 그러한가? 수레로 싸우는 것이 어찌 전진(戰陣 진(陣)을 치고 싸움)에 관계된 것이 있지 않느냐?"라고 하셨다. 현이 말하기를, "태공(太公)의 《육도(六韜)》[419]

418 한교(韓嶠) : 1556~1627. 본관은 청주(淸州), 자는 사앙(士昻), 호는 동담(東潭)이다. 이이(李珥)·성혼(成渾)의 문인이다. 1594년에는 유성룡(柳成龍)의 추천을 받아 문인으로서는 특례로 훈련도감 낭관에 임명되어 척계광의 《기효신서(紀效新書)》 강해(講解)를 받았다. 광해군 때 벼슬에서 물러나 광나루에서 은거 생활을 하였으며, 인조반정에 참여하여 서원군(西原君)에 봉해졌다. 성리학(性理學)을 비롯하여 천문(天文), 지리(地理), 복서(卜筮), 병략(兵略), 예법(禮法) 등에 두루 통달하였으며, 저서로는 《동담집(東潭集)》, 《가례보주(家禮補註)》, 《홍범연의(洪範衍義)》, 《사칠도설(四七圖說)》, 《무예제보(武藝諸譜)》 등이 있다.

419 육도(六韜) : 주(周)나라 태공망(太公望) 여상(呂尙)이 찬(撰)한 병법서로,

에는 수레로 싸우는 것이 가장 좋고, 기마병은 그다음이고, 보병은 또 그다음이라고 하였습니다. 그러나 고금(古今)의 차이에 따라 마땅함이 다르고, 형세 또한 다릅니다. 우리나라는 구릉(丘陵)이 험하고 막혀 수레를 운전하기 편치 않기 때문에 예로부터 사용한 것이 적었습니다. 신이 한교가 수레로 싸우는 방법을 보았는데, 삼면은 방패를 사용하여 적들의 돌격을 막고, 후면은 비워 두어 운전하는 자리로 삼았습니다. 사면을 둥글게 에워싸서 성을 쌓은 것처럼 하니, 적들이 감히 뚫고 들어올 수 없었습니다. 그러나 수레는 많이 만들 수가 없어 다만 몇 대만 가지고 있었습니다. 이것으로는 여러 곳에 연이어 경영할 수 없으니, 반드시 한곳에 모아야 합니다. 적이 만약 포위하여 시일이 오래되면 스스로 갇힌 군병이 될 것이며, 양식과 원조가 만약 끊어져 출입할 수 없으면 앉아서 곤란을 기다리게 될 것이며, 만약 임시방편으로 움직인다면 철기(鐵騎 정예 기병)가 그 틈을 타고 우리의 뒤를 돌격하여 일패도지(一敗塗地)할 것입니다. 강궁(强弓)과 독시(毒矢)를 가지고 험하고 막힌 곳에 잠복하여 혹 적을 맞받아 치고 참살하여 진퇴에 편리한 것이 좋습니다. 또 화구(火具)와 총통(銃筒)을 가지고 성을 사면에서 둘러싸고, 적들이 성을 공격하기를 기다려 발사한다면, 죽이는 것이 또한 많을 것입니다. 그러나 기계(器械)는 스스로 싸울 수 없으니, 잘 사용하는 것이 어떠한가에 달렸습니다. 만약 전차를 많이 만들고 어진 장수를 얻어 잘 활용한다면, 또한

문도(文韜)·무도(武韜)·용도(龍韜)·호도(虎韜)·표도(豹韜)·견도(犬韜) 등 6권 60편으로 되어 있다.

성공할 수 있습니다. 다만 장수를 마땅한 사람으로 얻는 것이 가장 어려우니, 안면이 있음에 달린 것도 아니고, 그 언어에 달린 것도 아닙니다. 반드시 미리 시험해 본 뒤라야 알 수 있습니다." 라고 하였다.

주상께서 말씀하시기를, "장수의 재질을 알기가 매우 어려우니, 만약 그 재주를 미리 시험해 보지 않는다면, 참으로 알기 어려울 것이다."라고 하셨다. 현이 말하기를, "전유형(全有亨)[420]이 병법에 밝고 또 성을 쌓고 수비하는 제도에 대해 잘 아니, 만약 그에게 임무를 맡긴다면, 잘 해낼 수 있을 것입니다."라고 하였다.

주상께서 말씀하시기를, "유형은 병서(兵書)를 읽었는가?"라고 하셨다. 현이 말하기를, "병서는 통달하지 못한 바가 없습니다. 이전에 수령이 되었을 때, 현실 상황을 잘 알지 못한다고 일컬어졌습니다. 그러나 사람은 각자 잘하는 바가 있으니, 만약 탑전(榻前 임금이 앉는 자리 앞)으로 그를 불러와 강문(講問 따져서 물음)해 보시면, 알 수 있을 것입니다."라고 하고, 일어나 하직하며 말하기를, "신이 내일 마땅히 사은숙배하고 떠나겠습니다만 신은 병이 깊고 중하여 아마 가기 어려울 듯합니다."라고 하였다.

주상께서 말씀하시기를, "가서 힘쓸지어다."라고 하셨다.

420 전유형(全有亨) : 1566~1624. 본관은 평강(平康), 자는 숙가(叔嘉), 호는 학송(鶴松), 시호는 의민(義敏)이다. 임진왜란 때 조헌(趙憲)과 함께 의병을 일으키기도 했다. 1624년(인조2) 이괄의 난이 일어나자 이우(李佑) 등으로부터 난군과 내응했다는 무고를 받아 1월 24일 처형되었다. 저술로 《학송집(鶴松集)》이 있다.

10월 12일 정축(丁丑)에 《논어》의 '자왈오자위반로(子曰吾自衛返魯)'부터 '자왈오미견호덕(子曰吾未見好德)'까지[421] 주강하다.

지의를 강론하고 신 현이 말하기를, "시(詩)는 악장(樂章)입니다. 그 당시 삼왕(三王)의 자취가 사라지자 시가 없어졌기에 부자(夫子)가 사방을 두루 돌아다니면서 여러 나라의 시와 음악을 하나하나 관찰하여 그 사특하고 바름을 알았으나 도가 끝내 행해지지 않아 마침내 노나라로 돌아와 시를 산정하고 음악을 바루었습니다. 이에 여러 나라의 풍시(風詩 《시경》의 국풍(國風))가 뒤섞여 순서를 잃은 것이 각각 제 자리를 얻었습니다."라고 하였다.

주상께서 말씀하시기를, "성인도 반드시 사방을 두루 돌아다니기를 기다리고서 그 음악을 바르게 하였는가."라고 하셨다. 대답하여 말하기를, "성인은 비록 태어날 때부터 알아서 통하지 않은 바가 없으나, 음성(音聲)의 절주(節奏)에 이르러서는 반드시 참고한 뒤에 상세하게 알 수 있으니, 제나라에서 소(韶) 음악을 듣고 석 달 배운 것[422]이 이것입니다. 대개 성인이 알고 있는 바는 규범과 강령이니, 그 가운데 절목의 세밀한 것은 반드시 배워야 능할 수 있습니다. 이

421 자왈오자위반로(子曰吾自衛返魯)부터 자왈오미견호덕(子曰吾未見好德)까지 : 《논어》 〈자한(子罕)〉 14장의 "내가 위나라로부터 노나라로 돌아온 뒤로 음악이 바루어져서 아와 송이 각기 제자리를 찾게 되었다.〔吾自衛反魯, 然後樂正, 雅頌各得其所.〕"라고 한 것에서 17장의 공자가 "나는 덕을 좋아하기를 여색을 좋아하는 것처럼 하는 자를 보지 못하였다.〔吾未見好德如好色者也〕"라고 한 것까지를 가리킨다.

422 제나라에서……것 : 《논어》 〈술이(述而)〉에서 "공자는 제나라에서 소 음악을 듣고 석 달 동안 고기 맛을 몰랐으며, '음악이라는 것이 이런 지경에 도달할지 예상하지 못하였다.'라고 하였다.〔子在齊聞韶, 三月不知肉味. 曰 : 不圖爲樂之至於斯也.〕"라고 하였다.

또한 스스로 성스럽다고 여기지 않고 모든 일에 반드시 묻는 뜻[423] 입니다. 사양(師襄)에게 거문고를 배우고, 노자에게 예를 물었기에[424] 이대(二代)의 예를 말할 수 있었으나 반드시 문헌(文獻)으로 실증한 유(類)[425]가 또한 이것입니다. 아래 15장의 '하유어아재(何有於我哉)'는 집주에서 '설명이 제칠편(第七篇 〈술이(述而)〉 편을 말함)에 보인다.'라고 하였습니다.[426] 여기서는 '어느 것이 나에게 있는

423 모든……뜻 : 《논어》 〈팔일(八佾)〉에 "공자께서 태묘(大廟)에 들어가 매사를 물으시니, 혹자가 말하기를 '누가 추(鄹) 땅 사람의 아들(공자)을 일러 예를 안다고 하는가? 태묘에 들어가 매사를 묻는구나.'라고 하였다. 공자께서 이 말을 들으시고 말씀하기를 '이것이 바로 예이다.' 하셨다."라는 것을 가리킨다.

424 사양(師襄)에게……물었기에 : 《사기(史記)》 〈공자세가(孔子世家)〉에 "공자가 주(周)나라에 가서 노자에게 예를 물었고, 태사(太師) 양자(襄子)에게 거문고 타는 것을 배웠다." 하였다.

425 이대(二代)의……유(類) : 《논어》 〈팔일(八佾)〉에 공자가 "하나라 예를 내가 말할 수는 있지만 기나라에서 증거 자료를 찾기가 어렵고, 은나라 예를 내가 말할 수는 있지만 송나라에서 증거 자료를 찾기가 어렵다. 이는 문헌이 부족하기 때문인데, 문헌만 충분하다면 내가 실증할 수가 있다.〔夏禮吾能言之, 杞不足徵也; 殷禮吾能言之, 宋不足徵也. 文獻不足故也, 足則吾能徵之矣.〕"라고 했다. 문헌에 대해서 주희(朱熹)는 "문은 전적을 가리키고, 헌은 현인을 가리킨다.〔文, 典籍也; 獻, 賢也.〕"라고 풀었다.

426 하유어아재(何有於我哉)는……하였습니다 : '하유어아재(何有於我哉)'의 의미에 대해 고래로 다양한 견해가 있다. 《논어주소(論語注疏)》에서 정현(鄭玄)은 "남들에게는 이러한 행동이 없고, 나에게만 있다."라고 풀이하였고, 주희(朱熹)는 이에 대해 잘 모르겠다는 말과 함께 다음 세 가지 설을 소개하였다. 첫째는 이 몇 가지는 나에게는 모두 없는 일이라는 것, 둘째는 이 몇 가지 외에 내가 또 무엇을 할 수 있느냐는 것, 셋째는 이런 것들이 나에게 무슨 어려울 것이 있겠느냐는 것이다. 《朱子語類 卷36 論語18 子罕篇上, 卷62 中庸一》 〈술이〉 편의 주자 집주에는 "'하유어아'는 '어느 것이 나에게 있겠는가'라는 말이다.〔何有於我, 言何者能有於我也.〕"라고 하여

가.〔何有於我〕'를 가리켜 말한 것입니다. 〈술이(述而)〉 편에서 '말없이 기억하고 배우기를 싫증 내지 않으며 남을 가르치기를 게을리하지 않는 것, 이 중에 어느 것이 나에게 있는가?〔默而識之, 學而不厭, 誨人不倦, 何有於我哉?〕'라고 하였으니, 이것은 바로 성인이 겸손하여 스스로 만족하지 못한 뜻입니다. 이 세 가지는 그 일이 더욱 낮은 것인데도 겸손한 뜻이 더욱 절실합니다."라고 하였다.

주상께서 말씀하시기를, "'술 때문에 곤란을 당하지 않음〔不爲酒困〕'[427]은 무엇을 말하는가?"라고 하셨다. 대답하여 말하기를, "'술은 한량을 두지 않고 마시되, 정신을 어지럽히는 지경에는 이르지 않았다.〔惟酒無量不及亂〕'[428]라는 것을 말합니다. 이른바 '난(亂)'이란 것은 뭇사람들이 술주정을 부려 예의를 잃는 것과 같지 않습니다. 그 주량을 조금이라도 넘게 되어 정신이 혼미하고 기운이 노곤하면, 난(亂)이 됩니다."라고 하였다. 주상께서 말씀하시기를, "불위주곤(不爲酒困)은 반드시 성인이라야 할 수 있는가?"라고 하셨다. 대답하여 말하기를, "일반 사람이 쉬워하는 바라도 성인은 어렵게 여기니, 또한 감히 스스로 자신이 능하다고 말하지 못합니다. 이것은 성인이 겸손하고 공경하며 삼가고 조심함이 지극한 것입니다. 그러나 이 세 가지는 비록 평범한 것이지만 절실

첫째 설을 제시하였다.

427 술……않음 : 《논어》 〈자한〉 15장에 "나가서는 공경을 섬기고, 들어와서는 부형을 섬기며, 상사(喪事)를 감히 힘쓰지 않음이 없고, 술로 인해 곤란을 겪지 않는 것, 이 네 가지 중에 어느 것이 나에게 있겠는가.〔出則事公卿, 入則事父兄, 喪事不敢不勉, 不爲酒困, 何有於我哉.〕"라고 하였다.

428 술은……않았다 : 《논어》 〈향당(鄕黨)〉에서 공자의 주량에 대해 한 말이다.

하게 실천하는 사람이 드뭅니다. 다만 스스로 겸손할 뿐만이 아니니, 배우는 자들을 면려하는 바입니다. 무릇 말을 할 때 겸손한 언사가 모두 이와 같습니다."라고 하였다.

자재천상장(子在川上章)[429]에 대해 현이 말하기를, "서(逝)라는 것은 천도의 유행을 가리키는 것이며, 사(斯) 자는 '냇물이 흘러 그치지 않는다.〔川流不舍〕'의 사(舍)를 가리는 것이니, 놓아 버린다〔舍棄〕는 뜻이 아니라 멈추어 머무른다〔止宿〕는 뜻으로, 곧 옥사(屋舍)의 사(舍)입니다. 무릇 사람이 옥사(屋舍)에 멈추어 머무르기 때문에 집주에 '천지의 조화는 가는 것은 지나가고 오는 것이 이어진다.'[430]라고 하였으니, 가기만 하고 오지 않으면, 그치게 됩니다."라고 하였다.

주상께서 말씀하시기를, "서(逝) 자의 뜻은 어떠한가?"라고 하셨다. 현이 대답하여 말하기를, "유행하고 왕래하는 것이니, 온 것이 또 가는 것은 물이 흘러가 돌아오지 않는 것과 같으며, 이어진 것이 또 가는 것은 끝나도 끝나지 않는 것과 같습니다. 밤낮을 그치지 않아 중간에 끊어지는 때가 없기 때문에 이 물을 관찰하여 도체의 본연(本然)을 지적하였습니다. 공자는 가는 것을 말하였는데, 주자(朱子)는 오는 것을 첨가해 말했으니, 오는 것을 말

429 자재천상장(子在川上章) : 〈자한〉 16장에 "공자께서 시냇가에 계시면서 말씀하시기를 '가는 것이 물과 같구나. 밤낮을 그치지 않는도다.'라고 하셨다.〔子在川上曰 : 逝者如斯夫 ! 不舍晝夜.〕"라고 하였다.

430 천지의……이어진다 : 〈자한〉 16장의 주자 집주에 "천지의 조화는 가는 것은 지나가고 오는 것이 이어져서 한순간의 그침도 없으니, 바로 도체(道體)의 본연이다.〔天地之化, 往者過, 來者續, 無一息之停, 乃道體之本然也.〕"라고 하였다.

하지 않으면, 쉬지 않는 뜻을 발명할 수 없습니다. 부자는 천도의 운행이 쉬지 않음을 말했는데, 주자는 또 '배우는 자들이 때때로 성찰하여 공부에 털끝만 한 간격도 없게 하고자 하신 것이다.'[431] 라고 말하였습니다. 대개 천도는 그침이 없고, 성인은 천도에 순수하여 또한 그침이 없습니다. 배우는 사람이 우선은 순역불이(純亦不已)[432]하고 자강불식(自强不息)[433]할 수 없으나, 끝내 그침이 없는 지경에 이르게 되면, 그 귀결처는 동일합니다. 맹자(孟子)는 중니(仲尼 공자의 자(字))께서 자주 물을 일컬으신 것에 대해 말하여 이에 '근원이 좋은 물은 끊임없이 흘러서 밤낮을 그치지 아니하여 구덩이가 가득 찬 뒤에 전진하여 사해(四海)에 이르나니, 학문에 근본이 있는 자가 이와 같다.'[434]라고 하였으니, 또한 배우는 자가 자강불식의 공부를 말하였습니다. 자강불식의 공부가 없으면, 어떻게 근본을 둘 수 있겠습니까. 성현(聖賢)이 사물을 보고 도를 깨우침에 편벽근리(鞭辟近裏)[435]하여 착실하게 공부하지 않

431 배우는……것이다 : 〈자한〉 16장의 주자 집주에 나온다.

432 순역불이(純亦不已) : 순수함이 그치지 않는다는 뜻으로, 《중용장구》 제26장에서 문왕(文王)이 문왕이 되는 까닭으로 말한 것이다. 주자의 주에 따르면, 여기서 순(純)은 마음이 둘로 나뉘거나 박잡(駁雜)하지 않음이고 불이(不已)는 그러한 상태가 잠깐의 간단(間斷)도 없이 이어지는 것이다.

433 자강불식(自强不息) : 쉬지 않고 노력한다는 의미이다. 《주역》 〈건괘 상(象)〉에 "하늘의 운행이 굳세니, 군자는 이것을 본받아 스스로 힘써 쉬지 않는다.〔天行健, 君子以, 自彊不息.〕"라고 한 것을 원용한 표현이다. 강(强)은 강(彊)과 통한다.

434 근원이……같다 : 《맹자》 〈이루 하(離婁下)〉에 나온다.

435 편벽근리(鞭辟近裏) : 자기 내면의 맨 밑바닥까지 깊이 파고들어 정밀하게 분석하고 연구하는 것을 말한다. 《근사록(近思錄)》 〈위학(爲學)〉에서 정명도(程明

음이 없습니다."라고 하였다.

또 말하기를, "크게는 천지 조화의 왕래 굴신(屈伸)과 작게는 우리 사람들의 사생(死生) 호흡이 모두 유행하여 쉼이 없는 오묘함입니다. 사람에게 사욕이 있어 가로막음으로 말미암기 때문에 쉬게 되는 것입니다. 배우는 자들이 때때로 성찰하여 사욕 때문에 중간이 끊어지지 않아 천리가 유행한다면, 곧 자강불식할 것입니다. 정자(程子)가 운운한 도체(道體)[436]의 체(體) 자는 체용(體用)의 체(體)와 같지 않으니, 이는 형체를 가리키는 것입니다. 도는 형체가 없어서 해와 달, 추위와 더위가 오고 가며, 시냇물은 흘러 끊임이 없고 물건은 생겨나 다하지 않으니, 형체가 없는 형체를 볼 수 있습니다. 그러므로 '모두 도와 일체가 된다.〔皆與道爲體〕' 라고 하였습니다. 그러나 형체라는 글자는 거친 듯하니, 거친 것은 외면이지만, 체(體)는 골자(骨子)입니다. 시냇물이 흐르는 것은 도체(道體)가 아니지만 도를 이에 나아가 볼 수 있습니다. 그러므로 '여도위체(與道爲體)'라고 말하였으며, 주자는 이천(伊川)

道)가 말하기를, "학문이란 단지 채찍질하여 내면으로 접근해서 자기 몸에 붙게 하는 것일 뿐이다. 그러므로 간절히 묻고 가까이 생각하면 인이 그 가운데에 있다.〔學只要鞭辟近裏, 著己而已. 故切問而近思, 則仁在其中矣.〕"라고 하였다.

436 정자(程子)가 운운한 도체(道體) : 주자 집주에서 정자가 말하기를, "이는 도체이다. 하늘의 운행은 쉼이 없어서, 해가 가면 달이 오고 추위가 가면 더위가 오며, 물은 흘러 끊임이 없고 물건은 생겨나 다하지 않으니, 모두 도와 일체가 되어 밤낮으로 운행하여 일찍이 그침이 없다. 그러므로 군자(君子)는 이를 본받아서 스스로 힘쓰고 쉬지 않으니, 그 지극한 경지에 이르면 순수함이 또한 그침이 없는 것이다.〔此道體也. 天運而不已, 日往則月來, 寒往則暑來, 水流而不息, 物生而不窮, 皆與道爲體, 運乎晝夜, 未嘗已也. 是以君子法之, 自强不息, 及其至也, 純亦不已焉.〕"라고 하였다.

의 '여도위체(與道爲體)'를 가장 오묘하다고 생각하였습니다. 정자는 또 말하기를, '한나라 이래로 유자들이 모두 이 의미를 알지 못하였다.'라고 하였으니, 도는 형체가 없으나 해와 달, 추위와 더위, 시냇물의 흐름, 사물의 생성이 도의 형체가 됨을 알지 못하였음을 말하였습니다."라고 하였다.

주상께서 말씀하시기를, "'모두 이 의미를 알지 못하였다.'라고 말한 것은 너무 지나친 것이 아닌가."라고 하셨다. 대답하여 말하기를, "맹자 이후 한(漢)나라의 동중서(董仲舒)와 양웅(揚雄), 수(隋)나라의 왕통(王通), 당(唐)나라의 한유(韓愈)는 도를 안다고 일컬어지지만 선택한 것이 정미하지 않고 말이 상세하지 않아 모두 형이상(形而上)의 도(道)와 형이하(形而下)의 기(器)의 분변에 분명할 수 없었습니다. 비록 '알지 못하였다.'라고 말하더라도 괜찮습니다. 《주역》에 '형이상인 것을 도라 하고, 형이하인 것을 기라 한다.〔形而上者謂之道, 形而下者謂之器.〕'[437]라고 하였으니, 기(器)가 아니면 도(道)가 붙을 바가 없고, 도가 아니면 기가 쓰일 바가 없습니다. 기는 곧 해와 달, 추위와 더위가 오고 가며, 시냇물은 흘러 끊임이 없고 사물은 생겨나 다하지 않는 것이니, 형체가 있어서 볼 수 있는 것입니다. 도는 오고 가며 쉬지 않는 소이연(所以然)이니, 볼 수 있는 형체가 없는 것입니다. 한당(漢唐)의 여러 선비들이 다만 외면만 보고 이면의 소이연의 이치를

437 형이상인……한다 : 《주역》 〈계사전 상(繫辭傳上)〉에 나오는 말로, 도(道)는 형상이 없는 사물의 이치를 말하고, 기(器)는 형상이 있는 구체적인 사물이나 제도 등을 가리킨다.

알지 못하였으니, 이는 격물치지의 공부를 알지 못한 것입니다. 정자는 또 말하기를, '천덕과 왕도는 그 요점이 다만 혼자 있을 때를 삼가는 데 있다.'[438]라고 하였으니, 이른바 천덕이 바로 순역불이(純亦不已)이니 성실히 하여 사적인 거짓이 없습니다. 천리에 순수하여 사욕으로 섞이지 않으면, 왕도를 이룰 수 있습니다. 그러나 그 요점은 근독(謹獨)에 달렸습니다. 그윽하고 홀로 있을 때에 삼갈 수 있다면, 성실히 하여 사욕과 거짓이 없으므로 왕도를 할 수 있습니다. 터럭만큼의 사적인 것과 거짓이라도 마음의 사이에 섞이게 되면, 근독 공부가 지극하지 못할 것이니, 어떻게 왕도를 할 수 있겠습니까. 성인이 시냇물이 흘러 쉬지 않는 것을 보고 도체의 무궁함을 깨달았습니다. 정자가 부자의 말로 인하여 왕도의 지극한 요체를 논하였으니, 참으로 만고토록 마음으로 전하는 요결입니다. 만약 정자가 아니었다면, 누가 순역불이(純亦不已)의 덕(德)과 탕탕평평(蕩蕩平平 치우치지 않고 공평함)의 도가 다만 그윽하고 홀로 있어 은미(隱微)할 때를 삼갈 수 있음에 달려 있다는 것을 알겠습니까."라고 하였다.

오윤겸(吳允謙)[439]이 말하기를, "근독은 성의(誠意) 공부이니,

438 천덕과……있다 : 정민정(程敏政)의 《심경부주(心經附註)》 서(序)에 "일찍이 반복하여 생각해서 정자의 말씀을 얻었으니, 말씀하시기를 '천덕과 왕도는 그 요점이 다만 근독에 있다.' 하셨다.〔蓋嘗反覆紬繹, 得程子之說, 曰, 天德王道, 其要只在謹獨.〕"라고 하였다. '혼자 있을 때를 삼간다.〔謹獨〕'가 《대학》에는 '신독(愼獨)'으로 되어 있는데, 송(宋)나라 효종(孝宗, 1127~1194)의 휘가 '신(昚)'이므로 정이(程頤)가 휘하여 '근독(謹獨)'으로 쓴 것이다. '신(昚)'은 '신(愼)의 이체자이다.

439 오윤겸(吳允謙) : 1559~1636. 본관은 해주(海州), 자는 여익(汝益), 호는 추

이는 인귀관(人鬼關)[440]입니다. 이에서 삼갈 수 있다면 이쪽의 사람이 될 수 있으나, 이에서 삼갈 수 없으면서도 만족함이 있다면, 귀신이 됨을 면치 못하니, 두려워하며 염려하지 않을 수 있겠습니까."라고 하였다.

오미견호덕장(吾未見好德章)에 대해 현이 말하기를, "《대학장구》의 성의장(誠意章)에 '악을 미워하기를 악취를 미워하는 것과 같이 하며, 선을 좋아하기를 호색(好色 아름다운 여색)을 좋아하는 것과 같이 하여야 하니, 이것을 자겸(自慊)이라 이른다.'[441]라고 하였으니, 이는 마음이 참으로 좋아하여 터럭만큼의 사적인 거짓

탄(楸灘), 시호는 충정(忠貞)이다. 1582년(선조15) 사마시에 합격하였고 1597년 별시 문과에 급제하였다. 인조반정 후 노서(老西)의 영수가 되어 대사헌 · 이조 판서를 지냈고, 1624년(인조2) 이괄(李适)의 난 때 왕을 공주(公州)까지 호종하였으며, 이어 예조 판서 · 지중추부사를 거쳐 벼슬이 영의정에까지 올랐다. 저서로 《추탄집》을 비롯하여 《해사조천일록(海槎朝天日錄)》 등이 있다.

440 인귀관(人鬼關) : 사람과 귀신, 즉 군자와 소인으로 나뉘는 갈림길을 말한다. 주희(朱熹)는 "치지(致知)와 성의(誠意)는 배우는 자들이 통과하여야 할 두 개의 관문이다. 치지 공부는 꿈을 꾸느냐 잠을 깨느냐의 관문〔夢覺關〕이며, 성의 공부는 선한 사람이 되느냐 악한 사람이 되느냐의 관문〔善惡關〕이다. 치지의 관문을 통과했으면 꿈을 깬 것이요 그렇지 못하면 꿈을 꾸고 있는 것이며, 성의의 관문을 통과했으면 선한 사람이요 그렇지 못하면 악한 사람이다."라고 하였다. 또 격물은 몽교관(夢覺關)이고 성의는 인귀관(人鬼關)이라고 했다. 성의의 관문을 통과하면 사람이요 그렇지 못하면 귀신이라는 의미이다. 《朱子語類 卷15 大學二經下》

441 악을……이른다 : 《대학장구》 제6장에 나온다. 주자의 주에 "겸은 기뻐하는 것이며 만족하는 것이다.〔謙, 快也足也.〕"라고 하였다. 판본에 따라 '겸(慊)'과 '겸(謙)'이 혼용되고 있다. 저본에는 '여호호색여오악취(如好好色如惡惡臭)'로 앞뒤 순서가 바뀌어 있는데, 원전에 의거하여 바로잡아 번역하였다.

도 없음을 말한 것입니다. 《시경》에 이르기를, '사람이 가진 떳떳한 본성인지라 이 아름다운 덕을 좋아하도다.〔民之秉彝, 好是懿德.〕'[442]라고 하였으니, 사람이 누군들 덕을 좋아할 줄 알지 못하겠습니까만 성실함으로 능히 할 수 있는 이가 드뭅니다. 사적인 거짓이 막는 까닭으로 현인을 등용함을 끝까지 하지 못합니다. 위 영공(衛靈公) 또한 공자가 성인임을 알고 공경할 줄은 알았습니다. 그러나 날아가는 기러기를 돌아본 것[443]과 부인과 함께 수레를 탄 것[444]은 모두 성심(誠心)으로 좋아한 것이 아니고 사욕이 막은 것입니다. 그러므로 공자가 떠났습니다."라고 하였다. 주상께서 말씀하시기를, "공자의 이 말은 비록 범범하게 말한 듯하지만, 인군을 위한 말인 듯하다."라고 하셨다. 현이 말하기를, "덕을 좋아하기를 여색(女色)을 좋아하듯이 한다〔好德好色〕는 비유는 무릇 사람이라면 모두 마땅히 깊이 경계해야 하지만, 인군에게는 더욱 절실한 것입니다."라고 하였다.

주상께서 말씀하시기를, "부인과 함께 수레를 타고 의기양양하

442 사람이……좋아하도다 : 《시경》 〈증민(烝民)〉에 나온다.

443 날아가는……것 : 《사기》 〈공자세가(孔子世家)〉에 나온다.

444 부인과……것 : 《논어》 〈자한〉 17장에, 공자가 "나는 덕을 좋아하기를 여색을 좋아하는 것처럼 하는 자를 보지 못하였다.〔吾未見好德如好色者也〕"라고 하였는데, 집주에 "《사기(史記)》에 공자께서 위(衛)나라에 계실 때 영공(靈公)이 자기 부인과 수레를 함께 다고 공자로 하여금 뒤에 있는 다음 수레를 타게 한 다음 의기양양하게 시내(市內)를 지나가자, 공자께서 추하게 여기셨다. 그러므로 이 말씀을 하신 것이라고 하였다.〔史記 : 孔子居衛, 靈公與夫人同車, 使孔子爲次乘, 招搖市過之, 孔子醜之. 故有是言.〕"라고 한 데서 보인다. 《사기》의 내용은 《사기》 〈공자세가(孔子世家)〉에 나온다.

게 시내(市內)를 지나갔는데, 공자가 따라간 것은 무엇 때문인가?"라고 하셨다. 현이 말하기를, "성인의 이와 같은 일 가운데, 남자(南子)를 만난 것[445]과 같은 유는 상정(常情)으로 말하면 이해하지 못할 듯합니다. 그러나 반드시 마땅히 그렇게 해야 할 예(禮)가 있습니다."라고 하였다. 주상께서 말씀하시기를, "남자를 만나는 것은 소군(小君 제후의 부인)을 만나는 예가 있었던 것이다. 여자와 함께 수레를 타고 시내를 지나가는 것의 경우, 공자가 비록 가지 않더라도 괜찮을 것이다. 무슨 마땅히 그렇게 해야 할 예(禮)가 있는가."라고 하셨다. 윤겸이 말하기를, "《사기》에 기록된 바를 다 믿을 수는 없으니, 후인들이 이에 대해 의심이 없을 수 없습니다."라고 하였다. 현이 말하기를, "성인은 도(道)가 크고 덕(德)이 넓어 가(可)함도 없고 불가(不可)함도 없어서 온갖 변화를 수작(酬酌)하고 모든 것에 응함에 세세히 들어맞습니다. 이에는 반드시 소이연이 있으니, 성인에게 있어서는 가능하지만, 성인보다 한 등급 낮은 사람은 마땅히 그 바름을 지켜야 할 뿐이고 이와 같이 해서는 안 됩니다."라고 하였다.

주강이 끝나고 신 현이 나아가 땅에 엎드려 말하기를, "소신이

445 남자(南子)를 만난 것 : 《논어》 〈옹야(雍也)〉의 "공자가 남자(南子)를 만날 때 자로가 불쾌한 기색을 보이자 공자가 '내 행동이 잘못되었다면 하늘이 나를 싫어하리라! 하늘이 나를 싫어하리라!'라고 하였다.〔子見南子, 子路不說. 夫子矢之曰 : 予所否者, 天厭之, 天厭之!〕"라고 하였다. 주희의 집주(集註)에 의하면, 남자(南子)는 춘추 때 위 영공의 부인으로, 송(宋)나라 공자(公子) 조(朝)와 간통한 음행이 있었다. 그러나 그 나라에서 벼슬하면서 그 나라 제후의 부인을 만나 보는 예(禮)가 있었기 때문에 공자가 어쩔 수 없이 만난 것이다.

도원수 종사관으로 여름 사이 서로(西路)로 가서 원수(元帥)의 영(令)을 받들어 황해도의 군병을 조사하고 점검하였습니다. 그런데 병세가 날로 심해져 겨우 일을 마칠 수 있었습니다. 원수는 신을 쓸 수 없다는 것을 알고 교체할 것을 장계(狀啓)하였기에 일을 마치지 못하고 돌아왔으니, 죄는 만 번 죽어 마땅합니다. 오랜 세월의 고질병이 회복될 기약이 거의 없으니, 직무에 이바지하는 것으로 변방을 왕래할 수 없습니다. 신이 생각한 바를 아뢰고자 하였기에 병을 무릅쓰고 입시하였습니다."라고 하였다.

주상께서 말씀하시기를, "도원수의 건강은 어떠한가?"라고 하였다. 대답하여 말하기를, "원수의 병세가 지극히 위중하나, 어찌 교체하기를 바랄 수 있겠습니까. 때때로 병이 나면 생사의 갈림길에 이르러 인사(人事)를 살피지 못합니다. 만약 황주(黃州)에 있으면서 다만 공사(公事)만 한다면, 오히려 가능할 것입니다. 만약 창양(搶攘 몹시 혼란하고 수선스러움)을 당하여 앞으로 나아가 지휘한다면, 결단코 하기가 어렵습니다."라고 하였다.

주상께서 말씀하시기를, "부여 받은 군무(軍務)의 일은 다 하였느냐? 군역에서 제거한 숫자는 얼마이며, 군사(軍士)는 어떠하냐?"라고 하셨다. 대답하여 말하기를, "군정(軍政)은 너무 어지럽고 복잡하기 때문에 원수가 다시 정장(丁壯)을 뽑아 서쪽으로 가게 하고자 하였습니다. 노약 수포(老弱收布)를 다시 단속하였기 때문에 그 가운데 15세 이상 55세까지 점열(點閱)해서 부대를 만들어 서쪽으로 가게 하였습니다. 15세 이하와 55세 이상을 노약(老弱)이라 일컫고, 그들에게 베 다섯 필을 거두어 서쪽으로 가는 군사들에게 주었습니다. 정장(丁壯)이라 부르는 사람 가운데 병으로 군역에 종사할 수 없는 사람 또한 베를 거두게 하였습니다. 65세 이상과 고질병으로 농사를 지을 수 없는 사람은 영원히 면제하였습니다. 출신(出身)[446]의 경우는 60세까지 한정하여 군역에 종사하되 60세가 넘거나 고질병이 있는 사람은 영원히 면제하고, 무학(武學)[447]의 경우는 군사(軍士)의 예(例)에 의거하되 군역에 종사하기 합당치 않은 사람은 베를 징수하였습니다."라고 하였다.

주상께서 말씀하시기를, "이른바 정장은 전진(戰陣)에 쓸 수 있는가?"라고 하셨다. 대답하여 말하기를, "비록 정장이라고 부르지만 모두 훈련되지 않은 병졸로, 강제로 군오(軍伍)에 징집되었기에 피폐하고 쇠잔합니다. 설령 군중의 호령(號令) 때문에 가지 않을 수 없으나 모두 싸울 뜻이 없고 오직 패하여 흩어질 마음만 품고 있습니다. 이 상태로 전쟁에 임한다면, 어디에 쓰겠습니까."라고 하였다.

윤겸(允謙)이 전장(銓長 이조 판서)이었기에 인하여 수령을 뽑는 일에 대해 말하였다. 현이 또 아뢰기를, "서쪽 변방의 일은 적이 만약 오지 않으면 다행입니다만 만약 온다면 믿을 만한 곳이 없습니다."라고 하였다.

주상께서 말씀하시기를, "평안도는 가지 않았느냐?"라고 하셨다. 대답하여 말하기를, "신이 황해도에서 군병을 점검하였기 때

446 출신(出身) : 고제(考第)의 제도에서 5등(等)의 하나. 선거(選擧)의 제도에서 5등급으로 제과(第科)를 정하는데, 1~2등은 급제(及第), 3등은 출신, 4~5등은 동출신(同出身)이라 한다.《宋史 選擧志》 주로 무과 급제자를 지칭한다.

447 무학(武學) : 병법과 무예를 가르치는 학교인 무학당(武學堂)을 말한다.

문에 평안도로 가지 않았습니다. 그러나 보고 들은 것이 자못 있는데 가서 보는 것과 차이가 없습니다. 평안도도 믿을 만한 곳이 없습니다. 신이 전날 아뢴 바가 있었으나 말로써 뜻을 다 전달하지 못하여 품은 생각을 다 펼 수 없었습니다. 대개 나라를 다스림에 반드시 먼저 계책을 확정해야 하는데, 지금은 확정된 계책이 없기 때문에 믿을 바가 없습니다. 병사를 쓰는 것은 전쟁과 수비 두 가지 계책에 지나지 않으니, 강약(强弱)·중과(衆寡)와 서로 대적할 수 있으면 싸우고, 미치지 못하면 지킵니다. 적이 우리를 공격하면, 반드시 응병(應兵)을 두어 싸우지 않을 수 없습니다. 그러나 먼저 저들과 우리의 군세(軍勢)를 헤아리고서 싸워야 합니다. 지금 훈련되지 않은 피폐하고 쇠잔한 군병으로 수십 년 동안 정예를 기른 막강한 적을 막을 수 있겠습니까."라고 하였다.

인재집

제7권

강의 講義

서 書

강의 講義

경연강의 하 ◯은대[448] 시절
經筵講義 下 ◯銀臺時

갑자년(1624, 인조2) 7월 23일 을해(乙亥)에 주상께서 자정전(資政殿)에 납시었다. 《논어》 〈미자(微子)〉 편을 주강하였다.

신 현이 진언하기를, "출처(出處)의 의리[449]는 오직 현인 군자(賢人君子)라야 극진히 할 수 있습니다. 지나친 사람은 세상을 잊는 데 과감하고, 미치지 못하는 사람은 명리(名利)에 빠져 물러날 줄을 알지 못합니다. 이런 까닭으로 중용(中庸)의 도는 할 수 있는 사람이 드물다고 여깁니다. 그러나 지나친 사람은 참으로 옳지 못하지만 명리(名利)에 빠지는 것이 가장 쉽기 때문에 시대마다 군주가 염퇴(恬退 담담히 물러남)의 절개를 가진 사람을 배양하였습

448 은대(銀臺) : 조선 시대 왕명의 출납을 관장하던 관청인 승정원의 별칭으로, 도승지·좌승지·우승지·좌부승지·우부승지·동부승지 각 1인씩 모두 6인의 승지가 있으며, 이들은 모두 정3품 당상관이었다. 최현은 1624년(인조2) 7월, 동부승지가 되었다.

449 출처(出處)의 의리 : 《논어》 〈미자(微子)〉 편이 성현의 출처에 대해 기록한 것이 많기 때문에 이 말을 한 것이다.

니다."라고 하였다.

이식(李植)[450]이 운운하였다.

현이 말하기를, "'쓰이면 나아가 도를 행하고, 버려지면 물러가 숨는 일을 오직 나와 너만이 할 수 있다.〔用之則行, 舍之則藏, 惟我與爾有是夫!〕'[451]라고 하였으니, 출처(出處)의 도는 공자의 문하에서 오직 안자(顏子)만 알 수 있었고, 염구(冉求) 이하는 이 의리를 알지 못하였습니다. 성인은 오직 중용의 도를 귀하게 여겼으니, 다만 은일(隱逸)의 고행(高行)만 일삼는 것은 성인이 취하지 않았습니다. 장저(長沮)와 걸닉(桀溺),[452] 하조(荷蓧)[453] 등은 모두

450 이식(李植) : 1584~1647. 본관은 덕수(德水), 자는 여고(汝固), 호는 택당(澤堂)・남궁외사(南宮外史)・택구거사(澤癯居士), 시호는 문정(文靖)이다. 1610년(광해군2)에 별시 문과에 급제하였고 대사간, 이조 판서, 예조 판서 등을 역임하였다. 문장에 뛰어나 신흠(申欽)・이정귀(李廷龜)・장유(張維)와 함께 한문사대가(漢文四大家)로 꼽혔다. 저서에 《택당집》 등이 있다.

451 쓰이면……있다 : 《논어》 〈술이(述而)〉에 나온다.

452 장저(長沮)와 걸닉(桀溺) : 공자와 동시대의 은자(隱者)이다. 《논어》 〈미자(微子)〉에 "장저와 걸닉이 김매며 밭 갈고 있을 때 공자가 지나가다가 자로를 시켜 나루터를 물어보게 하였다.〔長沮桀溺耦而耕, 孔子過之, 使子路問津焉.〕"라는 내용이 보인다.

453 하조(荷蓧) : 삼태기를 멘 노인으로, 공자와 동시대의 은자(隱者)이다. 《논어》 〈미자(微子)〉에, "자로가 따라가다가 뒤에 처져 있었는데, 지팡이에 삼태기를 멘 장인을 만나게 되어 '노인은 우리 선생님을 보셨습니까?'라고 묻자, 장인은 '사지를 부지런히 놀리지 않고 오곡도 분별하지 못하는데, 누구를 선생님이라고 하는가?'라고 하고는 지팡이를 꽂아 놓고 김을 매었다.〔子路從而後, 遇丈人以杖荷蓧. 子路問曰 : '子見夫子乎?' 丈人曰 : '四體不勤, 五穀不分, 孰爲夫子?' 植其杖而芸.〕"라는 내용이 보인다. 또 《논어》 〈헌문(憲問)〉에 공자가 위(衛)나라에서 경쇠를 두들겼는데, 그가 삼태기를 메고 그 집을 지나며 말하기를 "마음이 천하에 있구나. 경쇠를 두

현자 가운데 중용에서 지나친 사람이기 때문에 성인이 그들과 말하여 깨닫게 하려 하였으나, 그들이 피하여 만나지 못했습니다. 스스로 자신의 견해만 옳다고 여기고 끝내 성인의 도를 듣지 않았으니, 어찌 애석하지 않겠습니까."라고 하였다.

정엽(鄭曄)이 말하기를, "수령으로 죄를 범한 사람은 용서하지 않는 것이 옳습니다. 지난날 어사(御史)를 보냈을 때 탐관오리로 이름난 자들이 모두 풀려나는 은혜를 받았으니, 그 기강을 잃었습니다."라고 하였다. 현이 말하기를, "외방의 수령 가운데 혹 사사로운 원망 때문에 남에게 비난을 받는 사람도 있고, 혹 탐욕스럽고 포악하기 그지없는데도 지금 빼앗은 장물(贓物)을 내놓아서 끝내 죄를 받지 않고 오래지 않아 다시 수령으로 서용(敍用)되는 사람도 있습니다. 우리나라는 오직 사사로운 정으로 일을 처리하기 때문에 참과 거짓이 서로 섞이고 죄의 가벼움과 무거움을 분별하지 못하니, 끝내 죄를 받는 사람은 모두 권세가 없는 외로운 사람입니다. 일마다 이와 같으니, 청명한 날이 없을까 두렵습니다."라고 하였다.

엽이 말하기를, "만약 암행의 기미가 있으면, 수령들이 모든 일을 전폐하여 문서를 거두어들일 수 없으니, 알 수 있는 근거가 없습니다. 마땅히 때에 얽매이지 않고 경연에 입시한 신하를 뽑아 보내신다면, 수령들이 미처 알지 못할 것입니다. 팔도에 두루 보낼 필요도 없고, 또 여러 고을을 두루 다닐 필요도 없습니다. 불시(不時)에 출입하여 향하는 바를 알지 못하면, 가리고 숨길 겨를

들김이여!"라고 하였다.

이 없으니 백성을 침탈하는 일을 알 수 있습니다."라고 하였다. 현이 말하기를, "이 말이 가장 옳습니다. 만약 불시에 보내면, 이른바 '빠른 우레에는 미처 귀를 막지 못한다.'[454]라고 했으니, 실상을 찾는 데 쉽습니다. 먼 지방의 백성들은 가혹한 정치에 고생하면서 오직 달마다 어사를 보내 주기를 바랍니다. 비록 이같이 자주 보낼 수는 없더라도 봄과 가을에 시험삼아 파견한다면, 무방할 것입니다. 게다가 제비를 뽑아〔抽栍〕 돌아가면서 파견한다면, 또한 역로(驛路)의 폐단을 줄일 것입니다."라고 하였다.

엽이 말하기를, "경상도 같은 경우는 사대부가 매우 많아서 의론이 문제에 따라 일어나니, 수령들이 서로 경계하고 조심합니다. 그러므로 크게 폐단이 있는 지경에 이르지는 않습니다. 그러나 함경도 같은 경우는 무반(武班)의 무리 가운데 비록 사람을 죽이더라도 죄를 받지 않는 자가 있습니다. 이와 같이 그 기맥(氣脈)을 제대로 알기 어려운 곳은 주상으로부터 유념하시는 것이 옳습니다."라고 하고, 또 아뢰기를, "형옥(刑獄)이 적체되어 해결되지 않은 것은 형조가 더욱 심하지만 팔도 또한 마찬가지입니다."라고 하였다. 주상께서 말씀하시기를, "요즘 하리(下吏)들이 지체하여 시행하지 않는 것이 많지만 법률에 비추어 보면 곤장 180대에 그치니, 이것으로 징계할 수 있는 이치가 없다."라고 하셨다.

454 빠른……못한다 : 일이 너무 급해 이에 대비할 겨를이 없음을 비유하는 말로, 《육도(六韜)》 〈군세(軍勢)〉에 "빠른 우레에는 미처 귀를 막지 못하고 빠른 번개에는 미처 눈을 감지 못하는 것으로 그 신속하여 막을 수 없음을 비유하였다.〔以疾雷不及掩耳, 迅電不及瞑目, 喩其速而不可禦.〕"라고 하였다.

현이 말하기를, "금석(金石) 같은 법전을 지키지 않을 수 없습니다만 인정과 법률을 마땅히 참고해야 합니다. 믿는 데가 있어서 또 죄를 범하는 경우에는 사형에 처한다〔怙終賊刑〕[455]는 것이 삼대(三代)의 법률에 있어 조종하고 농간하는 사람을 들어 간간이 엄중한 법률을 써서 악을 징계할 수 있었습니다. 다만 하리뿐만 아니라 무릇 아랫사람을 부리는 데 있어서도 모두 그러하였습니다. 제 위왕(齊威王)이 즉묵 대부(卽墨大夫)를 봉해 주고 아 대부(阿大夫)를 삶아 죽이니, 온 나라가 감히 잘못을 꾸미는 이가 없어 제나라가 잘 다스려졌습니다.[456] 그 대부를 삶아 죽이는 것이 어찌 법전에 있었겠습니까. 왕자(王者)의 정치로 말하자면, 비록 중도에서 지나치더라도 위미(委靡 시들어 약해짐)한 뒤에는 반드시

455 믿는……처한다 : 배경을 믿고 의도적으로 죄를 짓는 자는 사형에 처한다는 말이다. 《서경》 〈순전(舜典)〉에 "무의식적인 실수나 불운해서 지은 죄는 용서하여 풀어 주었지만, 믿는 데가 있어서 끝끝내 범하는 죄인은 사형에 처하였다.〔眚災肆赦, 怙終賊刑.〕"라고 하였다.

456 제 위왕(齊威王)이……다스려졌습니다 : 전국 시대 제 위왕이 즉묵 대부(卽墨大夫)를 불러 놓고 말하기를 "그대가 즉묵을 다스린 이후로 그대를 헐뜯는 말이 날마다 이르렀으나, 내가 사람을 시켜 조사해 본 결과 전야(田野)가 개척되고 백성들이 풍족하며 관(官)에 적체된 일이 없어 동방(東方)이 잘 다스려졌으니, 이는 그대가 나의 측근 신하들을 섬기어 칭찬해 주기를 요구하지 않은 것이다." 하고, 그에게 만가(萬家)로써 봉해 주었다. 또 아 대부를 불러 놓고 말하기를 "그대가 아(阿)를 다스린 이후로 그대를 칭찬하는 말이 날마다 이르렀으나, 사람을 시켜 조사해 본 결과 전야가 개척되지 않아 백성들이 빈곤하였고, 옛날 조(趙)나라가 견(甄)을 공격할 적에는 그대가 구하지 못했으며 위(衛)나라가 설릉(薛陵)을 취해 갈 적에는 그대가 알지도 못하고 있었으니, 이는 그대가 나의 측근 신하들에게 후한 뇌물을 바쳐 칭찬해 주기를 요구한 것이다." 하고, 그를 삶아 죽였다. 《史記 田敬仲完世家》

이와 같이 한 뒤라야 다스릴 수 있습니다."라고 하였다.

주상께서 말씀하시기를, "금석(金石) 같은 법전은 마땅히 지켜야 할 바이지만 법률에 비추어 보면 또한 마땅한지 여부를 알 수 없다. 그러므로 간간이 특별히 명하여 정배(定配)하는 경우가 있다. 다만 형조에서 죄수를 가두어야 하는데도 가두지 않으니, 관원이 무엇을 하는지 모르겠다."라고 하셨다.

정축(丁丑)에 주상께서 자정전(資政殿)에 납시었다. 《논어》 〈미자(微子)〉 편을 주강하였다.

주상께서 말씀하시기를, "'친구에게 큰 죄가 없으면 버리지 말라.〔故舊無大故則不棄〕'[457]라고 한 것은 작은 죄는 허물하지 않는다는 것인가?"라고 하셨다. 이식이 말하기를, "작은 잘못을 한 사람은 절교하지 않는다는 말입니다."라고 하였다. 서성(徐渻)[458]이 말하기를, "성인이 원양(原壤)[459]에 대해서도 오히려 절교하지 않

457 친구에게……말라 : 《논어》 〈미자(微子)〉에 나온다.

458 서성(徐渻) : 1558~1631. 본관은 달성(達城), 자는 현기(玄紀), 호는 약봉(藥峯), 시호는 충숙(忠肅)이다. 이이(李珥)·송익필(宋翼弼)의 문인으로, 1586년(선조19) 별시 문과에 급제하였다. 1613년(광해군5)의 계축옥사 때 단양에 유배되었고 11년간 귀양살이를 하다가 인조반정으로 방환되었다. 이괄(李适)의 난 때 왕을 호종하였고 1627년(인조5) 정묘호란 때도 왕을 강화도까지 호종하였다. 영의정에 추증되고, 대구 구암서원(龜巖書院)에 제향되었다. 저서로 《약봉집(藥峯集)》이 있다.

459 원양(原壤) : 춘추 시대 노(魯)나라 사람으로, 공자의 친구이자 학식이 천박했던 자이다. 《논어》 〈헌문(憲問)〉에 "원양이 걸터앉아 있자, 공자께서 말씀하시기를 '어려서는 공손하지 못하고, 장성해서는 칭찬할 만한 일이 없고, 늙어서도 죽지 않은 것이 바로 적(賊)이다.'라고 하면서 지팡이로 그의 정강이를 때렸다.〔原壤夷俟, 子

고 말하기를, '친하게 대한 것은 그가 친하게 하려는 것이고, 옛벗으로 대한 것은 그가 벗으로 대하게 하려는 것이다.〔親之欲其親也, 故之欲其故也.〕'[460]라고 하였으니, 성인의 충후(忠厚)한 뜻이 이와 같습니다."라고 하였다.

주상께서 말씀하시기를, "이 같은 일은 성인이 아니면 불가할 듯하다."라고 하셨다. 현이 말하기를, "원양(原壤)의 일은 윤기(倫紀)를 손상한 것이니, 마땅히 절교해야 하는 바이지만 다만 이 사람이 어버이에게 박절하게 대하지 않았습니다. 스스로 방달(放達)하여 얽매이지 않고 예법의 밖에 처하며 이륜(彝倫 사람의 떳떳한 도리)의 가르침을 따르지 않는다고 생각하였습니다. 그러므로 제재(制裁)하여 가르치고자 하였습니다."라고 하였다.

주상께서 말씀하시기를, "사람을 오해하여 이와 같이 한 것이니, 후세에 인륜 기강에 죄를 지어 또한 동일하게 악인으로 귀결되는 것과는 같지 않다."라고 하셨다. 식이 말하기를, "친친(親

曰 : 幼而不孫弟, 長而無述焉, 老而不死是爲賊. 以杖叩其脛.〕"라는 말이 보인다.

460 친하게 대한……것이다 : 《예기》 〈단궁 하(檀弓下)〉에 공자의 친구 원양(原壤)이라는 사람이 있었는데, 그의 어머니가 죽자, 부자(공자)께서 도와서 곽(槨)을 수리하였다. 원양이 곽목(槨木)에 올라가서 말하기를 "오래되었구나, 내가 음악에 흥을 가탁하지 못함이여!"라고 하고, 노래 부르기를 "살쾡이 머리처럼 아롱지고, 여자 손의 주먹을 잡은 것처럼 매끄럽다."라고 하였다. 부자께서 못 들은 것처럼 하고 지나가시자, 수행하는 자가 말하기를 "선생님께서는 절교할 만하지 않습니까?"라고 하니, 부자께서 말씀하시기를 "내 들으니, 친척 된 자는 친척이 된 정을 잃지 않으며, 친구 된 자는 친구가 된 우호(友好)를 잃지 않는다.〔親者毋失其爲親也, 故者毋失其爲故也.〕"라고 하였다는 내용이 있다. 저본의 '친지욕기친야, 고지욕기고야.(親之欲其親也, 故之欲其故也.)'와는 표현의 차이가 있다.

親)은 친하게 여기고 귀하게 여기는 것을 말합니다. 현인을 높인다면 다만 높일 뿐만 아니라 그의 말을 쓰는 것이 옳습니다. 우리나라는 종실(宗室)을 대우하는 것이 지극하여 대(代)가 끝나지 않으면 녹(祿)을 두터이 하니, 중국이 한 지역에만 구류(拘留)하는 것만 못합니다. 또 임의대로 교유(交遊)하여 대(代)가 끝나면 사환(仕宦)을 통하게 하니, 지극하다고 말할 수 있습니다."라고 하였다.

현이 말하기를, "우리나라가 종실(宗室)을 대우하는 것은 비록 삼대(三代)의 시대에 미치지 못하지만 사람의 마음이 예만 못하기 때문에 권병(權柄)을 유지할 수 없게 하였을 뿐입니다. 녹을 두터이 하여 넉넉히 대우하는 것 또한 친한 이를 친하게 여기고 귀한 이를 귀하게 여기는 도를 잃지 않는 것이니, 이식의 말이 옳습니다."라고 하였다.

8월 3일 을유(乙酉)에 주상께서 자정전(資政殿)에 납시었다. 《논어》〈자장(子張)〉 편을 주강하였다.

이식이 말하기를, "옛날에는 배운 것을 벼슬의 바탕으로 삼았기에 벼슬을 하면서도 배움을 그만두지 않았습니다. 대개 벼슬을 하면서도 배우면, 반드시 바탕하여 유익한 일이 있을 것이니, 하는 바를 고찰하고 체험하는 일을 말합니다. 이것이 오늘날 사람들과 다릅니다."라고 하였다. 현이 말하기를, "'자(資)' 자와 '험(驗)' 자[461]가 가장 힘이 있습니다. 임금께서 학문을 강론하고 정치를

461 자(資) 자와 험(驗) 자 : 《논어》〈자장(子張)〉 13장에 자공이 말하기를, "벼슬

하시는 것 또한 마땅히 서로 바탕으로 삼아 체험한다면, 크게 유익한 바가 있을 것입니다."라고 하였다.

식이 말하기를, "자장(子張)이 행실을 절제함이 매우 높았으나 인(仁)하지 못하다고 생각하였으니,[462] 대개 자장을 인하다고 할 수 없다면 인하다는 것의 수준을 알 수 있습니다. 인하다는 것은 성대하게 측은히 여기는 가운데서 나와 천리(天理)의 전체를 얻은 것이지 다만 행실만 절제한 사람에 대해 논할 수 있는 바가 아닙니다."라고 하였다. 현이 말하기를, "자장은 비록 사람됨이 어려운 일을 잘하였으나 외식(外飾)에 힘쓰고 명성을 구하는 잘못이 있었습니다. 성실하고 측은히 여기는 뜻이 적다면, 본심의 온전한 덕(德)이 어그러질 것입니다. 만약 본심의 온전한 덕(德)이 없다면, 지나치게 고원한 행실을 인(仁)이라고 말할 수 없습니다."라고 하였다.

오윤겸이 말하기를, "인(仁)이라는 것은 털끝만큼의 사사로운 뜻도 없음을 말합니다. 비록 어떤 일에 함께 죽더라도 지극한 정성과 측은히 여기는 마음에서 나왔다면, 인이라고 말할 수 있습니

을 하면서 여유가 있으면 학문을 하고, 학문을 하면서 여유가 있으면 벼슬을 한다.〔仕而優則學, 學而優則仕.〕"라고 하였는데, 주자의 집주에 "벼슬을 하면서 학문을 하면 벼슬에 바탕하는 바가 더욱 깊어지고, 학문을 하면서 벼슬을 하면 그 학문을 체험하는 것이 더욱 넓어진다.〔仕而學, 則所以資其仕者益深; 學而仕, 則所以驗其學者益廣.〕"라고 하였다.

462 자장(子張)이……생각하였으니 : 〈자장(子張)〉 15장에 자유(子游)가 자장을 평가하기를, "나의 벗 자장은 어려운 일을 잘한다. 그러나 인하지는 못하다.〔吾友張也, 爲難能也, 然而未仁.〕"라는 내용을 부연설명한 것이다.

다. 그러나 어떤 의도를 가지고 한다면 인이 아닙니다."라고 하였다. 현이 말하기를, "어린아이가 우물에 들어가는 것을 보고 측은히 여기는 마음으로 구하여 다른 사사로운 뜻이 없다면 인이 됩니다. 만약 그 아이의 부모와 교제하려거나 혹 명예를 얻고자 하여 구한다면, 인이 아닙니다.[463] 심술(心術)의 사이 공과 사의 분별에서 인(仁)과 불인(不仁)을 알 수 있습니다."라고 하였다.

최명길이 말하기를, "이 사람〔자장〕은 인(仁)의 문로(門路)를 알지 못한 것이니, 위의 장(章)에서 인을 허여하지 않은 것[464]과는 다릅니다."라고 하였다. 주상께서 말씀하시기를, "이 사람의 기상이 매우 좋다. 그런데 인에 있어서는 잘하지 못하니 어째서 그러한가?"라고 하셨다. 현이 말하기를, "자장이 비록 당당한 기상이 있으나 실천하고 절실한 공부가 없으며, 외식(外飾)에 힘쓰면서 스스로 고상하다고 여겼기 때문에 인이 되기 어려우며, 남들 또한 그의 도움을 받아 인을 할 수 없습니다. 후세에도 매우 좋은 기질이 있고 성현의 학문에 뜻을 두었다 하더라도 기꺼이 실천하고 절실하지 못한 사람은 인자(仁者)가 드뭅니다."라고 하였다.

주상께서 말씀하시기를, "외식(外飾)에 힘쓰면 참으로 인이 될

463 어린아이가……아닙니다 : 《맹자》 〈공손추 상(公孫丑上)〉에 "지금 사람이 어린아이가 우물에 들어가려는 것을 갑자기 보면, 모두 두렵고 측은한 마음이 생긴다. 그것은 어린아이의 부모와 교제하려는 것이 아니고, 향당의 벗들에게 명예를 얻으려는 것이 아니고, 아이를 구하지 않았다는 오명이 싫어서 그런 것도 아니다.〔今人乍見孺子將入於井, 皆有怵惕惻隱之心, 非所以內交於孺子之父母也, 非所以要譽於鄉黨朋友也, 非惡其聲而然也.〕"라고 하였다.

464 위의……것 : 《논어》 〈자장〉 15장을 말한다.

수 없으나, 스스로 고상하다고 여기는 것도 인이 될 수 없는가?" 라고 하셨다. 윤겸이 말하기를, "항상 만족하지 못한 듯한 사람이라야 크게 발전할 수 있으니, 스스로 고상하다고 여기는 사람이 어찌 진보하여 덕을 이룰 수 있겠습니까."라고 하였다. 식이 말하기를, "한 무제(漢武帝)는 스스로 고상하다고 여기는 사람이라 말할 수 있습니다. 육경을 드러내 밝히고[465] 예악의 제작에 뜻을 두었으니, 그 마음은 고원합니다."라고 하였다. 현이 말하기를, "마음속에는 욕심이 많으면서 겉으로만 인의를 베풀었습니다. 급암(汲黯)은 무제의 병통을 정확하게 맞추었으나, 무제는 스스로 고상하다고 여겨 기꺼이 충간의 말을 듣지 않았습니다.[466] 이는 끝내 인이 될 수 없습니다."라고 하였다.

식이 말하기를, "맹장자(孟莊子)의 경우, 그 다른 일은 우리가 능히 할 수 있으나, 아버지의 신하와 아버지의 정사를 고치지 않은 일은 우리가 능히 하기 어렵습니다.[467] 대개 친할 바를 친애하

465 한 무제(漢武帝)는……밝히고 : 동중서가 이른바 '천인삼책(天人三策)'의 글을 올려 정치를 논할 적에, 춘추대일통의 논리를 원용하면서 공자의 저술이 아닌 다른 저술들은 모두 배척하도록 건의한 결과, 한 무제가 백가를 축출하고 육경을 드러내 밝히게 되었다〔罷黜百家 表章六經〕는 고사가 전한다. 《漢書 武帝紀, 董仲舒傳》

466 마음속에는……않았습니다 : 급암(汲黯)은 중국 전한(前漢) 무제(武帝) 때 청렴하고 직간(直諫)을 잘했던 인물이다. 무제가 유자(儒者)들을 불러 향후 하고자 하는 바를 말하자 급암이 "폐하께서는 속으로는 욕심이 많으시면서 겉으로만 인의를 베푸시니, 어떻게 당우(唐虞)의 다스림을 본받고자 하십니까.〔陛下內多欲而外施仁義, 奈何欲效唐虞之治乎?〕"라고 대답한 일화가 있다. 《史記 汲黯列傳》

467 맹장자(孟莊子)의……어렵습니다 : 《논어》 〈자장〉 18장에 증자가 말하기를, "내가 부자께 들으니 맹장자의 효는 그 다른 일은 능히 할 수 있으나, 아버지의 신하

고 높일 바를 존경하는 것은 처음에는 비록 하더라도 오래되면 반드시 약해지니, 장자가 고치지 않은 것은 능히 하기 어렵기 때문입니다."라고 하였다. 현이 말하기를, "종신토록 아버지의 신하와 아버지의 정사를 고치지 않은 것은 능히 하기 어렵습니다. 만약 사사로운 뜻이 있거나 진실로 마음에 간단(間斷)이 있으면 능히 할 수 없습니다."라고 하였다.

윤겸과 명길 등이 승지(承旨)를 추고(推考)하는 일에 대해 극렬히 논박하였다. -바로 공(公)[468]과 조성립(趙誠立)[469] 공이 주상의 하교에 대해 봉환(封還)[470]한 일이다.-

주상께서 말씀하시기를, "경들의 뜻이 매우 좋다. 추고의 명을 거두어들이라."라고 하셨다. 윤겸이 말하기를, "조정의 의론이 서

와 아버지의 정사를 고치지 않은 일은 능히 하기 어렵다고 하셨다.〔孟莊子之孝也, 其他可能也, 其不改父之臣與父之政, 是難能也.〕"라고 하였는데, 주자의 집주에 "맹장자는 노(魯)나라 대부(大夫)로 이름은 속(速)이며, 그 아버지는 헌자(獻子)로 이름은 멸(蔑)이다. 헌자가 훌륭한 덕이 있었는데, 장자(莊子)가 아버지의 신하를 등용하고 그 정사를 그대로 지켰다. 그러므로 다른 효행(孝行)도 칭송할 만한 것이 있으나 모두 이 일처럼 어려운 것만은 못한 것이다."라고 하였다.

468 승지(承旨)를……공(公) : 당시 최현은 동부승지로 재임 중이었고, 이 일기 형식의 강의 부분은 후손 최광벽(崔光璧)이 수본일기(手本日記) 등을 찾아 정리한 부분이다. 때문에 승지와 공은 모두 최현을 지칭하는 것으로 보인다.

469 조성립(趙誠立) : 1568~1627. 본관은 횡성(橫城), 자는 여명(汝明), 여수(汝修)이며 호는 졸옹(拙翁) 또는 일소헌(一笑軒)이다. 1599년(선조32)에 별시 문과에 을과로 급제하여 성균관 박사, 예조 좌랑, 대사간 등을 역임했다.

470 봉환(封還) : 봉박(封駁)이라고도 하는데, 내린 왕명(王命)이 도리에 맞지 않으면 그 왕명을 해당 부서로 보내지 않고 봉함(封緘)하여 임금에게 환송(還送)하는 것이다.

로 다툼으로 나누어지니, 신은 의론이 어그러질까 두려워 이 때문에 염려합니다."라고 하였다. 명길이 말하기를, "성명(聖明)께서 위에 계시고 어진 사대부가 나열하여 있으니, 신은 오래지 않아 화평한 기운이 있으리라 생각합니다. 근래에 온화한 기운이 넉넉하지 못하고 논의가 다단하지만 성상(聖上)께서 억누르시기 때문에 대단히 괴이(乖異)함은 없습니다."라고 하였다.

주상께서 말씀하시기를, "사람들이 지나친 붕당과 아부하는 덕이 없는 것은 오직 임금이 법이 되기 때문이지,[471] 우연(偶然)한 사람이 이룰 수 있는 바가 아니다."라고 하셨다. 현이 말하기를, "사사로운 정을 다 떨쳐 버리지 못하면 공변된 도를 행할 수 없습니다. 전관(銓官)이 비록 사사로운 정을 하지 않고자 하더라도 현명한지 아닌지를 다 알 수 없습니다. 반드시 친한 사람에게 물으면, 사람들은 각각 사사로운 정으로 추천하니, 천거된 사람 가운데 탑용(闒茸 용렬하고 둔하고 어리석음)한 사람이 매우 많습니다. 이로써 자리를 채우고 이로써 백성에 임하니, 이런 까닭으로 혜택이 외방(外方)에 다 미치지 못합니다. 그러나 오래도록 그 직위를 맡고 있다면, 어찌 그 치적을 알지 못할 수 있겠습니까. 마땅히 책자(冊子)로 그 능부(能否)를 기록하여 만약 탐욕스럽고 포악하며 능력이 모자란다면, 영원히 서용하지 마시고 천거한 사람에게 죄를 주는 것이 옳습니다. 지난날 탐관오리로 죄를 받은 자가 오래

471 사람들이……때문이지 : 《서경》 〈홍범〉에 "무릇 서민들이 사악한 당을 만들지 않고 지위에 있는 사람들이 서로 무리를 짓는 일이 없는 것은 임금이 표준이 되기 때문이다.〔凡厥庶民, 無有淫朋, 人無有比德, 惟皇作極.〕"라고 한 말을 인용한 것이다.

지 않아 다시 좋은 관직을 얻는다면, 이것이 어찌 공변된 도를 행하는 것이겠습니까."라고 하였다.

주상께서 말씀하시기를, "다만 한 사람의 말로 등용하는 것은 옳지 않으니, 마땅히 널리 물어 반드시 등용할 만함을 알게 된 뒤에 등용하는 것이 옳다. 전날 무신 가운데 승지(承旨)에게 추천하는〔擬望〕 일을 하교하였으나 그 뒤에 승지가 자주 차출되어 나가서 무신을 의망(擬望)하지 못하였다. 근래에 듣고 본 사람이 있는가?"라고 하셨다. 윤겸이 말하기를, "근일에 명심하여 듣고 보았으나 마땅한 사람을 얻지 못하였습니다. 평상시에 배양한 사람이라면 얻기가 쉬우나 갑작스럽게 추천하는 것은 매우 어렵습니다. 병조 참판으로 추천할 사람 또한 쉽게 얻지 못하였습니다. 혹 나이가 젊고 장래가 있는 자가 있는지는 알 수 없습니다. 갑자기 승지가 될 사람을 구하는 것이 어찌 어렵지 않겠습니까. 신이 젊은 시절 남언순(南彦淳)[472]이 승지가 되고 이령(李苓)이 참판이 된 것을 보았습니다. 남언순은 무인 가운데 이치를 아는 사람이었습니다. 반드시 그런 사람을 얻은 뒤라야 추천할 수 있습니다."라고 하였다.

현이 말하기를, "근래에 무인을 매우 천하게 대우하고 또 그 숫자도 매우 많아 모두 사사로이 만나기를 구하고 인사(人事) 청탁

472 남언순(南彦淳) : 1523~1578. 본관은 의령(宜寧), 자는 성보(誠甫)이다. 서총대(瑞葱臺)에서 실시한 정시 무과에 일등으로 합격하여 선전관이 되었다. 이어 여러 외직을 거치고 중앙으로 발탁되어 승지·병조 참의에 이르고 함경남도 병마절도사가 되었다. 성품이 매우 준엄하고 강직하여 선조 초 승지로 있을 때에는 을사위훈(乙巳僞勳)의 삭탈을 청함이 매우 준엄하여 훈신(勳臣)들이 모두 두려워하였다.

(請託)을 한 뒤라야 벼슬을 얻으니, 이는 염우(廉隅 염치)를 잃은 사람입니다. 그렇지 않으면 비록 혹 성품이 강직하고 행실이 고결한 사람이 있더라도 죽을 때까지 벼슬을 얻지 못하고 아랫자리에 오래도록 머물러 있어서 조정에서 이름조차 알 수 없으니, 이것이 인재를 얻지 못하는 까닭입니다. 만약 이름이 알려지지 않은 사람 가운데서 구한다면 혹 합당한 사람이 있을 것입니다. 성상께서는 하교하십시오. 이것이 인재를 배양하는 한 가지 단서입니다."라고 하였다.

주상께서 말씀하시기를, "합당한 사람을 얻는 것이 쉽지 않지만 장래에는 등용할 만한 사람이 있을 것이니, 지금은 반드시 없다고 말하지 말라. 모쪼록 매우 신중히 하여 놓치지 말라."라고 하셨다.

기유(己酉)에 《맹자》〈양혜왕(梁惠王)〉 편을 조강(朝講)하였다.

윤방(尹昉)이 말하기를, "《광해일록(光海日錄)》[473]에 대해서는 포폄(褒貶)이 없을 수 없습니다. 혹자는 그 당시 춘추관(春秋館)을 겸한 자가 감당해야 한다고 생각하고, 혹자는 그 당시 한림원(翰林院)을 맡은 자가 감당해야 한다고 생각합니다. 그러나 한림원은 인원이 부족하여 그 일을 할 겨를이 없습니다. 혹자는 당상관(堂上官)은 또한 춘추관의 관직이라 하니, 필삭(筆削)하여 포폄하는 것[474]이 마땅합니다."라고 하였다.

473 광해일록(光海日錄) : 《광해군일기》를 말한다. 실록을 편찬해야 했지만, 광해군이 폐위되었기 때문에 연산군(燕山君)의 사례에 따라 실록이 아닌 일기라고 불렀다.

주상께서 말씀하시기를, "당시 한림원을 맡은 자는 나이가 어려 아마 전날의 일을 알지 못할 것이니, 당상관이 하는 것이 마땅할 듯하다."라고 하셨다. 현이 말하기를, "옛날에는 반드시 사관(史官)의 재주가 있는 사람을 얻어 그 일을 하였으니, 한두 사람이면 충분하였습니다. 오랫동안 그 일을 맡았기에 직임이 자신의 책무가 되었습니다. 여탈(予奪 포폄(褒貶))과 필삭(筆削)이 권형(權衡 사람이나 사물을 평정(評定)함)에 있었으니, 당(唐)나라의 저수량(褚遂良),[475] 송(宋)나라의 사마광(司馬光)[476]·범조우(范祖禹)[477]가 이

474 필삭(筆削)하여 포폄하는 것 : 필삭(筆削)은 '필즉필 삭즉삭(筆則筆 削則削)'의 준말로, 《사기》 〈공자세가(孔子世家)〉에 "《춘추》를 지을 때에 쓸 만하면 쓰고 없앨 만하면 없애니 자하 같은 사람도 한마디 말을 거들지 못했다.〔至於爲春秋, 筆則筆, 削則削, 子夏之徒不能贊一辭.〕"라고 하였다. 죄 있는 자를 실제로 죽일 권한이 없는 사람으로서 그 죄상을 명백하게 기록하여 폄(貶)하거나 그 반대인 경우는 포(褒)하여 세상에 발표하는 것을 말하는 것이다.

475 저수량(褚遂良) : 당(唐)나라 태종(太宗)·고종(高宗) 때 사람으로, 자는 등선(登善)이다. 벼슬은 상서우복야(尙書右僕射)를 지냈다. 직간(直諫)하다가 애주자사(愛州刺史)로 폄직(貶職)되어 죽었다. 글씨를 잘 썼다. 《唐書 褚遂良傳》

476 사마광(司馬光) : 1019~1086. 북송(北宋)의 정치가·사학자로, 자는 군실(君實), 호는 우부(迂夫) 또는 우수(迂叟)이며 시호는 문정(文正)이다. 속수선생(涑水先生)이라고도 하고, 죽은 뒤 온국공(溫國公)에 봉해져 사마온공(司馬溫公)이라고도 한다. 20세에 진사가 되고, 어사중승(御史中丞)이 되어 요직을 거쳤다. 그러나 왕안석(王安石)이 신법(新法)을 단행하자, 이에 반대하여 추밀부사(樞密副使)를 사퇴하고, 1070년에 지방으로 나갔다. 1084년 294권의 《자치통감》을 완성했다. 저술로 《속수기문(涑水紀聞)》과 《사마문정공집(司馬文正公集)》 등이 있다.

477 범조우(范祖禹) : 자는 순부(淳夫)·순보(淳甫), 호는 화양선생(華陽先生), 시호는 정헌(正獻)이다. 사마광(司馬光)의 《자치통감(資治通鑑)》 편수에 참여하였고 뒤에 급사중(給事中)이 되었다. 철종(哲宗)이 즉위한 뒤, 소인(小人)의 발호를

런 사람입니다. 만약 이런 사람을 얻는다면, 널리 시간을 허비하고 유유범범(悠悠泛泛 일을 다잡아 하지 아니함)한 폐단이 없을 것입니다. 지금은 관원의 숫자가 매우 많아 날마다 청좌(請坐)[478]하며, 체직되어 바뀌는 것이 빈번하고 모이고 흩어짐이 일정하지 않으니, 하루에 쓰는 바가 몇 줄에 불과합니다. 그래서 필삭(筆削) 여탈(予奪)도 자임하기 어려워 남의 입만 우러러보니, 이는 기별서리(奇別書吏)[479]에 불과합니다. 어찌 사관이 될 수 있겠습니까."라고 하였다. 서성(徐渻)이 말하기를, "신의 뜻 또한 최현의 뜻과 같습니다."라고 하였다.

주상께서 말씀하시기를, "역사를 찬수(撰修)하는 중대한 일을 어찌 한두 사람이 할 수 있는 바이겠는가. 찬수하는 관원은 체직하여 바꾸지 말라. 아뢴 대로 하라."라고 하셨다. 윤방이 말하기를, "대동(大同)[480] 한 가지 일은 지금까지 외방(外方)에 지위(知

금할 것과 장돈(章惇)이 대신이 되는 것을 반대하는 간장(諫章)을 올렸다가 폄적(貶謫)되어 그곳에서 죽었다. 《당감(唐鑑)》·《제학(帝學)》·《인종정전(仁宗政典)》 등의 저서가 있다. 《宋史 范祖禹列傳》

478 청좌(請坐) : 회동(會同)할 때 이속이나 관원을 보내서 상위 관원의 좌기(坐起), 즉 출석을 청하는 일이다.

479 기별서리(奇別書吏) : 조선 시대에 승정원에서 반포하는 기별(奇別)을 쓰던 사람이다. 기별은 승정원에서 처리한 일을 기록해서 아침마다 널리 알리던 일 또는 그것을 기록한 종이를 말한다.

480 대동(大同) : 대동법의 약칭으로, 전에 현물(現物)로 바치던 공물(貢物)을 미곡(米穀)으로 환산하여 전(田) 1결에 대하여 일정한 양을 거두어들이도록 한 납세 제도. 임진란 후 민폐를 덜고 국가 재정을 재편성하기 위하여 광해군(光海君) 원년에 이원익(李元翼)의 건의로 먼저 경기(京畿)에 실시하였다가 후에 전국에 걸쳐 실

委 명령을 내려서 알려 줌)하지 않았고 영상(領相)이 잠시도 잊을 수 없어 외방의 과거에 응시한 유생에게 두루 물어보니, 지금은 전날과 달리 민심(民心)이 편하게 여긴다고 하였습니다."라고 하였다.

주상께서 말씀하시기를, "절목(節目)이 번다하니, 이 일 또한 마땅히 점진적으로 하여 지난해에 의거하여 마련하라. 현실 상황과 거리가 먼 유생들의 말을 들을 필요 없으니, 빨리 영을 내려라."라고 하셨다. 이서(李曙)[481]가 말하기를, "각 고을에서 바치는 바가 같지 않으니, 또한 대동(大同)이라 말할 수 있겠습니까."라고 하였다.

주상께서 말씀하시기를, "어찌 대동이라 말할 수 있겠는가. 이 일은 마땅히 미리 절목을 만들어야 하니, 갑자기 고쳐서는 안 된다. 강원도(江原道)는 두 말〔斗〕을 더 바친다고 하는데, 왕정(王政)에 어떠한지 모르겠다."라고 하셨다. 방이 말하기를, "강원도가 반드시 더 바친 뒤라야 그 도(道)의 공물(貢物)의 양을 맞출 수 있습니다. 신의 경우 애초에 공통되게 열 말을 바치게 하고자 하였으나, 영상이 불가하다고 하여 강원도에만 더 바치게 하였습니다."라고 하였다. 성이 말하기를, "강원도는 전결(田結)에 토지 측량이 매우 엉성하니, 내포(內浦)[482]의 십 결(結)이 강원도에서는

시하였다.

481 이서(李曙) : 1580~1637. 본관은 전주(全州), 자는 인숙(寅叔), 호는 월봉(月峰)이다. 효령대군(孝寧大君)의 10대손이다. 1623년 장단 부사로 있을 때 병력 700명을 동원하여 인조반정을 이루는 데 공을 세워 정사공신(靖社功臣) 1등으로 완풍군(完豊君)에 봉해졌다.

482 내포(內浦) : 바닷물이 육지 깊숙이까지 들어와서 이 수로를 따라 포구가 발달

십여 복(卜)[483]이 됩니다."라고 하였다.

주상께서 말씀하시기를, "어찌 이와 같은 지경에 이르렀단 말인가. 강원도는 매우 다른 지경에 이르지 않았는데도 이와 같으니, 아마 불가한 듯하다."라고 하셨다. 현이 말하기를, "각 도와 각 고을은 공물에 대한 경중의 어렵고 쉬움이 매우 다릅니다. 비록 경관(京官)이 내려가더라도 갑자기 어떻게 할 수 없으니, 각각 스스로 마련하여 책(冊)을 만들어 올려 보내게 한 뒤에 본청(本廳)에서 재감(裁減 짐작(斟酌)하여 가볍게 덜어 줌)하고 변통하여 차례대로 시행하는 것이 편할 듯합니다. 또 신이 일찍이 별성(別星)[484]으로 여러 도(道)를 두루 다녔는데, 경기(京畿)의 경우 사신(使臣)에게 먹을 것과 쓸 물건을 관아에서 전혀 이바지하지 않았고 또한 쇄마(刷馬 각 지방에 관용(官用)으로 배치(配置)해 두던 말)를 내어 주지도 않았습니다. 그래서 사신과 하인은 먹을 것을 얻는 것조차 어려웠으니, 쓸 물품과 말 공급은 바라지도 못했습니다. 이 또한 체면을 자못 잃은 것이니, 어찌 정해진 법식을 말할 수 있겠습니까. 먼 지방 도(道)의 경우는 그렇지 않아 사신이 들르면 반드시 예로

한 지역을 뜻하는데, 산이 별로 없이 구릉이 많고, 들이 넓게 펼쳐져 있는 지리적 특성이 있다. 이중환(李重煥)의 《택리지(擇里志)》에 따르면 현재 충청남도의 홍성, 태안, 서산, 당진, 보령, 아산의 일부 지역이 여기에 속한다.

483 복(卜) : 조선 시대 토지 면적의 단위. 절대 면적이 아니라 수확량을 기준으로 한다. 양전척(量田尺)으로, 1척 평방(平方)을 1파(把 : 줌)라 하고 10파를 1속(束 : 뭇), 10속을 1부(負 또는 복(卜) : 짐), 1백 부를 1결(結 : 목)이라 한다.

484 별성(別星) : 중앙 정부에서 지방에 파견하는 대소 관원을 두루 일컫는 말이다. 성(星)은 사자(使者)를 의미한다.

대우하여 마부와 말을 내어 주었습니다. 지금 경기의 규식(規式)으로 정하게 되면, 반드시 형식을 갖추지 못하여 각 관리들은 수량 외에 더 징수하여도 형세상 그만두게 할 수 없습니다. 백성들이 어찌 일마다 조정에 원통함을 호소하며 더 거두어들이는 수령에 대해 하소연하겠습니까. 백성들이 이 법을 불편하게 생각하는 것은 이런 폐단이 있을까 염려하는 것이며, 수령 가운데 이 법을 싫어하는 것 또한 이 때문입니다."라고 하였다.

최명길(崔鳴吉)이 말하기를, "근심스러운 것이 하나 있습니다. 산군(山郡)의 경우는 목포(木布)를 납부할 수 있는데, 목포 한 필은 지금 쌀 열 말을 주어야 하고, 가을에 수확하면 장차 열다섯 말을 주어야 합니다. 바닷가의 경우는 목포 한 필로 쌀을 싸서 납부할 수 있습니다."라고 하였다. 주상께서 말씀하시기를, "이는 그렇지 않다. 흉년의 경우 산군은 쉽고 바닷가는 힘이 드니, 이는 다르지 않다. 다만 흉년의 경우 바닷가는 연이어 그 고통을 받으니, 이는 변통하기 어려울 듯하다."라고 하였다. 명길이 말하기를, "대개 십만 섬〔石〕을 모두 본도(本道)에 납입하면 버틸 수 있으나, 십사만 섬을 서울로 올려 보내면, 팔구만 섬으로는 응용할 수 없습니다. 다만 경관(京官)을 내려보내면 지난해의 소요(騷擾)에 이르지는 않을 것입니다. 주상께서 '민간에 많이 바치라고 말한 것이 아니다.'라고 말씀하셨습니다. 수령들의 번거롭고 간략함이 매우 다르니, 만약 조용히 그 일을 한나년 상세하고 수밀할 듯하였기 때문에 이와 같이 하교하였습니다."라고 하였다.

주상께서 말씀하시기를, "그 가운데 한 가지 폐단이 있으니, 전결이 많은 사람은 일시에 상납하는 것을 괴로워할 것이다."라고 하셨다. 명길이 말하기를, "양남(兩南 영남과 호남)의 큰 폐단이 이것입니다. 혹 오십여 결이 있는 사람이 혹 방납(防納)[485]으로 응역(應役 군역이나 부역에 응함)하기 때문에 일시에 상납하는 것을 괴로워합니다."라고 하였다. 정백창(鄭百昌)[486]이 말하기를, "오십여 결을 가진 사람은 요역(徭役)을 하지 않는 사람입니다. 오직 가난한 사람만 응역(應役)하고 부유한 사람은 절대 하지 않습니다."라고 하였다.

현이 말하기를, "전결이 많은 사람은 부유한 백성입니다. 비록 일시에 상납하는 것을 괴로워하더라도 그 재력으로 감당할 수 있습니다. 다만 난리 이후에 전결에 대한 조세(租稅)의 경중(輕重)이 균등하지 않아 백성들이 모두 흩어져 달아났습니다. 비옥한 토지의 경우는 유랑하는 백성들이 많이 모였으나 수기수세(隨起隨稅)[487]하기 때문에 부역(賦役 부세(賦稅)와 요역(徭役))이 조금 쉬웠으니, 상주(尙州), 성주(星州), 선산(善山) 같은 고을이 이런 경우

485 방납(防納) : 백성들이 그 지방에서 산출되는 토산물로 공물(貢物)을 바치는데, 그 지방에서 생산할 수 없는 가공품이나 토산이 아닌 공물을 바쳐야 할 경우에 납공인(納貢人)들이 공물을 대신 바치고 그 값을 갑절로 불려 받던 일을 말한다.

486 정백창(鄭百昌) : 1588~1635. 본관은 진주(晉州)이고 자는 덕여(德餘)이며 호는 현곡(玄谷)·곡구(谷口)·대탄자(大灘子)·천용(天容)이다. 광해군 때 폐모론(廢母論)이 일어나자 양근(楊根)에 들어가 임숙영(任叔英)·이식(李植) 등과 더불어 은둔 생활을 하였는데, 세상에서는 이들을 삼사(三士)라 불렀다. 인조 때 경기도 관찰사로 재임하던 중 병으로 죽었다. 술을 즐겼으며 시문에 뛰어났다. 저서로는 《현곡집(玄谷集)》이 있다.

487 수기수세(隨起隨稅) : 실제로 경작하는 토지에 대해서만 조세를 매기는 것을 말한다.

입니다. 비록 열다섯 말을 거두더라도 백성들이 원망하지 않았습니다. 척박한 토지의 경우는 원래 살던 백성들이 모두 달아나 전야(田野)가 버려지고 황폐한데도 오히려 평시의 전결로 행용(行用 사용)하기 때문에 요역의 괴로움이 다른 고을에 비해 열 배나 되니, 안동(安東), 영천(榮川), 진보(眞寶), 청송(靑松) 같은 고을이 이런 경우입니다. 신의 소견으로 말해 보면, 청송의 경내는 다만 부(夫)가 삼십여 부뿐인데, -여덟 결(結)이 일 부(一夫)가 된다.- 해당 관청에서는 백 부가 감당할 양을 그 부역(賦役)으로 책임지우기 때문에 일 부가 항상 삼 부(三夫)의 부역을 맞추어야 합니다. 지금 만약 전안(田案 토지 대장)을 고치지 않고 대동법을 확정한다면, 일 결(一結)이 마땅히 마흔다섯 되를 상납해야 하니, 어찌 감당할 수 있겠습니까. 혹 편리하기도 하고 혹 편리하지 않기도 하다는 것이 이 때문입니다. 어찌 다 호강(豪强)하여 편리하지 않다고 생각하겠습니까. 신의 생각으로는 먼저 그 전결을 균등하게 한 뒤라야 대동법을 시행할 수 있습니다."라고 하였다.

명길이 말하기를, "사주인(私主人)[488] 때문에 나라의 비용이 넉넉지 못하여 백성들이 피로합니다. 비록 설령 이백여 가구가 생업을 잃더라도 대단한 데 이르지는 않습니다만 이백여 가구를 위하여 길러 줄 수 없기 때문에 이와 같이 어렵게 되니, 이 일은 알 수 없습니다."라고 하였다. 현이 말하기를, "나라가 그 이권을 잃

488 사주인(私主人) : 본래는 서울에 올라온 지방관들에게 숙식을 제공하던 사인(私人)이었는데, 뒤에는 지방에서 바치는 공물(貢物)을 대신 바쳐 주고서 그 값을 몇 배로 징수하는 사람을 뜻하는 말로 쓰였다.

고 백성들이 생업을 잃는 것은 모두 방납(防納)과 사주인(私主人)에 달린 것입니다. 만약 이 폐단을 제거한다면, 비록 대동법을 하지 못하더라도 토지의 특성에 따라 공물을 정하여 백성들이 큰 은혜를 받을 것입니다. 그렇지 않다면, 중간에 폐단을 일으키는 무리가 이르지 않는 바가 없을 것입니다. 법률이 확정된 뒤에 동일하게 이전의 잘못으로 돌아간다면, 백성들은 은혜를 입지 못합니다. 지금 비록 시험 삼아 대동법을 시행하더라도 나라에서 쓸 비용이 급할 때는 사주인에게 책임지우기 때문에 형세상 그 폐단을 금지할 수 없습니다. 만약 책임지우지 않는다면, 어찌 처리하기 어려움이 있겠습니까."라고 하였다.

9월 6일 정사(丁巳) 초저녁에 약방 제조(藥房提調) 이귀(李貴)와 호위대장(扈衛大將) 이서(李曙)를 인견(引見)하였는데, 승지 최현(崔晛)과 사관 김설(金卨),[489] 성여관(成汝寬),[490] 이후양(李後陽)[491]이 입시하였다.

489 김설(金卨) : 1595~1667. 본관은 상주(尙州), 자는 순보(舜甫), 호는 정헌(靜軒)이다. 1623년(인조1)에 정시 문과에 병과로 급제하였다. 1627년, 반정공신인 김류(金瑬)와 이귀의 대립이 심화되는 상황에서 인천 유생 김원(金垣)이 김류 부자의 횡포를 비난하는 소를 올리자 이귀의 사위로서 그 상소의 배후 인물로 지목되어 온성으로 유배당하였다. 1629년, 해남으로 옮겼다가 이듬해 사면되었다. 1648년, 김류가 죽은 다음 고산 찰방(高山察訪)에 기용되었으나 요직에는 나아가지 못하고 예빈시 정(禮賓寺正)에 그쳤다. 1722년(경종 2) 경연관(經筵官) 이진유(李眞儒)에 의해서 어전에서 원통함이 밝혀졌다.

490 성여관(成汝寬) : 1589~?. 본관은 창녕(昌寧), 자는 자율(子栗)이다. 1623년(인조1)에 정시 문과에 병과로 급제하였다.

주상께서 이귀에게 말씀하시기를, “경(卿)이 입직한 지 여러 날이 되었는데, 항상 인견하고자 하였으나 일이 많아 만날 수 없었다.”라고 하시고 인하여 술 삼 순(三巡)을 하사할 것을 명하셨다. 현(晛)이 술을 마실 줄 모른다며 사양하였다. 귀가 말하기를, “현은 평소 술을 마실 줄 몰라 한 잔에도 취합니다.”라고 하였다. 주상께서 말씀하시기를, “그만두어라.”라고 하셨다.

귀가 진언하기를, “요사이 나라에 일이 많아 과거 시험이 자주 취소되어 이미 제도가 아니게 되었습니다. 지금 시험관이 대궐에 이른 뒤에 대관(臺官)들이 모두 체직되어 장차 과거 시험을 시행할 수 없을 것이니, 먼 지방의 사자(士子)들이 반드시 장차 내려갈 것입니다. 폐조(廢朝 광해군) 때도 과거 시험이 여러 번 취소되었으니, 이는 선왕의 아름다운 일이 아닙니다.”라고 하였다. 현이 진언하기를, “사구(司寇 형벌을 맡은 관원)의 직임은 간교함을 벌하고 포악함을 금하는 것이니, 법관에게 그 직임을 다하게 해야 합니다. 그런데도 이미 엄하게 꾸짖고 또 모두 체직할 것을 명하시니, 법을 집행하는 신하들이 이로부터 해체되어 군하(群下 군신(群臣))들이 희망을 잃을까 두렵습니다. 대간(臺諫)이 다 체직되고 과거 시험이 장차 취소되어서, 경성에 구름처럼 모여든 사방의 많은 선비들이 속대(束帶 관을 쓰고 띠를 띰)하고 장옥(場屋 과거(科擧) 시험장)의 문에서 바쁘게 뛰어다닙니다. 그런데 폐단을 일으킨 궁노(宮奴)를 잡아 가두어 치죄(治罪)하는 것 때문에 대신을 모두

491 이후양(李後陽) : 1597~?. 본관은 전주(全州), 자는 이숙(耳叔)이다. 1624년(인조2) 별시 문과에 병과로 급제하였다.

체직하고[492] 과거 시험을 취소했다는 말을 듣는다면, 사람들이 모두 실망하여 여론이 매우 좋지 않을 것입니다. 청컨대, 빨리 체직하지 말도록 하교하여 내일 과거 시험을 시행할 것을 기약하소서."라고 하였다. 귀가 말하기를, "최현의 말이 매우 옳습니다. 마땅히 뜻을 굽혀 따르기를 힘쓰십시오. 대간이 법을 집행한 것이 지나친 듯하나 주상께서 이와 같이 하신 것은 대개 일이 자전(慈殿)께 관여될까 하여 마지못해 처리하신 것입니다. 그러나 팔도의 사람들이 자세한 내용을 알지 못하고 다만 그 자취만 본다면, 반드시 간람(姦濫)한 무리들이 치도에 해가 되는 것이 끝이 없다고 여겨 매우 놀랄 것입니다. 사책(史冊)에 기록하여 후세에 전한다면, 어찌 성조(聖朝)의 한 가지 흠이 되지 않겠습니까. 일의 본질을 생각하시어 성명(成命 이미 결정하여 내려진 임금의 명령)을 다시 거두어 주소서."라고 하였다.

주상께서 말씀하시기를, "비록 다시 거두더라도 이미 체직된 대관이 어찌 벼슬할 리가 있겠는가. 이 뜻은 이미 승정원에 말해 두었다. 하인배(下人輩)들이 만약 스스로 거짓을 만들었다면 그 죄

492 폐단을……체직하고 : 대산(大山) 이상정(李象靖)이 지은 최현의 행장에 따르면, 당시 인조의 생모 구씨(具氏)가 살던 저택인 명례궁(明禮宮)의 장무(掌務)가 위조한 인장을 찍은 문서로 경기의 고을에서 소란을 일으키자 사헌부에서 추문(推問)하여 죄를 다스렸는데, 주상이 "본궁 소속의 하인은 다른 곳의 하인과 같이 취급할 수 없다."라고 하면서 치죄치 못하게 하니 최현이 아뢰었다고 하였다. 이 일은 《조선왕조실록》 인조 2년 갑자(1624) 7월 30일(임오) 기사에, 사헌부가 명례궁의 하인을 벌 준 일에 대해 정원에 하교하자, 승지 홍명형(洪命亨)과 최현이 아뢰었다고 기록되어 있다.

는 진실로 용서치 않을 것이다. 만약 이와 같지 않다면, 자전(慈殿)이 어떤 지위인데 대간이 감히 이와 같이 한단 말이냐. 정엽(鄭曄)은 독신(篤愼)한 사람인데도 상세히 살필 수 없었다. 나는 그의 뜻을 알지 못하겠다."라고 하셨다. 현이 말하기를, "과거 시험 또한 큰일입니다. 주상께서 만약 후회하는 뜻을 보이고 애써 등용하신다면, 대간도 어찌 다만 작은 혐의만 지키고 벼슬에 나가지 않아 큰일을 방해하겠습니까."라고 하였다.

주상께서 침묵하시기에 현이 말하기를, "대간이 잡아들여 치죄한 것 또한 법을 보인 것에 지나지 않을 뿐입니다. 이유점(李有點)은 나이가 일흔이 넘었다고 들었으니, 늙은 사람에게 형벌을 가할 수 없습니다. 주상께서 만약 다시 그 대간을 등용하시어 형추(刑推)하지 말고 처벌 수위를 낮추어 조율하게 하시면, 곤장을 치고 유배 보내는 데 지나지 않을 뿐입니다. 이에 별도로 은혜로운 교지를 내려 소방(疏放 죄인을 관대하게 처리하여 풀어 줌)하신다면, 대관(臺官)이 법을 집행하여 악을 징계하고 성주(聖主)께서 자전을 위해 은혜를 베푸신 것, 이 두 가지가 모두 도리에 맞을 것입니다. 그렇게 하지 않고 다만 위엄으로 대간을 꺾고자 하신다면, 훗날 등용되는 대간도 반드시 이전과 같을 것이니, 어찌 기꺼이 주상의 뜻을 받들어 따르겠습니까. 이와 같이 서로 버틴다면, 일의 본질을 더욱 상하게 할 것이니, 청건대 거듭 생각하십시오."라고 하였다.

귀가 말하기를, "대간의 말은 비록 다 들어줄 수는 없으나, 이와 같은 말은 따르지 않을 수 없습니다. 대간이 인주(人主)와 옳고 그름을 따져서 대간이 이기고 인주가 이기지 못하면 아름다움은 인주에게로 돌아가고, 인주가 이기고 대간이 이기지 못하면 아름다움은 대간에게로 돌아가 인주가 대간의 말을 거절했다는 이름을 받게 됩니다. 예로부터 인주는 대간을 이기지 않는 것을 성대한 덕으로 여겼습니다. 지금 대간에게도 지나친 점이 있습니다만 주상께서 마땅히 따르기를 힘써서 이기지 않음으로 의중을 보이십시오."라고 하였다. 주상께서 여전히 침묵하며 응답하시지 않자 귀가 말하기를, "이미 대간을 체직하여 과거 시험을 감독할 수 없다면, 이조(吏曹)를 불러 새로운 대간을 차출하여 내일 과장을 설치하게 하는 것이 어떻겠습니까."라고 하였다.

주상께서 말씀하시기를, "이 일은 계장(啓狀)에 의거하겠다."라고 하셨다.

귀가 말하기를, "옛날 선조(先朝) 때, 이몽학(李夢鶴)이 반란을 일으켰는데,[493] 다만 그 몸만 주살하는 데 그쳤을 뿐, 그 졸개들에게 형벌이 미쳤음을 듣지 못했습니다. 더구나 이 병졸들의 부모와 처자가 모두 경성에 살고 있습니다. 역적 이괄(李适)의 경우는 그

493 이몽학(李夢鶴)이 반란을 일으켰는데 : 이몽학은 왕족의 서얼 출신으로 임진왜란 때 장교(將校)가 되었다가, 국사가 어지러운 것을 보고 모속관(募粟官) 한현(韓絢) 등과 함께 홍산(鴻山) 무량사(無量寺)에서 반란을 모의하고 의병을 가장하여 조련을 하였으며, 동갑회(同甲會)라는 비밀결사를 조직하여 친목회를 가장, 반란군 규합에 열중하였다. 1596년(선조29) 7월 일당이 야음을 틈타 홍산현을 습격하여 함락하고, 이어 임천군(林川郡)·정산(定山)·청양(靑陽)·대흥(大興)을 함락한 뒤 그 여세를 몰아 홍주성(洪州城)에 돌입하였다. 그러나 목사 홍가신(洪可臣), 무장 박명현(朴名賢)·임득의(林得義) 등의 선방(善防)과 반란군 가운데 이탈하여 관군에 내응하는 자가 속출, 반란군의 전세가 불리해지자 그의 부하 김경창·임억명(林億命)·태근(太斤) 등 3인에게 피살되었다.

부모와 처자를 죽이고자 하였기 때문에 도망하였다가 돌아왔으니, 그 형세가 그렇게 된 것입니다. 대개 그의 마음은 요미(料米 관원(官員)에서 급료(給料)로 주는 쌀)를 제출(除出 일정한 수량이나 수효에서 일부를 덜어 냄)하는 것으로 심각하게 여긴 것이 아니라 스스로 죄가 있다고 여겨 스스로 편안할 수 없다고 생각한 것입니다. 신이 지난날 산성을 쌓는 부역에 나아간 것을 멈추도록 청한 것은 이 때문입니다."라고 하였다.

현이 말하기를, "우리나라는 군법(軍法)이 확립되지 않아 일마다 구차하기 때문입니다. 만약 전쟁에 패하여 흩어진 군대가 있다면, 반드시 먼저 그 장수의 목을 벤 뒤라야 병졸들에게 군율을 적용할 수 있습니다. 지금 영장(領將)의 경우는 먼저 달아나 마땅히 형벌을 주어야 하는데도, 사람들이 모두 그들을 변명하고 구제하여 면죄됩니다. 빈천한 군사(軍士)의 경우는 그들을 변명하고 구제해 주는 사람이 없어 효수되기에 이릅니다. 상과 벌이 거꾸로 되니, 사졸들이 어찌 원망하지 않을 수 있으며, 군율이 무엇으로 말미암아 확립되겠습니까."라고 하였다. 귀가 말하기를, "경기(京畿) 지역에 전쟁에 패한 병졸들이 또한 천 명입니다. 지금 장차 찾아내려고 하지만, 신의 생각으로는 최현의 말과 같이 하여 다만 그 장관만 다스려야 할 것입니다. 그 장수가 먼저 달아난다면, 그 사졸들이 어찌 패하지 않을 리가 있겠습니까."라고 하였다.

사간원(司諫院)의 계사(啓辭 논죄에 관(關)하여 임금에게 올리는 글)가 들어왔다. 현이 인하여 말하기를, "우러러 아뢰기 매우 황송합니다. 대간이 어찌 성상의 의중이 있는 바를 알지 못하고 쉽게 법을 쓸 수 있단 말입니까. 팔도의 사자(士子)들이 모두 모였을 때,

궁노(宮奴) 한 사람의 일 때문에 과장(科場)을 취소하는 데까지 이른다면, 여론이 반드시 놀랄 것입니다. 청건대, 성명(成命)을 다시 거두어들이시고 과거 시험을 취소하지 않게 하시는 것이 어떻겠습니까."라고 하였다.

주상께서 말씀하시기를, "이 말이 비록 좋지만, 이와 같이 한다면 내일 과거 시험은 결코 시행할 수 없다."라고 하셨다. 현이 말하기를, "지금 왕명으로 부르신다면 아직 늦지 않습니다."라고 하였다. 귀가 말하기를, "대간을 대우할 때 살피지 않을 수 없습니다. 사신(史臣)이 다 있으니, 직필(直筆)이 두렵습니다. 만약 다시 거두어들이시지 않는다면, 성주의 덕에 어찌 손상이 있지 않겠습니까."라고 하였다.

주상께서 말씀하시기를, "나의 잘못을 말한다면, 어찌 이와 같이 처리했겠느냐. 다만 일이 자전에게 관여되기 때문이다."라고 하셨다. 서가 말하기를, "신은 무인입니다. 간관의 일은 감히 입에 담을 수 없습니다만 오늘 특별히 남다른 총애를 입어 이미 이 자리에 참석하였으니, 어찌 마음에 품은 생각을 우러러 아뢰지 않을 수 있겠습니까. 엄중한 교지를 비록 내리시더라도 대간은 풍채(風采)를 잃지 않을 것입니다. 폐조 때에 어찌 이런 신하가 있었겠습니까. 옛날의 대관(臺官)은 임금 앞에 서서 시비를 간쟁하였는데, 지금의 대관도 비슷합니다."라고 하였다.

주상께서 말씀하시기를, "대간의 직임이 어찌 나의 뜻을 받들어 따르는 것으로 옳다 하겠느냐. 그러나 이 일은 내가 그 의도를 알지 못하겠다."라고 하셨다. 현이 말하기를, "성상께서 하교하신 뜻은 한때의 권도(權道)이지만 대간이 한 바는 바꿀 수 없는 정법

(定法)입니다. 각각 마땅히 해야 할 도리가 있으니 그만둘 수 없습니다. 정치(政治)가 대각(臺閣)에 달린 것이 비록 성대한 일은 아니지만 말세에 기강을 부지하는 것은 다만 대간일 뿐입니다. 만약 준엄한 교지로 대간의 뜻을 꺾으신다면, 기강을 부지할 수 없어 간사(奸邪)한 소인들이 법을 어기는 것이 더욱 불어날 것이니, 어찌 두려워할 만하지 않겠습니까."라고 하였다. 귀가 말하기를, "서리 한 사람의 일로 대간을 모두 체직하신 일이 원근에 전파되었으니, 어찌 성세(盛世)의 일이겠습니까. 대간이 다투는 바는 공변된 것으로 또한 관과지인(觀過知仁)[494]할 수 있으니, 어찌 자신에게 이로움이 있겠습니까. 만약 장려하고 권면하면서 다시 거두어들이신다면, 상하가 모두 그 옳음을 얻을 것입니다."라고 하였다. 현이 말하기를, "만약 들어주어 국체(國體)에 조금이라도 해가 된다면 들어주지 않는 것이 옳습니다. 만약 그렇지 않다면 자만하는 음성과 낯빛으로 천리 밖에서 사람을 막는 것[495]이니, 진언(進言)하는 도가 어찌 어렵지 않겠습니까. 밤이 이미 깊었고 대

494 관과지인(觀過知仁) : 사람이라면 누구라도 과실을 저지르지만, 정리상 부득이하게 저지르는 경우도 있으므로 그 과실에 대해 일률적인 잣대를 들이댈 것이 아니라 그 이면의 사정을 들여다보아야 한다는 뜻으로, 《논어》 〈이인(里仁)〉에 "사람의 과실은 각기 그 유(類)대로 하는 것이니, 그 사람의 과실을 보면 인을 알 수 있다.〔人之過也, 各於其黨, 觀過斯知仁矣.〕"라고 하였다.

495 자만하는……것 : 《맹자》 〈고자 하(告子下)〉에 "만약 선한 말을 좋아하지 않으면 사람들이 '오만한 것을 내가 이미 안다.' 할 것이니, 자만하는 음성과 낯빛으로 천리 밖에서 사람을 막을 것이다.〔夫苟不好善, 則人將曰 訑訑 予旣已知之矣. 訑訑之聲音顔色, 距人於千里之外.〕"라고 한 데서 온 말로, 자기의 지혜를 스스로 만족스럽게 여겨 남의 선언(善言)을 받아들이지 않는 거만함을 말한 것이다.

간이 없으니, 그렇다면 과거 시험을 결코 시행할 수 없습니다. 모쪼록 빨리 결단하시는 것이 어떻겠습니까."라고 하였다.

주상께서 시관(試官)의 의망(擬望) 단자를 가져다가 낙점하시자 귀가 말하기를, "만약 다시 거두어들이지 못한다면, 이조에서 반드시 이미 대관의 의망을 가져왔을 것이니, 다른 대관에게 명하여 나가게 하는 것이 어떻겠습니까."라고 하였다. 주상께서 말씀하시기를, "계장(啓狀)에 의거하라."라고 하셨다.

임술(壬戌)일에 주강에 도승지 정경세(鄭經世)가 윤대(輪對)하고, 승지 최현, 군자감 정 김희(金憙), 사옹원 정(司饔院 正) 유항(柳恒),[496] 도총 경력(都摠經歷) 윤염(尹熖), 이조 정랑 이목(李楘)[497]이 입대(入對)하였다.

목이 말하기를, "인물을 등용하고 내치는 것은 책임이 본조(本曹)에 있습니다. 주의(注擬)[498]는 신하에게 있으나 취사선택은 주

496 유항(柳恒) : 1574~1647. 본관은 전주(全州), 자는 여상(汝常), 호는 구봉(九峯)이다. 1612년(광해군4) 유영경(柳永慶)에게 추형(追刑)이 가하여질 때 유영경의 일파였다는 죄로 삼수에 안치되었다. 1623년 인조반정으로 장령에 등용되어 단천 군수, 양양 부사를 지냈다. 1646년 추관(推官)으로 안익신(安益信)의 옥사를 잘 처리하여 강원도 관찰사에 올랐다가 이듬해 치사(致仕)하였다. 시에 뛰어났으며, 저서로는 《구봉집》이 있다.

497 이목(李楘) : 1572~1646. 본관은 전주(全州), 자는 문백(文伯), 호는 송교(松郊), 시호는 충정(忠正)이다. 벼슬은 서천 군수(舒川郡守)와 부제학(副提學)·대사헌(大司憲)을 지냈다. 저서로는 《송교유고(松郊遺稿)》가 있다.

498 주의(注擬) : 관원을 임명할 때 먼저 문관(文官)은 이조(吏曹), 무관(武官)은 병조(兵曹)에서 후보자 세 사람〔三望〕을 정하여 임금에게 올리던 일을 말한다.

상에게 달렸습니다. 주상께서 공정함을 극진히 하신다면, 신하 또한 공정함을 극진히 할 것입니다. 구중 궁궐이 비록 깊다 하더라도 은미함보다 드러나는 것은 없습니다. 주상께서 사사로움이 없으시다면 천리 밖에서도 호응하여 신처럼 보잘것없는 사람도 감발하여 흥기할 것입니다."라고 하였다. 주상께서 말씀하시기를, "이 말이 그 본질이로다. 신하가 주의(注擬)함에 공정함을 극진히 할 수 없을까 두렵다."라고 하셨다. 목이 말하기를, "신하는 주상에게 공정함을 극진히 할 것을 바라고, 주상 또한 신하에게 공정함을 책임지우니, 상하가 서로 보좌한다면[499] 나라의 복이 무궁할 것입니다."라고 하였다. 인하여 말하기를, "2품 이상은 명덕(命德)[500]의 그릇이니, 상(賞)으로 논하는 것은 마땅치 않습니다만 지난날 김장생(金長生)과 그저께 정경세(鄭經世)에게 품계를 올려 준 것은 매우 좋은 일이었습니다. 그 밖에 상으로 단계를 뛰어넘어 품계를 올려준 것은 매우 옳지 못합니다."라고 하였다.

현이 말하기를, "이목의 말이 옳습니다. 지금 공로에 보답하는

499 서로 보좌한다면 : 원문은 '교수(交修)'로, 《서경》 〈열명 하(說命下)〉에 "너는 여러 가지로 나를 닦아서 나를 버리지 말라. 내가 능히 너의 가르침을 행할 것이다. 〔爾交修予, 罔予棄. 予惟克邁乃訓.〕"라고 한 데서 나온 말이다. 채침(蔡沈)의 주(註)에 "신하는 군주에 대해 항상 유(柔)함으로써 강(剛)함을 구제하고, 가(可)함으로써 부(否)를 구제하여 좌우에서 돕고 바로잡아 그 덕을 이루어야 한다. 그러므로 '너는 여러 가지로 나를 닦아서 나를 버리지 말라.'라고 말한 것이다." 하였다.

500 명덕(命德) : 덕이 있는 자에게 내리는 벼슬이란 뜻인 '작이명덕(爵以命德)'의 준말로, 2품 이상을 말한다. 채침(蔡沈)의 《서경집전》 〈열명 중(說命中)〉의 주(注)에 "작위(爵位)는 덕(德)이 있는 자에게 명(命)하기 때문에 현(賢)이라 하였다.〔爵以命德, 故曰賢.〕"라고 보인다.

법을 들었으나 상을 논의하는 것은 고르지 않아 승수(陞授 품계를 올려 제수함)가 너무 도를 넘습니다. 혹 공로가 있는데도 하급 관료로 침체되거나 혹 곡경(曲徑 떳떳하지 못한 길)으로 구차하게 승진을 꾀합니다. 공정한 도는 적고 사사로운 마음이 많으며, 승진을 바라는 무리는 거리낌이 없어 원망하는 마음 또한 일어나니, 마땅히 어렵게 여겨 신중히 처리해야 할 바입니다. 또 처음 벼슬하는 사람은 으레 음관(蔭官)이 많은데, 그 가운데는 요행으로 벼슬을 하는 이가 매우 많습니다. 관방(官方)[501]이 문란해져 배척하고 알력(軋轢)하여 붕당을 나누는 풍조 또한 이로 말미암습니다. 대개 공정한 도가 행해지면 요행으로 벼슬을 하는 무리가 용납되지 못할 것입니다. 당의(黨議)가 행해지면, 용렬하고 어리석은 무리들이 동류(同類)라는 것으로 등용되기 때문에 붕당이 일어나는 것은 군자의 불행이지만 소인의 다행입니다. 가만히 보건대, 근래에 식견이 있는 선진(先進)들은 즐거이 당론을 짓지 않는데, 처음 벼슬하는 신진 관료들 가운데 서로 무고로 얽고 몰래 격발하여 반드시 당을 나누고자 하는 자들은 모두 붕당을 매진(媒進)[502]의 길로 삼습니다. 음관의 경우는 더욱 심합니다. 지금 공경(公卿)의 자제와 친족으로 외방(外方)에서 유담(游談 근거 없이 하는 말)하는

501 관방(官方) : 관부를 설치하여 일정한 관직을 두는 것을 이르는 말이다. 《국어(國語)》 〈진어(晉語)〉에 '관방정물(官方定物)'이라 한 데 대하여 위소(韋昭)의 주에 "방(方)은 상(常)이고, 물(物)은 사(事)이다. 곧 일정한 관직을 만들어 온갖 일을 다스리는 것이다."라고 하였다.

502 매진(媒進) : 무엇인가를 매개로 벼슬길에 나아가는 것을 말한다. 여기에서는 붕당을 통해 벼슬이 더 올라가게 되는 것을 말한다.

선비들이 벼슬하지 않은 자가 없습니다. 일반 백성으로 벼슬을 하는 것이 티끌을 줍는 것보다 쉽습니다. 이름은 사족(士族)의 후예라고 하는 자들이 모두 몸을 깨끗하게 하는 것을 부끄러워합니다. 옛날에 유일(遺逸)로 등용된 사람들이 어찌 자제와 친척이 가난하다는 이유로 천거되어 발탁되었겠습니까. 지난날 중외(中外)에 하교하여 현명한 인재를 얻고자 한 것은 매우 성대한 뜻이었습니다만 끝내 얻는 사람은 모두 이런 부류가 많았습니다. 음관으로 이미 사적(仕籍)[503]에 오른 사람을 만약 일시에 금고(禁錮)한다면, 진실로 옳지 않으니, 이후에 마땅히 더욱 어렵게 여겨 신중히 해야 할 것입니다. 처음 벼슬하는 이를 천거하여 등용할 때는 반드시 학행이 겉으로 드러나 한 고을에 알려지고, 온 나라에 퍼진 사람을 등용하되, 거주법(擧主法)[504]을 엄격히 한다면 얻는 사람이 모두 현명하고 요행히 벼슬하는 문이 점점 막힐 것입니다."라고 하였다.

주상께서 말씀하시기를, "옛날에는 오로지 문과와 무과 시험을 통해 등용했고, 음관(蔭官)은 반드시 학행이 넉넉한 사람을 선택하였다. 또 반드시 나이가 많아 문과와 무과 시험을 치를 수 없게 된 뒤라야 음관으로 등용하였다. 그러므로 옛사람들은 모두 음직으로 벼슬하는 것을 부끄럽게 여겼으나 지금은 입에서 젖비린내

503 사적(仕籍) : 관직에 오른 사람들의 성명 등을 적어 둔 문서로, 사판(仕版)이라고도 한다.

504 거주법(擧主法) : 추천받은 사람이 과오나 비행이 있을 경우 추천한 사람을 처벌하는 법이다.

나는 어린 자들도 모두 음관을 한다. 또 문과와 무과 시험 가운데 하나를 폐지할 수 없으니, 무사(武士)를 등용하는 것이 마땅히 음관보다 나은데도 지금은 음관을 등용하는 것이 무사보다 낫다. 폐조(廢朝 광해군) 때는 탐욕스러운 풍속이 크게 일어났기 때문에 무사들이 혹 삼가지 않았으나, 지금 바야흐로 새롭게 하여 잘 다스려지는 때에 어찌 이전의 잘못 때문에 사용하지 않겠는가. 옛날에는 비록 명공 거경(名公巨卿)의 자제라도 만약 문장이 미치지 못하면 반드시 무예를 업으로 삼았는데, 지금은 음관의 길이 너무 넓어서 비록 문무를 하지 않더라도 모두 벼슬을 할 수 있다. 때문에 문무의 과업(科業)에 대해 기꺼이 전심전력하려 하지 않는다." 라고 하셨다.

목이 말하기를, "반드시 대간(臺諫)을 존중한 뒤라야 유사(有司)와 수령(守令)이 모두 두려워 꺼리게 됩니다. 폐조(廢朝) 때는 대간이 비록 매우 보잘것없었으나, 만약 그 말을 따랐다면 어찌 이와 같은 지경에 이르렀겠습니까."라고 하였다. 현이 말하기를, "대간은 때에 따라 깨끗하기도 하고 혼탁하기도 합니다. 폐조 때 이이첨(李爾瞻),[505] 한찬남(韓纘男),[506] 박정길(朴鼎吉)[507] 같은 무

505 이이첨(李爾瞻) : 1560~1623. 본관은 광주(廣州), 자는 득여(得輿), 호는 관송(觀松)·쌍리(雙里)이다. 선조의 후사(後嗣) 문제로 대북과 소북이 대립하자, 대북의 영수로 광해군의 옹립을 주장하여 영창대군을 옹립하려는 유영경(柳永慶) 등 소북을 논박하다가 선조의 노여움을 사서 갑산(甲山)에 유배 갔다. 1608년(선조41) 2월 선조가 갑자기 서거하고 광해군이 즉위함으로써 예조 판서에 올라, 정인홍과 함께 소북 일파를 숙청하였다. 정인홍과 함께 계축옥사를 일으킨 장본인으로 인조반정 후 참형되었다.

리들이 모두 대간이 되었으니, 어찌 모두 이들의 뜻을 따랐기에 이와 같은 지경에 이른 것이 아니겠습니까. 말의 옳고 그름을 판단하여 용사(用舍 임금이 사람을 쓰고 버리는 일)를 좋고 나쁘게 함에 달렸을 뿐입니다."라고 하였다.

주상께서 말씀하시기를, "대간들을 격려하여 미진한 일이 있게 하지 않겠다. 나는 기다려야 한다고 생각하는데, 기다리지 않아야 한다고 생각하느냐?"라고 하셨다. 현이 말하기를, "흉서(凶書)[508]에 대해 구포(購捕 상을 걸어서 찾아 잡음)하는 사목(事目)이 팔도에 퍼졌는데, 서울〔輦轂之下〕의 법을 어지럽히는[509] 무리들은 난리를 다행으로 여기고 재앙을 즐거움으로 여기니, 참으로 흉악

506 한찬남(韓纘男) : 1560~1623. 본관은 청주(淸州)이며 자는 경서(景緖)이다. 광해군 때 이이첨(李爾瞻)의 심복으로 도승지, 대사헌, 형조 판서에 오른 인물이다. 소북파(小北派)들을 제거하기 위해 이이첨의 사주로 해주옥사(海州獄事)를 일으키기도 하고 폐모론(廢母論)을 주도하기도 하였다. 인조반정 때에 주살되었다.

507 박정길(朴鼎吉) : 1583~1623. 본관은 밀양(密陽), 자는 양이(養而)이다. 광해군 때 급제하여 사헌부, 사간원, 홍문관 관원 등 청요직을 역임하였다. 윤선도(尹善道)는 그를 이이첨의 골육과 같다고 지목했을 정도였다. 폐모론, 궁궐 공사에 앞장섰으며 인조반정 뒤에 죽임을 당하였다.

508 흉서(凶書) : 어떤 사건인지 분명하지 않다.

509 법을 어지럽히는 : 저본에는 '간구(姦究)'로 되어 있는데, 《서경》 〈순전(舜典)〉을 참고하여 '간구(姦宄)'로 수정하였다. 간구는 법을 어기고 어지럽히는 것을 말한다. 제순(帝舜)이 "고요야! 만이가 중하를 어지럽히며 약탈하고 죽이며 밖을 어지럽히고 안을 어지럽히므로 너를 사로 삼는다.〔皐陶! 蠻夷猾夏, 寇賊姦宄, 汝作士.〕" 하였는데, 채침의 주에 "사람을 겁박함을 구(寇)라 하고 사람을 죽임을 적(賊)이라 하며, 밖에 있는 것을 간(姦)이라 하고 안에 있는 것을 구(宄)라 한다. 사(士)는 죄를 다스리는 관리이다."라고 하였다.

하고 참담합니다. 다만 당초 주상께서 하교하실 때 비록 재신(宰臣 재상(宰相)인 신하)이라도 익명서를 올린 자는 모두 배척하여 요동하지 않음을 보이십시오. 지금 팔도에 반포하여 방촌(坊村)을 두루 알리니, 이것이 바로 간사(奸邪)한 꾀에 요동하는 것입니다. 당초에 하교하신 뜻과는 완전히 다릅니다. 다만 사람들의 이목이 놀랄 뿐만 아니라 또한 체포할 수 있는 이치도 없습니다. 성안에는 이미 널리 알렸으니 다시 거두어들일 수 없으나, 지방의 경우는 반포하지 않는 것이 어떻겠습니까."라고 하였다. 주상께서 말씀하시기를, "법을 어지럽히는 무리들이 어찌 반드시 성안에만 있고 외방(外方)에는 있지 않겠는가."라고 하셨다. 현이 말하기를, "설령 생각지 못한 사람이 있더라도 이로 인하여 무고(誣告)한다면 그 진위(眞僞)를 분변할 때 인심이 어찌 요동하지 않겠습니까."라고 하였다.

주상께서 말씀하시기를, "무고의 경우, 반좌율(反坐律)[510]이 있으니, 반드시 이런 염려는 없을 것이다."라고 하셨다.

같은 날 《맹자》 〈양혜왕 상(梁惠王上)〉 편의 이양역우장(以羊易牛章)[511]을 주강하였다.

이준(李埈)[512]이 말하기를, "이 마음을 확충한다면, 작은 것에서

510 반좌율(反坐律) : 무고(誣告) 또는 위증(僞證)으로 타인을 죄에 빠지게 한 자에게 그 죄에 빠진 자와 동일한 형벌을 적용하도록 규정한 형률(刑律)이다.

511 이양역우장(以羊易牛章) : 《맹자》 〈양혜왕 상(梁惠王上)〉 7장으로, 제나라 선왕(宣王)이 종(鍾)에 피를 바르기 위해 소를 죽이려고 하는 것을 보고 양으로 소를 대신〔以羊易牛〕하도록 했다는 내용이다.

큰 것에 이르기까지와 가까운 데서 먼 데에 이르기까지 사물을 사랑하는 것에서부터 백성을 사랑하는 데까지 이를 수 있을 것입니다."라고 하였다.

주상께서 말씀하시기를, "맹자는 다른 사람의 일을 가지고 그 본마음을 알았는데 선왕(宣王)의 경우는 자기의 일을 가지고 그 본마음을 알지 못했는가."라고 하셨다. 현이 말하기를, "천리와 인욕은 분수(分數 비율)의 많고 적음이 있으니, 선왕이 비록 이 마음이 있었으나 확충시킬 수 없었기 때문에 잠깐 드러났다가 다시 어두워졌습니다."라고 하였다. 오윤겸(吳允謙)이 말하기를, "천리가 기회를 타서 발현하니, 스스로 이 마음이 있는 것을 깨닫지 못하고, 비록 본연의 마음이 있더라도 또한 스스로 알지 못합니다."라고 하였다.

현이 말하기를, "사람은 천리를 가지고 있지 않음이 없습니다. 어린아이가 우물로 들어가는 것을 보고 두렵고 측은한 마음이 있는 것은 천리가 발현함에 사사로움이 섞이지 않았기 때문입니다. 이미 발현한 뒤에 사욕이 따라 일어나 향당의 벗들에게 명예를 얻고, 어린아이의 부모와 교제하려는 마음이 생깁니다. 이와 같다면, 천리가 다시 어두워지고 사사로운 마음이 주가 되어 혹 사람을 죽여서 자신을 구하는 일에 이르더라도 꺼리지 않는 바가 있

512 이준(李埈) : 1560~1635. 본관은 흥양(興陽), 자는 숙평(叔平), 호는 창석(蒼石)·유계(酉溪), 시호는 문간(文簡)이다. 유성룡(柳成龍)의 문인이다. 1591년(선조24) 별시 문과에 합격하여 예조 정랑, 교리, 동부승지, 우승지, 삼척 부사 등을 역임하였다. 상주(尙州) 옥성서원(玉成書院)에 봉안되었으며, 문집인 《창석집》이 전한다.

게 됩니다. 선왕의 경우 의식함이 없을 때는 소가 두려워 벌벌 떠는 것을 보고 차마 하지 못하는 마음이 있었습니다만[513] 끝내 이 마음을 미루어 확충하지 못하여 사사로운 마음이 이기게 되었습니다. 성을 다투고 토지를 다투어 죽은 시체가 들에 가득하였으나, 일찍이 조금도 구휼하지 않았습니다. 천리와 인욕이 나누어짐이 이와 같기 때문에 이 편의 둘째 장에서 항상 이 마음을 확충하게 하고자 하였습니다."라고 하였다. 준이 말하기를, "《동문선(東文選)》의 〈휼형서(恤刑書)〉[514]는 그 문장이 잘 지어졌고 그 언어가 상세하니 마땅히 열람하시고 이에 의거하여 교서를 만들어 밝게 깨우치는 것이 옳습니다."라고 하였다.

현이 말하기를, "우리나라의 이와 같은 일은 끝내 내실 없는 헛된 문장으로 귀결됨을 면치 못하였습니다. 그러나 혹 이로 인하여 백성들이 한 푼의 은혜로운 혜택을 입는다면, 이 또한 인(仁)을 하는 방법을 미루어 확충하는 것입니다."라고 하였다. 준이 말하기를, "세 번째 대문(大文)은 선왕이 그 본마음을 얻지 못하자 맹자가 비유하여 깨우침으로써 왕의 본심이 드러나게 되었으니, 이것은 왕이 충분히 그것으로 선하게 될 수 있으며, 맹자 또한 비유를 잘하였다고 말할 수 있습니다. 옛사람은 그 본심을 얻는 것으

513 소가……있었습니다만 : 《맹자》 〈양혜왕 상(梁惠王上)〉에 제 선왕이 흔종(釁鍾)의 소를 놓아주게 하면서 "나는 그 소가 벌벌 떨면서 죄 없이 사지에 나아가는 것을 차마 볼 수 없다.〔吾不忍其觳觫若無罪而就死地〕"라고 하고 소 대신 양을 쓰게 한 일을 말한다.

514 동문선(東文選)의 휼형서(恤刑書) : 《동문선》 권24에 수록된 무명씨(無名氏)의 〈휼형 교서(恤刑教書)〉를 말한다.

로 만인의 무리 가운데 부모를 뵙는 것같이 여겼습니다. 지금 선왕이 '나의 마음에 움직임이 있었다.'[515]라고 하였으니, 이것은 성심(誠心)으로 기뻐한 말입니다."라고 하였다.

현이 말하기를, "선왕(宣王)이 이때 사사로운 마음이 잠시 제거되고 본마음이 드러났으니, 이를 미루어 확충하였다면 왕도(王道) 또한 할 수 있었을 것입니다. 애석하게도 공리(功利)의 사사로움에 빼앗겨 전쟁을 일으켜 병사와 백성들을 위험하게 하고 제후들과 원망을 맺었으니, 이로움을 구해도 얻지 못하고 해로움이 이미 따르게 되었습니다. 다만 선왕뿐만 아니라 예로부터 인주(人主)가 그 본심의 조사(操舍)[516]를 소홀히 하여 떠벌이기 좋아하고 공을 기뻐하는 자는 모두 이런 근심이 있었습니다."라고 하였다. 준이 말하기를, "성현의 천 마디 만 마디 말씀의 핵심은 사람들이 이미 놓아 버린 마음을 가져다 돌이켜서 몸에 들어오게 하고자 하는

515 나의……있었다 : 《맹자》 〈양혜왕 상(梁惠王上)〉에서 "내가 행하고 돌이켜 찾아보았지만 내 마음을 알지 못하였는데, 부자께서 말씀해 주시니, 내 마음에 척척함이 있습니다.〔夫我乃行之, 反而求之, 不得吾心, 夫子言之, 於我心有戚戚焉.〕"라고 하였다. 척척(戚戚)은 어떤 것이 떠올라 마음이 움직이는 모양이다.

516 조사(操舍) : 선심(善心)을 보존함과 놓아 버림을 말한 것으로, 놓는다는 것은 곧 외물(外物)에 유혹되어 이 선심을 잃게 되는 것을 말한다. 《맹자》 〈고자 상(告子上)〉에 공자가 "잡으면 보존되고 놓으면 달아나서 출입이 일정한 때가 없어 그것이 향할 곳을 알 수 없는 것은 오직 마음을 두고 말한 것일 것이다.〔操則存, 舍則亡, 出入無時, 莫知其鄕, 惟心之謂與!〕"라고 말하였다. 《심경부주》 권3에 정자가 "마음이 어찌 출입이 있겠는가. 또한 잡고 놓는 것으로 말하였을 뿐이니, 마음을 잡는 도는 경(敬)하여 안을 바르게 하는 것일 따름이다.〔心豈不有出入? 亦以操舍而言耳, 操之之道, 敬以直內而已.〕"라고 말하였다.

데 지나지 않았습니다."[517]라고 하였다.

이귀가 말하기를, "요즘 군령(軍令)이 번잡하여 기강이 서지 않습니다. 수원(水原)의 이경립(李景立)[518]의 궤멸한 병졸들도 장차 벌역(罰役)을 한다고 합니다. 경립을 따른 자는 죄를 주는 것이 진실로 마땅합니다만 따르지 않은 사람이야 무슨 죄가 있겠습니까."라고 하였다. 현이 말하기를, "신이 역적이 패배한 뒤에 서울로 들어왔는데 경립의 군대가 크게 욕하면서 흩어졌다고 들었으니, 모두 의리를 아는 사람들입니다. 죄를 주는 것은 옳지 않습니다."라고 하였다. 윤겸이 말하기를, "도감장관(都監將官) 신해수(申海壽)가 역적에게 붙었는데, 어떤 군사가 크게 욕하고 이수일(李守一)[519]의 진중으로 투항해 들어가며 '주장(主將)이 역적에게

517 성현의……않았습니다 : 이것은 정호(程顥)의 말을 원용한 것으로, 《근사록(近思錄)》 권4 〈존양류(存養類)〉에 정호(程顥)가 "성현의 천 마디 만 마디 말씀이 다만 사람들로 하여금 이미 잃어버린 마음을 단속하여 돌이켜서 다시 몸에 들어오게 하고자 할 뿐이니, 이렇게 하면 자연히 위를 향해 탐구하여 아래로 인간의 일을 배우며 위로 천리를 통달하게 될 것이다.〔聖賢千言萬語, 只是欲人將已放之心約之, 使反復入身來, 自能尋向上去, 下學而上達也.〕"라고 하였다. 《맹자》 〈고자 상(告子上)〉 '구방심장(求放心章)'의 주석에도 인용되어 있다.

518 이경립(李景立) : 이괄의 난에 내응한 사람 중 한 사람이다.

519 이수일(李守一) : 1554~1632. 본관은 경주(慶州), 자는 계순(季純), 호는 은암(隱庵), 시호는 충무(忠武)이다. 선조 때 선전관(宣傳官)·밀양 부사(密陽府使)·성주 목사(星州牧使) 등을 지냈고 광해군 때는 함경도 병마절도사를 세 번 역임하면서 야인(野人)의 소굴을 소탕하고, 인조 때는 평안도 병마절도사 겸 부원수(副元帥)로서 이괄(李适)의 난을 평정한 공으로 진무 공신(振武功臣) 2등에 책록되고 계림부원군(鷄林府院君)에 봉해졌다. 벼슬이 형조 판서에 이르렀으며, 좌의정에 추증되었다.

붙었으니, 나는 차마 그를 따를 수 없어 감히 투항하러 왔습니다.'라고 말하매, 수일이 자신도 모르게 평상에서 내려와 손을 잡고 울었다고 합니다. 이와 같은 사람은 마땅히 그 성과 이름을 묻고 특별히 장려하고 감동케 하는 것이 어떻겠습니까."라고 하였다. 주상께서 말씀하시기를, "나는 이런 일이 있는 줄 알지 못했다. 마땅히 이수일에게 묻고 또 도감장관으로 하여금 내일 군사 훈련할 때 실정을 자세히 조사해서 아뢰도록 하라."라고 하셨다.

귀가 말하기를, "김효신(金孝信)[520]이 비록 안현(鞍峴) 전투[521]에 참여하지 않았으나 강작(康綽)의 목을 베어 역적의 기세가 꺾이게 하였습니다. 그런데도 아직 김효신의 공을 논의하지 않았으니 사람들이 모두 애석하게 여겼습니다. 역적의 기세가 먼저 꺾이게 한 것은 효신의 공이 크며, 사방의 장수들이 귀순한 것 또한 효신이 앞장섰기 때문입니다."라고 하였다. 주상께서 말씀하시기를,

520 김효신(金孝信) : 1574~1627. 본관은 광주(光州), 자는 사성(士誠)이다. 김효신은 한명련(韓明璉)의 중군(中軍)이었는데 한명련에게 속아서 별장(別將) 강작(康綽)과 함께 구성(龜城)의 낙오병을 거느리고 전진하다가 중도에서 한명련이 반역한 정상을 알고 밤에 숙천(肅川)으로 달려가 수부(帥府)에 알리려 하였다. 이에 강작이 칼을 뽑아 김효신을 쳐서 매우 심한 상처를 입었으나, 김효신이 세차게 칼로 쳐 죽여 그 머리를 함에 담아 군사를 거느리고 수부에 귀순하였다. 훗날 그 상처가 덧나서 결국 생을 마치게 되었다.

521 안현(鞍峴) 전투 : 이괄(李适)의 난 때, 이괄이 서울을 점령하고 선조의 열째 아들 흥안군 이제(興安君李瑅)를 추대한 다음 논공행상을 하였는데, 그날 밤 패잔병을 정돈하여 추격해 온 장만(張晩)의 군사와 안현(鞍峴 : 서대문 밖 길마재)에서 싸워 크게 패하였다. 이에 이괄은 이천(利川)으로 도망갔다가 그의 부하인 기익헌(奇益獻)·이수백(李守白) 등에게 살해당하여 반란이 진압되었다.

"그렇다. 이 당시 역적을 따르는 자가 매우 많았는데 효신만 홀로 순종(順從)과 반역(反逆)의 의리에 밝아 칼날을 맞으면서도 귀순해 옴에 이르렀으니 매우 가상하도다."라고 하였다.

이귀가 다시 공신 녹훈을 청하였다. 주상께서 말씀하시기를, "일이 이미 마감되었으니, 계속하여 추론(追論)할 수 없다."라고 하셨다. 현이 말하기를, "원망은 균등하지 않은 데서 생겨납니다. 공이 같은데 상을 베푸는 것이 다른 것은 또한 옳지 않습니다. 안현 전투에 대해서 신도 그 대강을 들었는데, 공을 논의함이 균등하지 않아 원망하는 사람이 많습니다. 주장(主將) 또한 직접 보지 못하고 들은 것을 믿으니, 주위에서 하는 말이 어찌 모두 다 진실이겠습니까. 김효신의 일은 여러 사람의 말이 모두 한결같으니, 다만 자신의 몸을 잊고 의리를 결단한 것이 숭상할 만할 뿐만 아니라 많은 군사들이 역적을 배반하고 순종으로 향하게 하여 그가 역적임을 밝혔으니, 공이 또한 작지 않습니다. 설령 공훈을 추서할 수 없을지라도 능히 드러내고 장려하여 권면하는 것이 옳습니다."라고 하였다.

귀가 말하기를, "권확(權鑊)[522]은 훈신(勳臣)들의 폐단이 폐조 광해군 때보다 심하다고 말하기에, 신이 듣고 크게 놀랐습니다. 임진강(臨津江) 군역[523]의 경우, 신은 병사를 거느리는 장수가 아

522 권확(權鑊) : 1568~1638. 본관은 안동(安東), 자는 사중(士重), 호는 석계(石溪)이다. 1618년 폐모론이 일어나 이이첨 등이 백관을 위협, 궁궐에 들어가 정청(庭請)을 하였을 때 참여하지 않았다 하여 전적으로 전직되었다. 1623년 인조반정으로 정언이 되어 바른말을 잘하였다. 벼슬은 사간, 좌부승지, 동부승지 등을 역임하였고, 1636년 벼슬에서 물러나 아산의 농장에 머물렀다.

닌데도 전투에서 패한 군인과 동일하게 논하여 효시(梟示)하기를 청하는 데 이르렀는데, 차자를 올린 신하들이 아직도 청요직의 반열에 있습니다. 지금 두표(斗杓)[524] 한 사람을 탄핵한다 해도 높은 벼슬아치가 되지 못할 리가 없는데, 권확은 벼슬을 시켜서는 안 된다고 말하니, 어찌 이런 이치가 있겠습니까. 근래에 공신을 논핵하는 것을 사업으로 삼으니, 무릇 의리를 위하여 일을 일으킨 사람 가운데 어찌 취할 만한 사람이 한둘도 없겠습니까만 모두 나쁘다고만 생각합니다. 심지어 장가(長歌)[525]를 지어 부른 사람

523 임진강(臨津江) 군역 : 이괄(李适)의 난 때 검찰사(檢察使)로 있던 이귀(李貴)가 임진강 싸움에서 패한 것을 말한다.

524 두표(斗杓) : 원두표(元斗杓, 1593~1664)로, 자는 자건(子建), 호는 탄옹(灘翁), 시호는 충익(忠翼)이며 박지계(朴知誡)의 문인이다. 인조반정 모의에 참여하였고, 반정이 성공한 뒤 그 공으로 정사 공신(靖社功臣) 2등에 책록되고 원평부원군(原平府院君)에 봉하여졌다. 1624년(인조2) 이괄(李适)의 난을 평정하는 데 공을 세웠다. 《인조실록》 인조 2년 3월 23일 조에 영광 군수(靈光郡守) 원두표(元斗杓)가 궐정(闕庭)에서 말을 타고 공경(公卿)을 능멸한 죄로 사간원에서 탄핵한 일이 있고, 8월 19일 조에 원두표가 정읍(井邑)에 들렀다가 군관(軍官)의 사사로운 청탁 때문에 관노(官奴) 부처(夫妻)를 장살(杖殺)한 일로 사헌부에서 처벌할 것을 청한 일이 있다. 병자호란 당시 어영부사로서 남한산성을 지켰고, 이후 강화부 유수·경상도 관찰사·우의정 등을 거쳐 1662년에는 좌의정에 올라 내의원과 군기시의 도제조(都提調)를 겸직하였다.

525 장가(長歌) : 군사의 사기를 높이기 위하여 소리 높여 부르는 노래를 뜻한다. 《신당서(新唐書)》 〈설인귀열전(薛仁貴列傳)〉에 "그때 구성(九姓)의 무리가 10여 만이나 되었다. 그들이 기병 수십 명으로 도전하자, 설인귀가 화살 세 발을 쏘아 세 명을 죽이니, 오랑캐들이 겁에 질려 모두 항복하였다. 군영(軍營)에서 노래 부르기를 '장군이 삼전으로 천산을 평정하니 장사들이 길게 노래하며 한관으로 들어가네.〔將軍三箭定天山 壯士長歌入漢關.〕' 하였다."라고 하였다.

이 있었으나 변란을 당했을 때 군율을 어긴 사람이 어찌 한량이 있었겠습니까. 그러나 다만 박효립(朴孝立)[526]만 형벌을 받았는데, 성하정(成夏挺)이 상소하여 또한 극렬히 공신을 욕하였으며, 공신을 막는 것으로 말하기에 이르렀습니다. 공신이 만약 죄가 있다면, 또한 마땅히 엄중하게 문책해야 합니다만 공신에게 죄를 날조하는 사람 또한 어찌 죄를 주지 않을 수 있겠습니까. 조선이 건국된 초기에 어떤 사람이 하륜(河崙)[527]을 비난하자 태종(太宗)이 세 사람을 죽인 뒤에 감히 말하는 사람이 없어졌습니다. 또 생살(生殺)의 권한도 맡겼습니다. 광묘(光廟 세조(世祖))가 신숙주(申叔舟)[528]에게도 그렇게 하였으니, 임금이 소중하게 대우한 뜻을

526 박효립(朴孝立) : 1565~?. 본관은 순천(順天)이다. 인조반정의 공훈으로 정사 공신(靖社功臣) 2등에 책록되어 가선대부(嘉善大夫)의 품계와 순원군(順原君)의 작위를 받았다. 이괄(李适)의 난 때, 파주 목사(坡州牧使)로 재임하고 있었던 그는 이괄군의 남하를 차단하기 위해서 수백 명의 병력을 이끌고 한강 여울목을 봉쇄하였으나 철저하게 방어하지 못하였다. 이에 사간원(司諫院)에서 여러 번 그를 탄핵하여 수원(水原)에서 참형되었다. 그 후에 누명이 벗겨졌다.

527 하륜(河崙) : 1347~1416. 본관은 진주, 자는 대림(大臨), 호는 호정(浩亭), 시호는 문충(文忠)이다. 1365년(공민왕14) 문과에 급제하여, 고공 좌랑(考功佐郎), 밀직사 첨서사(密直司簽書事) 등을 지냈다. 1393년(태조2) 경기도 관찰사가 되어 한양 천도를 주장해 관철시켰고, 충청도 관찰사 등을 지냈다. 제1차 왕자의 난 때 이방원(李芳遠)을 도왔다. 태종의 즉위로 좌명 공신(佐命功臣)에 책록되었다. 저술로 《호정집》이 있다.

528 신숙주(申叔舟) : 1417~1475. 본관은 고령(高靈), 자는 범옹(泛翁), 호는 희현당(希賢堂)·보한재(保閑齋), 시호는 문충이다. 1439년(세종21) 문과에 급제하였다. 벼슬은 영의정에 이르렀다. 수양대군이 계유정난을 일으켰을 때 그를 도왔다. 세조의 즉위 과정에 가담하고 이후 요직을 두루 거치는 등 사육신(死六臣)과 뚜렷이

알 수 있습니다. 오늘날 사람들은 공신을 보면 반드시 비판하니, 공신에게 비록 문제점이 있더라도 만약 난리를 만나면 책을 끼고 다니는 선비의 무리를 쓸 수는 없습니다. 예로부터 신하들은 모두 임금이 숭상하는 바를 살펴보고서 말을 합니다. 전하께서 만약 공신을 숭상하신다면, 사람들이 모두 공신을 공경하고 삼갈 것입니다. 다만 바른 논의를 하는 사람만 등용하고 공신은 용납되는 바가 없게 한다면, 하루아침의 갑작스런 위급함에 누구와 더불어 나라를 다스리겠습니까. 개국한 이래 공신을 능멸한 것이 이때와 같은 적은 없었습니다."라고 하였다.

주상께서 말씀하시기를, "지난번 김경징(金慶徵)[529]의 죄를 법률에 따라 적용한 것을 보니, 공신을 능멸하지 않음을 알 수 있었다. 사람은 반드시 스스로를 업신여긴 뒤에 남들이 업신여기니, 만약 업신여길 만한 일이 없다면, 남들이 어찌 업신여기겠는가."라고 하셨다. 이귀가 말하기를, "주상께서 공신을 대우하는 것이 근래에 한 바와 같이 하신다면, 나라가 장차 망하더라도 어찌 도와서 보호할 사람이 있겠습니까. 경징은 이미 벌을 받았고 두표 또한 장차 벗어나지 못할 것입니다. 신이 논핵을 당했을 때, 만약 아뢴 대로 재가해 주지 않았다면 신의 머리를 보존하지 못하고

구별되는 삶을 살았다. 저술로 《보한재집》이 있다.

529 김경징(金慶徵) : 1589~1637. 본관은 순천(順天), 사는 선응(善應)이다. 1623년(인조1) 인조반정의 공훈으로 정사 공신(靖社功臣)이 되고 순흥군(順興君)에 봉해졌다. 도승지, 한성 판윤을 지냈다. 병자호란 때에 강도 검찰사(江都檢察使)가 되어 부제학 이민구(李敏求), 수찬 홍명일(洪命一)과 함께 강도를 방어하였으나 방비를 잘못하여 함락되었고, 그 일로 대간의 탄핵을 받아 죽임을 당하였다.

마땅히 효립과 함께 죽었을 것입니다. 신들을 죽이는 행동이 어찌 이같이 가볍고 쉽단 말입니까. 심명세(沈命世)[530]가 옥당(玉堂)의 여러 사람들에게 묻기를, '무슨 까닭으로 공신을 죽이고자 합니까.'라고 하니, 여러 사람들이 말하기를, '주상께서 공신을 죽이는 이 길을 여셨습니다.'라고 하였습니다."라고 하였다. -행조(行朝 : 피난 간 조정)의 대간들은 이귀가 임진강에서 패한 군사들이 달아난 죄를 논핵하여 파직할 것을 청하였는데, 비답에 말하기를, "패군의 죄를 파직으로 논핵하니, 지금의 대간은 연약하다 할 수 있다."라고 하였다.-

주상께서 말씀하시기를, "임금은 한 나라의 주인인데도 오히려 위엄으로 사람들을 벌주지 못한다. 더구나 사람을 죽여서 위엄으로 억지로 겁줄 수 있겠는가. -앞의 하륜, 신숙주의 일과 호응한다.- 속담에 '미꾸라지 한 마리가 온 개울물을 흐린다.'라고 하였으니, 혹 한 사람의 말이 선하지 않다면, 사람들의 말이 이와 같을 것이다."라고 하셨다. 이귀가 말하기를, "이괄의 변란 이후에 공격한 바는 오직 공신뿐입니다. 심기원(沈器遠)[531]도 어찌 잡아다 국문

530 심명세(沈命世) : 1587~1632. 본관은 청송(靑松), 자는 덕용(德用), 시호는 충경(忠景)이다. 인조반정에 공을 세워 정사 공신(靖社功臣) 2등에 책록되어 청운군에 봉해졌다. 이괄(李适)의 난이 일어나자 왕을 공주(公州)로 호종하였으며, 환도한 뒤에는 공조 참판으로 있으면서 호위대장을 겸하였다. 정묘호란이 일어나자 호위대장으로 강화까지 호종하고, 환도한 뒤에는 원주 목사(原州牧使)로 나아갔다가 병으로 물러났다.

531 심기원(沈器遠) : 1587~1644. 본관은 청송(靑松), 자는 수지(遂之)이며, 석주(石洲) 권필(權韠)의 문인이다. 1623년(인조1) 인조를 받들고 반정을 일으켜 정사 공신(靖社功臣) 1등에 책록되고 청원부원군(靑原府院君)에 봉해졌다. 1624년 이괄(李适)의 난이 일어나자 한남 도원수(漢南都元帥)가 되어 난을 막았다. 1644년 좌

할 일이 있었겠습니까. 신경진(申景禛)[532]과 이서(李曙)[533] 또한 어찌 벌을 줄 만한 일이 있었겠습니까. 그런데 박효립 같은 이는 벌을 받아 죽었으니, 누가 죄를 범하지 않은 사람이겠습니까. 효립이 고립된 군사를 거느리고 어찌 홀로 한창 불어나는 적을 감당할 수 있었겠습니까."라고 하였다. 현이 말하기를, "박효립의 일은 매우 그렇지 않습니다. 이괄의 역적들이 임진강을 건널 때를 당하여 만약 백여 명이 있어 활을 당기고 강 언덕에 섰더라면, 비록 힘써 싸우지 않더라도 역적들이 감히 강을 건널 수 없었을 것입니다. 이식(李植)[534]의 말을 들어 보면, 역적들이 강 언덕을 아

의정으로서 수어사를 겸하면서 이를 기화로 심복을 호위대(扈衛隊)에 두고 전(前) 지사(知事) 이일원(李一元)·광주 부윤(廣州府尹) 권억(權意) 등과 모의하여 회은군(懷恩君) 이덕인(李德仁)을 왕으로 추대하려는 반란을 꾀하였으나 부하 황헌(黃瀗)과 이원로(李元老) 등이 훈련대장 구인후(具仁垕)에게 밀고하여 거사 전에 체포되어 죽임을 당하였다.

532 신경진(申景禛) : 1575~1643. 본관은 평산(平山)이고, 자는 군수(君受)이며, 시호는 충익(忠翼)이다. 광해군의 무도한 정치에 불만을 품고 1620년 김류(金瑬)와 반정을 협의한 데 이어 이귀(李貴)·최명길(崔鳴吉) 등과 거사를 모의하였으며, 1623년 반정군의 선봉장으로 활약하여 정사 공신(靖社功臣)이 되었다. 병자호란이 일어나자 남한산성을 수비했다.

533 이서(李曙) : 1580~1637. 본관은 전주(全州), 자는 인숙(寅叔), 호는 월봉(月峰)이다. 효령대군(孝寧大君)의 10대손이다. 1623년 장단 부사로 있을 때 병력 700명을 동원하여 인조반정을 이루는 데 공을 세워 정사 공신(靖社功臣) 1등으로 책록되고 완풍군(完豊君)에 봉해졌다.

534 이식(李植) : 1584~1647. 본관은 덕수(德水), 자는 여고(汝固), 호는 택당(澤堂)·남궁외사(南宮外史)·택구거사(澤癯居士), 시호는 문정(文靖)이다. 1610년(광해군2)에 별시 문과에 급제하였고, 대사간, 이조 판서, 예조 판서 등을 역임하였다. 문장에 뛰어나 신흠(申欽)·이정귀(李廷龜)·장유(張維)와 함께 한문사대가(漢

직 건너지도 않았는데 효립이 먼저 달아났습니다. 그때는 아직 남은 병졸들이 산 위에 있었으나, 호소(號召 호령으로 부름)하는 사람이 없어 물러서서 바라보고 흩어졌습니다. 역적들이 오히려 머뭇거리며 감히 곧바로 건너지 못하고 진을 치고 대포를 쏘았습니다. 기병 두세 명이 먼저 건너가서 사람이 없다는 것을 안 뒤에 비로소 건넜습니다. 효립이 거느리던 군졸은 아직 수백 명이 있었고 포수도 있었으니, 만약 적진에 포를 쏘고 응집해서 동요되지 않았다면, 역적들이 반드시 상류로 이동하여 하루 밤낮을 배회하였을 것이니, 도원수의 군대가 따라잡을 수 있었을 것입니다. 역적이 저녁에 강을 건넜고 신들도 건넜습니다. 여울물이 매우 험하여 말의 배까지 잠기고서야 겨우 건널 수 있었습니다. 이 때문에 우리나라 군법이 서지 않아 사람들이 싸울 마음이 없음을 더욱 잘 알았습니다. 역적들이 파주(坡州)에 들어가자 효립은 산성을 지키지 않고 산골짜기로 달아나 숨어 역적들에게 군량미와 병장기를 싣고 가게 하였습니다. 원수가 왔을 때, 효립은 마땅히 원문(轅門 군문(軍門))에서 죄 줄 것을 청하며 기다려야 하는데도 산성에 쥐새끼처럼 숨어서 끝내 머리를 내밀지 않았으니, 더욱 군법이 서지 않은 것입니다. 마탄(馬灘)[535]의 여러 장수들은 전쟁에 패하여 죽고, 황주(黃州)의 여러 장수들은 전쟁에 패하여 궤멸되었으니, 이는 강한 적에 약한 관군이 대적하지 못한 것이므로 오히려 용서

文四大家)로 꼽혔다. 저서에 《택당집》 등이 있다.

535 마탄(馬灘) : 저탄(猪灘)이라고도 하며, 황해도 평산(平山)의 예성강(禮成江) 상류에 있었다.

할 만합니다. 효립은 적을 보지도 않고 싸우지도 않고 먼저 달아났는데, 이러한데도 주살하지 않는다면 다시 어떤 사람을 주살하겠습니까."라고 하였다.

주상께서 말씀하시기를, "이중로(李重老)[536]처럼 싸우다 죽은 경우는 충렬(忠烈)이 지극하다. 이때 싸우지 않고 달아난 자는 비록 분명하게 세더라도 박효립만 한 자는 없다."라고 하셨다. 이귀가 말하기를, "신경진, 이서와 함께 벌을 받은 사람이 어찌 한둘에 그치겠습니까만 언급된 사람이 없고 다만 신경진과 이서만 논한 것은 공신이기 때문입니다. 공신이 폐단을 일으킨다고 생각하여 사람들이 공격하기를 생각하는데, 전하 또한 공신을 대우하는 것이 너무 박절하십니다. 이때에 몇 명의 공신이 있습니까."라고 하였다.

현이 말하기를, "임금이 신하 부리기를 예로 하고, 신하가 임금 섬기기를 충성으로 하여 마땅히 각각 그 도를 극진히 해야 할 뿐입니다. 주상께서는 마땅히 공신을 보전(保全)해 줄 것을 생각하시고 공신 또한 마땅히 완전히 근신하여 그 마침을 잘해야 합니다. 예로부터 성대한 명성이 있는 임금 아래에서는 스스로 처신하

536 이중로(李重老) : 1577~1624. 본관은 청해(青海), 자는 진지(鎭之), 호는 송계거사(松溪居士), 시호는 충장(忠壯)이다. 이괄의 난 때 예성강의 마탄(馬灘)에서 여울물을 지켜 적을 막으려고 싸움을 준비하던 중, 적의 급습으로 관군이 패할 때 우방어사 이성부(李聖符) 등과 함께 전사하였다. 이괄의 난은 이수백(李守白) 등이 이괄의 목을 베어 와서 항복함으로써 끝을 맺었으나, 이중로의 아들 이문웅(李文雄)은 이수백이 아비를 죽인 이괄의 무리라 하여 대낮에 목을 베어 복수하였다. 후에 병조 판서에 추증되었고, 금천의 민충사(愍忠祠)에 배향되었다.

기 어려운[537] 까닭으로, 공신 가운데 목숨을 보전한 사람이 거의 없습니다. 다만 임금이 보전해 주는 도를 잃을 뿐만 아니라 신하도 스스로 처신을 잘하지 못하였습니다. 곽광(霍光)[538] 같은 충근(忠謹)도 그 마침을 보전할 수 없었으니, 총애를 받는 자리에 있으면서 위태로움을 생각하는 도를 알지 못했기 때문입니다. 만고의 공신으로, 오직 곽자의(郭子儀)[539]만이 그 처음과 마침을 잘하

537 성대한……어려운 : 명성이 높으면 책임과 비방이 함께 따라와 자신을 온전하게 보전하기가 어렵기 마련이라는 말이다. 《후한서(後漢書)》 〈황경열전(黃瓊列傳)〉에 "성대한 명성 아래에서는 그 실제가 명성과 부합하기 어렵다.〔盛名之下, 其實難副.〕"라고 하였고, 《신당서(新唐書)》 〈방관열전(房琯列傳) 찬(贊)〉에 "성대한 명성 아래에서는 머물기가 어렵다. 무릇 명성이 성대하면 책망이 구비되고, 실제가 부합하지 못하면 비방이 깊어진다.〔盛名之下, 爲難居矣. 夫名盛則責望備, 實不副則訾咎深.〕"라고 하였다.

538 곽광(霍光) : 한(漢)나라 때의 명신으로, 무제(武帝)·소제(昭帝)·선제(宣帝)를 섬겼다. 소제가 후사(後嗣)를 남기지 않고 죽자, 곽광은 무제의 손자인 창읍왕(昌邑王) 유하(劉賀)를 맞이하여 황제의 자리에 앉혔다. 그런데 유하가 황음무도(荒淫無道)를 일삼자 즉위시킨 지 27일 만에 폐위하고, 다시 무제의 증손인 유순(劉詢)을 맞이하여 황제의 자리에 앉혔으니 그가 바로 선제(宣帝)이다. 이렇듯이 곽광은 전후로 20여 년 동안 조정에서 막강한 권력을 행사하였지만, 항상 행동을 근신하여 법도를 어긴 적이 없었다고 한다. 그러나 곽광이 죽자 선제는 친정(親政)을 행하여 곽씨의 병권을 장악하고 모반죄로 몰아 그의 족당(族黨)을 몰살시켰다. 《漢書 霍光傳》

539 곽자의(郭子儀) : 당나라의 명장으로 안녹산(安祿山)·사사명(史思明)의 난을 평정하고, 위구르를 회유(懷柔)하고 토번을 무찔러 나라를 구하였다. 그는 무공이 비할 데가 없다고 칭송되어 상부(尙父)의 칭호를 받고 분양왕(汾陽王)에 봉해졌으며, 당나라 최대의 공신으로서 영광을 누렸다. 《신당서(新唐書)》 〈곽자의열전(郭子儀列傳)〉에 "부귀와 장수를 누렸고, 살아서는 존경을 받고 죽어서는 애도함을 입어서 신하의 도리에 조금도 결점이 없었다.〔富貴壽考, 哀榮終始, 人臣之道無缺焉.〕"라고 하였다.

여 공이 천하를 덮었으나 임금이 의심하지 않았고, 지위가 신하의 최고 자리에 올랐으나 뭇사람들이 질투하지 않았으니, 겸손한 덕이 있어 그 공을 자처하지 않았기 때문입니다. 이것이 공신이 마땅히 본받아야 할 바입니다. 오늘날은 공신이 매우 많으나 사람들이 모두 그들의 잘못을 말하니, 이것은 좋은 것입니다. 만약 사람들이 공신의 잘못을 말할 수 없다면, 공신 또한 위태롭지 않겠습니까."라고 하였다.

이귀가 나를 돌아보며 말하기를, "공신들을 볼 때마다 모두 스스로 편안하지 못하여 모래밭에 모여 앉아 이야기하는[540] 기색이 있기 때문에 감히 아뢰지 못했소. 신이 벗들과 말한 바를 전하 앞에서 축소한 적이 없소. 만약 어리석고 망녕된 말이 있으면, 어리석고 망녕되다고 말하고 임금을 속였다고 말하지 마시오."라고 하였다. 또 말하기를, "호조 판서 심열(沈悅)[541]을 본 적이 있는데, 열도 또

540 모래밭에……이야기하는 : 불평하는 말을 한다는 것으로, 한 고조(漢高祖) 유방(劉邦)이 항우(項羽)를 패망시켜 한실(漢室)을 창립하고서 공신(功臣)을 봉작(封爵)할 때에 불평하는 자가 많았다. 마침 제장들이 모래밭에 군데군데 모여 앉아 이야기하는 것을 고조가 보고서 장량(張良)에게 연유를 물으니, 답하기를 "천자가 봉작한 사람은 모두 옛 친구들이고, 죽이는 사람은 모두 원한이 있던 자라고 여겨 제장들이 불안하여 서로 모여서 모반(謀反)을 꾀하려는 것이니, 가장 미워하는 옹치(雍齒)를 봉후(封侯)하면 무사할 것입니다."라고 하니, 고조가 즉시 자신과 가장 원한이 있던 옹치를 십방후(什方侯)로 봉하였다. 군신들이 이를 보고 옹치도 후(侯)가 되었으니, 자신들은 거정할 것 없다고 하며 기뻐했다고 한다. 《史記 留侯世家》

541 심열(沈悅) : 1569~1646. 본관은 청송(青松), 자는 학이(學而), 호는 남파(南坡), 시호는 충정(忠靖)이다. 1593년 별시 문과에 급제하였다. 경기도·황해도·경상도·함경도의 관찰사를 지냈고, 호조 판서, 강화 유수, 영의정 등을 역임하였다. 저서로는 《남파상국집(南坡相國集)》 6권이 있다.

한 말하기를, '나랏일을 할 수 없습니다. 올해 큰 흉년에 이르지는 않았으니, 마땅히 1결에 서너 말씩을 받아서 상평창(常平倉)[542]을 만들어야 하는데, 승지가 계사(啓辭)를 올리지 않았기 때문에 할 수 없었습니다.'라고 하였습니다. 지금 외방의 오랑캐들이 공격할 틈을 엿봄에 모장(毛將 모문룡(毛文龍))이 국경에 있으니, 많은 군량미는 어디에서 나오겠습니까. 정론(正論)을 펴는 어르신인 조성립(趙誠立)[543]과 정광성(鄭廣成)[544] 같은 분들도 세금을 더 거두고자 하지 않으니, 원곡(元穀)[545]을 모두 줄이게 되면 앉아서 죽음을 기다릴 뿐입니다. 대동법에 관한 일은 영상이 주관하였는데, 비록 선인(善人)이지만 큰 계책을 알지 못합니다. 심집(沈諿)[546]과 조익(趙

542 상평창(常平倉) : 중국의 한·당(漢唐) 시대부터 유래된 물가 조절을 위한 기관. 우리나라에서는 고려 성종 때 상평을 처음 실시하였는데, 흉년에는 백성들을 다치지 않게 하고, 풍년에는 백성들이 손해 보지 않게 한다는 취지에서 나온 정책으로, 풍년에 곡가가 떨어지면 관에서 시가보다 비싸게 미곡을 사들여 저축했다가 곡가가 오르면 시가보다 싸게 방출함으로써 곡가를 조절하여 백성들의 생활을 돕자는 것이었다. 조선 선조 말년에 이름을 상평창에서 선혜청(宣惠廳)으로 바꾸었다.

543 조성립(趙誠立) : 1568~?. 본관은 횡성(橫城), 자는 여명(汝明) 또는 여수(汝修), 호는 졸옹(拙翁)이다. 대사간(大司諫)을 지냈다.

544 정광성(鄭廣成) : 1576~1654. 본관은 동래(東萊), 자는 수백(壽伯), 호는 제곡(濟谷)이다. 선조 때에는 삼사의 현직(顯職)을 역임하였으며, 인조 때 남양 부사(南陽府使), 경기도 관찰사 등을 지냈으나 병자호란 이후에는 향리에 물러나 있었다. 효종 때에는 형조 판서를 지냈다.

545 원곡(元穀) : 사창(社倉)의 제도에 따라 농가에 꾸어 주던 곡식을 말한다.

546 심집(沈諿) : 1569~1644. 본관은 청송(靑松)이고, 자는 자순(子順)이며, 호는 남애(南崖)이다. 인조반정 뒤에 도승지, 안변 부사, 형조 판서, 공조 판서를 역임하였으며, 1644년(인조22)에 아들 심동귀(沈東龜)가 심기원(沈器遠)의 모반 사건에

翼)[547]이 자잘하게 마련하였으니, 어찌 나라의 큰 계책을 할 수 있겠습니까. 올해 겨우 버틸 수 있는 것은 쌀이 귀하기 때문입니다. 만약 풍년을 만난다면 일을 이룰 수 없습니다. 사람들이 모두 호패법을 시행하기 어렵다고 여기지만, 만약 호패법을 시행해 본다면 결코 어려운 일은 없을 것입니다."라고 하였다.

현이 말하기를, "공은 대동법이 어렵다는 것은 알고 호패법이 쉽지 않다는 것은 알지 못하는군요. 호패법 절목의 번다하고 자잘함은 대동법보다 심합니다. 반드시 기율(紀律)이 시행되어 법 조목이 준엄해지기를 기다린 뒤라야 시행할 수 있습니다. 또 반드시 오래되어 혼란스럽지 않고 요동하지 않아 사람들의 마음이 굳게 안정된 뒤라야 시행할 수 있습니다. 그러니 어찌 호패법을 쉽다고 하겠습니까."라고 하였다. 이귀가 말하기를, "이는 옳습니다. 만약 사목(事目 공사(公事)에 관하여 정한 규칙)을 엄격하게 세워 시행함에 의심이 없도록 하지 않는다면, 시행할 수 없습니다. 애당초 신의 생각은 대동법을 결코 시행할 수 없다는 것이었는데, 신의 말을 믿지 않았기 때문에 신은 대동청(大同廳)과 재생청(裁省廳)[548]의

연좌되어 유배되자 지병이 악화되어 죽었다.

547 조익(趙翼) : 1579~1655. 본관은 풍양(豐壤), 자는 비경(飛卿), 호는 포저(浦渚) 또는 존재(存齋), 시호는 문효(文孝)이다. 인목대비(仁穆大妃)가 유폐되자 벼슬을 그만두고 은거하였다. 1623년 인조가 즉위하자 이조 좌랑에 임용되어 다시 벼슬을 시작하였으며, 이후 청현직을 두루 역임하였다. 성리학과 예학에 밝았으며, 저서에 《포저집》 등이 있다.

548 재생청(裁省廳) : 인조 1년(1623)에 국가의 경비를 줄이고 각종 세금을 삭감해 주기 위하여 설치하였던 임시 관아이다.

제조(提調)가 되었으나 모두 벼슬하지 않았습니다. 최명길과 조익은 마땅히 홍문관에 배치해야 하니, 이같이 큰일을 어찌 어린아이 같은 무리들이 할 수 있는 바이겠습니까. 오늘 만약 신이 입시하지 않았다면, 마땅히 태평(太平)한 경연이 되었을 것인데, 신 때문에 파란이 야기되었습니다. 신은 참으로 근심하고 번민하여 밥 먹고 잠잘 겨를도 없었기에 장차 상소를 올려 아뢰려다 그만두었습니다. 무릇 일을 잘 헤아리는 사람도 백에 한둘을 이루기 어렵습니다. 일이 아직 이루어지기 전에는 사람들의 말이 모두 마치 쓸 만한 듯하지만, 그 일이 이른 뒤에는 오직 지혜로운 사람의 말만이 부합할 것입니다."라고 하였다.

서 書

우순찰사 학봉 선생에게 올리는 편지 임진년(1592, 선조25) 9월
上右巡察使鶴峯先生書 壬辰九月

국가의 치욕에 귀신과 사람이 분개함은 참으로 말로 표현할 필요가 없습니다. 저는 먼저 적을 제어함에 대한 실패를 말하고 대략 급히 힘써야 할 계책을 진술하고자 합니다. 지난날 매우 위급한〔孔棘〕 재앙은 생각지 못한 데서 나왔습니다. 수백 년간 전쟁을 알지 못하던 백성들이 철갑으로 무장한 기병들이 멀리까지 진군한 기세에 흙더미처럼 무너진 것은 이치가 참으로 그러한 것입니다. 다행히 지금 하늘이 재앙 내린 것을 후회하고, 뜻 있는 선비들이 떨치고 일어나 미친 왜구들에게 깊숙이 들어가니 적의 교활한 계책이 이미 곤궁하였습니다. 옛 도읍의 유민들은 한가(漢家)의 위의(威儀)[549]를 보고자 하고, 중원(中原)의 부로들은 날마다

549 한가(漢家)의 위의(威儀) : 한나라 문제(文帝) 때 천하가 막 안정됨에 오랑캐가 강성하고 제후들이 참람(僭濫)하였는데, 가의가 치안책(治安策)을 올려 천자의 기강을 세우고 제후의 힘을 약화시키며 오랑캐를 위엄으로 누르고 예의(禮義)와 염치로 풍속을 교화하여 군신(君臣)과 부자(父子)의 분별을 엄히 정할 것 등 유학에 의거한 주장을 개진하였다. 《漢書 賈誼傳》

악야(岳爺)의 깃발[550]을 바라니, 바로 우리가 왜구를 깨끗이 쓸어 버리고 위태로운 나라를 구하여 회복할 때입니다.

그러나 빈(邠)을 떠난[551] 지 반년이 되었으나 아직도 임금의 수레가 도성으로 돌아오지 못하고, 악을 일삼는 흉악한 무리들이 아직도 우리나라에 웅거하여 주객이 뒤바뀌었습니다. 용맹함과 비겁함이 서로 뒤바뀌어 군대가 흩어지고 병졸들이 패배함은 곳곳이 모두 그러합니다. 우리나라의 갑옷과 무기들이 어찌 다 예리하지 않으며, 우리나라 사졸(士卒)들이 어찌 다 용기가 없겠습니까만, 어찌 꺾이고 패한 것이 이와 같아 적을 이기고 나라를 회복할 날이 멀단 말입니까. 어리석은 제가 생각해 보건대, 진실로 군율이 준엄하지 않아 여러 장수들이 해체되고, 형세를 자세히 살피지 않아 적을 제어함에 마땅함을 잃었기 때문입니다. 어리석은 저의 생각은 먼저 군율을 엄격하게 하지 않은 잘못을 말하고자 합니다. 무릇 태평스럽고 편안한 병졸들이었기 때문에 갑작스럽게 공격하는 왜적의 칼날 아래에서 바람 소리만 듣고도 다리가 후들거리고

550 악야(岳爺)의 깃발 : 악야는 남송(南宋) 시대의 충신 악비(岳飛, 1103~1141)로 자는 붕거(鵬擧), 시호는 무목(武穆)이다. 강회(江淮)의 반적(叛賊)을 토벌한 공으로 '정충악비(精忠岳飛)'의 기(旗)를 하사받았다. 여러 번 금군(金軍)을 무찔러 공을 세웠으나, 진회(秦檜)의 참소로 옥사했다. 저서로는 《악무목집(岳武穆集)》이 있다. 《宋史 岳飛列傳》

551 빈(邠)을 떠난 : 임금이 도성을 버리고 달아남을 뜻한다. 여기서는 선조가 왜란으로 인하여 서울을 버리고 의주로 몽진(蒙塵)한 일을 말한다. 옛날 주 태왕(周太王) 즉 고공단보(古公亶父)가 빈(邠) 땅에 있을 때 적인(狄人)이 쳐들어오자 백성을 해치지 않기 위해 빈을 버리고 기산(岐山) 아래로 옮겨 갔다는 고사에서 온 말이다. 《史記 周本紀》

적을 보기만 해도 놀라 흩어집니다. 비록 용맹함이 있는 사람이라도 어찌 홀로 서 있을 수 있겠습니까. 주장(主將)이 된 사람은 반드시 믿음으로 품어 주고 정성으로 감동시키며 위엄으로 감독해야 합니다. 앉거나 서며 전진하거나 물러나기를 오직 장군의 명령대로 해야 하니, 그런 뒤라야 전투에 나아가면 죽을 수도 있지만 물러나지 않으면 살 수 있다는 것을 알게 됩니다. 적을 맞닥뜨림에 먼저 나아가 전쟁을 할 때마다 계속 전공을 세울 것입니다.

옛날의 훌륭한 장수는 혹 천자가 오더라도 군문(軍門)에 들여보내지 않으며,[552] 혹 그 친애하는 바라도 눈물을 흘리며 참수하였으니,[553] 군율의 준엄함을 알 수 있습니다. 지금은 그렇지 않으니, 기율(紀律)은 계통이 없어 위신이 서지 않습니다. 윗사람은 구차하게 목숨을 보전하려는 마음이 있고, 아랫사람은 의심하고 두려워하는 마음이 있습니다. 열을 갖추어 진을 치더라도 먼저 달아날 계책을 품고, 깃발을 흔들며 나아가면서도 목숨을 다할 뜻이 전혀 없습니다. 왜적의 기병이 치달려 돌격하면 분주히 흩어져 뒤

552 천자가……않으며 : 한(漢)나라 명장(名將) 주아보(周亞父)가 설치했던 세류영(細柳營)은 다른 장군의 군영에 비해 군율이 훨씬 엄중하여, 한 문제(漢文帝)가 시찰을 왔을 때에도 군사들이 장군의 명령만 따르면서 황제를 제지함으로써 한 문제로부터 진장(眞將)이란 칭찬을 받았다는 고사가 있다. 《史記 絳侯周勃世家》

553 그……참수하였으니 : 읍참마속(泣斬馬謖)의 고사를 인용한 것이다. 촉(蜀)나라 후주(後主) 건흥(建興) 6년(228)에 제갈량이 위(魏)나라를 공격하기 위해 기산(祁山)으로 진군하면서 주위의 반대를 무릅쓰고 마속(馬謖)을 선봉으로 삼았는데 마속이 제갈량의 지휘 사항을 무시했다가 가정(街亭)에서 위나라 장수 장합(張郃)에게 패하는 바람에 제갈량이 부득이 한중(漢中)으로 회군해야 했고 이에 눈물을 머금고 마속을 처형하였다. 《三國志 蜀書 馬謖傳》

처질까 두려워합니다. 비장(裨將) 이하는 주수(主帥)가 있는 곳을 알지 못하고 갑옷을 버리고 돌아와 편안하게 죽음을 면한 것을 다행으로 여깁니다. 무릇 이와 같다면, 백 번 싸워 백 번 지는 것이 이상할 것이 없습니다.

사졸(士卒)에 대한 명령은 장수에게 통제받고, 여러 장수에 대한 명령은 원수(元帥)에게 통제받으니, 그 큰 대강을 들면 작은 세목은 절로 정돈이 됩니다. 무릇 목숨을 바쳐 적개심을 품는 마음은 혈기가 있으면 동일하게 생각하는 것입니다. 더욱이 임금이 주는 녹봉을 먹으면서 성을 전담하는 수령의 직무를 맡은 사람이야 말할 것이 있겠습니까. 지금 수령 가운데 성을 버린 사람은 진실로 한결같이 무거운 형벌로 처리할 수 없습니다. 그러나 성을 버린 사람 가운데 경중의 구별이 없지 않으니, 상과 벌에 관한 법을 분명하게 하지 않을 수 없습니다. 만약 도망하였으나 경내(境內)를 넘지 않고 그 공격의 편리함을 가까이에서 도모하며 흩어져 달아난 사람들을 불러 모아 적을 토벌하는 데 마음을 둔 사람은 진실로 마땅히 공으로 죄를 가려 주어야 할 것입니다. 멀리 다른 도(道)로 달아나 쥐새끼처럼 숨어 구차하게 살면서 조정의 일시적인 관대한 법을 듣고 얼굴을 붉히며 돌아오거나, 스스로 목숨을 다하려는 마음 없이 멀리 임곡(林谷)으로 달아난 자의 경우는 그 죄를 용서할 수 없습니다.

나라에는 떳떳한 형벌이 있는데도, 심한 경우 스스로 전정(前程 죽을 운명)이 멀지 않음을 염려하여 분탕(焚蕩 야단스럽게 소동을 일으킴)질한 적자(赤子 백성)를 베고 사사로이 관청 곳간에 남은 재화를 훔쳐서 처자의 생업을 영위하고, 아전과 백성들이 적의 목을 벤 것을 협박하여 빼앗아 죄를 벗어나 공을 바라기를 도모합니다. 공이 있는 아전과 백성들은 침어(侵漁)[554]에 곤궁을 당하고, 죄를 지은 수령은 도리어 포상을 받으니, 이로 말미암아 용감한 사나이는 마음이 막히고 뜻 있는 선비는 분하여 주먹을 쥡니다. 지금 의를 위하여 거사하고서도 만약 이 탐관오리를 먼저 제거하지 않는다면, 군율이 더욱 해이해지고 민심이 더욱 태만해져 장차 뭇사람들에게 대의를 보여 줄 수 없을 것입니다. 믿을 바는 선생이 곧은 절개로 한 시대를 감동시켜 평소의 마음이 이미 나라를 위해 죽는 데 있고, 신의가 이미 돼지와 물고기들에게까지 있게 하는[555] 것입니다.

지금에 비로소 강가의 군사를 보고 조생(祖生)의 노를 치며[556] 강을 건너 동쪽으로 가니, 깊은 산에 숨어 엎드려 있던 백성들이

554 침어(侵漁) : 마치 고기 잡고 사냥하듯이 백성에게 가렴주구를 행하여 백성을 괴롭히고 못살게 굶을 말한다.

555 신의가……하는 : 돼지와 물고기는 감동시키기 어려운 동물인데, 신의가 이것들에게까지 미쳐 감동시켰다는 말로, 《주역》〈중부괘(中孚卦)〉에, "중부는 돼지와 물고기까지 감동시키니 길하다. 큰 내를 건넘이 이롭고 바르게 함이 이로우니라.〔中孚, 豚魚吉. 利涉大川, 利貞.〕"라고 한 데서 나왔는데, 단전(彖傳)에 "돼지와 물고기까지 감동시키니 길하다는 것은 믿음이 돼지나 물고기에게까지 미침이다.〔豚魚吉, 信及豚魚也.〕"라고 하였다.

556 조생(祖生)의 노를 치며 : 국토 회복을 다짐하며 충성을 맹세하는 것을 비유하는 말이다. 동진(東晉)의 조적(祖逖)이 중원 회복을 자신의 사명으로 삼고서 초모(招募)한 군대를 이끌고 장강(長江)을 건너갈 적에, 강 한복판〔中流〕에서 비분강개한 심정으로 노를 들어 뱃전을 치며 "중원을 평정하지 않고서는 이 강을 다시 건너지 않겠다."라면서 강을 두고 맹세한 고사가 전한다. 《晉書 祖逖列傳》

다투어 스스로 면려하며 목을 빼고 기다리지 않는 자가 없었습니다. 그런데 말하기를, "우리는 김공(金公 김성일(金誠一))이 충의를 아는 사람인 줄 압니다. 지금 그가 옴에 반드시 먼저 상과 벌을 분명히 하고 기강을 진작시킬 것입니다. 선악(善惡)과 공죄(功罪)를 서로 뒤집어 처리하지 않은 뒤라야 큰일을 거행할 수 있습니다."라고 하니, 이에 간사한 아전들이 인끈을 풀고 명을 기다리며, 의로운 선비들이 풍도를 듣고 손에 침을 뱉었습니다.[557]

저는 선생이 적을 토벌할 때 먼저 힘쓰는 것이 마땅히 어떤 것을 급급하게 여기실지 모르겠습니다. 지금 마땅히 먼저 성을 버리고 멀리 달아나 도리어 적을 토벌하지 않은 죄를 바로 세우고, 다음으로 전진(戰陣)에 용기가 없어 대오를 잃고 달아나 몸을 감춘 것에 대한 법률을 준엄하게 하십시오. 법도로 다스려 그 나머지를 면려한 뒤에는 사람의 마음이 이미 흩어졌더라도 다시 합쳐지고, 병사들의 방비가 이미 해이해졌더라도 다시 정비될 것입니다. 임금에게 충성을 다하는 군대는 싸우지 않고도 기상이 절로 배가되며, 용맹하고 사나운 병사들은 목숨을 바쳐 먼저 전진할 것입니다. 바람 소리에도 벌벌 떨면서 왜적들의 간담이 놀라 부서지며, 왜적들과 무리 지은 백성들 또한 두려워 떨면서 스스로 후회하여

557 손에 침을 뱉었습니다 : 일이 아주 쉬워서 문제가 없다는 뜻이다. 진(晉)나라 사마표(司馬彪)의 《구주춘추(九州春秋)》에 "후한의 공손찬(公孫瓚)이 일찍이 말하기를 '처음에 천하의 군대가 일어났을 때에는 내가 손바닥에 침을 뱉고 당장 결단하겠다고 했노라.〔始天下兵起, 我謂唾掌而決.〕' 했다."라고 하였다. 여기서는 경상우도 초유사(慶尙右道招諭使) 김성일(金誠一)이 향병을 모집한다는 소식에 단숨에 결단하고 모였음을 말한다.

도리어 내부에서 호응할 것입니다. 그렇게 한 뒤에 우리 삼군(三軍)을 정비하여 저 미친 듯한 왜구를 섬멸한다면, 마치 바람을 타서 쌓아 놓은 땔나무를 불사르는 것 같을 것입니다.

어리석은 저는 다음으로 형세를 자세히 살피지 못한 잘못을 말하고자 합니다. 저 한신(韓信)[558]은 백전백승의 인재입니다. 그러나 만약 진여(陳餘)가 이좌거(李左車)의 계책을 듣고 정형(井陘)의 입구를 지켰더라면,[559] 다만 조(趙)나라를 보전할 수 있었을 뿐 아니라 한(漢)나라 장수의 목도 취했을 것입니다. 누경(婁敬)도 또 말하기를, "목을 조르고 등을 채찍질한다."[560]라고 하였으니,

558 한신(韓信) : ?~기원전 196. 중국 한나라의 장수이다. 유방(劉邦)의 부하로, 수많은 싸움에서 승리해 유방의 패권을 결정지었다. 장량(張良), 소하(蕭何)와 함께 삼걸(三傑)로 일컬어지며, 세계 군사 사상의 명장으로도 알려졌다. 특히 조(趙)나라를 공격할 때에 조군(趙軍)의 성벽에 한나라의 붉은 깃발을 꽂아 놓고 배수진을 쳐서 대승을 거둔 것이 유명하다. 《史記 淮陰侯列傳》

559 진여(陳餘)가……지켰더라면 : 한신이 장이(張耳)와 함께 수만 명의 병력을 이끌고 정형(井陘)을 거쳐 조(趙)나라를 공격하려 하였는데, 이때 조왕(趙王)과 성안군(成安君) 진여(陳餘)가 정형의 어귀에다 군대를 집결시켰다. 광무군(廣武君) 이좌거(李左車)는 3만 명의 유격대로 정형으로 가는 길을 기습하여 군량의 수송을 끊고, 나머지는 성벽을 견고히 쌓고 수비를 하면 한신의 군대를 물리칠 수 있다고 간언했다. 그러나 조왕은 듣지 않고 정면으로 싸워, 배수진(背水陣)을 친 한신의 계략에 걸려 성안군은 죽고 조왕은 포로가 되었다. 한신은 1천 금의 현상금을 내걸어 광무군을 산 채로 잡아, 그를 스승으로 모시고 병법에 대해 많은 조언을 받아 연(燕)나라를 손쉽게 정복하였다. 《史記 淮陰侯列傳》

560 목을……채찍질한다 : 한 고조(漢高祖) 5년(기원전 202)에 신하들 대부분이 산동(山東) 출신이라서 자기들의 고향과 가까운 낙양(洛陽)으로 도읍을 정하게 하고 싶었지만, 누경(婁敬)이 산동의 불리함과 천부지국(天府之國)인 진(秦)나라 땅의 이로움을 거론하면서 장안(長安)을 도읍지로 정하도록 건의하였다. 그 가운데

비록 맹수라도 어린아이에게 제압당하는 것은 무슨 까닭이겠습니까. 그 형세를 얻은 자는 쉽게 힘을 쓸 수 있기 때문입니다.

지금 저 양령(兩嶺 죽령(竹嶺)과 조령(鳥嶺))은 천연의 험지로 병졸 한 사람이 사내 만 명을 대적할 수 있고, 안동(安東)과 상주(尙州)는 실로 영남의 목구멍으로 상류를 둘러싼 형세가 있으니, 만약 광무군(廣武君 이좌거(李左車))에게 계책을 세우게 한다면 반드시 왜적의 기병이 양령을 넘게 하지 않을 것입니다. 설령 유경(劉敬)에게 계책을 세우게 하더라도 반드시 먼저 그 목을 조를 것입니다. 미친 오랑캐가 멀리서 진격하여 병사들이 머물지 않고 가면서 또한 영남이 중요한 지역임을 알아서 웅장한 성을 나누어 점거하고 위아래로 빙빙 돌면서 우리로 하여금 무력을 써서 적을 물리칠 계책이 없게 합니다. 그런데 우리의 계책은 도리어 그들보다 낮은 데서 나오니 부끄러워할 만한 일 가운데 어떤 것이 이보다 심하겠습니까. 여러 고을이 연이어 함락되는 때를 당하여 만약 장수 한 사람에게 우도(右道)의 병사들을 모아 굳게 상주를 지키고 나누어 험한 요새에 웅거하여 낙동강을 따라가며 방비하게 하고, 또 장수 한 사람에게 좌도(左道)의 병사들을 모아 굳게 안동을 지키게 한다면, 주인으로 객병(客兵)을 상대할 것입니다. 형세

"대저 다른 사람과 싸우면서 목을 조르고 등을 치지 않으면 완전하게 이길 수 없습니다.〔夫與人鬪, 不搤其肮拊其背, 未能全其勝也.〕"라고 한 내용이 있다. 이 일로 고조는 누경에게 유씨(劉氏) 성을 하사하며 봉춘군(奉春君)에 봉한 고사가 전한다.《史記 劉敬列傳》저본에는 한퇴지(韓退之 : 한유(韓愈))의 말로 되어 있으나, 그의 문집에는 이 말이 나오지 않는다. 또한 최현이 말하고자 하는 의도가 유경이 말한 의도와 같기에 수정하였다.

상 만약 버티지 못하면, 특별히 수천의 병사에게 양령에 매복하고 있다가 날개처럼 좌우에서 공격하여 군량 운송로를 끊으십시오. 광무군이 정형(井陘) 방비를 위해 제시한 계책과 같이 한다면, 백만의 왜구를 앉아서 옭아맬 수 있을 것입니다.

지금은 계략이 여기서 나오지 않았습니다. 애당초 선생이 주장(主將)으로서 하루에 갑절의 길을 걸어 달려 나아가 스스로 호랑이 입으로 뛰어드니 군졸들이 새처럼 흩어졌습니다. 신립(申砬)[561]은 대군을 거느리고 조령을 넘지 못하고 충주(忠州) 지역에서 머뭇거렸으며, 이일(李鎰)[562]은 비록 이미 조령을 넘었으나 일찌감치 임기응변의 계책을 정하지 못하였고 또 길을 따라가며 매복을 설치하지 못하였기에 갑작스럽게 왜적을 만나자 곧 스스로 놀라 궤멸하였습니다. 왜적이 양령을 지나는 것이 마치 평탄한 길을 밟는 것 같으니, 비유하자면 검각(劍閣)[563]이 일단 격파되면 성도

561 신립(申砬) : 1546~1592. 본관은 평산(平山), 자는 입지(立之), 시호는 충장(忠壯)이다. 23세 때 무과에 급제, 선전관·도총관 등을 거쳐 진주 판관을 지냈다. 임진왜란이 일어나자 삼도 순변사로서 왜군과 대적하던 중 충주성 탄금대(彈琴臺)에서 배수진을 치고 싸우다가 왜장 소서행장(小西行長)에게 참패를 당했다. 아군이 섬멸되자 그는 김여물, 박안민(朴安民) 등과 함께 남한강에 투신, 순절하였다. 뒤에 영의정에 추증되었다.

562 이일(李鎰) : 1538~1601. 본관은 용인(龍仁), 자는 중경(重卿)이며, 시호는 장양(壯襄)이다. 1558년(명종13) 무과에 급제하여 전라 병사, 함경도 북병사 등을 지냈다. 1592년(선조25) 왜란이 일어나자 경상도 순변사가 되어 북상하는 왜적을 상주(尙州)에서 맞아 싸우다가 크게 패배하고 충주로 후퇴하였다. 충주에서 도순변사 신립의 진영에 들어가 재차 왜적과 싸웠으나 패하고, 도망하여 황해도·평안도로 피하였다. 조정에서 패주한 죄가 큰 것을 들어 처벌을 요청하는 신하가 있었으나, 경험이 많은 무장이라 하여 용서하였다.

(成都)는 이미 믿을 바가 없다는 것입니다. 사나운 호랑이가 문으로 들어오는데 문을 닫을 수 없어서 맨손으로 치고자 하니, 어찌 호랑이에게 물리지 않겠습니까.

저 영남(嶺南)은 우리나라의 든든한 울타리이니, 영남이 없으면 우리나라도 없습니다. 지금 해야 할 계책은 영남을 먼저 회복하는 것만 한 것이 없으니, 영남을 회복할 계책은 먼저 요충지를 점거하여 형세를 과시하는 것만 한 것이 없습니다. 형세가 이미 우리에게 있다면, 승부의 형세를 제어하는 것도 우리에게 있습니다. 진(秦)나라가 함곡관(函谷關)[564]에 웅거하자 산동(山東)[565]은 절로 약해졌으며, 한(漢)나라가 오창(敖倉)[566]을 지키자 항우(項

563 검각(劍閣) : 사천성(四川省) 검각현(劍閣縣)에 있는 관문 이름이다. 이 관문은 장안(長安)에서 촉(蜀)으로 들어가는 길목에 있는데, 특히 검각현 북쪽의 험준한 대검(大劍)과 소검(小劍) 두 산 사이는 잔교(棧橋)가 있는 요해처(要害處)로 유명하다.

564 함곡관(函谷關) : 전국 시대(戰國時代) 진(秦)나라가 설치한 관문으로, 현재 하남성(河南省) 영보현(靈寶縣) 서남쪽에 있는데, 효함(崤函)이라고도 한다. 《사기(史記)》 〈고조본기(高祖本紀)〉에 "진나라는 지세가 뛰어난 나라로, 산하의 험고함을 띠고 천 리 멀리 떨어져 있어, 제후의 창 가진 군사 백만을 대적함에 있어 진나라는 100분의 2로 막을 수 있다.〔秦形勝之國, 帶河山之險, 懸隔千里, 持戟百萬, 秦得百二焉.〕"라고 하였다.

565 산동(山東) : 전국 시대 진(秦)을 제외한 제(齊), 초(楚), 연(燕), 조(趙), 한(韓), 위(魏) 등 산동(山東) 육국(六國)을 말한다.

566 오창(敖倉) : 하남성(河南省) 성고현(成皐縣) 서북쪽 오산(敖山) 위에 있는 지명(地名)으로, 여기에 큰 창고가 있어 오창이라 하였다. 원래 진(秦)나라 때에 설치된 것인데, 나중에 소하(蕭何)가 여기에 수송로를 구축하여 이를 통해 군량을 원활하게 공급함으로써 한 고조(漢高祖)가 항우(項羽)에게 승전하는 데에 큰 도움이

羽)가 절로 곤란해졌습니다. 더욱이 한 나라의 힘으로 깊이 침투한 고립된 군대인 왜적을 제어하는 것이야 말할 것이 있겠습니까. 지금 본도(本道 경상도)의 경우, 우리는 3분의 2를 가지고 있고, 왜적은 3분의 1을 웅거하고 있습니다. 이른바 그 하나를 웅거하고 있다는 것은 또한 허장성세에 지나지 않으니, 의병(疑兵)[567]이라 생각됩니다.

지금 마땅히 좌도와 우도가 서로 구원하기를 마치 왼손과 오른손처럼 하기를 약속하고서 봉화를 설치하고 염탐하여 살펴보기를 신중히 하며, 두세 장수로 하여금 각각 수천의 무리를 거느리되, 활과 쇠뇌를 많이 준비하고서 양령에 매복을 설치하여 왜적이 왕래하며 서로 도와주는 길을 끊으십시오. 그런 뒤에 우복룡(禹伏龍)[568]처럼 부지런하고 성실하며 재주가 있는 사람으로 하여금 여러 고을의 정예병을 거느리고 토잔(兎棧)에 나아가 성벽을 쌓아 험준한 곳을 막게 하고, 권응수(權應銖)[569]처럼 위엄과 덕망이 있

되었다. 《史記 項羽本紀》

567 의병(疑兵) : 상대를 속여 많은 수로 보이게 거짓으로 꾸민 군사를 말한다.

568 우복룡(禹伏龍) : 1547~1613. 본관은 단양(丹陽), 자는 현길(見吉), 호는 구암(懼菴)·동계(東溪)이다. 임진왜란이 일어났을 때에는 용궁 현감(龍宮縣監)으로서 끝까지 고을을 지킨 공이 인정되어 안동 부사(安東府使)로 승진하였고, 이후 강화 유수(江華留守), 홍주 목사(洪州牧使), 성천 부사(成川府使) 등을 역임하였다.

569 권응수(權應銖) : 1546~1608. 본관은 안동(安東), 자는 중평(仲平), 호는 백운재(白雲齋), 시호는 충의(忠毅)이다. 1583년(선조16) 별시 무과에 급제하여 훈련원 봉사(訓鍊院奉事)로 의주를 지켰다. 그 뒤 박홍(朴泓)의 휘하에 있다가 1592년 임진왜란이 일어나자 고향으로 돌아가 의병을 일으켰다. 같은 해 영천(永川) 전투에서 왜군을 크게 무찔러 안동 이남으로 왜군을 몰아내는 공을 세웠다.

는 사람으로 하여금 대여섯 고을의 정예병을 감독하여 인동(仁同)과 대구(大丘)에 주둔한 왜적을 나아가 공격하게 하고, 우도(右道)의 의병 곽재우(郭再祐) 같은 여러 공들에게 성주(星州)와 개령(開寧)의 왜적을 나아가 공격하게 하십시오. 우도(右道)에서 일을 일으키고자 한다면, 좌도(左道)에 먼저 의병(疑兵)을 설치하여 깃발을 과장되게 펼치되, 하풍진(河豊津 경북 용궁(龍宮) 소재)에서 냉산(冷山)[570]까지 수십 수백 리를 가로로 뻗어 왜적의 마음을 놀라게 하십시오. 그러면 저 상주(商州 상주(尙州))와 선산(善山) 두 고을의 왜적들은 반드시 서로 구원해 줄 것으로 생각하여 무리를 모으고 정예병을 총동원하여 대응할 것입니다.

우리는 화포(火砲)로 우도(右道)의 병사들과 약속하여 정예의 장정들을 선발하여 빈틈을 타고 빠르게 진격하여 곧바로 그 후방을 친다면, 반드시 격파할 것입니다. 이와 같이 하면, 여러 고을의 왜적들은 힘이 분산되고 형세가 고립되어 반드시 한곳에서 단결하여 완전하게 모여 스스로 지킬 것입니다. 이에 우리 군대는 좌도와 우도를 나누어 점거하고서 군량미를 수송하고 병사를 모집하여 정예병을 뽑아 나누어 번(番)을 서게 하십시오. 한 번 쉬고 한 번 싸워 왜적들이 앞뒤에서 공격을 받아 쉴 시간이 없게 하십시오. 우리 병졸들이 공격하는 데 익숙해져 적의 칼날이 날로 무디어진 뒤에 좌우의 대군이 기각(掎角)[571]하여 함께 진격하고,

570 냉산(冷山) : 경상북도 구미시 해평면 송곡리와 도개면, 군위군 소보면에 걸쳐 있는 산이다.

571 기각(掎角) : 사슴을 잡을 때 뒷다리 잡는 것을 기(掎)라 하고, 앞뿔을 움켜잡

동서의 여러 장수들이 함께 머리와 꼬리를 공격하며, 의병들이 사방에서 모여 우레처럼 사납고 바람처럼 진격한다면, 미친 왜구들은 계책이 곤궁하여 달아날 바를 알지 못할 것입니다. 이미 여러 고을의 왜적을 제거했다면, 하도(下道)에 주둔한 왜적은 대군으로 공격하는 이 형세가 마치 썩은 가지 꺾는 것과 같을 것입니다.

무릇 교활한 오랑캐가 말을 달려 돌격하는 데 뛰어나서 우리 군대가 적의 공격에 겁을 먹으니, 만약 먼저 형세를 점거하고 주둔한 병사를 나누어서 돌아가며 공격하여 그 왜적의 폐단을 알아차리지 못하고, 다만 농촌에서 농사짓던 병사들로 하여금 하루아침에 힘을 겨루게 한다면, 한 도(道)의 병력을 다하여 한 지경의 왜적을 토벌하더라도 군사들은 왕래하는 데 피로하고 군량은 운송하는 데서 없어질 것입니다. 큰 군대가 한번 패하여 해골이 서로 쌓여 들에 가득하게 되면, 마음은 놀라고 간담은 서늘하여 다시 떨쳐 일어나지 못하니, 월성(月城) 북쪽의 패배를 거울로 삼을 수 있습니다. 이와 같은데도 뜨거운 국을 먹다가 입을 데고 나면 냉채국을 먹을 때도 불어서 먹는 것〔懲羹吹虀〕처럼 지나치게 경계하거나 두려워하여 멀리서 적의 칼날을 피하여 수만의 병사를 옹위하고 외진 고을 깊은 산속에서 머뭇거리며 사람들에게 말하기를, "저 왜적들이 아직도 강하니, 우리 군만 잃고 이로움이 없

는 것을 각(角)이라 하는데, 서로 협력하여 상대방을 견제하고 공격하는 것을 말한다. 《춘추좌씨전(春秋左氏傳)》〈양공(襄公) 14년〉에 "그 일을 사슴 잡는 일에 비유한다면, 진나라 사람은 사슴의 뿔을 잡고, 모든 융족은 다리를 잡아끌어, 진나라 사람과 함께 사슴을 거꾸러뜨린 격이라고 할 것이다.〔譬如捕鹿, 晉人角之, 諸戎掎之, 與晉踣之.〕"라는 말이 있다.

다."라고 합니다.

어리석은 저는 몇 달 뒤에 우리들은 날로 더욱 곤궁해지고 적들은 날로 더욱 방자하여 국토를 회복할 기약이 요원하여 없어지게 될까 두렵습니다. 저는 군율을 엄하게 하고 형세를 살피는 것으로 회복의 급선무를 삼아야 한다고 생각하지만, 조치하고 계획하는 것은 다만 범로(范老)[572]의 흉중에 달렸으니, 자세하게 말씀드릴 겨를이 없습니다.

아, 백 년의 원릉(園陵)[573]에 종거(鍾簴 종묘에 설치하는 악기)가 부끄러움을 띠었고, 천 리의 관서(關西)에 임금의 어가가 고생하였으니, 일찍이 우로(雨露)에 젖은 마른 풀 같은 백성이 어찌 떳떳한 윤리를 지키는 충분(忠憤)을 아까워하며, 부질없이 두릉(杜陵)의 장검(長劍)[574] 한 자루를 차고 큰 고래를 잡아 그 간을 저

572 범로(范老) : 북송(北宋) 시대 명상(名相) 범중엄(范仲淹)으로, 자는 희문(希文), 시호는 문정이다. 인종(仁宗) 때에 용도각 직학사(龍圖閣直學士)로 있으면서 하송(夏竦)과 함께 경략섬서(經略陝西)가 되어 반란을 일으킨 원호(元昊)를 토벌하였는데 호령이 엄하고 분명하니, 하(夏)나라 사람들이 소범노자(小范老子)라 칭하며 존경하였다. 그때 적들이 "소범노자의 흉중에는 수만 갑병(甲兵)이 들어 있다."라고 하면서 경외(敬畏)하였다. 여기서는 학봉 김성일을 대칭한 것이다. 《宋史 范仲淹傳》

573 원릉(園陵) : 일반적으로 왕실의 묘를 통칭하여 원릉이라 한다. 원은 세자·세자빈 또는 후궁(後宮)이면서 왕의 생모(生母)인 자의 무덤이고, 능은 왕과 왕비의 무덤이다. 여기서는 종묘사직을 말한다.

574 두릉(杜陵)의 장검(長劍) : 두릉(杜陵)은 두보(杜甫)를 가리킨 것으로, 어지러운 천하를 평정하여 원수를 갚고 싶다는 뜻이다. 두보가 토번(吐蕃)의 침략을 막기 위해 공동산에 주둔하고 있던 가서한(哥舒翰)에게 보낸 〈가서 개부에게 보내는 20운〔投贈哥舒開府二十韻〕〉에 "몸을 막는 장검 한 자루를 공동산에서 비껴 들고 싶

미지 못한 것을 한스러워하겠습니까. 보잘것없는 저의 실상에 맞지 않는 계책 또한 이를 잡으며 하는[575] 이야기 수준은 아니지만, 삼가 바라건대 상공(相公)께서는 사람이 못난 것은 버리더라도 이치에 맞는 말은 채택하여 주십시오.

다오.〔防身一長劍, 將欲倚崆峒.〕"라고 하였다. 공동산은 지금의 감숙성(甘肅省) 평량현(平涼縣) 서쪽에 있는 산인데, 토번(吐蕃)이 출입하던 길목에 있었다. 《杜少陵詩集 卷3 投贈哥舒開府二十韻》

575 이를 잡으며 하는 : 넉넉한 경륜으로 대담하게 당세를 이야기하는 것을 비유한다. 《진서》 〈왕맹열전(王猛列傳)〉에 "왕맹이 소년 시절에 매우 곤궁하게 살았다. 동진(東晉)의 대장 환온(桓溫)이 관중(關中)에 도착하자 왕맹이 찾아가서 손으로 이를 잡으면서〔捫蝨〕 천하의 이야기를 하였는데, 마치 주위에 사람이 없는 것처럼 하였다. 환온이 그의 비범함을 보고 묻기를 '내가 천자의 명을 받들어 역적의 토벌에 나섰는데, 왜 삼진(三秦)의 호걸이 하나도 찾아오지 않는단 말인가?'라고 하니, 왕맹이 대답하기를 '그대가 수천 리를 멀다 여기지 않고 왔으나 장안(長安)을 지척에 두고 패수(灞水)를 건너지 않아 백성들이 그대가 어떤 사람인지 모르기 때문에 찾아오지 않은 것이오.'라고 하니, 환온이 대답하지 못하였다."라고 한 데서 유래하였다.

병사 곽계수[576]에게 주는 편지 경자년(1600, 선조33)
與郭兵使季綏書 庚子

삼가 새해에 진영(鎭營)에서의 건강이 두루 편하리라 생각합니다. 막 분곤(分閫)의 명[577]을 들었으니, 백성들이 이마에 손을 대고 기다리던 데서 나왔기에 풍도를 바라보며 마음이 치달려 삼가 절로 기쁘고 위로가 되었습니다.

안석(安石)[578]의 출처와 강좌(江左)의 안위와 남문(南門)을 굳

576 곽계수 : 곽재우(郭再祐, 1552~1617)로, 본관은 현풍(玄風), 자는 계수(季綏), 호는 망우당(忘憂堂), 시호는 충익(忠翼)이다. 임진왜란이 일어나자 제일 먼저 의령에서 의병을 일으켰다. 왜적을 맞아 싸울 때마다 대승을 거두었으며, 이때 홍의(紅衣)를 입고 선두에서 왜적을 무찔렀으므로 홍의장군이라고 불렸다. 1613년(광해군5)에 영창대군(永昌大君)을 신구(伸救)하는 상소문을 올린 후에 다시는 벼슬길에 나오지 않았다. 저서로 《망우당집》이 있다.

577 분곤(分閫)의 명 : 곤(閫)은 궐문(闕門)이다. 즉 궐문의 안팎을 나눈다는 뜻으로, 장수를 임명하여 출정시킴을 이른다. 고대에 임금이 출정하는 장수를 보낼 때 꿇어앉아 수레바퀴를 밀며 "궐문 안은 과인이 맡을 터이니, 궐문 밖은 장군이 다스리시오.〔閫以內, 寡人制之; 閫以外, 將軍制之.〕"라고 한 데서 유래하였다. 《漢書 馮唐傳》 곽재우가 1599년(선조32) 10월, 경상 좌병사가 된 것을 말한다.

578 안석(安石) : 진(晉)나라 사안(謝安)의 자이다. 사안이 회계(會稽) 땅 동산(東山)에서 20여 년 동안 한가히 은거하면서 조정의 부름에 계속해서 응하지 않자 "안석이 나오려 하지 않으니 장차 창생을 어찌할꼬.〔安石不肯出, 將如蒼生何.〕"라는 말을 듣기도 하였는데, 마침내 나이 사십에 몸을 일으켜 벼슬길에 나아가 삼공(三公)의 지위에까지 이르렀다는 고사가 있다. 《晉書 謝安列傳》 1597년 8월, 계모 허씨(許氏)가 현풍(玄風)의 석문산성(石門山城)에서 졸하자 성을 나가 현풍 가태리(嘉泰里) 비슬산(琵瑟山) 기슭에 장사 지내고, 강원도 울진현(蔚珍縣)으로 피지(避地)

게 지키는 것은 공에게 의지하여 중요하게 될 것인데, 영공(令公)은 어떤 확정된 계책이 있어 조정과 재야의 바람에 부응하고 평소의 뜻을 펼 수 있으신지요. 군대의 기강을 정비하여 다스리고 사람의 마음을 견고하게 결집하는 것은 본디 아침저녁의 짧은 시간에 기약할 수 있는 것이 아닙니다. 지금 일의 형세는 뒤죽박죽이 되어 기강이 없으니, 권한이 없는 장군으로 훈련되지 않은 병졸을 부리는 것은 비록 좋은 계책이 있더라도 참으로 시행할 바가 없습니다. 다만 이미 그 일을 직접 맡고 있으니, 앉아서 넘어지는 것을 보며 어찌할 수 없다고 방치해서는 안 될 것입니다.

영공의 몸은 곧 영남에서 가장 먼저 의병을 일으킨 분이니, 곽장군(郭將軍)의 이름은 멀고 가까운 곳에 전파되고 성(姓)은 주졸(走卒 심부름하는 하인)에게까지 전해졌습니다. 사람들이 공을 보기를 평범하고 호락호락하여 다만 소와 술만 허비하고[579] 허리에 황금대(黃金帶)를 훔쳐 찬[580] 자들과는 함께하지 않을 것이라 여

하였는데, 주상이 특명으로 불렀으나 상소하고 응하지 않은 것을 말한다.

579 다만……허비하고 : 한 나그네가 주인집의 굴뚝이 곧게 나고 바로 그 곁에 땔나무가 쌓여 있는 것을 보고는, 주인에게 화재가 날 수 있으니 굴뚝을 굽게 내고 땔나무를 먼 데로 옮기라고 권했으나, 주인이 대꾸도 하지 않았다가 과연 화재가 났다. 이웃 사람들이 몰려와서 다행히 불을 꺼 주었는데, 주인이 감사의 보답으로 소를 잡고 술자리를 크게 베풀고서 이마 덴 사람을 가장 윗줄에 앉히고 나머지는 각각 공에 따라 차례로 앉히면서, 굴뚝을 굽게 내라고 말한 사람은 아예 거론하지도 않았다는 고사에서 온 말로, 즉 자격 없는 자가 높은 자리에 오름을 뜻한다. 《漢書 霍光傳》

580 허리에……찬 : 황금대는 옛날에 문무백관이 허리에 띠었던 황금으로 장식한 요대(腰帶)를 말하는데, 금(金)·은(銀)·옥(玉) 등의 차별이 있었다고 한다. 자격이 없으면서 높은 자리를 차지하고 있는 사람들을 비판한 말이다.

기니, 공이 스스로를 보기에 또한 어떠하겠습니까. 고니의 깃털보다 가벼운 목숨과 태산(泰山)보다 무거운 목숨[581]에 대해 아는 것이 이미 익숙할 것이니, 공을 위해 말할 필요는 없습니다. 일대(一帶) 강회(江淮)[582]를 지켜 나라의 세력을 구정(九鼎)[583]보다 씩씩하게 함에 신묘한 계책은 어디 있습니까.

일찍이 울산(蔚山) 증성(甑城)[584]을 굳게 지켰다고 들었으니, 영공이 오늘날 해야 할 계책은 진실로 이것에서 벗어나지 않음을 알겠습니다. 다만 생각건대 우뚝한 외로운 성이 해구(海口)에 가까이 있어서 출입할 문이 없어 군량과 지원군이 통하는 길이 끊

581 고니의……목숨 : 사마천(司馬遷)의 〈보임안서(報任安書)〉에 "사람이라면 모두 한 번은 죽게 마련인데, 어떤 사람의 죽음은 태산보다도 무거운 반면에, 어떤 사람의 죽음은 기러기 털보다도 가볍다."라고 한 데서 나온 말이다. 국가의 안위가 위태로운 지금, 의리를 위해 죽는 것이 오히려 영광스럽다는 것이다.

582 강회(江淮) : 나라를 지키는 든든한 울타리라는 뜻으로, 여기서는 진주성을 가리킨다. 안사(安史)의 난리 때 수양성(睢陽城)이 반란군에 포위되어 성안에 양식이 고갈되자 사람들은 모두 성을 버리고 도주하자고 하였다. 그러나 장순(張巡)과 허원(許遠)은 "수양은 강회(江淮)의 안전한 보호 장치이다. 만약 이 성을 버리고 떠나면 적이 반드시 승세를 타고 깊이 쳐들어올 것이니, 그렇게 되면 강회는 없게 될 것이다." 하고 끝까지 수양을 지키다 전사하였다. 《新唐書 張巡許遠傳》

583 구정(九鼎) : 하나라 우왕(禹王)이 구주(九州)의 쇠를 모아 주조하였다는 솥으로, 역대에 국가의 왕통(王統)을 상징하는 물건으로 여겨져 왔다.

584 증성(甑城) : 임진왜란 때 왜군이 울산에 축성한 울산왜성(蔚山倭城)을 말한다. 산의 이름을 따라 도산성(島山城)이라고도 하고, 그 모양을 따라 증성이라고도 하였으며, 조선 후기에는 학성(鶴城)이라고도 하였다. 정유재란 당시 최전선으로 두 차례에 걸쳐 울산 전투가 벌어진 곳이다. 곽재우가 1600년(선조33) 증성의 수축을 계청한 일이 있다.

어졌으니, 혹 몇 달을 유지할 수는 있을지라도 훗날을 잘 대비할 방법이 없습니다. 공이 스스로 대처하는 장소로 삼기에는 좋지만 대중들이 함께 죽기를 원하지 않으니, 어떻게 하겠습니까. 혹 한편으로 싸우면서 한편으로 물러난다는 말이 있는데, 이는 다만 병가(兵家)가 가능함을 보면 전진하고 어려움을 알면 후퇴하는 기미에 얽매여서 오늘날 일의 형편을 헤아리지 못한 것입니다. 기강이 펼쳐지지 않은 것이 오래되었기에 사람의 마음이 흩어져 더 이상 국가가 있음을 알지 못하거늘, 하물며 주장(主將)이 있음을 알겠습니까. 산지(散地)[585]에 함께 있으면 적을 봄에 먼저 흩어지니, 한번 싸우는 것도 오히려 할 수 없는데 누가 감히 싸우면서 달아나고 물러나면서 지키겠으며, 물러나면서 지키다가 다시 싸우겠습니까.

임진왜란 때의 일은 오늘날의 거울이니, 두 진영 사이에서 기회를 결단하여 강한 적과 우열을 다투어야 하는데, 공(公)이 한신(韓信)이나 주유(周瑜)와 같을 수 있겠습니까. 전단(田單)이 거(莒) 땅을 지킨 것[586]과 이목(李牧)[587]이 변경을 지킨 것은 전쟁을

585 산지(散地) : 병가에서 제후들이 자신들의 영역 내에서 전쟁을 수행하여 자신의 사졸들이 위급할 때 쉽게 도망하고 흩어지게 하기 때문에 산지라 한다. 《손자(孫子)》 〈구지(九地)〉에 "제후가 스스로 그 영토 안에서 싸우는 것을 산지라 한다.〔諸侯自戰其地, 爲散地.〕"라고 하였는데, 이전(李筌)의 주(注)에 "군사들은 자기 영토를 믿고 처자들과 함께 지내다가 위급한 일이 생기면 서로 흩어지는데 이것을 산지라 한다.〔卒恃土, 懷妻子, 急則散, 是爲散地也.〕"라고 하였다.

586 전단(田單)이……것 : 전단은 제(齊)나라 혜왕(惠王) 때의 장수로, 연(燕)의 장수 악의(樂毅)가 제(齊)를 쳐 70여 성을 모조리 함락시키고 오직 거(莒)와 즉묵(卽墨) 두 성만이 남았는데, 전단이 즉묵에서 소 1,000여 마리에 붉은 비단옷을 입히

알지 못한 것이 아니라 그 당시의 형편과 이해를 헤아려 먼저 근본을 견고하게 할 계책으로 삼아 기회를 살펴서 움직인 것입니다. 그러므로 지킴은 견고하고 싸움은 이깁니다. 장수가 된 사람은 진실로 남의 절제(節制)를 듣거나 구차하게 사람의 책무를 임시로 메워서는 안 될 따름입니다.

지난날 산성을 축조하는 계책이 계책대로 되지 않은 것은 바로 일찌감치 계책을 확정하지 못했기 때문이지만, 사람의 마음이 의심하고 두려워하게 하여 좌우에 바둑돌처럼 가지런하게 하더라도 실상이 있을 수 없어 차례대로 기왓장처럼 부서지는 데 이르게 하였습니다. 그러므로 뜨거운 국을 먹다가 데어서 부추마저 불어 먹는 격이니, 다시 산성 축조에 대한 말을 하지 않는 것은 또한 매우 미혹된 일이 아닙니까. 다만 지금 매우 위태로움이 지난날에 비해 더욱 심합니다. 다시 산성 축조하는 것을 힘써 할 수 없다면, 마땅히 요해처(要害處) 한두 곳을 골라 긴밀하게 잡아 오래 견디면서 명나라 병사가 구원하기를 기다려 안과 밖에서 서로 호응해야 합니다. 그렇게 하면 비록 바야흐로 커져 가는 적의 칼날에 대항하지는 못하더라도 또한 뒷날을 제어할 형편을 마련할 수 있을 것입니다.

고 뿔에 칼을 장식하고 꼬리에는 기름을 묻히고, 결사대 5,000명을 뒤따르게 했다. 소의 꼬리에 불을 붙이자 소가 맹렬히 적진을 향해 달려갔고, 결사대가 뒤를 따르면서 연나라 군대를 궤멸하였다. 《史記 田單列傳》

587 이목(李牧) : 전국 시대 조(趙)나라 북쪽 변방을 지키던 장수로, 흉노족을 잘 방비하여 10년 동안 흉노족이 변방을 침입하지 못했으며, 또 진(秦)나라를 대파한 공으로 무안군(武安君)에 봉해졌다. 《史記 廉頗藺相如列傳》

비루한 저의 생각으로는 한 도(道)의 일은 주장(主將)에게 맡겨 그때그때 형편에 따라 재량권을 가지고 주어진 일을 처리하도록 해야 할 것입니다. 그렇게 한다면 내지(內地)의 관령(關嶺) 같은 험한 곳에서 적을 감당하여 두 성(城)을 나누어 지켜 사람의 마음에 견고한 바가 있어 목을 조르고 등을 치며 임기응변하는 것이 가능할 것입니다.

공 같은 경우 직분이 한계가 있는 데다가 예와 지금은 마땅함이 다르니, 일이 뜻대로 되지 않아 퇴각하는 걸음이 저지당한다면, 또한 마땅히 증성(甑城)을 죽음으로 지켜야 할 것입니다. 또 조금 내지에 가까운 곳인 월성(月城) 등지에 작은 산성(山城) 하나를 견고하게 축조하여 보거(輔車)가 서로 구원하는 형세[588]를 삼아 긴 뱀의 머리와 꼬리같이 양면에서 공격하는 형세가 있게 한다면, 왜적이 감히 갑작스럽게 지형의 편리함을 차지하여 우리 군량을 운송하는 길을 끊을 수 없을 것입니다. 그렇지 않고 적들이 경주와 울산에 나누어 주둔하여 우리의 목〔喉舌〕을 졸라 우리의 혈맥이 끊어져 호흡이 통하지 않게 한다면, 외로운 성을 우두

588 보거(輔車)가……형세 : 보거는 광대뼈와 잇몸이라고도 하고 수레의 덧방나무와 수레바퀴라고도 하는데, 서로 긴밀히 의지하는 관계를 비유한 말이다. 《춘추좌씨전(春秋左氏傳)》 희공(僖公) 5년에 진(晉)나라가 우(虞)나라에게 괵(虢)나라를 칠 테니 길을 좀 빌려 달라고 요청하자, 우나라의 현신(賢臣)인 궁지기(宮之奇)가 우나라와 괵나라는 '수레의 덧방나무와 바퀴가 서로 떨어질 수 없는 관계〔輔車相依〕'와 같고 '입술이 없어지면 치아가 시린 관계〔脣亡齒寒〕'와 같으니 그 요구를 들어주면 안 된다고 임금에게 간했으나, 이를 듣지 않다가 끝내는 괵나라를 멸망시키고 돌아오는 진나라 군대에게 우나라가 멸망당한 고사가 전한다.

커니 지키는 것은 아마 좋은 계책이 아닌 듯합니다. 멀리서 생각건대, 좌로(左路)의 후설(喉舌)은 경주와 울산만 한 것이 없으며, 낙수(洛水)의 요충지는 용당(龍塘)만 한 것이 없으니, 몇 고을의 형편은 어찌 성을 축조하고 지킬 만한 곳이 없겠습니까. 공께서 이로움과 해로움을 잘 헤아리는 데 달렸을 뿐입니다.

지금 춘신(春汛)[589]이 이미 닥쳐 사람들의 마음이 흉흉하며, 일로(一路)의 변성(邊城)은 더 이상 믿을 바가 없으니, 사람들이 모두 등짐을 지고 농사를 그치고 탄식하고 있습니다. 영공(令公)께서는 급히 먼저 지세가 험준하고 평탄함과 도리(道里 이정(里程))의 굽고 곧음을 직접 살펴서 곧장 조정에 아뢰고, 기한에 맞추어 성을 쌓은 뒤에 경주와 울산 내외의 지역에 둔전을 경작하여 훗날 완전히 모여 살 근본으로 삼는 것이 어떻겠습니까. 그러나 도내(道內)의 장상(將相)들이 과연 모두 화합하여 처음부터 끝까지 서로 돕는다면 다행입니다. 그렇지 않고 분문(分門)을 통제하여 배와 등이 서로 어긋나 가부를 결정할 때 논의가 모순된다면, 비록 제갈량(諸葛亮)이 다시 살아나더라도 어디에서부터 손을 대겠습니까. 도내 군사들의 마음은 모두 영공의 충의에 감복하고 또한 영공의 간서(簡書)[590]를 두려워하여 그 자신이 자유롭지 못하여

589 춘신(春汛) : 날씨가 풀려 봄물이 불어나는 시기인 2~3월을 말한다. 2~3월 복숭아꽃이 필 무렵에 황하의 물이 불어난다 해서 생긴 말이다. 이때는 방비를 더욱 튼튼하게 한다고 하였다.

590 간서(簡書) : 옛날, 임금이 장수를 전장에 내보낼 때에 내리는 명령서(命令書)이다. 《시경》 〈출거(出車)〉에, "어찌 돌아가고픈 생각이 없었으랴만, 이 간서가 두려웠느니라.〔豈不懷歸? 畏此簡書.〕"라고 한 데서 온 말이다.

왜적을 만나 달아날 수 없을까를 근심하는 지경에 이르렀습니다. 이 때문에 공이 평소에 사람들의 마음에 믿음을 얻은 것이 큼을 알겠습니다. 공이 구차하게 살까 근심하지 않고, 다만 공이 헛되이 죽을까만 근심합니다. 근심하는 사람은 평소에 공과 교유한 사람은 아니지만 공의 정신과 의기가 이미 천 리 밖의 사람들까지 감동시킨 것이니, 존망(存亡)이 호흡(呼吸)에 달려 있는 지경을 만나 감히 마음을 드러내고 간담을 토로하여 적절히 대처하기를 준비하게 하지 않겠습니까.

사람들은 혹 영공에게 꽉 막히고 고집스러운 병통이 조금 있다고 하는데, 이것이 비록 군자의 병통이라고 하지만 일을 하는 데 크게 해롭습니다. 병통이 있다면 고치고 없다면 더욱 면려해야 하니, 공이 아니라면 제가 누구에게 바라겠습니다. 공이 만약 하지 않는다면 끝내 또한 어찌할 수 없을 뿐입니다. 맛있는 것을 끊고 적은 것이라도 나누어 주며, 호령(號令)을 분명히 하고 군령을 살피며, 병사를 뽑고 병졸을 훈련하며, 성을 다스리고 병장기를 수리하는 것은 곧 영공이 잘하는 일입니다. 생각건대 이미 차례대로 시행하여 우리들이 많은 말을 할 필요가 없을 것입니다. 오직 바라건대 힘써 몸을 보중(保重)하여 고요히 있으면서 동(動)을 살피며, 힘을 쌓고 예리함을 길러 기회를 보아 변화할 수 있어 국가를 위하여 남쪽을 돌아보는 근심을 조금이나마 덜게 하신다면 매우 다행이고 매우 다행이겠습니다. 언제쯤 편의를 얻어 서로 만나 다하지 못한 회포를 풀는지요.

또 곽계수에게 주는 편지

又與郭季綏書

봄기운이 온화한데, 삼가 진영에서의 건강이 두루 평안하리라 생각합니다. 새해 초에 대략 안부 편지를 써서 장기 수령(長鬐守令)이 가는 편에 전해 부쳤는데, 잘 도착했는지요. 편지에서 진술한 바는 모두 이미 때가 지나, 일의 기회에 관련되지 않으리라 생각합니다. 합하(閤下)의 훌륭한 계책은 어떤 계책에서 나온 것인지요. 오늘날 일의 형세를 어떻게 할 수 없다는 것은 삼척동자도 다 아는 바입니다. 그러나 일을 맡은 사람은 아마 어찌할 수 없다고 방치해서는 안 될 것입니다. 하루에 있어서는 마땅히 하루의 직분을 다해야 하거늘, 하물며 일 년 동안 병마사의 직무를 맡은 것이야 말할 것이 있겠습니까.

옛날의 충신과 의사는 위태롭게 거의 망하여 나랏일이 이미 그르친 뒤에 나왔으나, 오히려 나라를 지탱하고 부족한 부분을 보충하여 죽은 뒤에야 그만두었습니다. 그렇지 않다면 문산(文山)[591]

591 문산(文山) : 송나라 말엽의 승상이자 애국지사인 충렬공(忠烈公) 문천상(文天祥, 1236~1282)의 호이다. 자는 송서(宋瑞) 혹은 이선(履善)이다. 이종(理宗)과 익왕(益王)을 섬겼고, 임안이 함락된 뒤에도 송나라 단종(端宗)을 받들고 근왕군을 일으켜 원군(元軍)과 싸웠으며, 위왕(衛王) 때 조양(潮陽)에서 패전하여 원군의 포로가 되어 연경(燕京)에 3년 동안 억류되었다. 온갖 회유에도 굴하지 않고 〈정기가(正氣歌)〉를 지어 자신의 충절(忠節)을 나타내고 죽었다. 그 당시 그의 첩이었던 안씨와 황씨도 그를 따라 순절(殉節)하였다. 《宋史 文天祥列傳》

은 하필 강남(江南)에서 창의하였으며, 육상(陸相)[592]은 하필 배 안에서 강학하였겠습니까. 더욱이 합하께서 자신을 나라에 바치고자 한 지 오래되었음에랴. 아이나 심부름꾼이나 모두 곽 장군이라 부르며, 아는 사람이나 알지 못하는 사람이나 합하의 풍도를 듣고 공경하여 우러르는 것은 아마 합하께서 용력(勇力)으로 세상을 덮을 것이라 생각한 것이리니, 대개 그 확고한 충의의 절개를 사모한 것입니다.

조정에서 합하를 시험함에 비록 정성으로 하지 않더라도 합하가 국가를 호위하는 마음은 마땅히 지극한 정성에서 나왔을 것입니다. 아, 장부가 세상에 태어나 봉필(蓬蓽)[593]의 아래에서 비분강개하다가 몸이 천고에 있지 않았던 변고를 만나 평범한 백성으로 가장 먼저 창의하여 일어나 위급한 어려움에 달려가 이름이 천하에 떨쳐지고 지위가 장상(將相)의 최고 자리에 이르렀으니, 합하의 업적은 위대합니다.

세상이 나를 쓰지 않으면 키〔箕〕를 엮고 신〔屨〕을 삼으며 동해

592 육상(陸相) : 남송(南宋)의 충신 육수부(陸秀夫)로, 원(元)나라의 군사에 쫓겨 남쪽 바닷가 애산(厓山)으로 내려간 행조(行朝)에서 좌승상(左丞相)으로 있으면서 매우 다급한 상황에서도 매일 《대학장구(大學章句)》를 손수 써서 어린 왕을 권면한 고사가 있다. 어린 왕은 남송(南宋)의 마지막 왕인 위왕 병(衛王昺)이다. 1278년 4월에 원(元)나라 대군(大軍)에 계속 밀려 단종(端宗)이 죽자, 신하들이 도종(度宗)의 셋째 아들 위왕 병을 군주로 옹립하였는데, 계속 궁지에 몰려 6월에 애산으로 도망하였다. 그러나 그 이듬해인 1279년 2월에 송나라는 결국 망하고 만다. 《宋史 陸秀夫傳》

593 봉필(蓬蓽) : '봉문필호(蓬門蓽戶)'의 줄인 말로, 쑥대나 싸리로 만든 문이라는 뜻인데, 가난하여 누추한 집을 이른다.

(東海)의 궁핍한 한 명의 백성이 될 것이며, 쓰인다면 맛있는 것을 끊고 적은 것이라도 나누어 주어 병사들의 마음을 얻어 동남(東南)의 장성(長城)이 될 것입니다. 벼슬을 잃더라도 마음에 담아 두지 않으며, 벼슬을 얻더라도 가벼운 옷과 살찐 말을 영화롭게 생각하지 않으니, 합하의 출처가 바릅니다. 참으로 합하의 바람이 오직 흉악한 왜적을 쓸어 버리지 못해 공로가 종정(鍾鼎)[594]에 기록되지 못함을 한스러워할 뿐이라는 것을 알겠습니다. 아, 시대의 상황이 나의 역량을 수용하지 않는다면, 또한 장차 어떻게 해야 하겠습니까. 내가 마땅히 해야 할 바를 극진히 할 뿐입니다.

합하의 몸은 바로 사람에게 시집간 처자와 같으니, 더 이상 몸을 깨끗하게 할 이유가 없습니다. 비록 집안의 도가 쇠퇴하여 고난이 만 가지로 생겨나 오직 고생스럽게 아직 죽기 전에는 애써 부지런하고 복종하여 섬겨 공로를 이루지 못하면 몸은 물러나지 않아야 합니다. 적송자(赤松子)의 노닒[595]은 지금 다시 바랄 수 없으니, 합하는 아마 또한 이 점에 대해 비분강개할 것입니다. 근래에 들으니, 군졸들이 주장(主將)을 칭송하기를 청렴하고 검소함은 청빈한 선비 같고, 아랫사람을 구휼함은 젖 먹이는 어미 같다

594 종정(鐘鼎) : 옛날 큰 종이나 솥을 만들어 국가에 큰 공이 있는 사람들의 이름을 기록하였으니, 뒷날 훈공을 가리키게 되었다.

595 적송자(赤松子)의 노닒 : 적송자는 옛날 신선의 이름이다. 한(漢)나라의 개국 공신 장량(張良)이 천하를 평정한 뒤 "바라건대 인간 세상의 일을 버리고 신선인 적송자를 따라 노닐고 싶다.〔願棄人間事, 欲從赤松子遊耳.〕"라고 한 데서 유래한 것으로, 속세의 일에 미련을 두지 않고 은둔하여 목숨을 부지하겠다는 말이다.《史記 留侯世家》

고 하니, 전에는 보지 못한 일입니다. 이 또한 남들이 미칠 바가 아니지만 다만 합하에게는 자잘한 일일 뿐입니다.

사졸을 훈련할 때 군령의 약속을 엄격하고 분명하게 하여 항상 적진을 마주 대하듯 한다는 것에 이르러서는 적막하게 들은 것이 없으니, 갑자기 큰 경계(警戒) 거리가 생긴다면 어떻게 호령을 시행하려는지요. 아마 합하께서 일을 헤아리는 것이 너무 치밀한 듯합니다. 그래서 눈으로 직접 지금의 형세를 봄에 군사는 적고 양식은 떨어져 가죽이 다하면 털을 붙일 것이 없는 격이라 여기고, 부질없이 쇠잔한 병졸들을 침탈하여 한갓 이로움이 없는 일을 하지 않고 적진을 마주하여 오직 자신의 몸을 떨쳐 일어나 한번 죽음으로써 나라의 은혜에 보답하려는 것입니까.

아, 합하께서 미리 이와 같은 것을 헤아려서 속수무책으로 죽기만 기다린다면, 충신의 직분을 다하는 것이 아닙니다. 오히려 어떻게 나라에 보답한다고 말하겠습니까. 악비(岳飛)[596]가 적을 격파할 때는 다만 배외군(背嵬軍)[597] 삼백 용사만 사용하였고, 전단(田單)이 거(莒) 땅을 지킬 때는 잔졸(殘卒) 수천에 불과했습

596 악비(岳飛) : 1103～1142. 남송의 명장으로, 자는 붕거(鵬擧)이다. 뛰어난 군사 전략가이자 애국지사로서 금(金)나라에 대항하는 데 앞장섰으나, 당시 화의(和議)를 주도하던 간신 진회(秦檜)의 모함을 받고 살해되었다. 뒤에 신원되어 효종(孝宗) 때 무목(武穆)이란 시호가 내려졌고, 영종(寧宗) 때 악왕(鄂王)에 추봉(追封)되었다.

597 배외군(背嵬軍) : 배외(背嵬)는 배외(背嵬)라고도 한다. 한세충(韓世忠)과 악비(岳飛)의 군중(軍中)에 별도로 둔 친수군(親隨軍)을 말하는데, 용감하고 씩씩하기가 비할 데 없었다. 아무리 강한 적이라 해도 배외군을 보내 쳐부수지 못한 경우가 없었다고 한다. 《雲麓漫鈔》

니다. 지금 좌도(左道)의 병졸을 훈련한 것이 엄격하고 분명하며, 통솔하여 부리는 것이 가지런하고 엄숙하니, 이들만으로도 오천여 명이 됩니다. 이들로 요충지를 굳게 지키게 하거나 혹 저 왜적이 돌아가는 길을 끊는다면 승패는 알 수 없을 것입니다. 조직하여 훈련하는 데 법도가 있다면 비록 수천 명이라도 제대로 쓸 수 있지만, 가르치지 않고 전쟁에 내몬다면 수만 명이 있더라도 이로움이 없을 것입니다. 엎어진 수레바퀴의 경계가 먼 옛날에 있지 않은데도 오히려 차마 따르려 하십니까.

삼가 바라건대 합하께서는 형세가 어찌할 수 없다고 하여 스스로 꺾이지 말며, 일이 자신을 말미암지 않는다고 하여 스스로 그치지도 마십시오. 의리상 마땅히 해야 할 바는 곧장 앞으로 나아감에 두려움이 없고 앞길의 이해를 헤아리지 않는 것입니다. 한결같이 훌륭한 옛사람처럼 되기를 스스로 기약하여 사우(士友)의 바람을 저버리지 않는다면 매우 다행함을 이기지 못할 것입니다.

저는 합하와의 연분이 비록 얕으나, 경모(傾慕)하는 마음은 실로 많으니, 합하께서 책임이 무겁고 근심이 깊어 자고 먹는 것이 달지 않음을 압니다. 그러므로 감히 이와 같이 품은 생각을 쏟아내어 말씀드립니다. 이는 실로 합하를 사랑하는 정성으로 그 아름다운 절의를 온전히 하고자 하는 것입니다.

황 종사[598] 호 에게 주는 편지
與黃從事 戻 書

한번 이별하고 십 년이 되었으나 그리운 마음은 하루 같았으니, 어찌 천 리 먼 곳에서 서신이 끊긴 것을 스스로 소원하여 도외시하였다고 혐의하겠습니까. 생각건대 나의 벗 또한 이 마음과 같겠지요. 환란을 겪고 남은 생에 노쇠하여 병듦이 이미 지극함에 이르러 정신이 어둡고 아득하며 온갖 생각이 모두 재가 되니, 외진 마을에 시체처럼 누워 문밖의 나랏일을 살피지 못했습니다.

그대가 해외 일본(日本)으로 가는 사신 행차에 시종하는 종사관이 되었다는 소식을 듣고 나서 나도 모르게 혼(魂)이 생동하여 베개를 밀치고 억지로 일어나 서성였습니다. 일에 따라 충성을 다하는 것이 바로 우리의 직분이니, 이런 시기의 이런 임무는 누가 감당할 수 있겠습니까. 또한 오직 하늘의 뜻을 따를 뿐이니, 일을 맡아보는 나머지에 처한 상황에 따라 스스로 평안토록 하며 삼가고 조절하여 두루 건강하십시오. 동풍을 타고 돌아오는 날에 늙은 저도 잠시 헐떡이는 숨을 연장하여 아픈 몸을 이끌고 나아가 길가에서 절하고 축하할 수 있기를 축원하고 축원합니다. 병든 몸이라 전송하지 못하고 다만 졸렬한 시로 마음을 부칠 뿐이니, 마음을 다 전하지 못합니다.

598 황 종사 : 황호(黃戻, 1604~1656)로, 본관은 창원(昌原), 자는 자유(子由)이고, 호는 만랑(漫浪)이다. 1624년(인조2) 증광시에 을과 4위로 급제하였다. 교리, 장령, 대사성, 대사간 등을 역임하였으며, 1636년에는 통신사 종사관이 되어 일본을 다녀왔다. 《星湖全集 卷62 漫浪黃公墓碣銘, 韓國文集叢刊 200輯》

지은이 **최현(崔晛)**

1563년(명종18)~1640년(인조18). 경북 선산 해평 출신으로, 본관은 전주(全州), 자는 계승(季昇), 호는 인재(訒齋)이다. 어릴 적에는 두곡(杜谷) 고응척(高應陟)에게 수학하였고, 그 뒤에 학봉(鶴峯) 김성일(金誠一)과 한강(寒岡) 정구(鄭逑)에게 수학하였다. 1588년(선조21)에 생원시에 합격하고, 1592년 봄에 금오랑에 추천되었다. 그해 여름에 임진왜란이 일어나자 의병을 일으켜 노경임을 의병장으로 삼고 자신은 장령으로 활동했다. 1606년 문과에 급제하여 예문관 검열에 제수된 뒤, 여러 관직을 역임하였다. 남긴 글과 저서로는 1598년 고향에 물러나 있으면서 당시의 폐단을 비판하고 나라를 구하는 방책을 논해 올린 〈진시무구조소(陳時務九條疏)〉가 있다. 임진왜란으로 고향 선산이 폐허가 되자 역사적 유물들이 소실됨을 걱정하여, 1618년(광해군10)에 지리・역사・인물・정치・경제・문화 등을 소상하게 기술한 《일선지(一善誌)》를 완성하였다. 또한 평안도 암행어사로 나갔을 때 압록강변의 군사 상황을 살펴보고 돌아와 《관서록(關西錄)》을 지었다.

옮긴이 **김숭호(金崇浩)**: 권5~7 번역

1969년 대구의 속칭 갓바위에서 태어났다. 한문학 전공으로 박사학위를 받았다. 현재 한국고전번역원 권역별거점연구소 경북대학교 영남문화연구원 선임연구원으로 재직하고 있다. 한문 공부 모임인 주덕회(周德會) 회원이다. 역서로 《전쟁은 속임수다》가 있고, 《주자대전》, 《목재집》, 《구사당집》, 《입재집》 등의 번역에 참여하였다. 편서로 《초결가・초천자》가 있다.

옮긴이 **이미진(李美珍)**: 권4 전반 번역

경북대학교 한문학과를 졸업하고, 동 대학원에서 〈조선후기 잡체시의 창작에 대한 연구〉로 박사학위를 받았다. 주요 논문으로 〈정조의 연구시(聯句詩)창작과 그 의미〉, 〈동경잡기와 시적 공간으로서의 경주〉 등이 있다. 현재 경상대학교 한문학과에 재직 중이다.

옮긴이 **김영옥(金英玉)**: 권4 중반 번역

경북대학교 한문학과 박사과정을 수료하고, 영남문화연구원 국역연수실에서 강의를 하고 있다. 현재 한국고전번역원 권역별거점연구소 경북대학교 영남문화연구원 선임연구원으로 재직 중이다. 역서로 《목재집1》, 《구사당집2》, 《입재집1》 등이 있다.

옮긴이 **송희준(宋熹準)**: 권4 후반 번역

1958년 대구시 달성에서 태어났다. 경북대학교 사학과를 졸업하고 고려대학교 국어국문학과에서 한문학 전공으로 박사학위를 받았다. 계명대학교 한학촌 교수를 역임하였고 현재 한국고전번역원 권역별거점연구소 경북대학교 영남문화연구원 책임연구원으로 재직하고 있다. 역서로는 《사미헌집(四未軒集)》 권1~권3과 《대동운부군옥(大東韻府群玉)》 권11~권20(공역)이 있고, 편저서로는 《심경주해총편(心經註解叢編)》 10권과 《근사록주해총편(近思錄註解叢編)》 10권 등이 있으며, 저서로는 《조선의 마지막 문장》이 있다.

한국고전번역원 권역별거점연구소협동번역사업
경북대학교 영남문화연구원 연구진

연구책임자 정병호(경북대학교 한문학과 교수)
공동연구원 황위주(경북대학교 한문학과 교수)
책임연구원 송희준
선임연구원 김영옥
김숭호
보조연구원 정지아
자문 이갑규(한국국학진흥원 대구강원 주임교수)
이세동(경북대학교 중어중문학과 교수)

인재집 2

최현 지음 | 김숭호 · 이미진 · 김영옥 · 송희준 옮김

2022년 12월 31일 초판 1쇄 발행

편집 · 발행 경북대학교출판부 | 등록 1973년 10월 10일 ㉺97호

주소 대구광역시 북구 대학로 80

전화 053-950-3830 | 팩스 053-953-4692 | 이메일 press@knu.ac.kr

값 30,000원

ISBN 978-89-7180-590-9 94810
978-89-7180-588-6 (세트)